수능 국어 비문학 독해

수능 국어
비문학 독해

김태희 지음

지상사
Jisangsa

PART
03

텍스트의 논리적 독해를 위한 방법적 요령 7가지 · 138

[머리말]

텍스트의 논리적 독해를 위한 방법적 요령을 익혀라

수능 국어 비문학 지문은 읽기도, 이해하기도 어렵다고 생각하는 학생들이 많다. 학생들이 비문학 지문을 어렵게 느끼는 것은 일견 당연하다. 그 가장 큰 이유는 전문서·사상서나 논문·연구보고서에 실린 글감을 갖고서 지문을 구성하기 때문이다. 비문학 지문으로 활용하는 글감의 원전은 일정 수준 이상의 지식과 교양을 갖춘 일반인에게 적합하게끔 기술된 것이어서, 독서력을 한창 습득하는 과정에 있는 학생들로서는 다소 이해하기 힘들다.

사실, 비문학 지문은 내용면에서 무척 수준 높다. 지문에서 다루는 주제와 제재가 다양하고, 지문에 실린 어휘의 질적·양적 수준 또한 상당하다. 비문학 지문으로 출제하는 글감은 인문·철학적 사상과 지식, 사회·문화·예술적 사례와 가치, 자연·과학·기술적 현상과 연구와 같은 전문 분야의 내용을 다룬다. 따라서 학생들이 글을 읽고 내용을 이해하기 다소 어려울 수 있는데, 특히 글의 주제 개념과 관련한 용어의 낯섦은 글 내용을 이해하기 어렵게 만드는 가장 큰 요인으로 작용한다. 게다가 수능 국어 비문학 지문은 이전에 다루었던 글감을 다시 재활용하는 경우가 드물어서, 학생에게는 글 내용이 매번 생경할 수밖에 없다.

그렇더라도 수능에서 비문학을 다루는 목적이 '독해력' 측정에 있음에 주목한다면, 비문학 지문은 시간을 갖고서 차근차근 읽으면 이를 이해하는 데 큰 어려움이 없을 정도의 수준을 유지토록 조처한다. 실제로도 그런데, 학생들이 비문학 지문을 마냥 어렵게만 느끼는 이유는 다른 무엇보다 잘못된 독해 습관이 크게 작용한 때문이다. 학생들이 비문학 지문을 어렵다고 느낀다면, 그것은 글 내용 자체가 어려워서가 아니라, **낮은 어휘 수준, 정보를 선별하는 능력 부족, 지식을 체계화하는 능력 부족** 때문이다. 그리고 이 모든 것들은 그동안의 잘못된 글 읽기 공부에서 비롯된다.

글 내용의 이해가 중요하다

이것을 확인하는 것은 그리 어렵지 않다. 시중의 수많은 비문학 참고서는 한결같이 독해력 향상을 위한 방법적 요령을 가르쳐준다고들 강조하지만, 실제로는 문제 풀이 요령에만 초점을 맞추고 있다. 그 방법적 요령이란 것도 특정 설명에 한정되어 있다. 단락의 전개 방식을 몇 가지의 연결 관계로 구분한 후, 이것에 맞게 지문을 읽으면 글 내용의 이해할 수 있다는 식이다.

유튜브에서 소개하는 국어 공부법 또한 이와 별반 다를 바 없다. 유튜브에 국어 공부법을 소개하는 셀럽들은 자신만의 필살기 공부법으로 수능 고득점을 받아 명문대에 들어갔다는 식으로 자신을 소개하면서, 자기가 알려주는 공부법을 따라 하면 틀림없이 좋은 결과를 가져올 것이라고 역설한다. "나만의 표기법을 따라 글에 표시하면서 읽어라", "글 구조와 단락 구성 방식에 맞춰서 글의 중요한 문장이 들어있으므로, 먼저 이것(글 구조와 단락 구성 방식)부터 잘 파악하라"라는 식의 주문이 그것이다.

하지만 이런 식의 읽기 공부로는 어림없다. 글의 내용면에서의 이해를 촉구하기보다는 글 구조의 파악 같은 형식적인 면에 치중하기 때문에, 글 내용의 이해에 그다지 큰 도움이 되지 않는다.

글에는 종합적 기술(경험적 진위와 사실적 판단을 진술하는 문장), 분석적 기술(일련의 전제에서 특정 결과로 나아가기 위해 필연적으로 또는 논리적으로 유도되는 문장), 정서적 기술(대상이나 사상의 진위가 아닌, 이에 대한 정서, 의도나 가치 평가적 반응을 진술한 문장) 형태의 여러 문장이 한데 뒤섞여서 '의미 체계'를 이룬다(참고로, 문장 표현 방법인 기술記述, 서술敍述, 진술陳述은 같은 의미라고 보면 된다). 설명의 방법 또한 크게 다를 바 없다. 글에는 '정의', '비교', '예시'와 같은 다양한 설명의 방법(진술 방식)이 뒤섞여서 기술되면서 글 내용을 전개한다. 단락 역시 마찬가지다. 다양한 설명의 방법을 따라 '원인과 결과', '비교와 대조' 의 관계와 같은 복잡한 문장 기술이 이어지면서 글 내용의 '의미 관계'를 달리한다.

　　이와 같은 사실은 비문학 독해에서 중요한 의미를 지닌다. 형식면에서의 글 구조의 이해는 **글 내용의 이해에 제한적일** 수밖에 없음을 일깨우기 때문이다. 글 구조나 단락 전개 방식을 파악하면서 읽으면 글 내용의 이해에 어느 정도는 도움이 되겠지만, 그것만으로 글의 의미를 정확히 파악할 수 있는 것은 아니다. 글 구조의 파악에 신경 쓰는 읽기 습관은 오히려 글 내용의 올바른 이해를 방해하는 나쁜 결과를 불러올 수 있다. 문장에서 '조사'하나만 달리 써도 그 의미가 달라지는 것이 글이다. 글과 글, 문장과 문장 간에는 의미 전달에서 필연적으로 간격이 있게 마련이고, 글에 명시적으로 드러나지 않은 숨은 정보나, 글 내용을 추론해야 비로소 의미가 드러나는 함축 정보도 글에 개입하게 마련이다. 그만큼 글 내용은 글쓴이의 목적과 의도를 따라 글 구조나 형식에 구애받지 않고 자유롭게 펼쳐지는 것이기에, 독자는 글의 형식에 얽매는 읽기 습관에서 벗어나야 한다. 어디까지나 글 내용에 집중하고, 글의 형식을 살피는 것은 글 내용의 정확한 이해를 위한 불가피한 경우로 한정할 필요가 있다. 글의 구조와 형식에 집중하다 보면, 오히려 글 내용의 올바른 파악을 놓친다.

이론과 실제는 다르다

　　형식에 지나치게 집착하는 글 읽기 공부로는 글의 중심 생각을 잡아내기 어려울 뿐더러, 글의 의미를 제대로 이해하기 어렵다. 글의 형식에 집중하는 것은 마치 운전면허 기능시험을 잘 치르기 위한 요령 쌓기에 골몰하는 것과도 같다. 이 시험은 이를테면 'T-자 코스'나 'S-자 코스'를 통과하는 것처럼, 운전면허시험장 내의 특정 코스에서 특정 기능을 따라 진행되는 운행 능력 테스트다. 기능 시험에 합격하는 것은 그리 어렵지 않다. 운전면허학원에서 알려준 운전 '공식'을 익힌 후, 이를 그대로 따라 하면 된다.

하지만 도로주행시험은 그렇지 않다. 도로주행시험은 실제 도로에서 진행하는 것이어서 운전 중에 무슨 일이 일어날지 모른다. 물론 운전면허시험장에서 지정한 몇몇 코스의 어느 하나를 따라 운전을 해야 하지만, 그렇더라도 도로 상황은 무슨 일이 언제, 어떻게 일어날지 도무지 예측 불가다. 만약 자동차 사고로 인해 도로의 어느 한 차선이 막혀 있으면, 차들이 뒤엉키면서 큰 혼란이 일어나고, 이런 상황과 맞닥뜨리면 운전이 미숙한 응시자로선 여간 당혹스럽지 않을 것이다. 도로 2차선을 따라 직진하던 중 우회전을 눈앞에 둔 시점에서 1차선에 사고가 일어난 것을 알게 된다면, 뒤늦게 차선을 변경하여 도로를 벗어나기란 그리 수월치는 않을 것이다. 급기야는 우왕좌왕하다 시간 초과로 시험에서 탈락할 수 있다.

이런 이유로, 운전면허 기능 시험에서 빛을 말할 수 있는 공식은 도로 주행 시험에서는 통할 리 없다. 도로에서 벌어지는 실시간의 상황에 따라 그때그때 임기응변을 발휘하면서 운전에 집중해야 하는 것이기 때문에, 기능 시험에서 필요한 방법적 요령으로써의 특정 공식은 도로 주행 시험에서는 그야말로 무용지물이다. 이렇듯 기능 시험과 도로 주행 시험은 차원이 다르다. 기능 시험 합격 후 충분히 도로 주행을 실습할 수 있도록 연습 면허증을 발급하는 이유가 이 때문으로, 응시자들은 이를 잘 활용하여 충분히 도로 주행을 연습한 이후에 시험을 치러야 한다.

그렇다고 해서 시험을 잘 치르기 위한 방법적 요령을 익히는 것을 등한시해도 된다는 것은 아니다. 운전면허 시험에 확실하게 합격하기 위해 가장 중요한 것은 실제 시험이 진행되는 도로 주행 코스부터 확실히 익히는 것이다. 주행 코스를 머릿속에 명확히 떠올리면서 운전할 수 있다면, 운전하는 동안 일어날 상황 변화에 미리 대처할 수 있을 뿐만 아니라, 심적으로도 안정감을 느끼면서 운전에 집중할 수 있다. 강조하는 것은, 시험을 잘 치르는 요령을 깨우치는 것은 합격을 위한 '필요조건'이지 '절대 조건'이 아니라는 사실이다. 운전 잘해 시험에 단박에 합격하려면, 방법적 요령을 깨우친 후 이것을 상황과 조건에 맞게 응용할 수 있는 능력을 길러야 한다.

읽기 훈련 방법이 잘못됐다

수능 국어 비문학 지문 읽기 또한 이와 다를 바 없다. 비문학 출제 지문 및 이를 갖고서 엮어낸 문제는 대부분 '사실적 진술'의 파악과 관련한 것으로, 그 핵심은 글 (지문)에 실린 내용을 선택지 대답(문제)과 견주어서 그 사실적 진술의 정오 관계를 살피는 것이다. 이것은 마치 운전면허 기능 시험의 여러 '코스'를 통과하는 능력을 측정하는 것과 같다. 학원에서 가르쳐 준 요령을 따라 코스를 통과하듯이, 지문 속 문장 서술과 선택지 대답을 견주면서 마치 숨은 그림 찾듯이 살피면 그것으로 어렵지 않게 답을 맞힐 수 있다.

하지만 비문학 시험에서 관건이 되는 것은 '3점' 배분의 고득점 문제다. 이런 유형의 문제는 '구체적 사례에 적용하여 이해·판단·추론'할 것을 묻는 것으로, 글 내용의 정확한 이해 없이는 해결하기 힘들다. 운전면허 시험에 비유하자면 도로 주행 시험에 가깝다고 할 수 있기에, 글 내용의 이해 없는 맹목적인 글 읽기는 마치 실시간으로 바뀌는 도로 상황을 파악하지 못한 채 운전대를 잡는 것과 다를 바 없다. 그 결과가 어떨지는 짐작할 수 있을 것이다.

사정이 그러함에도 불구하고, 국어를 공부하는 학생들은 이구동성으로 지문을 이해하기 어렵다고 하소연한다. 하지만 앞서 말했듯, 수능 출제 지문은 교과 수준에 맞게 엮어지는 것이기에, 글 내용 그 자체는 그다지 어렵지 않으며, 어려워서도 안 된다. 시간을 갖고서 찬찬히 읽으면, 글 내용의 의미를 이해할 수 있도록 지문 내용을 구성한다.

그런데도 학생들이 수능 비문학 글 읽기를 어려워하는 이유는 다름 아닌 **읽기**

훈련 방법이 잘못됐기 때문이다. 말하자면, 운전면허 도로 주행 시험 훈련을 하듯 글 읽기 연습을 하는 게 아니라, 마치 기능 시험을 익히듯 형식에 얽매이는 읽기 훈련을 해왔기 때문이다.

학생들은 운전면허 기능 시험을 익히듯 학원에서 가르치는 유형 중심의 글 읽기 공부에 매달린다. 유형별 학습은 문제의 물음과 출제 패턴을 유형화하여 공부하는 것을 뜻하는데, 이것이 운전면허 기능 시험에서 적용할 수 있는 공식(요령)과 다를 게 뭐란 말인가?

학습 독서를 하라

이것은 중요한 의미가 있다. 수능 국어 비문학 영역에서 고득점을 받으려면, 그 것에 적합한 읽기 훈련에 힘을 쏟되, 읽기 역량을 최대한 끌어올릴 수 있는 실질적인 요령을 찾아 익힐 필요가 있다. 그렇지 않고 운전면허 기능 시험에서나 적용될 방법적 요령을 도로 주행 시험에 그대로 적용하는 식으로 대책 없이 공부하려 든다면, 그것은 장자의 말마따나 '무딘 식칼을 들고서 소 한 마리를 해체하려 드는' 행위와 다를 바 없다. 그 결과가 어떨지는 굳이 말하지 않아도 짐작할 수 있을 것이다.

그렇다면 어떻게 공부해야 할까?

어떤 방법적 요령을 따라 읽기 공부를 해야 막힘없이 글을 읽고 또 문제의 물음에 답할 수 있을까?

이를 위해서는 먼저 '독해력 향상의 중점 포인트'부터 살필 필요가 있다. 그 핵심 내용을 이 책의 제1장에서 자세히 설명하였는데, 이를 통해 독해력 향상을 위해서는 글의 형식뿐만 아니라 내용 모두를 아우르는 읽기 공부가 필요하단 사실을 깨달을 수 있을 것이다. 그 과정에서 자신이 읽기 능력의 어느 부분이 부족하고 또 어떤 점을 중점 보완해야 할지 파악할 수 있을 것이다.

그렇게 해서 비문학 출제 지문의 내용 및 형식면에서의 특성, 그리고 주제와 유형별 설명의 진술 방법과 글의 전개 방식을 이해하고서 그것에 맞게 글을 읽는 연습에 힘을 쏟을 필요가 있다. 그렇게 되면, 마치 운전면허 도로 주행 시험 주행 코스를 사전에 익히고 실기에 들어가는 것과 같은 효과를 얻을 수 있다. 당연히 글 내용의 핵심을 단박에 파악하고, 글에서 중요한 부분과 그렇지 않은 해설 부분을 가려내면서 문제가 요구하는 답을 쉽게 찾을 수 있다. 글 내용이 어려워서 글을 읽어 이해하지 못하는 게 아니라, 지문이 길고 복잡하며 또한 난해한 단어로 지문 난이도를 조정한다는 사실을 깨닫는다면, **지문에 실린 핵심 내용을 충실히 이해하면서 글을 읽는** 것처럼 효과적인 글 읽기 방법은 없다는 사실을 직접 확인할 수 있을 것이다.

하지만 그것만으로는 해결되지 않는 사실 역시 확인할 수 있을 것이다. 앞서 말했듯이, 수능 국어 비문학 지문을 읽어도 쉽게 이해되지 않는다면, 그것은 글 내용이 어려운 것이 아니라 글 구조가 복잡한 때문이다. 그렇기에 시험의 특성상 제한된 짧은 시간에 지문을 읽으면서 글 내용을 이해하려면 그것에 적합한 글 읽기 연습에 충실할 필요가 있다.

다행스럽게도 수능 국어 비문학 지문은 글의 내용은 물론이고 형식 측면, 그리고 단어와 용어 선택면에서 마치 운전면허 도로 주행 시험 코스처럼 일정한 기준과 범위를 분명하게 설정하고 있다.

따라서 이것에 맞게 글을 읽는 훈련을 할 필요가 있다. 그 방법적 요령을 '**학습독서**'라고 불러도 될 듯한데, 이것을 부단히 연습하면서 글 읽기 훈련을 해야 한다. 이와 관련한 '텍스트의 논리적 독해를 위한 방법적 요령' 및 이것을 실제 문제에 적용하는 능력에 대해, 이를 제2장과 제3장에서 예문과 해설을 곁들이면서 자세히 설명했다.

여기서 알고 있어야 할 추가적인 것은, 운전면허 기능 시험에 합격하기 위해 공식을 열심히 숙달하든, 아니면 도로 주행 시험에 합격하기 위해 실전에 몰두하든, 각각의 시험에 합격하기 위해서는 먼저 운전할 수 있는 능력부터 숙달해야 한다는 사실이다. 마찬가지로, 수능 국어 비문학 영역에서 고득점을 받기 위해서는, 독서력을 끌어올릴 수 있도록 부단하게 글 읽기 훈련을 해야 한다. 그 점에서는 모든 분야, 모든 영역에 같은데, 그것이 자격을 가르는 시험의 본질이다. 더군다나 수능처럼 절대 평가 방법으로 성적을 일렬로 내세우는 때는 특히 그렇다. 수능 국어의

일러두기

이 책은 속된 말로, "물고기를 잡아다 주는 것이 아니라, 물고기를 잡을 수 있도록 낚시 방법을 일러주는 책"이다. 하여, 수능 국어 비문학 읽기 공부를 하는 학생들이 이 책을 접하면, 글 내용의 생경함과 복잡함에 다소 당혹감을 느낄 수 있을 것이다.

그렇더라도 이것은 '독서력'의 실질적이고 효과적인 향상을 위한 필자의 의도에 따른 것으로, 이 책에 실린 내용을 집중해서 읽는 것만으로도 학생들은 독서력 향상이란 소기의 목적을 달성할 수 있을 것이다.

열심히 국어 공부하는 학생들은 이 책을 다음 지시를 따라 읽기 바란다.

먼저, 이 책에는 수능 국어 비문학 지문 읽기와 관련한 내용이 개념적 설명을 중심으로 자세히 언급되어 있다. 설명글 읽기 공부의 시작과 끝이 '개념 이해'에 있음을 생각한다면, 이 책에 실린 개념과 그것을 정의한 글 내용을 뛰어넘지 말고 이해하려고 노력하기 바란다. 그런 노력 과정에서 생각을

본질을 이해한다는 것은 곧 시험의 특성을 올바르게 파악한 후 그것에 적합한 글 읽기 훈련에 숙달해야 한다는 사실의 필요성을 깨닫는 것이다. 그만큼 연습의 중요성이 강조되는 것이기에, 문제 풀이 공부에서 이 책을 옆에 두고서 활용하기 바란다.

집약하고 생각을 체계화하는 능력은 크게 향상할 것이다.

다음으로, 이 책에 실린 '예문'에는 중요한 부분에 '밑줄'이 그어져 있다. 그리고 '소주제 물음의 확장과 단락 전개, 글 내용의 이해를 위해 집중해야 할 단락'을 정리해 놓았다. 글(지문)을 읽고 이것들을 정리할 수 있다면, 글 내용을 이해한 것이라 할 수 있다. 실제, 독해력 향상의 실질적인 연습의 결과물이라 할 수 있는데, 학생들은 인터넷에 들어가 관련한 문제를 다운을 받아 사전 글 읽기 연습을 한 후 필자의 해설과 견주면서 읽기 능력을 높이기 바란다. 읽기 능력 향상을 위해서는 반드시 그래야 한다.

끝으로, 이 책을 학생 스스로 공부하기에는 다소 버거울 수가 있다. 하여, 책에 실린 내용의 자세한 설명은 물론이고, 여기에 기출 수능 지문을 추가 해설하여 '유튜브(태희논술)'에 계속해서 올릴 것이다. 따라서 학생들은 이 책을 텍스트로 삼아 유튜브 강의를 병행해서 공부하면서, 비문학 읽기 능력을 끌어올리기 바란다.

수능 비문학
지문 독해 훈련의
문제점

수능 국어 비문학을 공부하는 학생들에게서 드러나는 공통적인 현상이자 문제점은 다음 세 가지다. 글을 읽어 중요한 정보를 찾지 못하고, 글의 의미를 이해하지 못하며, 지문의 핵심 정보를 발문 〈보기〉의 구체적 사례에 '적용'하여 '이해·판단·추론'하지 못한다.

수능 비문학 지문 독해의 문제점

- 문제점1: 글의 '**핵심 정보(중요한 부분)**'를 찾지 못한다.
- 문제점2: 글을 읽어 글 내용(핵심 정보)의 '**의미**'를 이해하지 못한다.
- 문제점3: 지문의 핵심 정보를 발문 〈보기〉의 구체적 사례에 '**적용**'하여 '**이해 · 판단 · 추론**'하지 못한다.

학생들은 학습지에 실린 지문을 읽고 문제를 맞히면, 그것이 곧 글 내용을 이해한 것으로 착각한다. 글 내용의 '이해'란 텍스트를 읽어 그 '의미'를 파악하는 것으로, 곧 '독해력'을 말한다. 독해력 없어도 '숨겨진 그림 찾기' 식의 방법적 요령을 터득하는 것만으로도 수능 고득점을 받을 수 있다고들 생각하는 현실의 상황에서, 수능 국어영역에서 지문을 읽고 정답을 맞히는 것과 글 내용을 이해하는 것은 다른 차원의 문제가 된 지 오래다.

왜 이런 현상이 벌어지고 있는 것일까? 첫째, 글을 '날림'으로 읽기 때문이다. 학생들이 지문을 들여다보는 이유는 오로지 정답을 맞히기 위해서다. 시험의 본질을 생각한다면 이것이 틀린 것은 아니지만, 그렇더라도 글 내용의 이해 없이 답을 맞히는 것은 '어쩐지 정답(또는 오답)일 것 같다'라는 지레짐작의 생각으로 글을 대하는 것, 바로 이것이 문제다. 그런 식의 글 읽기는 이해와 판단과 추론을 요구하는 문제를 제대로 풀 수 없다. 지문에 실린 모든 단어와 문장이 똑같은 비중으로 중요하거나, 또는 그렇지 않다고 생각되면, 글을 읽어도 좀처럼 그 의미를 이해하기 어렵다.

둘째, 글 읽기의 '순서가 잘못됐기' 때문이다. 이것은 잘못된 공부 방법에서 비롯된다. 수능 국어 비문학 공부에서 학생들은 이른바 '유형' 중심의 글 읽기에 몰두한다. 문장 해석 및 단락 독해에 관한 몇 가지 요령만 터득하면, 그것으로 문제의 물음을 해결할 수 있다고 생각하면서 정답 찾기에 몰두한다. 글을 읽자마자 별다른 생각 없이 '그러나, 그리고'처럼 문장에서 결론이나 주장을 가늠할 수 있는 중요한 접속어 세모를 치고 또 그 앞뒤 문장에 밑줄을 그으면, 그것으로 정답 찾기를 위해 할 일을 다 했다고 생각한다. 또 문장과 문장의 연결 관계를 살펴 해당 글에 '→(원인-결과), ∨(대립-전환), e(사례), +(내용의 병렬, 추가, 나열), =(앞뒤 같은 내용)'이라는 표식을 하면, 글의 전개 방식을 따라 선지 대답에 대응 가능하다고들 생각한다. 이런 의식적인 행동만으로 글 내용을 이해할 수 있다면, 정답을 맞히지 못할 이유는 없을 것이다.

하지만 이는 절대 그렇지 않다. 글을 읽어 중요한 부분을 찾아낼 수 있어야 그곳에다가 밑줄을 긋거나 표식을 할 수 있지, 글의 어느 부분이 중요한지 모르는 상태에서 그럴 수는 없기 때문이다. 단순히 선택지 대답과 관련한 지문 속 글감을 찾기 위해서라면 어느 정도는 통하겠지만, 글 내용의 의미를 정확히 파악해야 답할 수 있는 문제의 경우에는 어림없다. 물론 이런 의식적인 노력은 글 내용의 이해를 위해서 중요하다. 지문을 '빠르고, 정확히' 읽으면서 글 내용을 이해하기 위해서는, 글에서 중요한 부분을 찾아 밑줄을 긋거나 표식한 후, 이를 둘러싼 글 내용에 정신을 집중해야 한다는 것이다. 말하려는 요지는 "글을 읽고 난 후 글에서 중요한 부분에 밑줄이나 표식해야 한다는 것이지, 무턱대고 밑줄을 긋거나 표식한 후 글을 들여다봐서는 안 된다"라는 것이다.

글의 '의미'를 읽어라

그렇다면, 글 내용의 '이해'란 무엇일까? 이것을 설명하기 위해서는, 먼저 '해독'과 '독해'의 차이를 명확히 할 필요가 있다. 사전적 의미로 해독(解讀, decoding)은 '뜻을 풀어서 읽는' 것을 말하며, 독해(讀解, reading)는 '글을 읽어서 뜻을 이해하는' 것을 의미한다. 한자어의 순서를 보면 해독은 문자(단어)를 '해석하면서 읽는' 것을 말하고, 독해는 글(문장)을 '읽어 의미를 이해하는' 것을 뜻한다. 영어의 뉘앙스를 살펴보면 해독은 문자라는 '언어적 약속 체계에 의미를 부여하는' 것이고, 독해는 **'글의 의미를 이해하며 읽는'** 것을 뜻한다.

여기까지의 설명을 종합하면, 해독은 글자(문자 언어)를 읽는 것이고, 독해는 글(의미)을 읽는 것이다. 해독은 글자(특히 단어)에 집중해서 읽으면서 그 뜻을 **'아는'** 것이고, 독해는 글(문장)을 읽고 그 의미를 **'이해하는'** 것이다(아는 것과 '이해'하는 것은 다르다). 해독은 단어 하나하나에 집중하는 읽기고, 독해는 문장, 나아가 글 전체의 의미에 집중하는 읽기다. 결국, 해독은 문자를 풀어서 어떻게 읽는지 깨닫고서 읽기를 말하며(따라서 문장 속 단어의 뜻을 이해하는 데 급급하다), 독해는 읽기 기술을 활용하여 글을 읽고 난 후 깨닫기라고 할 수 있다(문장 속 단어들을 종합하여 글의 의미를 이해한다). 말하고자 하는 핵심은 '글자'를 읽지 말고 **'의미'를 읽으라는** 것이다.

학생들이 글을 읽어 의미를 이해하지 못한다는 것은 글을 읽을 때 내용보다는 글자(단어)를 읽는 데 집중하기 때문으로, 단어 하나하나의 의미를 파악하는 데에 집중하면서 글자의 의미를 완전히 해독하지 못한다는 뜻이다. 그만큼 더 높은 수준의 읽기 능력인 독해에 어려움을 겪을 가능성이 크다. 그와 달리 유창하게 글을 읽는 학생은 머릿속에서 단어를 자동으로 인식하는 능력, 다시 말해 글자를 '자동으로' 해독(해석)하는 능력이 뛰어나다. 이것을 위해서도 올바른 읽기 학습이 필요하다. 훈련을 통해 머릿속에서 언어 처리(단어 해독)가 자동화되면, 학생들은 문장 단위로 글을 읽는 것과 동시에 글 내용을 이해할 수 있다. 글(문장) 전체의 의미가 한눈에 들어오는 것과 동시에 머릿속에서 읽은 내용을 집약할 수 있다.

선택지 대답의 용어·서술과 지문의 그것이 다른데요?

학생들을 가르치다 보면, 종종 다음과 같은 질문을 받는다. 글(지문)에 직접 명기된 단어나 어구, 문장이 없는데도 불구하고 선생님은 어떻게 그런 식으로 글 내용을 해석했느냐는 물음이다. 이른바 글의 숨은 의미에 대한 파악이나 맥락적인 이해, 즉 '추론'과 관련한 것이다.

이런 경우, 그 설명에 딱 들어맞는 적절한 예시가 있다. 비트겐슈타인에 버금가는 영국의 분석철학자 길버트 라일의 핵심 개념인 **'카테고리 착오'**가 그것이다. 예를 들어 서울의 어느 대학에 다니는 손자가 시골에서 올라온 할머니에게 학교 내의 이곳저곳을 보여줬는데도 불구하고, 정작 할머니는 "네가 다니는 '대학'은 언제 구경시켜 줄 거야?"라고 말하는 경우이다.

라일은 이러한 상황이 벌어진 것은 '카테고리 착오(범주 착오)' 때문이라고 했다. 다른(유사한) 범주의 개념을 같은 범주의 개념으로 인식하지 못하는 데서 오는 착각으로, 언어 사용 방법 차이에서 비롯된 것이다. 할머니는 도서관, 정문, 학생회관이 표상하는 개별 단어의 의미는 알고 있더라도, 그것의 총칭이라 할 수 있는 '대학'의 추상적 의미를 이해하지 못하는 것이다.

여러 학분 분야를 연구하고 지도자 자질을 함양하는 고등교육 기관인 대학을 설명하는 지문에서, 비록 지문 속 그 어느 곳에도 '대학'이란 단어(개념)가 들어있지 않더라도 학생들은 학생회관이나 도서관과 같은 단어와 용어, 그리고 관련한 서술의 의미를 읽어 상위 개념인 '대학'이란 단어와 함께 그 의미를 추론할 수 있어야 한다. 이것은 글자(단어)가 아닌 글의 '의미'를 읽을 수 있어야 가능한데, 그 핵심은 **글 내용의 '이해'**에 있다.

비문학 지문을 어렵게 느끼는 이유 ①:
낮은 수준의 어휘력과 배경 지식 부족

학생들이 글을 읽고 글에서 핵심 정보를 찾지 못하거나, 또는 글 내용의 이해가 잘 안 되는 이유는, 다른 무엇보다 글에 실린 개념이 지나치게 추상적인 데다가, 그것도 다발로 묶여 출제됐기 때문이다. 학생들은 글을 읽으면서 핵심 개념(주제 개념)을 중심으로 글 내용의 핵심을 마치 눈덩이를 만들 듯이 '의미 덩이'로 집약할 수 있어야 한다. 하지만 언어력이 떨어지면 그것이 좀처럼 어렵다. 글과 글, 문장과 문장이 제각각 따로 놀면서 글 내용의 핵심이 눈에 들어오지 않고 또 글의 의미가 읽히지 않는다.

이것을 해결하기 위한 비범한 방법은 딱히 없다. 여러 분야의 많은 글을 읽되, 집중해서 읽으면서 어휘력과 이해력부터 쌓는 것이 최선이다. 특히 주의할 것은, 배경 지식의 본질을 올바르게 이해할 수 있어야 한다. 배경 지식은 글 내용을 '이해'하는 과정에서 시나브로 쌓아 올려지는 것이지, 이것을 단순 암기하는 식으로는 아무짝에도 쓸모가 없을뿐더러, 오히려 글의 올바른 독해를 가로막는다. 이런 이유로, 글 내용을 이해하려 들지 않고 무조건 암기하려 든다거나, 글을 읽는 방법적 요령에 탐닉한다든가 문제 풀이 패턴을 최대한 많이 익히면 된다는 식으로 안일하게 접근한다면, 독해 능력은 절대 향상하지 않는다. 이것은 매우 중요한 지적으로, 공부하는 학생들은 이를 절대 명심하고 글을 읽으면서 글 내용을 이해하려고 힘써야 한다. 그런 동안 배경 지식은 자연스럽게 체화되면서 이를 응용한 어떤 글이 나와도 글 내용의 의미를 어렵지 않게 읽어낼 수 있을 것이다.

비문학 지문을 어렵게 느끼는 이유 ②:
정보 선별 능력 부족

어떤 의미에서 볼 때, 국어력은 곧 '수학력(數學力)'과도 같다. 글의 의미를 파악하는 능력을 국어력의 하나로 손꼽는다면, 이것은 글을 읽으면서 독자가 무엇에 집중하고 무엇을 머릿속에 남길지를 생각하는 능력과 맥락을 같이 한다. 글을 읽어 글 내용의 핵심을 깔끔하게 정리하면서 이를 체계화하는 능력이 곧 '수학력'으로, 이는 글에서 숨겨진 정보를 끄집어내기 위한 적극적인 활동이다. 수학에서 그 핵심은 명확한 '규칙(공식이나 이론)'을 기준으로 정보를 분류하거나, 공식으로 정리하거나, 체크리스트를 만드는 것이다. 수학을 잘하는 학생은 '논리 용기'라고 할 만한 머릿속 힘이 뛰어나다. 독해력 또한 이와 크게 다를 바 없다. 글을 읽어 글 내용의 핵심에 집중하고, 글에서 필요한 부분만 추출 및 선별하고, 글의 중심 생각 또는 질문의 대답에 맞게 글 내용의 핵심을 체계화하는 능력이다. 그러려면 '지식과 정보를 정리하면서 이를 체계화하는 능력'이 무엇보다 중요하다.

만약 이런 능력이 달린다면, 이는 다음 두 이유 가운데 어느 하나 때문이다. 그 것은, 깊이 생각하지 않고 짐작이 가는 대로 넘겨짚는 '지레짐작'의 글 읽기에 스스로 길들었거나, 아니면 자신의 머리를 사용해서 생각하는 논리력으로써의 수학적 사고를 포기한 때문이다. 어느 것이든, 이런 식의 국어 공부로는 절대 고득점을 받을 수 없다. 수학의 지향점은 이 세상 모든 것의 특징 및 원리를 논리적 방법으로 설명하고 증명해서 내용을 이해하는 데 있다는 점을 깨닫는다면, 같은 이치로써 글에 집중하면서 글 내용의 중심 생각을 읽어낼 수 있도록 노력해야 한다. 명심할 것, 수학을 산수처럼 공부하려 들어서는 안 되듯이, 배경 지식을 단순 암기를 하거나 문제 풀이 패턴을 익히는 식으로 국어 읽기 공부를 해서는 절대 안 된다.

비문학 지문을 어렵게 느끼는 이유 ③:
지식과 정보를 체계화하는 능력(정보 처리 능력) 부족

수능 국어 비문학에서 말하는 '이해 추론'은 지식과 정보를 체계화하여 이를 발문의 물음에 맞게 적절히 처리할 수 있느냐 수준에 불과하다. 수능 비문학 문제는 주로 사실적 판단과 관련한 지식과 정보를 신속·정확하게 처리할 수 있느냐의 수준에 국한하기 때문이다. 말인즉, '추론'이라고 물었을 때 이를 '이해'라고 받아들이면서 그것에 맞게 대답하면 된다.

'추론' 또는 '추리'는 이미 알려진 지식과 정보를 근거로 어떤 판단을 도출하는 것을 말한다. 추론은 글을 읽어 글 내용의 핵심을 명제(결론 또는 전제)로 체계적으로 정리한 후, 그것으로부터 어떤 결론을 유도하는 것, 이것이 곧 추론이다. 따라서 추론을 잘하려면 먼저 글 내용의 **'이해'부터 선행해야** 한다. 글을 읽고 글에서 '중요한 부분'에 집중하면서 글 내용의 핵심을 추린 후, 이것을 논리의 정합을 따라 **'체계적'으로 정리할 수** 있어야 한다. 글의 독해력만 제대로 갖춰도 설명글로 이루어진 비문학 독해와 문제 풀이는 그리 어렵지 않다. 딱히 배경 지식을 넓힐 필요도 없다. 지문 내용을 잘 읽는 것만으로도 충분하다.

말했듯, 수능 국어 비문학에서 정보 처리 능력을 가로막는 첫 번째 이유는 독해력 부족이다. 글의 이해력이 떨어져 글의 중심 내용을 파악하지 못하면서, 발문의 물음 및 선지 대답과 연결 짓지 못하기 때문이다. 그 두 번째 이유는 어휘력 부족으로 인해 지문 안에서 그리고 선지 대답에서 용어와 어휘가 '변주'되는 것에 적절하게 대응하지 못하고 있기 때문이다. 그 세 번째 이유는 배경 지식 부족으로, 아는 게 없으니 글 내용이 선뜻 눈에 들어오지 않는 것이다.

비문학 지문을 어렵게 느끼는 이유④: 논리적 추론 능력(지식을 체계화하는 능력) 부족

그런데 최근의 수능 국어 비문학 고난도 문제 출제 경향은 짧은 지문 분량, 불친절한 기술, 불투명한 선지라는 특징으로 나아가고 있다. 이는 특히 <2022 수능 국어 비문학>에서 확연히 드러났는데, 이로 인해 학생들이 느낀 지문의 이질감과 문제의 체감 난이도는 상당하다. 사실, 이런 출제 경향은 철저히 변별력을 높이기 위한 출제 의도에서 비롯된 것으로, 적어도 3점짜리 고난도 문제는 답을 맞히기보다는 틀리라고 내는 문제라고 해도 과언은 아닐 듯하다.

지문에 실린 문장은 관련한 사상의 핵심을 워낙 압축한 것이어서 문장 하나하나를 읽기에도 버겁다. 문장과 문장, 단락과 단락이 느슨한 연결 구조를 이루거나 글 내용의 흐름이 긴박해서 생각 단위인 '의미 덩이'로 만들기가 좀처럼 어렵다. 주제 개념 역시 사변적(思辨的, 개념과 그 설명이 지나치게 관념적이고 추상적인 데다, 마치 말장난을 하는 듯한 표현의 다발)이고 전문적이어서 도무지 의미가 집약되지 않는다. 제한된 시간에 모든 문장을 집중해서 읽으면서 개념 간의 관계를 치밀하게 포착해야 선지 대답이 가능하다. 그러함에도 불구하고 수능 고득점을 바라고 공부하는 학생들은 이런 유형의 문제를 반드시 맞혀야만 할 터인데, 요는 이것이 쉽지 않다는 것이다.

그렇다면 어떻게 해야 할까? 먼저 알고 있어야 할 것이 있다. 적어도 이런 유형의 문제에서는 수능 국어 비문학 읽기 학습에서 '배경 지식'을 넓힐 필요가 있다. 이런 유형의 지문을 담은 문제를 풀어서 답을 맞히려면, 그것도 제한된 시간에 글 내용의 핵심을 간파하기 위해서는 '**배경 지식의 활성화**'가 꼭 필요하다. 만약 관련한 배경 지식을 갖추지 못했거나 글 내용의 핵심을 담은 개념을 이해하지 못한다면, 글 내용의 올바른 이해는커녕 그것이 무얼 의미하는지를 파악하지 못해 시험 시간 내내 쩔쩔맬 것이다. 머릿속 배경 지식을 토대로 글 내용을 빠르게 해체하고 재구성해야만 문제의 물음과 선지의 대답에 답할 수 있다.

물론 여기에는 배경 지식을 활성화하여 지문 내용의 핵심을 파악할 수 있는 사고력이 뒷받침되어야 한다. 글에서 핵심 정보들을 찾아 그 의미 관계를 파악하려고 힘쓰는 한편, 그렇게 해소도 부족한 부분은 관련한 배경 지식을 찾아 보완하면서 글을 읽도록 한다. 그런 노력을 통해, 지식과 정보를 체계화하는 능력은 물론이고 지문 독해력은 비약적으로 향상할 것이다.

지문 독해의 어려움의 원인을 찾았다면, 방법적 요령을 살필 차례다.

핵심어와 중심 문장을 찾으면,
글 내용의 핵심은 단박에 포착된다!

글의 중심 생각을 찾는 요령 ①
핵심어 찾기
https://youtu.be/M-mKigw6QhQ

독해력 향상의
핵심 포인트
15가지

독해력 향상의 핵심 포인트 15가지

- 핵심1: 설명의 방법을 따라 '주제와 제재'가 확장하는 방식을 살피면서 읽으면, 글 전체의 의미 구조와 글 내용의 흐름을 파악할 수 있다.
- 핵심2: 주제와 제재의 확장자인 핵심 어구를 찾아서 그것들의 의미 관계를 구조화하여 생각하면, 글의 중심 생각을 더 잘 파악할 수 있다.
- 핵심3: 글의 전개 방식을 살피면서 읽으면, 글의 중요한 내용이 단락 안의 어느 곳에 집중해 있는지 파악할 수 있다.
- 핵심4: 설명글의 진술 방식을 이해하면서 읽으면, 단락 안에서 글의 중심 생각을 담은 중심 문장(단락의 소주제)을 정확하게 찾을 수 있다.
- 핵심5: 접속 표현에 주목하면서 읽으면, 단락 안의 중심 생각을 읽을 수 있다.
- 핵심6: 글의 '곁가지'부터 쳐내면, 글의 '뼈대'를 이루는 중요한 부분이 눈에 더 잘 들어온다.
- 핵심7: 단락별 핵심어와 중심 문장을 찾아낸 후 이것들의 관계에 집중하면서 읽으면, 글 내용을 더 잘 이해할 수 있다.
- 핵심8: 텍스트의 의미 구조를 살피면서 읽으면, 글 내용을 빠르고 정확하게 파악할 수 있다.
- 핵심9: 문장을 하나의 생각으로 뭉뚱그려 읽으면, 글 내용을 빠르고 정확하게 파악할 수 있다.
- 핵심10: 단어의 의미를 '추리'하며 읽으면, 글의 의미를 더 잘 이해할 수 있다.
- 핵심11: 어휘가 어려울수록 맥락으로 읽으면, 글의 의미를 더 잘 이해할 수 있다.
- 핵심12: 개념의 관계를 살피면서 읽으면, 글의 의미를 더 잘 이해할 수 있다.
- 핵심13: 배경 지식을 활용하면서 읽으면, 글의 의미를 더 잘 이해할 수 있다.
- 핵심14: 글의 중요한 부분을 표시하면서 읽으면, 글 내용의 핵심을 빠르고 정확하게 파악할 수 있다.
- 핵심15: 단락별 글의 중심 생각을 요약하는 연습을 병행하면, 독해력은 크게 향상한다.

수능 비문학 독해 능력을 향상하기 위해서는 다음 요건을 갖추어야 한다. 글의 중심 생각을 정확히 파악하고, 글의 이해력을 넓히며, 글의 경중을 가려 읽으면서, 글을 읽는 속도와 내용 이해의 정확도를 높여야 한다.

독해력 향상의 포인트는 크게 다음 세 가지다. 첫째, 글 전체 흐름을 단박에 파악할 수 있어야 하고(훑어 읽기), 둘째, 글의 중요한 부분에 정신을 집중해서 읽어야 하며(집중해서 읽기), 셋째, 텍스트의 의미 구조와 논리적 짜임새를 분석하며 읽는(텍스트를 분석하며 읽기) 요령을 깨우쳐야 한다.

'훑어 읽기'는 글에서 특별한 내용을 찾거나, 주제(제재)를 담은 핵심어를 찾을 때 효과적이다. 또는 중심 생각을 담은 주제문과 결론에 해당하는 문장 등을 찾을 때 쓴다. 이것은 수능 국어 비문학 지문 내용의 전체 구조를 재빠르게 파악할 때 무척 유용하다. '주의 깊게 읽기 및 집중해서 읽기'는 글에서 찾아야 할 핵심 내용이 무엇인지를 파악하기 위한 것이다. 주제를 담은 핵심 개념을 찾아 기억하고자 할 때, 주제를 뒷받침하는 중요한 문장을 찾으려 할 때 쓴다. '텍스트를 분석하며 읽기'는 글을 읽어 글 내용이 잘 이해가 되지 않을 때 유용하다. 이것은 텍스트의 짜임새, 즉 '의미 구조'를 분석하며 읽는 것으로, 텍스트의 구조 안에서 개념과 중심 생각이 서로 어떻게 기능하며 관계하는지 파악하면서 글을 읽는 것이다.

글을 효과적으로 잘 읽는 학생들은 '개략적으로 훑어보아도 될 부분'과 '주의 깊게 읽거나 집중해서 읽어야 할 부분', 그리고 '텍스트를 분석하며 읽어야 할 부분'을 명확히 구분한다. 이는 글을 읽으면서 '중요한' 부분과 '중요하지 않은' 부분을 효과적으로 가려내고, 글의 '부분-전체' 구조를 단박에 파악할 수 있도록 올바른 글 읽기 방법을 체득한 결과다. 당연히 글을 빠르고 정확히 읽는다. 여기에 글의 이해에 필요한 배경 지식을 적극적으로 습득하고, 글의 중요한 부분에 표시해가면서 읽는 등의 적극적인 노력이 따른다면, 비문학 지문 읽기 능력은 크게 향상한다.

이러한 방법적 요령은 앞서 밝힌 15가지 핵심 포인트로 세분된다. 각각의 핵심 내용을 설명하면 다음과 같다.

글 전체의 구조 및 흐름부터 파악하라
핵심 어구를 따라 글 전개와 글 내용의 흐름을 살피면서 빠르게 훑어 읽기

독서는 글 내용의 흐름과 생각의 흐름을 일치시키는 과정이다. 글을 읽는 동안, 생각의 흐름을 따라 글의 뼈대에 해당하는 부분을 빠르게 잡아나간다. 글의 뼈대를 잡는다는 것은, 글의 중심 내용과 세부 내용 간의 얽힌 관계를 머릿속 생각으로 집약해 나간다는 의미다. 그러면서 글에서 새로운 내용이 드러날 때마다 중심 내용을 상기하여 이것을 새로운 내용과 관련짓는다.

이것을 염두에 둘 때, 핵심은 다음 두 가지로 압축된다. 하나는 '글을 얼마만큼 빨리 읽을 수 있는가'이고, 다른 하나는 '글 내용을 얼마나 잘 이해할 수 있는가'하는 것이다. 지문을 '빠르고, 정확하게' 읽으면서 글의 중심 내용을 파악하고, 그것과 세부 내용의 얽힘 관계를 살펴서 글 전체의 의미를 읽어낼 수 있어야 한다.

글을 빠르고 정확하게 읽으려면 먼저 글의 전체 구조와 글 내용의 흐름부터 파악할 수 있어야 한다. 글은 생각의 흐름을 글자로 표현한 것이다. 그러므로 글과 글, 다시 말해 문장과 문장, 단락과 단락 내용의 앞과 뒤는 서로 이어져 있게 마련이다. 글 구조와 글 내용의 흐름을 파악하면 읽는 속도가 빨라지면서 동시에 전체 내용의 윤곽은 물론이고 글의 중심 생각을 읽어낼 수 있다.

이때, 주제와 제재의 확장자인 '핵심 어구'를 찾아서 그것들의 의미 관계를 구조화하여 생각하면, 글의 중심 생각을 더 잘 파악할 수 있다. 여기서 말하는 핵심 어구란 다음 두 개념어를 포괄한다. 하나는 주제와 소주제(제재, 화제)의 물음을 집약한 일군의 '개념어'이고, 다른 하나는 주제와 소주제의 물음을 내용면에서 집약한 '용어와 서술(핵심 키워드)'이다. 글을 읽으면서 이 둘을 찾아 나열한 다음, 그 의미 관계를 가늠하는 것만으로도 글의 중심 생각이나 글 내용의 핵심을 어렵지 않게 파악할 수 있다. 이제부터 전자는 '**개념어**', 후자는 '**(핵심) 키워드**'라고 통일해서 부르기로 한다.

> ## [예문: 미래주의]
>
> 미래주의는 20세기 초 이탈리아 시인 마리네티의 '미래주의 선언'을 시작으로, 화가 발라, 조각가 보치오니, 건축가 상텔리아, 음악가 루솔로 등이 참여한 전위예술 운동이다. 당시 산업화에 뒤처진 이탈리아는 산업화에 대한 열망과 민족적 자존감을 고양시킬 수 있는 새로운 예술을 필요로 하였다. 이에 산업화의 특성인 속도와 운동에 주목하고 이를 예술적으로 표현하려는 미래주의가 등장하게 되었다.
>
> 특히 미래주의 화가들은 질주하는 자동차, 사람들로 북적이는 기차역, 광란의 댄스홀, 노동자들이 일하는 공장 등 활기찬 움직임을 보여 주는 모습을 주요 소재로 삼아 산업 사회의 역동적인 모습을 표현하였다. 그들은 대상의 움직임의 추이를 화폭에 담아냄으로써 대상을 생동감 있게 형상화하려 하였다. 이를 위해 미래주의 화가들은, 시간의 흐름에 따른 대상의 움직임을 하나의 화면에 표현하는 분할주의 기법을 사용하였다. '질주하고 있는 말의 다리는 4개가 아니라 20개다'라는 미래주의 선언의 내용은 분할주의 기법을 통해 대상의 역동성을 지향하고자 했던 미래주의 화가들의 생각을 잘 드러내고 있다.
>
> 기존의 전통적인 서양 회화가 대상의 고정적인 모습에 주목하여 비례, 통일, 조화 등을 아름다움의 요소로 보았다면, 미래주의 회화는 움직이는 대상의 속도와 운동이라는 미적 가치에 주목하여 새로운 미의식을 제시했다는 점에서 의의를 찾을 수 있다. 이러한 미래주의 회화는 이후 모빌과 같이 나무나 금속으로 만들어 입체적 조형물의 운동을 보여 주는 키네틱 아트가 등장하는 데 영감을 제공한 것으로 평가되고 있다. (2020.3월 고1 모의, 문제 31~34 출제 지문 단락1~단락2, 단락4)

[예문]에서 네모 친 단어는 '개념어'이고, 밑줄 친 단어(서술)는 핵심 키워드다. 개념어 못지않게 중요한 것이 핵심 키워드를 찾아 밝히는 것으로, 개념어를 따라 둘을 체계적으로 나열하는 것만으로도 개념과 개념의 의미에 대한 비교 층위가 명확

히 드러나고, 지문에 실린 글 내용을 가늠할 수 있을 것이다. 글을 읽어 **먼저 핵심 어구부터 찾아 밝혀야 한다.**

현대 미래주의 회화 … 속도, 운동, 움직임, 역동성.. 생동감, 시간의 흐름

전통 서양 회화 … 비례, 통일, 조화, 고정적

미래주의 … 전통 예술을 부정하면서, 도시와 기계 문명의 역동성 및 속도감을 새로운 미의 가치로 표현하는 예술사조

그렇게 해서 핵심 어구를 구조화한다는 의미는 글 내용의 흐름을 따라 개념어 및 이와 관련한 핵심 키워드를 '분류 및 구분'하면서 머릿속 기억으로 이해하기 쉽게 나열하는 것을 뜻한다. 실제, 글을 읽어 먼저 이것부터 정리하는 것만으로도 글에서 중요한 부분을 찾아내는 작업에 한발 다가서는 것이라 할 수 있다. 이를 위해서는 글을 읽으면서 핵심어에 동그라미를 치고, 그 핵심어를 '정의'의 진술 방식으로 기술한 부분에 밑줄을 긋는 등의 의식적인 노력을 기울일 필요가 있다.

■ 핵심 포인트1: 설명의 방법을 따라 **'주제와 제재'가 확장하는 방식**을 살피면서 읽으면, 글 전체의 의미 구조와 글 내용의 흐름을 파악할 수 있다.

[제재를 통해 설명 글이 확장하는 방식]
① 정의와 확장된 정의를 중심으로 설명하는 방식
② 대상을 개념별로 비교하거나 대조하는 방식
③ 분류와 구분을 따라 개념을 세분화하면서 설명하는 방식
④ 이론 · 원리 · 법칙 · 현상을 분석적으로 설명하는 방식
⑤ 인과 관계를 따라 글 내용을 기술하는 방식
⑥ 글감의 중요성의 순서를 따르거나 글감을 병렬적으로 펼쳐나가는 방식

⑦ 예시 및 상술을 중심으로 세부 사실과 특수성을 설명하는 방식

■ 핵심 포인트2: 주제와 제재의 확장자인 **핵심 어구**를 찾아서 그것들의 의미 관계를 **구조화**하여 생각하면, 글의 중심 생각을 더 잘 파악할 수 있다.

핵심 어구부터 찾아라

글 구조와 글 내용의 흐름을 파악하는 작업은 컴퓨터 명령 실행을 위한 단계적 절차인 '알고리즘'을 분석하는 과정과도 같다. 알고리즘은 주어진 문제를 해결하기 위한 명령 체계로 구성된 일련의 순서화된 절차를 말한다. 넓은 의미의 알고리즘은 인간이 사고하는 과정에서 어떤 결과를 얻기 위한 해결 방법이라 할 수 있다. 좁은 의미의 알고리즘은 정렬, 검색, 순서도와 같이 프로그램상에서 특수한 과제를 해결하는 논리적 절차를 뜻한다.

알고리즘 분석에서 중요한 것은 컴퓨터 프로그램으로 쉽게 이용되도록 구성된 데이터들 사이의 **논리적 관계**라 할 수 있는 **데이터 구조**를 파악하는 것이다. 데이터 구조에는 크게 데이터를 순차적인 방식으로 정렬한 선형 데이터 구조와 데이터를 계층으로 정렬한 트리 데이터 구조가 있다. 적절한 데이터 구조란 데이터의 추가, 삭제, 검색을 효율적으로 수행하고 간결하게 표현할 수 있는 것을 말하는데, 이는 좋은 프로그램을 구성하는 데 있어서 필수 불가결하다.

수능 비문학 지문을 구성하는 설명글 역시 이와 다를 바 없다. 비문학 지문은 글의 형식은 물론이고 내용면에서도 논리적으로 잘 짜인 한 편의 완성도 높은 글감이다. 글과 글은 설명의 방법을 따라서 순차적(데이터의 선형 구조처럼)으로, 그리고 단락과 단락은 주제와 제재의 위계(데이터의 계층 구조처럼)를 따라서 논리적·체계적으로 전개된다.

따라서 컴퓨터 프로그램상의 적절한 데이터 구조를 파악하기 위해서는 먼저 데이터의 논리적 알고리즘부터 분석해야 하듯이, 글을 읽을 때도 먼저 글의 전체 구

조와 글 내용의 흐름부터 파악해야 한다. 글에서 논리적 알고리즘에 해당하는 부분은 크게 '제재의 확장 방식'과 '단락의 전개 구조'라 할 수 있다. 둘은 핵심 어구를 공통분모로 하여 일련의 논리적 흐름을 따라 체계적으로 기술되고 있음을 생각한다면, 먼저 **글에 실린 핵심 어구부터 찾아 이를 정리할 수** 있어야 한다는 사실의 중요성은 무척 중요하다.

핵심 어구가 어떻게 확장하고 있는지를 살펴라

글의 내용면에서의 위계적 연결 관계(제재가 확장하는 방식)를 분석하면서, 그리고 글의 형식면에서의 설명적 기술 관계(단락의 전개 방식)를 파악하면서 제시문을 읽으면, 글의 중심 생각은 물론이고 글의 체계와 의미 관계를 더 잘 이해할 수 있다. 즉, 설명의 방법을 따라 **소주제(제재와 화제)의 물음이 확장하는 방식**을 살피면서 읽으면, 글 내용의 흐름과 글의 중요한 내용이 어디에 있는지 파악할 수 있다. 그리고 **단락의 전개 방식**을 살피면서 읽으면, 글의 중요한 내용이 어느 단락에, 그리고 단락 안의 어느 곳에 집중해 있는지 파악할 수 있다.

설명글을 따라 주제(및 제재, 화제)가 확장하는 방식과 단락이 전개되는 방식은 내용면에서의 글 구성과 형식면에서의 글 구조를 각각 다른 시각에서 설명한 것일 뿐, 둘은 마치 동전의 앞뒤처럼 긴밀히 관계한다. 알고 있어야 할 것은, 주제(및 제재, 화제)가 확장하는 방식과 단락이 전개되는 방식을 파악하는 '훑어 읽기'의 목적은 어디까지나 글의 전체 구조와 의미 관계를 파악하는 데 있는 것이지, 이것만으로 글 내용을 이해할 수 있을 것으로 생각해서는 안 된다.

글 구조와 글 흐름의 파악은 글에 무엇이 담겨있고 또 어떤 논리 구조를 이루고 있는지, 글에서 중요한 내용이 어느 단락에 집중되어 있는지, 발문의 물음과 선지의 대답과의 관계는 어떠한지를 재빠르게 간파하는 데 있으며, 이것만으로도 지문 독해에 필요한 충분히 소기의 목적은 달성하는 것이다.

핵심어와 중심 문장을 찾으면,
글 내용의 핵심은 단박에 포착된다!
글의 중심 생각을 찾는 요령 ②
중심 문장 찾기
https://youtu.be/qyZ3iv8kO8g

주제와 제재의 차이는 무엇이고,
중심 문장과 어떤 식으로 관계 맺음을 하나요?

주제(主題, Subject)는 글의 중심 내용, 혹은 글쓴이가 글을 통해 말하고자 하는 참된 의도를 집약한 진술이다. 주제는 글에서 '무엇에 대하여 말을 하고 있는가'를 나타내는 진술로, 명확한 주제를 가진 글은 곧 초점이 명확한 글이다. 즉, 주제는 초점이 명확하여 어떤 문제에 관한 하나의 주장이나 논점으로 집약된다.

제재(題材, topic, 또는 화제, 話題)는 주제 개념을 뒷받침하기 위해 사용한 글의 중심 소재를 말한다. 즉, 글을 구성하고 전개하는 재료나 글감 중에서 가장 중심이 되는 재료가 곧 '제재(화제)'이다. 설명글에서 제재는 주제를 직접적으로 혹은 간접적으로 뒷받침할 수 있는 중심 재료(소재), 즉 '구체적이고 물리적인 제재'이거나, 주제를 효과적으로 드러내기 위해 사용되는 글의 개념적 의미, 즉 '추상적이고 논리적인 제재'를 의미한다. 예를 들면, 영국의 소설가 제인 오스틴의 장편소설 〈오만과 편견〉에서, '사랑'은 주제에 해당하고, 작가가 소설 속 남녀 주인공인 다아시와 베넷의 사랑 이야기를 통해 전달하려는 메시지를 담은 핵심 개념인 '오만과 편견'은 주제로써의 '사랑'을 뒷받침하는 '제재'에 해당한다. 수능 비문학 지문 독해에서 '제재(주제어 포함)'의 파악이 중요한 이유는, 이것을 중심으로 글쓴이의 주장과 표현 방법이 **'변주'**되면서 글 내용이 전개될 뿐만 아니라, **추상적이거나 논리적인** 의미를 담고 있어서 개념화하여 생각하기 어렵기 때문이다.

주제와 제재는, 글의 '중심 생각', 즉 글쓴이가 말하려는 '중심 내용'의 핵심을 이루는 '키워드(핵심어)'란 점에서 둘은 같을 수도 있고 다를 수도 있다. 중요한 것은, 글의 주제를 담은 단어(또는 서술)든, 글에서 제재나 화제를 담은 단어(또는 서술)든 관계 없이, 글을 읽으면서 가장 먼저 찾아 밝혀야 할 핵심 '키워드'이다.

'제재(화제)'는 글에서 불쑥 나왔다가 사라지는 단어(또는 서술)가 아니라, 문장에서 지속해서 나타난다. 그것도 중요한 문장에서, 즉 글의 '중심 문장'에 반드시 들어있게 마련이다. 명확한 제재는 문장에서 주되게 논의하는 것을 집약한 진술(단어 또는 서술)이기 때문이다. 따라서 글을 읽으면서 명확한 제재를 떠올리는 것은 문장의 중심 생각으로 가는 지름길로, 지문 독해의 핵심은 주제와 관련하여 '반복'해서 언급된 관련 단어나 서술을 찾는 것이다. 제재를 알게 되면 다음 단계로 넘어가 글의 중심 생각을 읽어낼 수 있다. 한 단락에서 중심되는 생각을 '소주제'라고 하고, 글의 중심 생각, 즉 주제와 구분하여 '화제'라고 하기도 한다.

글에서 주제·제재와 '중심 생각'을 발견하면 읽기에서 모든 것들은 가능해진다. 글에서 빈번하게, 또는 특별하게 진술된 생각을 찾아내면 글의 중심 생각을 알아낼 수 있다. 글쓴이가 글에서 말하고자 하는 중심 생각을 집약한 것이 '중심 문장'으로, 다음과 같은 특징이 있다. 단락에서 가장 '중요한' 문장이고, 단락에서 가장 '높은 수준의 생각'을 담고 있는 문장이며, 단락 전체를 '한 문장으로 집약'할 수 있는 문장이다. 물론 중심 문장은 단락에서 병렬의 관계로 맺어지면서 한 개 또는 둘 이상의 문장을 이룰 수 있다.

★ ★ ★

① 정의와 확장된 정의를 중심으로 설명하는 방식

　→ 용어의 '의미'를 명확히 한다.

'정의(正義)'는 어떤 대상이나 개념의 범위를 한정하거나 그 본질을 규정하는 설명의 방법(진술 방식)이다. 정의는 대부분 'A는 B이다'의 형식(명제)을 취하게 된다. 이때 A는 피정의항(정의할 용어), B는 정의항(용어의 설명)이라고 하는데, 정의항은 '종차(개별적 특성)+유개념(범주와 부류)'으로 이루어진다. 이때 '종차(種差)'란 바로 피정의항과 같은 유(類)에 속하는 다른 종(種)과의 차이를 제시함으로써 피정의항의 특성을 명확히 규정하는 것이다. 가령 '문학은 언어의 예술이다'라고 했을 때, 정의항인 '언어의 예술'은 '언어의(종차)+예술(유개념)'으로 구성되어 있는데, 여기서 종차는 다른 예술 종(種)과 문학이라는 예술 종(種) 사이의 차이를 나타낸 것이다. 곧 문학이란 예술은 언어를 매개로 한다는 측면에서 다른 예술과 구별된다는 것이다. 이처럼 정의는 피정의항을 그것의 유개념에 비추어 한정함으로써 이루어지며, 이러한 전형적인 정의의 방법을 '사전적(辭典的) 정의'라고 한다.

피정의항(정의할 용어)	유개념(범주와 부류)	종차(개별 특성)
문학	예술	언어로 표현된다

가장 일반적으로 정의를 내리는 방법으로는 '외연'과 '내포'의 두 가지가 사용된다. 외연적 정의는, '채소란 배추, 무, 당근, 시금치 등이다'처럼, 개념(채소)이 가리키는 대상(배추, 무, 당근…)들을 열거하는 정의 방식이다. 한편 내포적 정의는 '채소란 밭에서 기르는 농작물이다'처럼, 개념의 대상들이 공통적으로 가지고 있는 성질·특성·속성·내용(밭에서 기르는, 농작물)을 기술하는 정의 방식이다.

그러나 이와 같은 정의만으로는 복잡한 개념을 완벽하게 정의하기 어려운 것이 보통이다. 또한 피정의항은 고정불변한 것이 아니라 사회적·역사적으로 끊임없이 변화·발전함에 따라 'A는 B이다'와 같은 단순한 정의만으로는 피정의항을 제대로 정의하기 어렵다. 사전적 정의만으로는 어떤 용어를 충분하게 정의할 수 없다고 판단하여, 여러 가지 보조 방법을 동원해 정의를 규정하는 작업을 확대하는 경우가 있다. 한 단락이 정의를 위해 할애될 수도 있고 그 이상일 수도 있다.

사전적 정의를 기반으로 더 확대된 정의를 가리켜 **'확장된 정의'**라고 한다. 확장된 정의를 위한 방법으로는, 어원을 밝히는 방법, 역사 및 배경을 밝히는 방법, **예를 제시하는 방법**, 관련되는 글을 인용하는 방법, 그림을 보여 주는 방법, **비교 및 대조를 하는 방법, 작동 원리를 설명하는 방법** 등이 있다. 용어의 의미를 명확히 하는 것을 정의라고 할 때, 앞의 방법들은 모두 해당 용어의 의미를 명확히 하는 데 일조를 하므로, 넓은 의미의 정의에 포함된다고 말할 수 있다.

참고로, '지정(指定)'은 매우 간단하고 명백하게 어떤 대상을 직접 설명해주는 방식으로, 주로 '무엇인가', '누구인가'에 대한 대답의 형태로 나타난다. 예를 들어, '오리엔탈리즘이란 동양을 지배하고 재구성하며 위압하기 위한 서양의 스타일이다'처럼, 대상의 특징을 나타낸다는 점에서 유개념과 종개념을 사용하는 정의와는 구별된다.

개념을 정확히 정의한 부분부터 찾아라

비문학 지문에서 '정의'의 진술 방식에 주목하면서 글을 읽어야 하는 이유는, 그것이 **글의 이해**에 결정적일 뿐만 아니라, 추상적인 개념을 보다 **구체적으로** 인식할 수 있게 하기 때문이다. 개념에 대한 정의를 분명히 함으로써, 피정의항을 규정하기 위해 사용되는 여러 가지 개념들 사이의 인과 관계 및 상하 관계는 명확하게 드러난다. 특히 인문철학 및 법률과 지문은 관련한 핵심 용어에 대한 명확한 **'개념 정의'**가 따라야만 글 내용을 명확히 파악하고 이해할 수 있다.

[예문1: 손해보험에서의 피보험이익 관련 규정]

손해보험은 계약에서 정한 보험 사고가 발생했을 때 보험가입자 측에게 생긴 재산상의 손해를 보상하는 보험이다. 교통사고, 화재, 도난 등으로 생기는 피해에 대비하기 위해 가입하는 손해보험은 오늘날 우리 생활과 가까운 곳에 있다.

보험 사고가 발생할 때에 보험금을 받을 자를 피보험자, 보험금을 지급할 의무를 지는 자를 보험자라 한다. 손해보험의 피보험자는 보험의 목적에 피보험이익을 가져야 한다. 이때 보험의 목적이란 보험 사고의 대상을 말한다. 손해보험 계약은 손해 보상을 목적으로 하는데, 손해의 전제로써 피보험자는 보험의 목적에 경제상의 이익을 가져야 하고, 이를 피보험이익이라 한다. 시가 100원의 주택을 소유한 사람은 화재로 주택이 전소하면 100원을 잃는데, 이렇게 보험 사고 발생으로 잃어버릴 염려가 있는 이익이 피보험이익이다.

피보험이익이 없는 자에게 보험금 청구권을 인정하면, 보험계약이 도박처럼 될 수 있고 고의로 보험 사고를 유발하는 보험 범죄의 가능성도 생길 수 있다. 피보험이익으로 인정되려면 몇 가지 요건이 필요하다. 우선 객관적으로 금전으로 산정할 수 있는 경제적 가치를 가져야 한다. 따라서 개인적, 정신적, 도덕적 이익은 피보험이익이 될 수 없다. 예컨대 소중히 간직한 자신의 일기장을 5억 원의 손해보험에 가입하는 것은 허용되지 않는다. 그리고 적법한 이익이어야 하며, 계약 체결 당시 그 가치가 객관적으로 확정되어 있거나 적어도 보험 사고가 발생할 때까지는 확정되어야 한다.

손해보험은 실손보상 원칙을 기본 원칙으로 삼는다. 실손보상 원칙이란 실제 발생한 손해만을 보상하고 그 이상은 보상하지 않는다는 것을 뜻한다. 따라서 손해보험을 통해 피보험자가 재산상 이익을 얻는 것은 허용되지 않는데, 이를 이득금지의 원칙이라고 한다. 실손보상 원칙은 손해보험 계약의 도박화를 막고 보험 범죄를 방지하는 역할을 한다.

보험가액은 피보험이익의 객관적인 금전적 평가액으로, 보험자가 보험금의 형태로 부담하게 되는 보상책임의 법률 상의 최고 한도액이다. 보험가액은 고정된 것이 아니며 경제 상황 등에 따라 변동될 수 있는데, 이득금지의 원칙과 관련해 피보험자에게 이득이 생겼는가 여부를 판단하는 기준이 된다. 이와 달리 보험 사고 발생 시 보험자가 지급하기로 보험계약에서 실제 약정한 최고 한도액은 보험금액이라 한다. 보험금액은 당사자 간 약정에 의하여 일정한 금액으로 정해지며, 보험 기간 중에는 이를 변경하지 않는 것이 원칙이다. 보험금은 보험 사고가 발생할 때 실제로 보험자가 지급하는 금액이다. 보험 사고가 발생하였다고 해서 항상 보험금액만큼 지급되는 것은 아니므로 보험금액은 보험금의 최고 한도라는 의미만을 갖는다.

보험가액과 보험금액은 서로 일치하지 않을 수 있다. 보험금액이 보험가액을 현저하게 초과하는 경우를 <u>초과보험</u>이라 한다. 시가 100원 상당의 건물을 보험금액 200원으로 하여 가입한 화재보험이 그 예이다. 손해보험에서 보험가액을 초과하는 부분에는 피보험이익이 존재하지 않으므로 보험금액을 보험가액과의 비율에 따라 조정해야 한다. 앞 사례에서 건물이 100% 손실을 입었다면 100원만을 지급한다는 의미이다. 보험계약 체결 당시엔 초과보험이 아니었으나 보험가액이 감소한 경우처럼, 당사자가 의도하지 않은 채 초과보험 계약을 한 경우는 단순한 초과보험이라 한다. 이런 경우 예외적으로 보험자는 보험금액의 감액을, 보험에 가입한 보험계약자는 보험자에 지급하는 금액인 보험료의 감액을 각각 청구할 수 있다. 그러나 보험계약자가 재산상 이익을 얻을 목적으로 초과보험을 체결한 경우는 사기에 의한 초과보험이라 하여 그 계약 전부를 무효로 한다. <u>한 명의 피보험자가 동일한 피보험이익과 동일한 보험 사고에 관하여 여러 보험자와 계약을 체결한 경우에 그 보험금액의 합계가 보험가액을 초과하는 경우를</u> <mark>중복보험</mark>이라 한다. 이때 각각의 보험은 보험의 목적이 서로 같아야 하고, 보험 기간도 공통이어야 한다. 중복보험은 초과보험과 유사하게 보험계약자가 중복보험을 의도한 경우와 그렇지 않은 경우를 구분하고 있다. 사기에 의한 중복보험은 그 계약 전부를 무효로 한다. 단순한 중복보험의 경우, 각 보험자가 보험금액의 비율에 따라 연대 책임을 지지만 그 보상액은 각각의 보험금액으로 제한된다. 예를 들어 보험가액 100원인 건물에 대하여 각기 다른 세 보험자와 보험금액을 각각 100원, 60원, 40원으로 하여 화재보험 계약을 한 경우, 각 보험자는 보험 사고가 발생할 때 가입 당시 보험금액의 한도 내에서 연대 책임을 진다. 만약 100% 손실을 입으면 피보험자가 100원의 보상을 받을 수 있도록 각 보험자는 보험금액의 비율에 따라 50원, 30원, 20원을 보험금으로 지급하게 된다. (2021.11월 고1 모의, 문제 20~24 출제 지문)

[예문1]은 '손해보험에서의 피보험이익 관련 규정'을 설명하는 글로써, '정의' 및 '예시'의 방법으로 글 내용 전체가 기술되어 있다. 따라서 글 내용 이해의 핵심은 '용어'의 사전적 의미를 명확히 하는 데 있음을 알 수 있을 것이다.

이때, 먼저 주제 개념어와 소주제 개념어가 같은지, 또는 다른지부터 살핀다. 만약 두 개념어가 다르다면, 집중해야 할 것은 '**소주제의 물음**'을 담은 개념어로, 글 내용의 핵심은 이것을 설명하는 부분(단락)부터라고 생각하면 된다. 비문학 설명글은 주제 개념보다는 소주제를 중심으로 글 내용이 펼쳐지는 것이 일반적으로, 대개 첫 단락에서 주제 개념을 설명하는 단락은 소주제(제재와 화제)를 이끄는 '유도'

글 역할을 하는 것이 일반적이다. 그렇게 해서 글에 실린 핵심 개념(특히, 소주제인 '피보험이익'과 그 하위 개념)을 따라서 그것을 설명하는 '피정의항'을 주의 깊게 살피면서 읽으면, 글의 내용의 흐름과 그 의미를 파악할 수 있다.

이때, 아래의 단락별 핵심 물음 및 이것이 지시하는 **'개념어'**부터 찾아 정렬한 후('예문1'의 박스 친 부분), 단락과 단락은 **'개념 정의'** 방법을 중심으로('예문1'의 밑줄그은 부분), '단락3~단락5'는 '나열 관계(핵심-핵심)'를 이루고 '단락6~단락7'은 '대응 관계(비교-대조)'를 이루면서 제재가 확장하고 있음을 파악한다. 그렇게 해서 글에서 중요한 부분은 단락의 흐름을 따라 글 전체에 고르게 퍼져 있는 한편, 글 내용을 이끄는 개념어의 의미를 정확히 파악하는데 '예시' 글의 이해가 무엇보다 중요하다는 사실을 깨닫고, 이것과 개념어를 연결해가면서 의미를 집약할 필요가 있다.

소주제 물음의 확장과 단락 전개

(단락1) 손해보험
(단락2) 손해보상: **피보험이익**
(단락3) 피보험이익의 인정 요건: 경제적 가치, 적법한 이익
(단락4) 피보험이익에 대한 실손보상 원칙: 이득금지의 원칙
(단락5) 피보험이익의 평가액: 보험가액과 보험금액
(단락6) 피보험 이익의 예외 규정1: 초과보험
(단락7) 피보험 이익의 예외 규정1: 중복보험

※단락의 전개 과정을 보면, '단락2'를 중심으로 이후의 글 내용이 단락별로 펼쳐지고 있음을 알 수 있다. 따라서 글 내용을 파악하려면 '단락2'의 핵심 개념어의 정확히 이해한 이해가 선행해야 한다. '단락'에 '예시' 글이 있는 기술되고 이유가 이 때문이다.

② 대상을 개념별로 **비교**하거나 **대조**하는 방식

　→개념적 의미의 공통점과 **차이점**을 찾아 살핀다.

　'비교'와 '대조'는 둘 이상의 대상을 향해 무엇이 같고 무엇이 다른가를 드러내는 설명의 방법이다. '비교(比較)'는 어떤 것이 다른 것과 어떻게 같은가, 혹은 어떻게 다른가를 보여 줌으로써 그 어떤 것을 설명하는 방식이다. 특히 유사성이나 공통점보다는 차이점을 강조하는 경우를 일컬어 '대조(對照)'라고 한다. 비교와 대조는 어떤 판단이나 결정을 내릴 때 효과적일 뿐 아니라, 그 대상의 특성을 파악하는 데도 크게 도움이 된다. 두 가지 이상을 비교 또는 대조하면 그 대상의 본질이나 특성이 더욱 잘 드러나게 된다. 글 내용의 효과적인 비교와 대조를 위해서는 무엇보다 비교할 대상을 잘 파악하고, 이를 중심으로 **유사점과 차이점**을 구체적으로 살펴야 한다. 글을 읽으면서 이러한 공통점 및 차이점을 조명하는 일은 대상들에 대해서 의미 있는 지식과 정보를 파악하기 위한 것이라는 점에 유의해야 한다.

　글에서 핵심 개념이 비교 또는 대조되면서 기술되고 있는 경우, 그 글의 이해에서 중요한 것은 다음과 같다. 먼저, 그것이 '대상별 비교'를 따르고 있는지, 아니면 '기준별 비교'를 따르고 있는지를 파악하는 것이다. 대상별 비교는 대상 하나에 대해서 기준을 여러 개 적용하여 설명한 후 다른 대상에 대해서도 동일한 방법으로 설명하는 것이다. 이것은 비교의 글이 짧은 경우나 비교의 수준이 적은 단순한 비교로, 주로 단락 안에서 통일된 전체인 대상을 따라 기분별로 세분된 내용을 비교하는 경우이다.

　한편, 기준별 비교는 기준 하나에 대해서 대상을 여러 개 적용하여 설명한 후 다시 다른 기준을 중심으로 동일한 작업을 되풀이하는 것이다. 이것은 비교의 글이 긴 경우, 비교의 기준이 많은 경우, 여러 대상을 비교하는 복잡한 비교에 효과적이지만, 하나의 대상에 대한 전체적인 그림을 제공하기 어렵고 또 글 내용이 복잡하기 때문에 수능 비문학 지문으로는 자주 등장하지 않는다. 어느 것이든, 비교 대상

별 개별 비교 기준을 설명하는 핵심어(제재)부터 파악한 후, 그것에 맞게 공통점과 차이점을 설명하는 진술을 명확히 파악하는 것이 글 이해의 관건이 된다.

개념의 범주를 따라 글 내용이 비교되는 부분에 집중하라

특별한 비교 방식으로 '유추'가 있다. 서로 다른 대상이나 과정, 또는 체계가 일정한 면에서(곧, 그 구조, 기능, 속성 관계 등) 유사하거나 일치할 때, 그 유사성이나 동일성에 따라 그것들이 다른 측면에서도 서로 유사하거나 일치할 것이라고 추론을 하는 것이 곧 '유추(유비추리)'다. 즉, 같은 종류의 것 또는 비슷한 것에 토대를 두고 다른 사물(대상)을 미루어 추측하는 것을 유추라고 한다.

유추는 낯선 대상을 친숙한 대상에 비유하는 매우 특별한 종류의 비교라 할 수 있다. 일반적으로 공통점 및 차이점을 서술해 나가는 비교의 방법은 같은 차원이나 범주에 있는 사물들 사이에서 이루어지지만, 유추는 낯선 대상을 그것과는 다른 대상과 비교하면서 설명한다. 유추는 차원이나 범주가 다른 대상들을 그들의 공통점을 중심으로 새롭게 연결하는 것이므로, 무엇보다도 대상에 대한 정확한 지식과 정보, 그리고 대상들 사이의 내적 인과 관계에 대한 충분하고 풍부한 지식이 전제되어야 하며, 유추 과정 역시 객관적이고 타당한 절차를 거쳐 진행되어야 한다. 다시 말해, 정확한 **지문 이해가 선행되어야** 한다.

[예문2: 도덕 판단에 대한 두 관점]

다음 상황을 생각해 보자. A가 등교하는 길에 다리가 불편한 할머니가 횡단보도 건너는 것을 도와 달라고 하였다. 지금 학교에 가지 않으면 지각을 하여 벌점을 받게 된다. A는 할머니를 도와야 할까, 아니면 학교에 가야 할까? 이런 상황을 도덕적 딜레마라 한다. 이런 상황에서 개인 행위의 옳고 그름을 판단하는 기준이 필요하다. 이러한 기준을 우리는 크게 두 가지 관점에서 제시할 수 있다. 하나는 의무론적 관점이고 다른 하나는 목적론적 관점이다.

의무론적 관점은 행위에 대한 도덕적 판단이 도덕 법칙에 따라 이루어져야 한다고 보았다. 이 관점은 도덕 법칙을 지키려는 의지를 의무로 보았으며 결과와 무관하게 행위 자체의 옳고 그름에 주목하였다. 도덕 법칙은 언제나 타당하고 보편적인 것이기에 '왜'라는 질문은 성립하지 않는다. 따라서 좋지 않은 결과를 초래하더라도 도덕 법칙은 지켜야 한다. 이런 의미에서 의무론적 관점을 법칙론이라고도 한다.

그러나 의무론적 관점에는 한계가 있다. 두 개의 옳은 도덕 법칙이 충돌할 때 의무론적 관점에 따르면 결정을 내릴 수 없다. 예를 들어 1번 철로에는 3명의 인부가, 2번 철로에는 5명의 인부가 일을 하고 있을 때 브레이크가 고장 난 기차의 기관사는 어떤 길을 선택해야 할까? 의무론적 관점은 이 상황에서 어떤 철로를 선택해야 할지 결정을 내릴 수 없다.

한편, 목적론적 관점은 행복이나 쾌락을 인간이 추구해야 할 목적으로 보았다. 이 관점은 오로지 최선의 결과를 가져오는 행위가 옳은 행위이며, 경험을 통하여 도덕을 얻을 수 있다고 생각하였다. 도덕은 '보다 많은 사람들에게 보다 많은 행복을 가져오는 행위'이다. 따라서 어떤 행위를 결정할 때는 미래에 있을 결과를 고려해야 한다. 이런 의미에서 목적론적 관점을 결과론이라고도 한다.

그러나 목적론적 관점도 한계가 있다. 똑같은 결과라도 사람마다 판단이 달라질 수 있기 때문이다. 앞의 예에서 1번 철로를 선택하는 것이 목적론적 관점에서는 옳은 선택이지만 1번 철로에 있던 인부의 가족에게 물었을 경우 대답은 달라질 것이다. 이런 문제 때문에 목적론적 관점은 도덕 법칙에 대해 많은 예외를 허용할 우려가 있다. (2016.6월 고1 모의, 문제 16~19 출제 지문)

[예문2]는 도덕적 딜레마 상황에서 옳고 그름을 판단하는 두 기준인 '의무론적 윤리관'과 '목적론적 윤리관'에 관해 설명하면서, 두 관점이 필요한 이유, 특징, 한계점을 '비교와 대조'의 방법을 따라 대상별로 체계적으로 기술하고 있다.

그렇게 해서 '단락2, 3'과 단락3, 5'는 '대응 관계(비교-대조)'를 이루고 있으며, '단락 2'와 '단락3' 그리고 '단락4'와 '단락5'는 '기술 관계(핵심-상술)'를 이루면서 글 내용이 펼쳐지고 있다.

이를 염두에 두고서, 단락별로 소주제의 물음을 담은 것으로서 상반된 의미를 담은 핵심 어구를 찾은 후, 둘 사이의 차이점을 중심으로 생각을 집약하면서 글 내용을 이해할 필요가 있다.

소주제 물음의 확장과 단락 전개

(단락1) 도덕적 딜레마 상황에서 옳고 그름을 판단하는 두 기준
(단락2) 의무론적 관점의 정의: 도덕법칙, 의무론
(단락3) 의무론적 관점의 한계: 행위 결정의 어려움
(단락4) 목적론적 관점의 정의: 행복, 결과론
(단락5) 목적론적 관점의 한계: 행위 판단의 어려움

※단락의 전개 과정을 보면, '단락2'와 '단락4'가 '비교-대조' 관계를 이루면서 핵심 개념어를 따라 글 내용이 '비교'되고 있다. 따라서 글 내용의 이해에 집중할 것은 '단락2'와 '단락4'로, 그 과정에서 '단락3'과 '단락5'의 의미는 자연스럽게 파악된다.

③ 분류와 구분을 따라 개념을 **세분화**하면서 설명하는 방식
 → 주제(제재) 개념을 따라서 세분되어 유개념과 종개념의 상하 및 좌우 **연관성**을 살핀다.

　설명의 방법에서, 여러 대상을 어떤 **공통된 성질**에 따라 나누는 것을 '분류'라고 한다. 분류는 여러 대상을 정리하고 질서화하는 데 도움을 준다. 따라서 글의 논리적인 흐름을 유지하기 위해 일련의 대상을 분류하는 기준은 일관성과 통일성을 갖추어야 한다.

　분류와 비슷한 의미로 '구분'이 있다. 분류가 대상을 그보다 높은 층위의 공통성에 따라 나누는 작업을 가리킨다면, 구분은 한 단계 낮은 층위의 공통성에 따라 나누는 과정을 가리킨다. 가령 여러 민족의 언어를 비교하여 그것들이 지닌 질적 공통성에 따라 어족을 우랄 알타이어족, 인도 유럽어족 등으로 나누는 것이 분류에

해당한다면, 한국어를 지역적 차이에 따라 몇 개의 방언으로 나누는 것은 구분에 해당한다.

분류를 따르든 구분을 따르든, 이런 유형으로 진술한 설명글의 핵심을 파악하는 데 있어서 중요한 것은, 주제 또는 소주제(제재)를 따라 이를 '분류' 또는 '구분'의 방식으로 나누고 쪼개진 '개념·대상·현상·원리'를 담은 핵심어를 찾아낸 후, 그것들 간의 **내적 연관성**을 파악하는 것이다.

다시 말해, 분류한 핵심어별로 '비교와 대조'의 설명방식으로 기술된 글 내용의 **공통점과 차이점**을 찾아 밝히는 것이다. 그 점에서 '분류와 구분'의 설명 방법과 '비교와 대조'의 설명 방법은 불가분의 관계에 있다.

[예문3: 미래주의 회화 운동]

미래주의는 20세기 초 이탈리아 시인 마리네티의 '미래주의 선언'을 시작으로, 화가 발라, 조각가 보치오니, 건축가 상텔리아, 음악가 루솔로 등이 참여한 전위예술 운동이다. 당시 산업화에 뒤처진 이탈리아는 산업화에 대한 열망과 민족적 자존감을 고양시킬 수 있는 새로운 예술을 필요로 하였다. 이에 산업화의 특성인 속도와 운동에 주목하고 이를 예술적으로 표현하려는 미래주의가 등장하게 되었다.

특히 미래주의 화가들은 질주하는 자동차, 사람들로 북적이는 기차역, 광란의 댄스홀, 노동자들이 일하는 공장 등 활기찬 움직임을 보여 주는 모습을 주요 소재로 삼아 산업 사회의 역동적인 모습을 표현하였다. 그들은 대상의 움직임의 추이를 화폭에 담아냄으로써 대상을 생동감 있게 형상화하려 하였다. 이를 위해 미래주의 화가들은, 시간의 흐름에 따른 대상의 움직임을 하나의 화면에 표현하는 분할주의 기법을 사용하였다. '질주하고 있는 말의 다리는 4개가 아니라 20개다'라는 미래주의 선언의 내용은, 분할주의 기법을 통해 대상의 역동성을 지향하고자 했던 미래주의 화가들의 생각을 잘 드러내고 있다.

분할주의 기법은 19세기 사진작가 머레이의 연속 사진 촬영 기법에 영향을 받은 것으로, 이미지의 겹침, 역선(力線), 상호 침투를 통해 대상의 연속적인 움직임을 효과적으로 표현하였다. 먼저 이미지의 겹침은 화면에 하나의 대상을 여러 개의 이미지로 중첩시켜서 표현하는 방법이다. 마치 연속 사진처럼 화가는 움직이는 대상의 잔상을 바탕으로 시간의 흐름에 따른 대상의 움직임을 겹쳐서 나타내었다. 다음으로 힘의 선을 나타내는 **역선**은 대상의 움직임의 궤적을 여러 개의 선으로 구현하는 방법이다. 미래주의 화가들은 사물이 각기 특징적인 움직임을 갖고 있다고 보고, 이를 역선을 통해 표현함으로써 사물에 대한 화가의 느낌을 드러내었다. 마지막으로 **상호 침투**는 대상과 대상이 겹쳐서 보이게 하는 방법이다. 역선을 사용하여 대상의 모습을 나타내면 대상이 다른 대상이나 배경과 구분이 모호해지는 상호 침투가 발생해 대상이 사실적인 형태보다는 왜곡된 형태로 표현된다. 이러한 방식으로 미래주의 화가들은 움직이는 대상의 속도와 운동을 효과적으로 나타낼 수 있었다.

기존의 전통적인 서양 회화가 대상의 고정적인 모습에 주목하여 비례, 통일, 조화 등을 아름다움의 요소로 보았다면, 미래주의 회화는 **움직이는 대상의 속도와 운동이라는** 미적 가치에 주목하여 새로운 미의식을 제시했다는 점에서 의의를 찾을 수 있다. 이러한 미래주의 회화는 이후 모빌과 같이 나무나 금속으로 만들어 입체적 조형물의 운동을 보여 주는 키네틱 아트가 등장하는 데 영감을 제공한 것으로 평가되고 있다. (2020.3월 고1 모의, 문제31~34 출제 지문)

[예문3]은 20세기 초 이탈리아에서 시작된 '미래주의 회화 운동'을 소개한 글로, 아래의 단락별 핵심어를 중심으로 이를 '분류와 구분'의 방식을 따라 '제재(분할주의 기법)'를 확장하면서 각각의 개념적 의미를 기술하였다. 그에 따라 글의 중요한 정보는 '단락3'에 실린 핵심어(확장된 제재)를 중심으로 하여 이것을 **'정의'**와 **'예시'**의 진술 방식으로 설명하고 있다.

따라서 이 핵심어들을 찾아서, 각각의 개념적 의미가 '분류'의 설명 방법을 따라 병렬적으로 기술되고 있음을 파악한다면, 글 내용의 흐름을 이해하는 것은 그리 어렵지 않을 것이다. 이때, 글 내용을 이해하는데 있어서 가장 중요한 설명은 '단락3'에서 개념을 세분화하면서 집중되고 있음을 깨닫는다면, 그리고 특히 '단락2'와 '단락3'이 '기술 관계(핵심-상술)'를 이루면서 제재가 확장하고 있음을 이해한다면, 글 내용과 글의 중심 생각을 어렵지 않게 포착할 수 있을 것이다.

> **제재 확장과 단락 전개**

(단락1) 미래주의 … 주제어
(단락2) 미래주의 회화 운동의 핵심: **분할주의 기법** … 핵심어1(제재)
(단락3) 분할주의 기법의 특징: **이미지의 겹침, 역선, 상호 침투** … 핵심어2(제재 확장)
(단락4) 전통 회화와 미래주의 회화의 차이점

(단락1) → **(단락2)** → **(단락3)**
　　　　　└ **(단락4)**

※단락의 전개 과정을 보면, '단락2'에서 소주제인 '분할주의 기법'이란 화제에 관해 기술하면서, 그 특징을 '단락3'에서 '분류'의 방법으로 중점적으로 설명하고 있다. 따라서 집중해야 할 곳은 소주제의 물음을 확장하면서 기술한 '단락3'으로, 이 역시 '단락2'의 핵심 개념에 대한 이해를 바탕으로 한다.

④ 이론 · 원리 · 법칙 · 현상을 **분석적으로** 설명하는 방식
　→ '이론 · 원리 · 법칙 · 현상'을 설명하는 용어들 사이의 **내적 관계**를 추적한다.

'분석'이란 설명하고자 하는 어떤 대상이나 개념을 나누고(分) 쪼개서(析) 그것의 특성을 밝히는 것이다. 일반적으로 분석이란 하나의 대상을 그것을 구성하는 각각의 요소로 나누고 각 요소가 어떻게 전체와 유기적으로 연결되어 있는지를 밝히는 작업이다.

분석은 분류와는 다른 설명 방법이다. 분류가 어떤 대상을 그것을 함축하는 상위 개념에 귀속시키거나 반대로 그것에 함축되는 하위 개념으로 나누어가는 과정이라면, 분석은 상하 간 위계가 아니라 **전체와 부분의 관계**를 중심으로 설명하는 글의 진술 방식이다. 예를 들어, 사람의 몸을 순환계, 신경계, 소화계, 배설계, 생식계 등의 기관으로 나누었다면, 이것은 분석의 방법을 사용한 것이다. 이때 사람의 몸 전체와 각각의 부위 사이에는 전체와 부분의 관계가 성립한다. 그러나 사람들을 체질에 따라 태양인, 태음인, 소양인, 소음인 등으로 가른다면 이것은 분류의 방

법을 사용한 것이다. 사람이라는 상위 개념을 한의학적 체질 개념을 기준으로 네 개의 하위 개념으로 나눈 것이기 때문이다.

따라서 분석은 대상의 본질과 그것을 이루고 있는 구성 요소 사이의 내적 관련성을 깊이 있게 이해하는 데 도움을 준다. 분석에서는 전체와 부분의 유기적 연관성에 대한 고려가 전제되어야만 대상에 대한 올바른 이해가 가능하다. 수능 비문학 읽기 학습, 특히 과학·기술 분야에서 이것이 중요한 이유는, 글 내용의 핵심을 이루는 '이론·원리·법칙·현상'을 핵심어(제재)를 따라 '분류 및 분석'해 가면서, 각각의 중심 생각을 논리적인 흐름을 따라 '체계적'으로 살펴야 하기 때문이다. 다시 말해, 특정 '이론·원리·법칙·현상'에 대한 정확한 이해를 위해서는 분석을 통해 **'전체와 부분의 유기적이고 긴밀한 내적 관련성'**을 파악할 수 있어야 하는데, 이것이 과학·기술 글 읽기의 핵심이라 할 수 있다.

특히 어떤 대상의 원인과 결과를 설명하는데 가장 많이 쓰이는 **'인과 분석'**은 어떤 사건 또는 현상이 왜 일어났으며, 그 영향은 어떠한가를 논리적으로 설명하는 글쓰기 방식이다. 대부분의 논리적인 성격의 글은 원인과 결과 분석이라고 할 수 있다. 이때 논리적인 인과성을 분석할 때는, 무엇보다 원인과 결과를 기술한 글 내용의 핵심에 집중해야 전체 의미를 이해할 수 있다.

인과의 맥락을 너무 단순하게 파악해서는 인과 분석은 설득력을 갖지 못한다. 중요한 원인과 부차적 원인, 내부적 원인과 외부적 원인, 직접적 원인과 간접적 원인 등을 세심하게 가릴 줄 알아야 한다. 그와 더불어 여러 원인을 단순히 나열하는 데 그치는 것이 아니라, 그것들을 일정한 기준에 따라 구분하여 어떤 일이나 사건을 보다 체계적으로 분석해야 한다.

분석은 분류와 마찬가지로 수능 비문학 설명글의 가장 기본적이면서도 중요한 기술 방법이자 분류와 밀접한 상관관계를 갖는 글쓰기 방법이다. 인문철학 분야에서부터 과학·기술 분야에 이르기까지 분석과 분류의 글쓰기 방법이 작용하지 않는 영역은 없다. 분류는 분석을 바탕으로 이루어지며, 분류는 다시 분석에 도움을 준다.

[예문4: 열전달]

일상에서의 음식 조리 과정은 열전달에 관한 과학적 원리로 설명할 수 있다. 열전달은 열이 온도가 높은 곳에서 낮은 곳으로 이동하는 현상인데 조리 과정에서는 전도에 의한 열전달이 많이 일어난다. 전도란 물질을 이루는 입자들의 상호 작용을 통해 보다 활동적인 입자로부터 이웃의 덜 활동적인 입자로 열이 전달되는 현상이다. 이러한 전도는 온도 차이가 있는 경우에 일어나는데, 한 물질 내에서 발생하기도 하며 서로 다른 물질들이 접촉하는 경우에도 발생한다.

열전달 과정에서 단위 시간 동안 열이 전달되는 비율을 열전달률이라고 하는데 열전달률은 결국 열이 짧은 시간 동안 얼마나 많이 전달되는가를 나타내므로 음식의 조리에서 고려할 중요한 요소가 된다. 전도에 의한 열전달률은 온도 차이와 면적에 비례하고, 거리에 반비례한다. 즉, 전도가 일어나는 두 지점 사이의 온도 차이가 커질수록, 열이 전달되는 면적이 커질수록 열전달률은 높아지고, 전도가 일어나는 두 지점 사이의 거리가 멀어질수록 열전달률은 낮아진다. 이러한 현상을 수식으로 처음 정리한 사람이 푸리에이기 때문에 이를 푸리에의 열전도 법칙이라고 부른다. 그런데 실제로 실험을 해보면 한 물질 내에서 일어나는 전도의 경우에 다른 조건이 동일하더라도 물질의 종류가 다르면 열전달률이 다르게 나타난다. 이는 물질이 전도에 의해 열을 전달할 수 있는 능력의 척도, 즉 열전도도가 물질마다 다르기 때문이다. 따라서 푸리에의 열전도 법칙에 따르면 다른 조건이 같더라도 열전도도가 높은 경우 열전달률도 높게 나타난다.

튀김의 조리 과정을 푸리에의 열전도 법칙으로 설명하면 다음과 같다. 식용유의 움직임을 고려하지 않는다면, 튀김의 조리 과정은 주로 식용유와 튀김 재료 간의 전도로 파악될 수 있다. 맛있는 튀김을 만들기 위해서는 냄비를 가열하여 식용유의 온도를 충분히 높여 식용유로부터 튀김 재료로의 열전달률을 높여야 한다. 그리고 튀김 재료를 식용유에 넣으면 재료 표면에 수많은 기포들이 형성된다. 이 기포들은 식용유에서 튀김 재료로의 높은 열전달률로 인해 순간적으로 많은 열이 전달되어 생겨난 것인데 재료 표면의 수분이 수증기로 변해 식용유 속에서 기포의 형태가 된 것이다. 이 기포들은 식용유 표면으로 올라가 공기 중으로 빠져나가고 이때 지글지글 소리가 난다.

이 수증기 기포들은 튀김을 맛있게 만드는 데 중요한 역할을 한다. 수분이 수증기의 형태로 튀김 재료에서 빠져나감에 따라 재료 안쪽의 수분들은 빈자리를 채우기 위해 표면 쪽으로 이동한다. 그 결과 지속적으로 재료의 수분은 기포로 변하고 이로 인해 재료는 수분량이 줄어들면서 바삭한 식감을 지니게 된다. 또한 튀김 재료 표면의 기포들은 재료와 식용유 사이에서 일종의 공기층과 같은 역할을 해 식용유가 재료로 흡수되는 것을 막아서 튀김을 덜 기름지게 한다. 그리고 재료 표면에 생성된 기포들을 거쳐 열전달이 일어나기 때문에 기포들은 재료 표면이 빨리 타 버리지 않게 하고 튀김 재료의 안쪽까지 열이 전달되어 재료가 골고루 잘 익게 한다. (2020.11월 고1 모의, 문제29~33 출제 지문)

[예문4]는 과학 법칙(푸리에의 열전도 법칙)을 기술 현상(튀김 조리 과정)에 적용한 내용을 기술한 설명글로, 이런 유형의 글은 그 구성이 체계적이고 내용은 분석적이기에 이러한 특성을 고려하여 읽어야 한다.

분석 과정을 따라 글 내용의 핵심을 머릿속 생각으로 체계화하라

이런 유형의 글을 읽고 내용을 이해하는 데 있어서의 포인트는 다음 세 가지다. 첫째, 글에 쓰인 용어나 개념을 명확하게 이해하면서 읽어야 한다. 용어나 개념에 대한 이해 없이 과학적 원리 및 이를 확장하여 사례에 적용한 글을 파악하기란 쉽지 않으므로, 과학·기술 분야에서 자주 등장하는 개념 및 용어에 대한 배경 지식을 쌓을 필요가 있다.

둘째, 이론·현상·법칙·원리를 설명하는 용어(개념)에 대한 **논리적 인과성의 흐름**을 분석적으로 파악하면서 이를 **구조화(시각화)하는** 것이다. 그렇게 하면, 대상(개념) 간의 관계가 한 눈에 들어오고, 글 내용의 이해는 한결 쉬워지는데, 이를 '단락2'를 통해 확인할 수 있을 것이다.

셋째, 이론·현상·법칙·원리를 사례에 적용한 글감을 '인과 관계(원인-결과)' 또는 '문제 해결 관계(문제-대답)'의 관계를 따라 살핀 후, 아래 '단락3~4'의 예처럼 지문 안에 들어있는 **핵심 키워드를 찾아** 이것을 중심으로 각각의 **흐름별 설명의 집약**을 순차적으로 파악할 수 있어야 한다. 이것만으로도 글에서 중요한 부분은 단박에 파악되고, 글 내용은 어렵지 않게 이해할 수 있을 것이다.

(단락1) 음식 조리 과정에서의 '전도'에 의한 열전달 현상

(단락2) 열전달 현상이 일어나는 원인: 푸리에의 열전도 법칙: 열전달률과 열전도도

열전달률↑: 온도 차이↑, 면적↑, 거리↓

열전도도↑: 열전달률↑

(단락3)~(단락4) 튀김 조리 과정: 식용유와 튀김 재료 간의 전도

식용유 온도↑ ▶ 튀김 재료 열전달률↑ ▶ 재료 표면의 수분이 기포로 변하면서 열전달 ▶ 수증기 형태로 전도(물이 기체로 변해 재료에서 빠져나간다) ▶ 재료 안쪽의 수분이 표면으로 이동 ▶ 기포를 생성하여 전도 ▶ 수분량 줄어 바삭한 식감

(단락1) → (단락2)

   └, **(단락3)** → (단락4)

※단락의 전개 과정을 보면, '단락2'에서 '전도에 의한 열전달 현상'의 이론적 근거를 설명하고 있는데, 이것의 의미를 정확히 이해할 수 있어야만, 이어지는 '단락3, 4'의 '사례'에 적용하여 글 내용의 흐름과 그 의미를 파악할 수 있다. 집중해서 살펴야 할 곳은 '단락2'이다.

⑤ 인과 관계를 따라 글 내용을 기술하는 방식

→개념 간의 논리적 · 인과적 정합성을 살핀다.

글감(주제와 제재, 화제)의 논리적 선후 관계나 글 내용의 논리적 선후 관계에 따라 글이 기술된 방식을 '인과 관계'에 의한 전개라고 한다. 이러한 기술 방식은 대상의 **성격과 본질**을 설명하는 글이나 어떤 문제나 사안에 대한 글쓴이의 **주장 및 견해**를 내세우는 글에서 흔히 볼 수 있다.

이러한 전개 방식에서는 글감 사이의 내적인 관계에 대해, 혹은 다루고 있는 주제에 대해 독자가 얼마나 정확하게 파악하고 있는가가 중요한 의미를 지닌다. 글 내용이나 글감 사이의 인과 관계나 논리적 선후 관계에 대한 인식이 전제되지 않으면 글 전체의 윤곽과 글 내용의 흐름을 포착하기 어렵고, 각각의 문장과 단락의

합리적인 배치, 그리고 단락과 단락의 유기적인 연결을 파악하기 어렵기 때문이다. 당연히 글의 중심 생각을 찾고 또 이를 이해하는 데 어려움이 따른다.

이런 전개 방식에 따라 기술된 글에서는 자연적인 시간의 흐름이나 공간적인 질서는 흔히 무시되기도 한다. 즉, 글쓴이는 대상 사이의 인과 관계를 드러내는 데 도움이 되지 않는다고 생각하는 경우에는 자연적인 시간의 흐름을 거수를 수도 있고, 대상 사이의 공간적인 배열에 구애받지 않고 글 내용을 기술한다.

글감 사이의 논리적 인과 관계에 따라 글을 펼쳐나가는 방식 가운데 대표적인 것으로 연역적인 방식으로 글 내용을 전개하는 방식과 귀납적인 방식으로 글 내용을 기술하는 방식이 있다. 전자는 결론을 앞세우고 그러한 결론이 도출하도록 하는 논거와 그 논거들에 기초한 추론의 과정을 나중에 제시하는 방식을 가리킨다. 후자는 여러 가지 구체적인 논거들을 먼저 제시하고 난 뒤 그것을 종합하고 일반화하여 결론을 내리는 방식이다. 이렇게 놓고 보면, 연역적 전개는 **일반적인 것에서 특수한 것으로** 글의 핵심 논지를 펼쳐나가는 것을 가리키고, 귀납적 전개는 **특수한 것에서 일반적인 것으로** 글의 핵심 논지를 펼쳐나가는 것을 가리킨다고 할 수 있다.

중요한 것은, 인과 관계를 따라 글 내용을 기술하는 방식은 글(지문)의 **어느 특정 단락에 집중된다는** 것이다(물론, 아래 '예문5'처럼 글 전체에 걸쳐서 기술되는 경우도 있다). 그것은 인문·철학 지문에서 핵심 개념을 따라 펼쳐지는 사건·사태·현상·대상에 대한 물음과 대답일 수도 있고, 과학·기술 지문에서 이론·법칙·원리·현상을 순서와 체계를 따라 설명하는 기술일 수도 있다. 따라서 그 부분에 집중하되 '원인에서 결과로 혹은 결과에서 원인'으로, 또는 '일반적인 것에서부터 특수한 것으로 혹은 특수한 것에서 일반적인 것'으로, '간단한 것에서 복잡한 것'으로, '이미 알고 있는 것에서 알지 못하고 있는 것'으로 나아가는 논리적 근거라 할 수 있는 '**맥락적 단서**'를 중심으로 생각을 집약하고 확장하면서 글을 읽을 수 있도록 정신을 집중할 필요가 있다.

[예문5: 공급 사슬망의 채찍 효과]

2002년 월드컵 조별 예선에서 우리나라가 폴란드를 이기고 사상 처음 1승을 거두자 'Be the Reds'라고 새겨진 티셔츠 수요가 폭발했다. 하지만 실제 월드컵 기간 동안 불티나게 팔린 티셔츠로 수익을 본 업체는 모조품을 판매하는 업체와 이를 제조하는 업체였다. 오히려 정품을 생산해 대리점에서 판매하는 스포츠 브랜드 업체는 수익을 내지 못했다. 실제로 많은 브랜드 업체들은 월드컵 이후 수요가 폭락해 팔지 못한 재고로 난처했다. 도대체 왜 이런 상황이 벌어졌을까?

간단한 문제 같지만 이 현상은 요즘 경영에서 유행처럼 번지는 공급 사슬망 관리(Supply Chain Management, SCM)의 핵심을 설명해 줄 수 있는 사례이다. 공급 사슬망이란 상품의 흐름이 고리처럼 연결되어 있고, 이들의 상관관계 또한 서로 긴밀하게 연결되어 있는 것을 말한다.

이 현상의 원인을 설명하기 위해서는 공급 사슬망의 '채찍 효과(Bullwhip effect)'를 우선 이해해야 한다. 아기 기저귀라는 상품을 예로 들어보면, 상품 특성상 소비자 수요는 일정한 데 소매점 및 도매점 주문 수요는 들쑥날쑥했다. 그리고 이러한 주문 변동폭은 '최종 소비자-소매점-도매점-제조업체-원자재 공급업체'로 이어지는 공급 사슬망에서 최종 소비자로부터 멀어질수록 더 증가하였다. 공급 사슬망에서 이와 같이 수요 변동폭이 확대되는 현상을 공급 사슬망의 '채찍 효과'라 한다. 이는 채찍을 휘두를 때 손잡이 부분을 작게 흔들어도 이 파동이 끝쪽으로 갈수록 더 커지는 현상과 유사하기 때문에 붙여진 이름이다. 이런 변동폭은 유통업체나 제조업체 모두 반길 만한 사항이 아니다. 왜냐하면 늘 수요가 일정하면 이를 기준으로 생산이나 마케팅의 자원을 적절히 분배하여 계획하고 효율적으로 운영할 수 있지만, 변동폭이 크면 계획이나 운영을 원활하게 수행하기 어렵기 때문이다.

그렇다면 이런 채찍 효과가 생기는 이유는 무엇일까?

여러 가지 이유가 있지만 첫 번째는 수요의 왜곡이다. 소비자의 수요가 갑자기 늘면 소매점은 앞으로 수요 증가를 기대하는 심리로 기존 주문량보다 더 많은 양을 도매점에 주문하게 된다. 그리고 도매점도 같은 이유로 소매점 주문량보다 더 많은 양을 제조업체에 주문한다. 즉, 공급 사슬망에서 최종 소비자로부터 멀어질수록 점점 더 심하게 왜곡되는 현상이 발생하는 것이다. 이러한 왜곡 현상은 공급자가 시장에서 제한적일 때 더 크게 발생한다. 즉, 공급자가 한정된 상황에서는 더 많은 양을 주문해야 제품을 공급받기가 수월하기 때문이다. 티셔츠를 공급하는 제조업체에서 물량이 한정돼 있으면 한꺼번에 많은 양을 주문하는 도매업체에게 우선권을 주는 것은 당연하다. 결국 물건을 공급받기 위해서 업체들은 경쟁적으로 더 많은 주문을 해 공급을 보장받으려 한다. 결국 '수요의 왜곡'이 발생한다.

채찍 효과가 일어나는 두 번째 이유는 공급 사슬망에서 최종 소비자로부터 멀어질수록 대량 주문 방식을 요하기 때문이다. 예를 들면 소비자는 소매점에서 물건을 한두 개 단위로 구입하지만 소매점은 도매상에서 물건을 박스 단위로 주문한다. 그리고 다시 도매점은 제조업체에 트럭 단위로 주문을 한다. 이처럼 최종 소비자로부터 멀어질수록 기본 주문 단위가 커진다. 그런데 이렇게 주문 단위가 커질수록 재고량이 증가하게 되고, 재고량 증가는 변화에 민첩하게 대응하지 못하게 하는 원인이 된다.

채찍 효과의 세 번째 원인은 주문 발주에서 도착까지의 발주 실행 시간에 의한 시차 때문이다. 물건을 주문했다고 바로 물건이 도착하지 않는다. 주문을 처리하고 물류가 이동하는 시간이 있기 때문이다. 그런데 문제는 각 공급 사슬망 주체의 발주 실행 시간이 저마다 다르다는 데에 있다. 예를 들어 소매점이 도매점으로 주문을 했을 때 물건을 받기까지 걸리는 시간이 3~4일 정도라면, 도매점이 제조업체에 주문을 했을 때 물건을 받기까지는 몇 주 정도가 걸릴 수도 있다. 즉 최종 소비자로부터 멀어질수록 이런 물류 이동 시간이 증가하게 된다. 그리고 이처럼 발주 실행 시간이 길어지면 주문량이 많아지고, 이는 재고량 증가로 이어질 수 있다.

공급 사슬망에서 채찍 효과로 인해 발생하는 재고는 기업 입장에서는 큰 부담이 될 수 있다. 왜냐하면 재고를 쌓아둘 공간을 마련하거나 재고를 손상 없이 관리하는 데 큰 비용이 들기 때문이다. 그러므로 공급 사슬망에서 각 주체들 간에 수요와 공급 정보를 공유함으로써 불필요한 재고를 줄여야 한다. (2020.6월 고1 모의, 문제21~25 출제 지문)

[예문5]는 '수요-공급'의 불일치로 인해 발생하는 '공급 사슬망'의 원인 가운데 하나인 '채찍 효과'가 일어나는 이유와 그 결과를 단락별로는 '나열 관계(핵심-핵심)'를 따라서, 그리고 단락 안에서는 '기술 관계(핵심-상술)'를 따라 글 내용을 전개하고 있다. 따라서 제재의 확장 개념(핵심어)을 이것의 이해를 돕는 '맥락적 단서(지문에서 설명하는 '수요-공급' 관계)'를 중심으로 논리적·인과적 정합성을 살피면서 이해하면, 글 내용의 이해는 어렵지 않을 것이다.

소주제 물음의 확장과 단락 전개

(단락1, 2) 공급 사슬망 현상
(단락3) 공급 사슬망 현상의 원인: 채찍 효과
(단락4) 채찍 효과가 일어나는 이유 및 결과1: 수요의 왜곡
(단락5) 채찍 효과가 일어나는 이유 및 결과2: 대량 주문 방식에 따른 재고 증가
(단락6) 채찍 효과가 일어나는 이유 및 결과3: 시차
(단락7) 채찍 효과의 문제점 해결 방안

(단락1, 2) → **(단락3)** → **(단락4)**
                                (단락5) ⤚→ **(단락7)**
                                (단락6)

※단락의 전개 과정을 보면, '단락3'의 소주제(화제)를 따라, '단락 4, 5, 6'에서 그런 현상이 일어나는 이유를 '인과 관계'를 따라 병렬적으로 기술하고 있다. 따라서 주목해야 할 것은 '단락 4, 5, 6'으로, 특히 각각의 현상이 일어나게 된 원인, 즉 '전제'에 주목하면서 이것을 기술한 문장이나 서술에 밑줄을 긋는다.

⑥ 글감의 **중요성**의 순서를 따르거나, 글 내용을 **병렬적**으로 펼쳐나가는 방식
　→특정 단락에 집중해서 살핀다.

　글감의 '**중요도**'에 따라 글 내용을 펼쳐나가는 방식은 다음 두 가지 구조를 따른다. 중요도가 낮은 글감에서 시작하여 점점 중요도가 높은 글감을 서술해 나가는 점층적인 펼치기와 글을 펼쳐나가는 순서가 그와는 정반대로 된 점강적인 펼치기를 들 수 있다. 수능 비문학 지문의 경우에는 후자의 경우가 일반적이다.

　병렬적으로 펼쳐나가기는 특별한 원칙 없이 글감을 나열함으로써 글을 펼쳐나가는 방법을 가리킨다. 특히 서술되는 내용이 별다른 인과적 관계도 없고, 시간적이거나 공간적인 선후 관계를 따지기도 어려운 경우 흔히 이런 방식으로 글을 펼쳐나간다.

[예문6: 엑스레이 아트의 창작 의도 구현을 위한 오브제 특성]

최근 예술 분야에서는 과학 기술을 이용하여 새로운 장르를 개척하려는 시도가 이루어지고 있다. 이러한 배경을 바탕으로 등장한 예술의 하나가 바로 '엑스레이 아트(X-ray Art)'이다. 엑스레이 아트는 엑스레이 사진을 활용하여 만든 예술 작품을 의미한다. 엑스레이 아트의 거장인 닉 베세이는 엑스레이를 활용하여 오브제 내부에 주목한 작품을 만들었다. 그는 「튤립」이라는 작품을 통해 꽃봉오리에 감추어진 암술과 수술을 드러냄으로써, 꽃의 보이지 않는 내부의 아름다움을 탐색하였다. 또한 「셀피」라는 작품을 통해 현대 사회의 외모 지상주의를 비판하기도 했다. 이 작품은 자기 얼굴을 찍는 사람의 모습을 엑스레이로 촬영한 것으로, 엑스레이로 인체를 촬영할 경우 외양이 드러나지 않는 점을 이용하여 창작 의도를 나타낸 것이다.

엑스레이 아트의 창작 의도를 구현하기 위해서는 오브제의 특성을 고려해야 한다. 이는 오브제의 재질과 두께에 따라 엑스레이의 투과율이 달라지기 때문이다. 이러한 이유로 엑스레이 아트에서는 엑스레이가 투과되지 않는 물질이 포함된 오브제를 배제하기도 하고, 역으로 이를 활용하기도 한다. 촬영을 할 때에는 오브제의 두께에 따라 엑스레이의 강도와 오브제에 엑스레이가 투과되는 시간을 조절해야 의도하는 명도의 사진을 얻을 수 있다. 또한 오브제와 근접한 거리에서 촬영해야 하는 엑스레이의 특성상, 가로 35cm, 세로 43cm인 엑스레이 필름의 크기보다 오브제가 클 경우 오브제를 여러 부분으로 나누어서 촬영한다. 한편 작품 창작 의도를 구현하는 데 오브제의 모든 구성 요소가 필요하지 않다면 오브제의 일부 구성 요소만 선택하여 창작 의도를 드러낼 수도 있다. 그리고 오브제가 겹쳐 있을 경우, 창작 의도와 다른 사진이 나올 수 있으므로 이를 고려하여 오브제를 적절하게 배치하고 촬영 각도를 결정한다.

이렇게 촬영한 엑스레이 사진은 컴퓨터 그래픽 작업을 거치는데, 창작 의도를 드러내기 위해 여러 장의 사진을 합성하기도 한다. 특히 항공기 동체와 같이 크기가 큰 대상을 오브제로 삼아 여러 날에 걸쳐 촬영할 경우, 촬영할 당시의 기온, 습도 등의 영향으로 각각의 사진들마다 명도가 다르게 나타날 수 있다. 그러므로 그래픽 작업을 통해 사진들의 명도를 보정한 뒤, 이 사진들을 퍼즐처럼 맞추어 하나의 사진으로 합성하여 작품을 완성한다.

엑스레이는 대상의 골격이나 구조를 노출하는 기술이라는 점에서 차가운 느낌을 주기도 한다. 하지만 이를 활용한 엑스레이 아트는 발상의 전환을 통해 감상자들에게 기존의 예술 작품과는 다른 미적 감수성을 불러일으킨다는 점에서 현대 예술의 외연을 넓히는 데 기여하였다는 평가를 받고 있다. (2019.3월 고1 모의, 문제21~24 출제 지문)

[예문6]은 '엑스레이 아트 창작 의도 구현을 위한 오브제의 특성'을 설명하는 글로, 그 세부 내용이 3·4단락에서 '나열 관계(핵심-핵심)'를 이루면서 '병렬적'으로 펼쳐지고 있다. 이 두 단락에 집중하면서 의미를 파악하면, 글의 핵심 개념어인 '오브제'가 예술 작품 창작에서 어떤 의미를 지니고 있는지를 짐작할 수 있을 것이다.

소주제 물음의 확장과 단락 전개

(단락1) 엑스레이 아트
(단락2) 엑스레이 아트 창작 의도를 나타내는 오브제의 사례
(단락3)~(단락4) 엑스레이 아트 창작 의도 구현을 위한 **오브제의 특성**
(단락5) 엑스레이 아트의 미적 평가

(단락1) → **(단락2)** → (단락3)
                              ⟩→ **(단락5)**
                         (단락4)

※단락의 전개 과정을 보면, 글 내용의 핵심은 '단락2'의 소주제(화제)의 물음인 '엑스레이 아트 창작 의도 구현'을 위한 기제로써 '오브제' 내부의 특성에 집약되고 있음을 알 수 있다. 따라서 주목해야 할 곳은 '단락3'과 '단락4'에서 병렬적으로 기술한 글 내용의 핵심이다.

⑦ 예시와 상술을 중심으로 **세부 사실**과 **특수성**을 설명하는 방식
  →예시와 상술의 설명글에 집중한다.

어떤 대상이나 용어는 단일한 문장만으로 설명하기 어려운 경우가 많다. 특히 대상의 구조가 복잡하고 각 구성 성분 사이의 관계가 다양하게 중첩해 있는 경우나 개념 자체가 추상적이고 어려운 것일 경우에는 좀더 자세한 설명이 필요하다. 따라서 이런 경우는 앞에서 설명한 내용을 자세히 풀어 설명할 필요가 있는데, 이

처럼 어떤 내용을 상세하게 설명하는 과정을 '**상술**'이라고 한다. 상술은 글 앞에서 추상적이고 개념적인 방법으로 설명한 내용을 구체적이고 확실한 용어로 풀어서 기술하고 있는 것이기에, 그만큼 **개념을 이해하기 어렵다는** 사실을 깨닫고 글 내용에 집중해야 한다.

한편, 구체적인 예를 들어 독자의 이해를 돕는 서술 방법을 '**예시**'라고 한다. '예컨대', '예를 들면' 등과 같은 표현과 함께 쓰기도 하는데, 일반적인 개념이나 추상적인 개념을 설명하여, 그 구체성을 강화하고자 할 때 매우 효과적인 설명방식이다. 예시는 추상적이고 개념적인 진술을 구체화해 준다는 점에서 매우 효과적이므로, 어려운 개념일수록 예시 글을 읽으면서 그 의미를 구체화해 나가야 한다.

[예문7: 은행의 신용 창조 기능으로써의 지급준비제도]

역사적으로 은행의 첫 장을 연 것은 금세공업자들이었다. 금을 스스로 보관하기 어렵다고 생각한 사람들은 금고를 가진 금세공업자에게 금을 맡기고 보관증을 받았다. 사람들은 물건을 거래할 때 금보다 보관증만을 주고받는 것이 훨씬 편리하다는 것을 알게 되면서 보관증을 오늘날의 지폐나 수표처럼 사용하게 되었다. 한편 금세공업자들은 금을 맡긴 사람들이 일시에 몰려와 금을 찾아가지 않는다는 것을 알고, 자신이 써 준 보관증만큼의 금을 반드시 가지고 있을 필요가 없음을 깨달았다. 그래서 그들은 보관된 금의 일정 부분만 남기고 나머지를 원하는 사람에게 빌려주며 수수료를 받아 이윤을 얻었다. 그 과정에서 금세공업자들은 금의 양이 많아질수록 더 많은 수입을 얻을 수 있다고 생각하여 금을 맡기는 사람에게 사례를 했다. 금세공업자가 했던 일은 결국 오늘날의 은행이 하는 일과 크게 다르지 않다.

여기서 우리는 은행의 두 가지 기능을 알 수 있다. 첫째, 돈의 여유가 있는 사람으로부터 자금을 조성하여 이를 필요로 하는 사람에게 융통해 주는 금융중개 기능이다. 은행은 금융 중개 기능을 통해 금융 시장의 거래 비용을 낮추고, 조성된 자금이 효율적으로 활용되도록 자금의 흐름을 조정하는 역할을 수행한다. 은행은 자금 수요자의 수익성과 안전성을 정확하게 평가할 수 있는 안목과 정보를 가지고 있어서, 조성된 자금이 한층 더 건전하고 수익성 높은 곳으로 투자되도록 유도하기도 한다.

둘째, 화폐를 창출하는 예금 창조 기능으로, 예금 창조는 신용 창조라고도 한다. 다시 금세공업자의 경우를 살펴보자. 만일 금세공업자가 맡아 놓은 금 전체를 그냥 가지고

만 있다면 그 경제의 통화량은 변하지 않는다. 금세공업자가 써 준 모든 보관증에 기록된 금의 합은 그가 맡아 놓은 금의 양과 같을 것이기 때문이다. 그러나 맡아 놓은 금의 일부만 지급 준비용으로 보유하고 나머지를 다른 사람에게 대출해 줄 경우 사정은 달라진다. 금세공업자들이 맡아 놓은 금의 30%만 남겨 놓기로 결정했다면, 70%만큼의 금을 다른 사람이 빌려다 필요한 곳에 쓸 수 있다. 이는 유통되는 금의 양, 즉 통화량이 그만큼 더 늘어난 것을 뜻한다. 만약 금을 대출 받은 사람이 그것을 다른 금세공업자에게 맡기고 보관증을 받는다면 통화량은 한층 더 늘어난다. 그 금세공업자가 다시 30%만 남겨 놓고 나머지를 또 다른 사람에게 대출해 줄 것이기 때문이다.

이런 일이 반복되면 통화량은 처음의 몇 배 크기로 늘어나게 되고, 금세공업자들이 맡아 두었다고 기록된 금의 양도 늘어나게 된다. 이는 새로운 예금이 만들어진 셈으로 예금 창조가 이루어졌다고 할 수 있다. 그러나 새롭게 만들어진 예금은 누군가가 빌려서 생긴 빚이기 때문에 사람들이 갚아야 할 빚도 그만큼 늘어난 상황으로 볼 수 있다. 은행의 예금 창조 기능은 결국 예금의 일부만을 지급 준비금으로 보유하는 지급준비제도에서 비롯되는 것이다. 은행은 예금의 일부만 보유하고 그 나머지를 대출하면서 예금 통화라는 화폐를 창출하게 되고, 대출받은 사람들은 재화와 서비스를 구입할 수 있는 능력이 커지게 된다. 이러한 화폐 창출 과정이 이루어지면 교환의 매개 수단으로 쓰이는 화폐의 양이 늘어 경제의 유동성은 증가하지만, 경제가 종전에 비해 더 부유해지는 것은 아니다.

은행의 일정 시점의 총체적 재무 상태를 기록해 놓은 대차대조표를 활용하면 은행의 예금 창조 기능을 좀더 자세히 이해할 수 있다. 자금의 조달 원천을 나타내는 자본 및 부채의 내역은 대차대조표의 오른편에 기록되며, 자금의 운영 상태를 나타내는 자산의 내역은 왼편에 기록된다. 이때 대차대조표의 오른편을 대변, 왼편을 차변이라고 한다.

〈표〉 가상 은행의 대차대조표(단위: 십억 원)

자산		자본 및 부채	
지급 준비금	300	예금	1,500
대출	1,200	기타 부채	300
유가 증권	300	자본금	200
기타 자산	200	–	–
총계	2,000	총계	2,000

〈표〉는 가상 은행의 대차대조표를 요약해 놓은 것이다. 일반적으로 은행의 중요한 자금 조달 원천은 예금이기 때문에 은행은 예금을 많이 유치하려고 한다. 오른편을 보면 예금이 가장 큰 비중을 차지하고 있음을 알 수 있는데, 은행의 입장에서 예금은 언제든 요구가 있으면 지급해야 하는 부채의 성격을 갖는다. 은행이 다른 금융 기관이나 중

앙은행으로부터 자금을 빌려 온 내역은 기타 부채로 나타나 있고, 마지막 항목은 은행의 자본금이다. 이렇게 조성된 자금은 왼편에 나타나 있는 여러 가지 형태의 자산으로 운영된다. 이 은행은 예금액의 일정 부분을 지급 준비금으로 떼어 놓고, 나머지 자금은 대출을 해주거나 유가 증권 등 그 밖의 여러 가지 자산을 보유하는 데 사용하고 있다. 이렇듯 은행의 지급준비제도와 대출을 통해 예금 통화가 창출되고 있는 것이다.

그렇다면 은행은 어떻게 이득을 얻을까? 대차대조표에서도 알 수 있듯이 은행은 주로 예금으로 자금을 조달하고 대출로 자금을 운영하는데, 통상 예금 이자에 비해 대출 이자가 높으므로 양 이자의 차이로 발생한 예대 금리 차가 은행의 주된 수익원이 된다. 대출 이자가 더 높은 까닭은 차입자가 원금과 이자를 갚지 못하는 대출 손실이 일어날 수 있어, 차입자의 신용도에 맞춰 위험 할증금을 부과하기 때문이다. 은행의 영업 이익은 예대 금리 차로 발생한 수익에서 인력과 지점 조직, IT 인프라를 유지하기 위한 경상 운영비를 차감한 것이 된다. 그래서 은행은 대출 손실을 영업 이익보다 적게 유지해야만 안정적으로 이득을 얻을 수 있다. 만일 대출 손실이 영업 이익을 넘어선다면 은행은 자본금까지 잠식당하게 된다. 예금을 받아 대출을 하되 신용 위험을 적극적으로 관리해야 하는 것이 은행업의 본질이다. (2020.9월 고1 모의, 문제16~20 출제 지문)

[예문기은 '은행의 신용 창조 기능으로써의 지급준비제도'를 '대차대조표'를 예로 들어가며 설명한 글로, 이를 통해 신용 창조의 의미를 보다 구체적으로 이해할 수 있도록 배려하고 있다. 대개 이런 유형의 글감은 '문제 해결 관계(문제-대답)'의 설명 글로 기술되는 경우가 많으며, 그 내용의 세밀함과 폭넓음으로 인해 발문의 물음과 함께 제시되는 〈보기〉의 구체적 사례와 적용하는 경우가 많다.

따라서 이런 유형의 글감은 특히 '인문' 및 '경제' 관련 지문에서 많이 나타나는데, 이런 유형의 지문일수록 핵심 개념의 의미를 구체적·체계적으로 인식하고 이해할 필요가 있다.

소주제 물음의 확장과 단락 전개

(단락1) 은행의 기원: 금본위제

(단락2) 은행의 기능1: 금융 중개

(단락3) 은행의 기능2: **신용 창조**

(단락4) 신용 창조 기능으로써의 **지급준비제도**

(단락5)~**(단락6)** 지급준비제도의 예: 대차대조표

(단락7) 은행의 신용 위험 관리

(단락1) → **(단락2)**

　　　　 ┌**(단락3)** → **(단락4)**┐

　　　　　　　　└ **(단락5)**

　　　　　　　　　　　 ⤷ **(단락7)**

　　　　　　　(단락6)

※단락의 전개 과정을 보면, '단락3, 4'에서 소주제(제재)인 '신용 창조'와 그 하위 개념인 '지급준비제도'에 대해 설명하면서, 이후의 단락에서 '예시'를 들어가면서 이해를 돕고 있다. 따라서 주목해야 할 곳은 '단락 2, 3'의 개념 '정의'와 관련한 부분으로, 이것의 의미를 정확히 알아야 글에서 전달하고자 하는 내용을 확실히 파악할 수 있다.

단락의 중심 생각을 잡아라

단락의 짜임새(글 구조)를 따라 중심 생각을 살피면서 빠르게 훑어 읽기

수능 비문학 지문은 글쓴이가 전달하고자 하는 내용을 몇 개의 '소주제'로 묶어 제시한다. 독자는 이러한 생각의 묶음 단위로 글쓴이의 생각을 따라가며 글 내용을 파악하게 된다. 이처럼 소주제 개념을 담은 생각을 작은 화제(話題) 또는 제재(題材) 단위로 묶어 놓은 문장의 묶음을 '단락(문단)'이라고 한다. 단락은 몇 개의 문장이 하나의 화제(및 하나 또는 둘 이상의 양립하는 제재)를 중심으로 모여 있는 글의 단위이므로 하나의 단락은 하나의 '화제'로 이루어져야 한다.

한 단락 안에 여러 가지 내용이 섞여 있으면 전달하고자 하는 내용의 초점이 흐트러지기 때문이다. 그 하나의 화제를 집약한 것이 곧 단락의 중심 생각을 담은 '소주제'이다.

단락은 하나의 화제를 담고 있는 문장들의 집합으로, 하나의 중심 생각을 드러낸다. 단락은 소주제문(단락의 '중심 내용'으로, '중심 문장'에 들어 있다)을 가지므로 그 자체로써 독립적인 의미 구조를 지닌다. 따라서 단락은 **일관된 하나의 내용을 담는다.** 즉, 하나의 단락 안에서는 내용이 바뀌지 말아야 한다. 또한 단락은 완결성을 갖추어야 한다. 중심 내용을 구체화하고 풀어 설명하는 부연 내용이 단락 안에서 적절하게 제시되어야 한다. 그렇게 해서 하나의 단락은 전체 글과 내용면에서 서로 연결된다.

이처럼 단락은 그 단락의 중심 내용(화제)을 담은 문장과 그것을 뒷받침하는 문장들로 이루어진다. 단락에서 중심 문장과 그것을 뒷받침하는 문장들은 해당 화제를 잘 드러내기 위해 서로 유기적으로 관계해야 한다. 뒷받침 문장은 단락에서 논의하고자 하는 내용을 구체화하는 문장으로, 화제를 세밀하게 기술하거나 예시를 통해 그 화제를 부각하는 역할을 한다.

중심 문장과 뒷받침 문장의 얽힘 관계를 한 묶음으로 뭉뚱그려 파악하라

단락 안의 중심 문장과 뒷받침 문장의 관계는 '빛과 프리즘'의 관계를 비유로 들어 설명할 수 있다. 단락의 중심 문장은 그 위치가 단락의 첫 부분이거나, 중간이거나, 끝이거나 간에, 그 단락 전체의 내용을 대표한다. 그 이외의 단락들은 마치 햇빛이 프리즘을 통과할 때 여럿으로 쪼개져서 다양한 색채를 나타내듯, 중심 문장의 내용을 '설명'하기도 하고, 다른 것과 '비교'하거나 '부연'하기도 하고, '사례'를 들어가며 그 정당성을 '증명'하기도 한다. 한편 중심 문장을 뒷받침하는 이 모든 글(문장)을 묶어 '해설'이라고 한다. 따라서 중심 문장은 프리즘이요, 그 안에 담긴 중심 내용이자 글의 중심 생각은 햇빛, 그리고 중심 문장과 중심 생각의 뒷받침 해설은 다양한 색채라고 말할 수 있다. 결국, 단락은 내용면에서 글의 '결론(주장)' 부분(즉, 단락 안에서 드러내고자 하는 생각의 작은 단위로써의 소주제를 담은 중심 문장)과 이를 뒷받침하는 근거를 담은 '해설' 부분(즉, 중심 문장으로 전개하는 일련의 사고 과정을 단단하게 뒷받침해 주는 내용의 문장들)으로 구분된다.

단락 구성과 단락 배열 그리고 그것에 맞는 글의 흐름과 글의 짜임은 **글 내용의 이해에서** 무척 중요하다. 하나의 단락 안에는 명확한 하나의 소주제(문)만을 가지고 있어야 함을 원칙으로 하기 때문이다. 만약 단락 안에 중심 생각을 담은 소주제가 하나 이상이라면, 그것은 별도의 단락으로 나누어야 한다. 한 단락에 두 개 이상의 소주제를 담을 수는 없기 때문이다. 따라서 단락을 읽으면서 하나의 중심 생각을 담은 소주제부터 파악한 후 단락별로 이것들을 연결해서 생각하면, 그 글에서 글쓴이가 말하고자 하는 바가 무엇인지를 분명히 파악할 수 있을 뿐만 아니라, 그것에 초점을 맞추어 글 내용을 명확히 이해할 수 있다.

정리하면, 글을 잘 읽는 방법적 요령은 **단락별 글 구조와 구성 관계를 올바로 이해하면서, 그 안에 담긴 글의 중심 생각(중심 내용)을 명확하게 파악하는 것이다.** 이때 단락을 중심으로 글의 의미 구조와 구성 방식, 중심 내용과 부연 내용, 중심 문장과 뒷받침 문장을 명확히 밝히지 못하면, 글은 올바로 이해하기 힘들어진다. 이런 이유로, 글의 구조와 중심 내용이 각각의 문장에서 어떤 관계로 이어지고 있는 가를 파악하는 작업은 단락 읽기에서 시작된다. 단락을 중심으로 글 전체의 구성 관계를 살피면서 읽어야, 글을 바르게 이해하고 내용을 정확히 파악할 수 있다.

■ 핵심 포인트3: **글의 전개 방식**을 살피면서 읽으면, 글의 중요한 내용이 단락 안의 어느 곳에 집중해 있는지 파악할 수 있다.

[글의 전개 방식]
① 상술 관계: 핵심–상술
② 나열 관계: 핵심–핵심
③ 대응 관계: 비교: 대조
④ 인과 관계: 원인–결과
⑤ 문제 해결 관계: 문제–대답

글 내용은 단락의 위계를 따라 전개된다

글은 문장과 문장, 단락과 단락이 유기적으로 긴밀하게 결합하면서 전개된다. 따라서 하나의 완결된 단락이나 글 전체를 읽으면서, 하나의 단락 안에서의 여러 문장 간의 관계, 또는 전체 글에서의 개별 단락의 성격과 기능, 그리고 내용에 따른 단락별 관계를 파악할 수 있어야 한다. 문장과 문장, 단락과 단락 간의 다양한 관계를 이해하며 글을 읽음으로써 글 전체의 논지나 주제를 좀더 명확히 하고, 글 전체의 짜임까지 파악할 수 있어야 한다.

이를 위해서는 글의 구조를 이루고 있는 요소, 특히 단락의 의미와 기능을 바르게 이해하면서 글을 읽어야 한다. 즉, 단락의 내용을 구조화하여 읽으면서 전체 글의 중심 생각을 하나의 의미 단위로 파악할 수 있어야 한다.

이때, 설명글의 전체 위계 구조 측면에서의 특징을 살펴 읽으면 글의 전개 구조와 글 내용의 흐름이 단박에 파악된다. 설명글 구조(단락 안의 문장과 문장의 전개 구조,

단락과 단락의 전개 구조)가 갖는 의미의 짜임은 체계적인 망(網) 형태로 이루어져 있다. 즉 설명글은 상위의 중심 내용과 하위의 세부 내용이 위계를 이루면서 서로 연결되는 구조다.

글의 위계는 글 내용에 따라 결정된다. 상위 내용과 하위 내용을 결정짓는 것이 곧 글 내용의 기술 관계(description)이다. 글 내용에 대한 기술상의 등위 관계는 '상술 관계', '나열 관계', '대응 관계', '인과 관계', '문제-해결 관계'에 따라 결정되며, 각각은 다양한 '기능어'를 사용하여 문장을 서로 연결하면서 글의 중심 내용을 기술한다. 글을 읽어 글 내용의 기술 관계를 알아낼 수 있다는 것은 곧, 글에서 **중요한 내용이 어느 단락에 집중해** 있으며, 그것도 **어떤 의미 관계를 이루면서 글 내용이 펼쳐지고** 있는지를 가늠할 수 있다는 의미다.

따라서 글의 중심 생각을 읽고 또 글에서 중요한 부분을 찾으려면 글의 내용면에서의 기술 관계를 살피는 것과 동시에 **기능어의 쓰임에 주목하면서** 글을 읽어야 한다. 참고로 '기능어'는 글에서 생각의 흐름을 잇기 위해 쓰이는 형식적인 어휘로, 개념을 서로 비교하고 대조할 수 있도록 돕거나, 시간이나 시대 순서로 글 내용을 이해할 수 있도록 돕거나, 원인과 결과의 관계를 이해할 수 있도록 돕는 역할 등등을 담당한다. 다양한 접속 표현을 담은 용어가 대표적인 기능어라 할 수 있다.

글의 위계는 텍스트(글 내용)의 형식적 응집성과 내용적 결속성에 따라 결정된다. 따라서 글의 위계를 따라 단락 안, 또는 단락과 단락에서 설명글이 어떻게 기술되고 있는지를 살피면, 글 내용의 핵심을 파악하기 쉽다. 상술 관계와 나열 관계의 글 구조는 명제들이 느슨하게 연결되면서 내용면에서의 구성력이 비교적 약하다. 인과 관계, 대응 관계, 문제-해결 관계의 글 구조는 명제들의 연결이 긴밀하게 관계하면서 내용적인 구성력이 강하다. 이를 염두에 두고 지문을 읽으면 글의 중심 생각, 즉 상위 내용을 담은 글이 어느 단락, 또는 단락 안의 어느 부분에 집중되어 있는지 파악할 수 있을 것이다.

다음은 단락 안에서 글이 어떤 위계를 따르면서 글 내용을 전개하고 있는지를 설명한 것이다 (단락과 단락의 관계 또한 이와 같다). 중요한 것은, (단락 안, 또는 단락과 단락)의 글의 위계는 주제와 제재가 확장하는 방식을 따라 핵심어(및 관련 상당 어구)를 파악하는 과정에서 파악될 수 있다는 사실을 깨닫고, 글을 빠르게 '훑어가며' 읽으면서 이것들을 체계적으로 정리 및 배열할 수 있어야 한다(지문에 동그라미를 치는 식으로 표식하는 것도 좋은 방법이다).

①상술 관계: 핵심–상술

 → 상술한 글을 통해 핵심어구의 의미를 **구체화**한다.

 '상술 관계'는 한 명제(주제와 제재 개념을 담은 판단의 진술) 또는 문장(중심 문장)의 기술과 그 **부연 설명이 덧붙는** 것으로, 예시나 속성이 부가되거나 다른 말로 표현한 내용의 반복이 이어진다. 이러한 기술 관계를 설명하기 위해 '예를 들어, 부연하면, 다시 말해' 등의 기능어(접속 표현)가 사용된다.

[예문8: 기표와 기의의 관계]

기호는 어떤 대상을 지시하는 상징으로써 문자나 음성같이 감각으로 지각되는 기표와 의미 내용인 기의로 구성되는데, 기표와 기의의 관계는 자의적이다. 가령 '남성'이란 문자는 필연적으로 어떤 대상을 지시하는 것이 아니며 '여성'이란 기호와의 관계 속에서 의미 내용이 결정된다. 다시 말해, 어떤 기호의 의미 내용을 결정하는 것은 기표와 기의 관계가 아니라 기호들 간의 관계, 즉 기호 체계이다. (2022.3월 고1 모의, 단락1)

 [예문8]은 기호학의 핵심 사상의 하나인 '기표와 기의 관계는 자의적이다'라는 의미의 이해를 돕기 위해 **예시와 부연을 거듭하면서 글 내용을 '상술'**하고 있다. 이것은 글에 들어있는 핵심어구, 특히 개념적 의미가 그만큼 관념적이고 추상적이어

서 글쓴이가 독자에게 거듭 글 내용의 이해를 촉구할 필요가 있다고 판단한 결과이다.

따라서 '핵심-상술'의 기술 관계로 이루어진 글감에서 주목해야 하는 부분은 바로 **'핵심 개념'** 관련 상당 어구다. 독자는 개념의 의미를 상술한 글 내용을 주의 깊게 읽으면서 그 의미를 구체화할 수 있어야 한다. 그래야만 글의 전체 의미를 읽을 수 있을 뿐만 아니라, 이어지는 단락의 글 내용을 이해할 수 있다.

이런 유형의 단락 전개 글에서 중심 문장은 글의 도입부에 위치하는 것이 일반적이며, 나머지 글은 중심 문장의 이해를 돕는 뒷받침 문장이라 할 수 있는데, 이때 중심 문장에 뒷받침 문장의 핵심 어구를 끌어와 서로 의미가 통하도록 연결하면 글의 중심 생각은 한눈에 잡힌다. 그렇게 해서 '기표(말)와 기의(뜻)의 관계는 자의적이다'라는 것은 곧 말과 뜻의 결합은 제멋대로여서, 둘 간의 불일치로 인해 기호의 의미 내용이 달라질 수 있음을 뜻한다는 것을 추론할 수 있어야 한다(글의 이해를 돕기 위해 뒤에 자세히 설명한다).

②나열 관계: 핵심-핵심
→ 글에서 중요한 내용이 **병렬적**으로 전개된다.

'나열 관계'는 생각의 단위(명제나 문장, 단락)들이 나열되는 것으로, 글의 '집합' 또는 '열거' 관계라고 한다. 나열 관계에서는 열거되는 단위들을 통합하는 **상위 명제(핵심 어구)**가 존재함을 전제로 한다. 집합 관계는 '그리고, 먼저-다음으로, 첫째-둘째' 등의 서술이 따를 수 있다. 특히 생각의 단위들이 시간 순서로 나열되어 있을 때, '그런 다음에, 전에, 그 후에' 등의 기능어가 동반할 수 있다. 이런 유형의 단락 전개 글에서 중심 문장은 단락 안에서 핵심어를 따라 병렬적으로 나열된다.

> **[예문9: 구독 경제 확산 모델]**
>
> …소비자가 회원 가입 및 신청을 하면 정기적으로 원하는 상품을 배송받거나, 필요한 서비스를 언제든지 이용할 수 있는 경제 모델을 '**구독 경제**'라고 한다.
>
> 신문이나 잡지 등 정기 간행물에만 적용되던 구독 모델은 최근 들어 그 적용 범위가 점차 넓어지고 있다. 이로 인해 사람들은 소유와 관리에 대한 부담은 줄이면서 필요할 때 사용할 수 있는 방식으로 소비를 할 수 있게 되었다. 이러한 구독 경제에는 크게 세 가지 유형이 있다. 첫 번째 유형은 <u>정기 배송 모델</u>인데, 월 사용료를 지불하면 칫솔, 식품 등의 생필품을 지정 주소로 배송해 주는 것을 말한다. 두 번째 유형은 <u>무제한 이용 모델</u>로, 정액 요금을 내고 영상이나 음원, 각종 서비스 등을 무제한 또는 정해진 횟수만큼 이용할 수 있는 모델이다. 세 번째 유형인 <u>장기 렌털 모델</u>은 구매에 목돈이 들어 경제적 부담이 될 수 있는 자동차 등의 상품을 월 사용료를 지불하고 이용하는 것을 말한다. (2019.9월 고1 모의, 단락1의 일부~단락2)

[예문9]는 사회 분야에서 '구독 경제'와 관련한 세 모델을 각각 '정의'를 내려가며 설명한 글로, 글 내용은 아주 평이하다. 이렇듯 지문의 어느 한 단락에 관련한 세부 개념이 나열되면서 기술되고 있는 경우에 주목해야 할 것은, 그 단락 속 핵심 어구에 관한 기술이 아니다. 단락은 '하나의 중심 생각을 담아 펼쳐지고 있는 문장들의 집합'이란 사실을 상기한다면, 각각의 핵심 어구를 통해 설명하려는 글 내용을 한 단락 안에서 펼쳐지기란 쉽지 않다는 사실을 알 수 있을 것이다.

단락 안의 글을 읽으면서 주목할 부분은, 그리고 예측할 수 있는 것은, 이어지는 단락(들)에서 세 모델의 개념과 특징을 깊게 '비교하고 분석'하면서 글 내용을 기술했을 것이란 사실이다. 따라서 각각의 단락에서 '<u>비교-분류-분석</u>'의 방법으로 기술된 글 내용을 꼼꼼히 읽으면서 글의 중심 생각과 글 내용의 핵심을 파악할 수 있어야 한다.

③ 대응 관계: 비교-대조

→ 글에서 가장 **중요한** 부분을 담고 있다.

'대응 관계', 즉 '비교-대조 관계'는 동일한 화제를 중심으로 생각의 단위들이 대응을 이루는 글 구조로, 공통점과 차이점 모두를 특성면에서 대응할 때를 '비교'라 하고, **차이점**의 특성으로 대응할 때를 '대조'라고 한다. '그러나 반면, 유사하게' 등의 기능어가 동반한다.

[예문10: 단순 관념과 복합 관념]

흄은 지식의 근원을 경험으로 보고 이를 인상과 관념으로 구분하여 설명하였다. <u>인상은 오감(五感)을 통해 얻을 수 있는 감각이나 감정 등을 말하고, 관념은 인상을 머릿속에 떠올리는 것을 말한다.</u> 가령, 혀로 소금의 '짠맛'을 느끼는 것은 인상이고, 머릿속으로 '짠맛'을 떠올리는 것은 관념이다. 인상은 단순 인상과 복합 인상으로 나뉘는데, <u>단순 인상은 단일 감각을 통해 얻은 인상을, 복합 인상은 단순 인상들이 결합된 인상을 의미한다.</u> 따라서 '짜다'는 단순 인상에, '짜다'와 '희다' 등의 단순 인상들이 결합된 소금의 인상은 복합 인상에 해당한다. 그리고 <u>단순 인상을 통해 형성되는 관념을 단순 관념, 복합 인상을 통해 형성되는 관념을 복합 관념</u>이라 한다. 흄은 단순 인상이 없다면 단순 관념이 존재하지 않는다고 보았다. 그런데 '황금 소금'은 현실에 존재하지 않기 때문에 그 자체에 대한 복합 인상은 없지만, '황금'과 '소금' 각각의 인상이 존재하기 때문에 복합 관념이 존재할 수 있다. <u>따라서 복합 관념은 복합 인상이 없더라도 존재할 수 있다.</u> 하지만 흄은 '황금 소금'처럼 인상이 없는 관념은 과학적 지식이 될 수 없다고 말하였다. (2018.3월 고1 모의, 단락1)

[예문10]은 흄의 경험주의 사상을 설명하는 핵심 개념인 '복합 관념'이 곧 과학적 지식이라는 의미를 도출하기까지의 과정을 기술한 것으로, 관련 개념을 '분류와 분석'의 방법으로 나누면서, 그리고 '비교'의 방법으로 견주면서 설명하고 있다. 따라서 독자는 '분류-분석-비교'라는 복잡한 설명 방법을 따라 글을 읽으면서, 지식은

'오감을 통해 얻은 느낌인 단순 관념에 경험이 결합하여 복합 관념'이라는 개념적 정의를 도출할 수 있어야만, 이어지는 단락의 글 내용별 의미를 이해할 수 있다.

'비교-대조'의 대응 관계를 기술한 부분에 특히 주목하면서 글을 읽어야 하는 이유는, 바로 그 부분이 글(단락 안, 또는 단락별)에서 가장 중요한 기술이자, 글의 **중심 생각을 담고** 있기 때문이다. 따라서 텍스트를 논리적으로 독해하기 위해 가장 중요한 방법은 대립하는 구조, 즉 '비교와 대조'의 진술 부분을 파악하는 것이라는 사실을 깨닫고, 이 부분에 생각을 집중하면서 읽어야 한다.

④⑤ 인과 관계: 원인-결과, 문제 해결 관계: 문제-대답
　　→ 글의 논리적 **연관 관계** 파악이 중요하다.

'인과 관계'는 하나가 원인이고 다른 하나가 결과가 되는 식의 짝으로 이루어지는 글 구조로, '원인은, 때문에, 따라서, 그래서, -으로 인해' 등의 다양한 기능어가 사용된다. '문제-해결 관계'는 하나의 문제가 되고 다른 하나가 그 해결이 되는 식의 짝으로 이루어지는 글 구조로, '이를 위해서는 -이 필요하다, -하기 위하여' 등의 기능어를 동반할 수 있다. 문제 해결 관계 또한 인과 관계와 크게 다를 바 없다.

[예문11: 신장 기능 이상 시에 발생하는 문제점]

…(중략)… 이와 같이 신장은 신체 내의 노폐물을 몸 밖으로 내보내는 여과와 필요한 것은 계속 사용할 수 있게 하는 재흡수의 기능으로 우리 몸을 항상 일정 상태로 유지한다. 이러한 중요한 역할을 하는 신장에 이상이 생기면 우리 몸은 중대 위기에 봉착한다.

신장 기능에 이상이 생기면 인체에 여러 가지 문제가 생긴다. 우선 노폐물이 걸러지지 않고 농도가 높아짐으로써 세포가 제대로 작용을 하지 못하게 되고, 얼굴이 붓는 증상에서부터 신장이 제 기능을 못하는 신부전증의 단계에까지 이른다. 이러한 경우 생명

이 위험해진다. 물론 신장 이식 등의 방법도 있지만, 기증자가 나타나지 않으면 인공 신장에 의지해야 한다. 신부전 환자는 한 번에 4~5시간은 소요되는 괴로운 혈액 투석을 일주일에 서너 번씩 해야 한다. (2017.6월 고1 모의, 단락3~4)

[예문11]은 '신장 기능 이상으로 발생하는 문제와 그 해결 방법'을 인과 관계와 문제 해결 관계를 따라 기술하고 있다. 이러한 설명 방법은 주로 과학·기술 분야의 설명 글에서 자주 등장하는데, 이때 글 이해의 핵심은 서로 다른 대상·사건·사실·현상 사이의 **내적 관계를 추적**하면서 그 논리적 연결 고리를 살피는 것이다.

이런 유형의 단락 전개 글에서 중심 문장은 '원인에 관한 결과', '제기되는 문제에 대한 대답', '근거를 이끄는 주장', '전제에서 도출된 결론'에 해당하는 문장이지만, 글 내용의 이해에서 이것들 못지않게 중요한 것이 '원인', '문제', '근거', '전제', '이유'에 해당하는 뒷받침 문장은 물론이고 '동의와 수정', '반박과 절충'을 담은 문장이란 사실을 염두에 두고서, 이들 문장에 주목할 필요가 있다.

■ 핵심 포인트4: **설명글의 진술 방식**을 이해하면서 읽으면, 단락 안에서 글의 중심 생각을 담은 중심 문장(단락의 소주제)을 정확하게 찾을 수 있다.

[설명글의 진술 방식]
① 유도: 중심 문장 앞에서 글을 이끄는 역할을 한다.
② 정의: 사전적 정의 및 확장된 정의의 방법을 사용하여 어떤 말이나 사물의 뜻을 명백히 밝혀 규정한다.
③ 부연·상술: 중심 문장의 내용을 되풀이하여 설명함으로써, 중심 내용을 재확인한다.
④ 비교와 대조: 중심 내용과 비교되거나 대비되는 내용을 제시함으로써, 글의 중심 생각을 보다 뚜렷히 한다.
⑤ 분류와 구분: 중심 내용과 부연 내용, 중심 문장과 뒷받침 문장을 나누고 보탬으로써, 설명을 강화한다.

⑥ 예시와 인용: 중심 내용을 설명하기 위해 예를 들거나, 다른 글에서 끌어온 문장으로, 설명을 강화한다.

⑦ 증명과 이유, 조건: 중심 내용을 확인해 주고, 그 의미를 보강한다.

⑧ 결론: 중심 생각을 담은 중심 문장이다.

단락의 전개 방식과 단락 설명글의 진술 방식을 파악하면서 글을 읽는 것은 글 내용의 심층적인 이해는 물론이고 글의 중심 문장을 찾기 위해 매우 중요하다. 지문 독해를 잘하기 위해서는 단락 속에서 먼저 중심 문장부터 찾은 후, 그것을 뒷받침하는 문장과 연결해가면서 생각을 집약할 필요가 있다.

이때 설명글의 진술 방식을 따라 글을 읽으면서 글 내용의 흐름을 파악하면, 글을 읽어 중요한 부분과 그렇지 않은 부분을 구분할 수 있을뿐더러, 글의 '전체-부분' 구조를 단박에 파악할 수 있다. 글의 내용과 형식은 결코 분리될 수 없는 하나이기에, 글의 중심 생각과 핵심 내용을 정확히 파악하려면 단락 안의 문장 배열을 주의 깊게 살피면서 글을 읽고, 전체 의미 구조를 읽어낼 수 있어야 한다.

단락별 중심 문장 안에는 내용의 초점이 되는 중요 단어(핵심 어구)가 들어있는 것이 일반적이다. 핵심 어구는 대개 단락 안에 있는 모든 문장에서 반복되거나 암시되면서 글을 따라 이어진다. 그러므로 단락 독해는 중심 문장과 그 안에 실린 핵심어(개념어와 키워드)를 찾는 것부터 시작한다. 그리고 핵심어가 다른 문장들 속에서 어떻게 쓰이고 있는가를 확인하게 되면, 그 단락의 구조가 선명하게 드러나면서 단락 전체의 내용 이해가 빠르고 명확하게 된다. 수능 국어 비문학 지문처럼 읽기 편하고 의미 전달이 명료한 글은 단락 단위로 사고가 조직되어 있으며, 한 단락에 하나의 중심 생각이 담긴 경우가 일반적이다.

중심 문장을 제외한 뒷받침 문장의 종류와 역할을 구분하면 개략적으로 다음과 같다. 참고로, 단락을 구성하는 모든 문장은 '유도, 정의, 부연·상술, 비교·대조, 분류·구분, 예시·인용, 증명과 이유, 결론'이라는 다양한 '설명의 방법'을 사용하여 글 내용을 전개한다. 이때, 각각의 진술 방식은 어느 하나가 중심이 되거나, 혹은 뒤섞여 가며 글에 참여하게 된다.

설명글의 진술 방식을 살피면, 글에서 '중요한 부분'이 어느 곳에 집중해 있는지를 파악할 수 있다.

**설명의 진술 방법을 살피면서
글을 읽는 방법**

https://youtu.be/bManreOWsLM

[예문12: 올바른 독서 태도]

(가) ⓐ내가 몇 년 전부터 독서에 대하여 깨달은 바가 무척 많은데, 마구잡이로 그냥 읽어 내리기만 한다면 하루에 백 번 천 번을 읽어도 읽지 않는 것과 같다. ⓑ무릇 독서하는 도중에 의미를 모르는 글자를 만나면 그때마다 널리 고찰하고 세밀하게 연구하여 그 근본 뿌리를 파헤쳐 글 전체를 이해할 수 있어야 한다. ⓒ날마다 이런 식으로 책을 읽는다면 수백 가지의 책을 함께 보는 것이 된다. ⓓ이렇게 읽어야 읽은 책에 담겨 있는 올바른 이치를 훤히 꿰뚫어 알 수 있게 되는 것이니 이 점 깊이 명심해라.

(나) ⓔ이해할 수 있는 부분은 주의를 기울여 읽고, 금방 이해가 안 되는 부분은 멈추지 말고 그냥 넘어가라. ⓕ아무리 난해해도 계속 읽으면 곧 이해할 수 있는 부분이 나타날 것이다. ⓖ그러면 다시 이 부분을 집중해서 읽는 것이다. ⓗ이렇게 각주, 주석, 참고 문헌 등으로 빠져나가지 말고 끝까지 읽는다. ⓘ딴 데로 새면 길을 잃게 된다. ⓙ모르는 문제는 붙들고 있어봤자 풀 수 없다. ⓚ다시 읽어야 훨씬 쉽게 이해할 수 있게 된다. ⓛ 그러나 '일단 처음부터 끝까지' 읽고 나서 다시 읽어야 한다. (2013.3월 고1 모의 16~17번 출제 지문)

[예문12] 글을 문장 및 단락별로 뭉뚱그려가며 읽으면서(아래의 ⓐ~ⓘ까지의 기술이 그것이다) 중심 문장과 핵심 어구(키워드)를 찾고, 이어서 뒷받침 문장들의 역할과 기능을 구분하면 다음과 같다. 참고로, 아래의 글 (가)와 (나)는 설명글의 기술 방법 가운데 '비교와 대조'의 방식을 동원하여 단락을 나눠가며 설명한 것으로, 글의 주제는 '글을 읽는 올바른 태도', 핵심 어구는 각각 '이해'와 '집중'이다. 글을 읽어 이것들만 파악해도 전체 내용을 이해하는 것은 어렵지 않을 것이다.

(가)의 핵심 어구: **이해**

ⓐ 마구잡이로 글을 읽으면 읽지 않은 것과 같다 ·············⟨유도⟩
ⓑ 글을 철두철미하게 읽어야 글의 전체 의미를 이해할 수 있다 ···⟨결론: 중심 문장⟩
ⓒ 이것이 책을 제대로 읽는 방법이다 ···············⟨부연①⟩
ⓓ 이렇게 읽어야 책에 담긴 올바른 이치를 깨달을 수 있다 ········⟨부연②⟩

(나)의 핵심 어구: **집중**

ⓔ 글을 읽으면서 이해가 안 되는 부분은 그냥 넘어가라 ·······⟨유도①⟩
ⓕ 계속 읽다보면 이해가 되는 부분이 나온다 ···········⟨유도②⟩
ⓖ 이 부분에 집중해서 읽어라 ·············⟨결론:중심 문장⟩
ⓗ 글의 다른 부분에 관심을 쏟지 말라 ·············⟨대조①⟩
ⓘ 딴 길로 새지 마라 ······················⟨대조②⟩
ⓙ 모르는 내용을 붙잡고 있어야 소용없다 ············⟨구분⟩
ⓚ 거듭 다시 읽어야 이해가 된다 ·············⟨부연①⟩
ⓛ 그럴더라도 이는 처음부터 끝까지 거듭 다시 읽을 경우에 한해서이다 ···⟨부연②⟩

설명의 방법을 따라 단락 안의 글을 빠르게 읽으면서 글의 중심을 파악하기 위해서는, 먼저 '부연'이나 '예시'처럼 중요하지 않은 문장은 한데 묶어서 정리할 필요가 있다. 그렇게 되면, '정의'나 '비교'처럼 글에서 중요한 부분이 단박에 눈에 들어올 것이다.

이것을 중심으로 글의 결론에 해당하는 문장을 찾은 후, 그 밖의 중요한 부분에 해당하는 글을 한데 모아 체계적으로 정리하면 글의 중심 생각은 정리된다. 그렇게 해서 [예문13]은 "정치는 공적 영역에서 타인과 상호 소통하는 행위 활동을 통해 인간 실존을 확인하는 것이다"라는 글로 재구성되는데, 곧 글의 중심 생각이다.

한나 아렌트는 정치를 어떤 관점에서 사유해야 하는지, 그래서 어떻게 현실을 이해해야 하는지에 대한 정치철학적 지평을 열어 준 철학자이다. 아렌트의 정치철학을 이해하기 위해서는 그녀가 생각하는 정치의 본질을 이해할 필요가 있다. ‥‥‥〈 부 연 〉
아렌트에 따르면 정치는 사적인 것이 아닌, 공적인 것에서부터 출발하고 공적인 것을 추구한다. ‥‥‥‥‥‥‥‥‥‥‥‥‥〈정의: 확장된 정의〉
그렇다면 공적인 것과 사적인 것은 어떤 점에서 구별되는가? ‥‥‥‥‥‥〈 유 도 〉
아렌트가 이것과 관련하여 제기하는 핵심 문제는 바로 행위의 가능성이다. ‥‥‥‥
‥‥‥‥‥‥‥‥‥‥‥‥‥‥‥‥‥‥‥〈정의:확장된 정의〉

그녀는 인간의 활동으로 '노동', '작업', '행위'를 제시하고 이 세 가지 활동이 서로 긴밀하게 연결되어 인간의 실존을 가능하게 한다고 말한다. ‥‥‥〈 구 분 〉
그녀가 생각하는 노동은 생물학적 욕구를 충족시키는 동물적 활동이다. 노동은 자기 보존의 수단일 뿐이고 생존을 위해 필요한 생산과 소비의 끊임없는 순환 과정 속에 종속된 것이다. ‥‥‥‥‥‥‥‥‥‥‥‥〈비교1〉
작업은 단순한 생존을 넘어서 삶의 편의를 위해 물건과 결과물을 만드는 것으로 자연 과 구분되는 인간 세계를 구축하는 활동이다. ‥‥‥‥‥‥〈비교2〉
마지막으로 행위는 다른 존재들과 상호 소통하며 자신의 존재를 드러내는 것으로 다 수의 사람들과 공동의 관심사에 대해 의견을 나누는 활동을 의미한다. ‥‥‥‥‥‥
‥‥‥‥‥‥‥‥‥‥‥‥‥‥〈비교3, 결론: 중심 문장〉
그녀는 행위가 노동, 작업과 달리 혼자서는 할 수 없기에 오직 행위만이 타인의 지속적 인 현존을 전제 조건으로 삼는다고 밝힌다. 그리고 노동과 작업을 사적인 것으로, 행위 를 공적인 것으로 구분하고 행위가 이루어지는 곳을 공적 영역으로 규정한다. ‥‥〈 부 연 〉

■ 핵심 포인트5: **접속 표현**에 주목하면서 읽으면, 단락 안의 중심 생각을 읽을 수 있다.

수능 비문학 지문은 특정 개념·현상·이론·법칙·원리·사건·사태를 글쓴이의 견해와 생각을 바탕으로 논리적으로 기술한 설명글이다. 여기서 말하는 논리는 곧

(말과) 글의 짜임새로, (말과 말), 글과 글, 문장과 문장, 문단과 문단의 관계 속에서 모습을 드러내고 전개된다. 그리고 이를 연결하는 것이 **접속 표현**으로, 논리는 접속 표현으로 명시된다고 해도 과언이 아니다.

접속 표현에 주목하면서 글을 읽는 것은, 글 특히 단락의 중심 문장과 같이, 글**에서 중요한 내용을 담은 문장을 '빠르게' 찾는데** 무척 효과적이기 때문이다. 따라서 수능 비문학 지문을 읽을 때는 글에 실린 접속 표현에 주목하면서 읽되, 글에서 생략된 부분은 찾아 채워 넣어가며 읽는 등의 의식적인 노력이 따라야 한다.

글에 실린 접속 표현에서 중요한 것은 '부가와 전환', 그리고 '이유와 결과'의 접속 표현이다. '그리고'와 '그러나'로 대표되는 '부가와 전환'의 접속 표현은 단락 안에서 글의 중심 생각이 병렬적으로 나열되거나, 또는 어느 한 방향으로 집약되고 있음을 나타내는 표식이다.

한편, '왜냐하면'이나 '따라서'로 대표되는 '이유와 결과'의 접속 표현은 글 내용이 특정 관계, 특히 인과 관계를 따라서 논리적인 체계를 이루면서 펼쳐지고 있음을 나타내는 표식이다. 이것을 염두에 두고서 글의 접속 표현과 그 주변 문장을 살피면, 글 내용의 핵심이 어디에 있는지를 알 수 있을 것이다.

그렇더라도 알고 있어야 할 중요한 사실이 있다. 무턱대고 접속 표현에 동그라미를 친 후, 그것이 지닌 속성을 일반화하여 글 내용의 핵심을 파악하려고 들어서는 안 된다. 글에는 접속 표현이 생략된 경우도 많으며, 글의 논리적 흐름에 적절하지 않은 접속 표현이 기술된 경우도 상당하다. 게다가 의미적으로도 복잡한 관계를 이룰 수 있다.

이것을 아래 예문을 통해 확인할 수 있을 것이다. [예문1]의 '그러나'는 확실히 '전환'의 의미를 지닌 접속 표현이기에, 이어지는 문장에서 중요한 부분을 찾으면 된다. 하지만 [예문2]의 '그러나'는 좀더 복잡한 관계를 드러낸다. 단락에서 서로 양립하는 개념을 따라 글 내용을 기술하면서, 두 개념 사이를 매개하는 접속 표현인 '그러나'는 의미적으로는 유명무실하다. 접속 표현에 주목해서 글을 읽기보다는 양립하는 개념에 주목하면서 글 내용의 핵심을 찾아야 한다. 만약 그렇지 않을 경우, 접속 표현 앞의 중요한 내용은 놓치고 만다.

말하려는 핵심은, 글을 읽는 동안 접속 표현부터 먼저 눈에 들어오면 안 되며, 글 내용의 흐름에서 중요하다고 생각되는 접속 표현에 자연스럽게 눈길을 주면서 글을 읽어야 한다는 것이다. 거듭 강조하지만, 접속 표현에 먼저 표기부터 하지 말고, 글을 읽으면서 특히 중요하다고 생각되는 접속 표현에만 표기하고, 그 의미 관계를 드러내는 서술에 밑줄 긋기 바란다.

[예문1: 은행의 신용 창조 기능으로써의 지급준비제도]

둘째, 화폐를 창출하는 예금 창조 기능으로, 예금 창조는 신용 창조라고도 한다. 다시 금세공업자의 경우를 살펴보자. 만일 금세공업자가 맡아 놓은 금 전체를 그냥 가지고만 있다면 그 경제의 통화량은 변하지 않는다. 금세공업자가 써 준 모든 보관증에 기록된 금의 합은 그가 맡아 놓은 금의 양과 같을 것이기 때문이다. 그러나 맡아 놓은 금의 일부만 지급 준비용으로 보유하고 나머지를 다른 사람에게 대출해 줄 경우 사정은 달라진다. 금세공업자들이 맡아 놓은 금의 30%만 남겨 놓기로 결정했다면, 70%만큼의 금을 다른 사람이 빌려다 필요한 곳에 쓸 수 있다. 이는 유통되는 금의 양, 즉 통화량이 그만큼 더 늘어난 것을 뜻한다. 만약 금을 대출받은 사람이 그것을 다른 금세공업자에게 맡기고 보관증을 받는다면 통화량은 한층 더 늘어난다. 그 금세공업자가 다시 30%만 남겨 놓고 나머지를 또 다른 사람에게 대출해 줄 것이기 때문이다. (2020.9월 고1 모의, 문제16~20 출제 지문 단락3)

[예문2: 소득 효과와 정상재, 열등재의 관계]

수요의 변화는 소비자의 소득 변화에 의해서도 발생한다. 예를 들어 스마트폰 가격에 변동이 없음에도 불구하고 소득이 증가하면 스마트폰에 대한 수요량이 증가한다. 반대로 소득이 감소하면 수요량이 감소한다. 이처럼 소득의 증가에 따라 수요량이 증가하는 재화를 '정상재'라고 한다. 우리 주위에 있는 대부분의 재화들은 정상재이다. 그러나 소득이 증가하면 오히려 수요량이 감소하는 재화가 있는데 이를 '열등재'라고 한다. 예를 들어 용돈을 받아 쓰던 학생 때는 버스를 이용하다 취직해서 소득이 증가하여 자가용을 타게 되면 버스에 대한 수요는 감소한다. 이 경우 버스는 열등재라고 할 수 있다. (2014.6월 고1 모의, 문제22~24 출제 지문 단락2)

접속 표현 연습

접속 표현을 따라 글의 중심 생각을 찾아내는 연습은 다음 순서를 따르면 된다.

[예문1] 다음 ②~⑦의 각 문장 앞부분인 〔 〕안에다가, 접속 표현 〔그러나, 즉, 그리고, 그러므로, 단, 예를 들면, 왜냐하면〕을 한 번씩만 사용하여, 전체 문장을 논리적으로 매끄럽게 연결하라.

　　① 국어 공부에서 중요한 것은 좋은 글을 많이 읽는 것이다.
〔 〕② 다양한 접속 표현에 주의하면서 읽는 것이다.
〔 〕③ 논리란 글과 글의 짜임새 관계이며, 그 관계를 명시하는 것이 접속 표현이다.
〔 〕④ '그러나'라는 접속사는 많은 경우 '전환'을 나타낸다.
〔 〕⑤ '그러나' 앞뒤에서 주장의 근거가 바뀌었을 가능성이 높다.
〔 〕⑥ 논의의 흐름을 놓치지 않기 위해서는 '그러나'라는 접속사에 주의해서 읽어야 한다.
〔 〕⑦ 접속사는 생략되는 경우가 많은데, 그 경우에는 문장 앞에 이를 ( )로 보충해서 읽어야 한다.
〔 〕⑧ 접속 표현의 생략이 글의 논리를 약화시키는 것은 아니다.

[예문1]을 설명하면 다음과 같다.

①의 "좋은 글을 읽어라"와 ②의 "접속 표현에 주의하며 읽어라", 이 둘은 독립된 논점으로 양립 가능한 주장이다. 이러한 관계를 그 주장에 대한 '**부가**'라고 한다. 따라서 접속 표현은 부가적인 표현을 나타내는 〔 〕을(를) 사용하면 된다.

①. 〔　　〕, ②.

③의 접속 표현에 대한 설명은 ②의 "접속 표현에 주의하며 읽어라"는 주장에 대한 당위성을 규정짓는다. 이러한 접속 관계를 '**이유**'라고 하는데, 따라서 〔 〕을 사용하여 접속하면 된다.

②. 〔　　〕, ③.

④⑤⑥은 한 덩어리를 이뤄 '**전환**'의 접속사에 대해 구체적으로 서술하고 있는데, '그러나'는 '전환'의 접속 표현으로, 주장의 방향을 변화시킨다. 그 결과 ④⑤⑥은 궁극적으로는 ②의 "접속 표현에 주의하라"는 주장에 대한 이유를 구체적으로 보여준다. 이처럼 주장에 대한 이유와 근거를 설명하기 위해 덧붙이는 접속 관계를 '**예시**'라고 하는데, 즉, ④~⑥의 한 묶음의 접속 표현이 곧 예시와 관련한 접속 표현이다.

②. 〔　　〕, (④~⑥).

여기서 ④~⑥은 다시 다음과 같은 다양한 접속 표현으로 세분화할 수 있다.

먼저 ④에서 '그러나...'와 ⑤의 '그러나...' 문장은 병렬의 관계를 갖는데, 이에 개입하는 접속 관계를 '**부연**' 또는 '**예시**'라고 한다. 부연은 덧붙여 설명하는 것을 말하며, 예시는 예를 들어 설명하는 것으로써, 모두 '**해설**'과 관련한 접속 표현이다. 그렇기에 위의 ②.〔 〕, (④~⑥)의 **예시**를 나타내는 접속 표현은 곧 **해설**의 접속 표현이기도 하다. 이처럼 해설(예시)과 관련한 접속 표현은 여러 개가 있을 수 있기에, 문맥에 맞게 골라 다양하게 사용하면 된다. 이를 주어진 선택지에서 고르면 다음과 같다.

④. 〔　　〕, ⑤.

⑥은 ④와 ⑤의 결과물로, 즉 "④⑤가 설명하는 '그러나' 부분에서 주장이 변화하므로 ⑥에서 논의의 흐름을 놓치지 않기 위해서는 특히 '그러나'에 주의하라"고 설명한다. 이 접속 관계를 '**결과(귀결)**'라고 하는데, 이 역시 관련한 접속 표현은 여러 개(예를 들어, '따라서' 등)가 있을 수 있어서다. 문맥에 알맞게 골라 다양하게 사용하면 된다.

(④~⑤).〔　　〕, ⑥.

⑦은 전체 주장 속에서 부차적인 설명을 하는 것이어서, ②에서 ⑥까지의 논의를 보충한 것으로 파악되는데, 이 접속 관계를 '**보충**'이라고 한다.

(②~⑥).〔　　〕, ⑦.

⑧은 주장의 방향을 변화시키는 것이기에 '**전환**'을 나타내는 접속 표현을 사용하면 되지만, 그렇더라도 전체 글의 주장과 근거에 영향을 미치지는 않는다. 따라서 바뀐 뒤의 주장은 어디까지나 부차적일 수밖에 없으며, 이런 이유로 어디까지나 보충적 의미로써의 전환으로 보면 된다.

(①~⑦).〔　〕, ⑧.

▶답: ②~⑦에 들어갈 접속 표현은 순서대로 〔그리고, 왜냐하면, 예를 들면, 즉, 그러므로, 단, 그러나〕가 되며, 따라서 각각의 접속 관계를 나타내는 용어는〔부가, 이유, 예시, 해설, 결과, 보충, 전환〕이다. 그것들을 사용하여 다음과 같이 문장

을 매끄럽게 연결할 수 있다.

국어 공부에서 중요한 것은 좋은 글을 많이 읽는 것이다. 그리고 다양한 접속 표현에 주의하면서 읽는 것이다. 왜냐하면 논리란 글과 글의 짜임새 관계이며, 그 관계를 명시하는 것이 접속 표현이기 때문이다. 예를 들면, '그러나'라는 접속사는 많은 경우 '전환'을 나타낸다. 즉, '그러나' 앞뒤에서 주장의 근거가 바뀌었을 가능성이 높다. 그러므로 논의의 흐름을 놓치지 않기 위해서는 '그러나'라는 접속사에 주의해서 읽어야 한다. 단, 접속사는 생략되는 경우가 많은데, 그 경우에는 문장의 앞에 이를 보충하면서 읽어야 한다. 그러나 접속 표현의 생략이 글의 논리를 약화시키는 것은 아니다.

기본적인 접속 표현(1)_ 부가·전환

[예문2] 다음 ⓐ, ⓑ에 적절한 접속 표현을 골라라.
오늘날의 과학 기술은 공간을 축소했다. 교통과 대중 매체의 발달, 도시화로 인한 밀집 상태는 사람과 지구, 사람과 사람, 사람과 사물의 거리를 좁게 만들었다. 이것은 또한 사람이 사는 환경의 반영인 사람의 마음에서도 공간을 좁혔다. 가속화되는 소비문화는, 소비되고 쓰레기가 되는 물건의 쉴 새 없는 회전으로 우리 삶의 공간과 함께 우리 마음에 물건의 과포화 상태를 만들어 냈다. 끊임없는 공간의 이동, 사물의 순환, 작업의 능률화를 위하여 빈틈없이 짜여 진 시간과 공간과 함께 밀집 상태가 되어 반성과 관조의 시간을 허용하지 않는다. 사람들은 오늘의 세계를 정보의 세계라 하고 이것이 커다란 인지 발달의 증표이며 도구인 양 이야기한다.
ⓐ(그리고, 그러나, 단), 정보화의 효과는 우리의 내면 공간을 파괴한다. 참다운 지적 작용, 정신 작용 또는 감정 작용은 다른 모든 인간 활동과 마찬가지로 일정한 행동 공간을 필요로 한다. 빠른 속도로 공급되고 사라지는 정보는 참다운 생각과 느낌을 갖도록 하기보다는 우리에게 빠른 반응만을 허용하고 또 그렇게 하도록 계획된 것이다. ⓑ(그리고, 그러나, 단), 우리의 반응은 알 수 없는 조종의 전략에 의하여 지배된다. 사람이 정보 교환 속에서 자기를 느꼈을 때, 즉각적으로 반응해야 하는 숨은 게임의 한 파트너로서 자기를 인식하는 것일 뿐이다. 우리에게는 자기로 돌아가서 자신을 되돌아볼 여유가 주어지지 않는다.

선택지에 있는〔그리고, 그러나, 단〕은 각각〔부가, 전환, 보충〕의 접속 표현으로, 이는 다음과 같이 도식화될 수 있다. 즉,

- 접속 표현 전후의, 주장의 방향이 바뀌지 않는다 ─────────→ 부가
- 주장의 방향이 바뀐다 ╱ 바뀐 뒤의 주장이 더 강조된다 ─────→ 전환
　　　　　　　　　　╲ 바뀐 뒤의 주장이 부차적이다 ─────→ 보충

이것을 염두에 두고 먼저 ⓐ를 보면, 그 앞 단락에서는 사람들이 정보화를 발전의 지표인 것처럼 인식하지만, 뒷 단락에서 이는 인간의 내면을 파괴할 뿐이라고 비판한다. 따라서

- 주장의 방향은? … 바뀌고 있다. 그렇다면, 이는 '부가'의 접속 관계가 아니다.

- 앞 단락과 뒷 단락 중 어느 쪽이 더 강조되고 있는가? … 정보화는 인간성을 파괴할 뿐이라고 하여 뒷 단락을 보다 강조한다. 그렇다면, 이는 '보충'이 아닌, '전환'의 접속 관계이다.

다음으로 ⓑ의 앞뒤 문맥을 보면, 여기에는 다음 두 가지 주장이 연결되고 있다. 즉, 앞은 '정보화는 인간의 내면을 파괴한다'라고 하고, 뒤는 '인간은 정보에 의해 지배된다'라고 하여, 주장의 방향은 동일하다. 따라서 둘은 '부가'의 접속 관계이다. 참고로, 이렇게 주장을 단순히 부가하는 것은 논리적으로 약한 관계이기 때문에, 뚜렷한 접속 표현 없이(즉, 접속어를 생략하고) 글을 이어가는 경우가 일반적이다.

▶답: 〔ⓐ그러나 ⓑ크라코〕

[예문3] 다음 ⓐ, ⓑ에 적절한 접속 표현을 골라라.

인생이라는 것은 장기를 두는 행위와 비슷하다. ⓐ(그리고, 그러나, 단), 이렇게 두면 저렇게 될 것이란 대강의 짐작이 있어야만 장기라는 유희가 성립된다. ⓑ(그리고, 그러나, 단), 이렇게 두면 꼭 저렇게 된다고 짐작한 대로 되어서는 장기란 유희는 성립될 수가 없다. 인생이란 것은 이처럼 무지 사이의 방황이다(게오르그 짐멜, "생의 철학").

ⓐ의 앞 문장에서 인생은 장기 두는 행위와 같다고 했는데, 이는 뒷 문장에서 대강의 짐작이 있어야 성립된다는 단서가 붙었다. 따라서 '**보충**' 관계다. 이어서 단서에서 바뀐 방향을 ⓑ를 사용해서 전환하여 바뀐 뒤의 주장을 더욱 강조하고 있다. 따라서 '**전환**'의 관계다. 또한 맨 마지막 문장 앞에는 '그러므로', '그렇기에', '따라서'라는 귀결(결과)의 접속 표현으로 이어지며, 이 문장에 무게가 실린다. 따라서 맨 뒤 문장이 주장 글이 된다.

▶답: 〔ⓐ단 ⓑ그러나〕

이상의 설명을 통해 〔부가, 전환〕의 접속 관계를 갖는 전후 문장(또는 단락) 중의 어느 하나에는 전체 글의 가장 핵심이 되는 주장 글을 담고 있음을 알 수 있는데, 이는 다음 두 가지 포인트를 통해 판단을 내릴 수 있다.

- 주장의 방향을 확인한다.
- 주장의 무게를 판단한다.

접속 표현으로 이어지는 두 문장(또는 단락)의 주장의 방향이 바뀌지 않을 때는, 둘은 부가 관계가 되어 각각에 주장을 담게 된다. 그렇더라도 둘의 무게를 따져 보다 힘이 실린 주장을 파악하면 그것이 곧 **중심 주장 글**(문장·단락)이 되며, 다른 한 주장은 그 중심 주장을 뒷받침하는 글(문장·단락)이 된다.

접속 표현으로 이어지는 두 문장(또는 단락)의 주장의 방향이 바뀌는 경우는 다음 둘로 나눠서 생각할 수 있다. 먼저 바뀐 뒤의 주장이 더 강조되면 전환 관계가 되므로, 이어지는 문장(또는 단락)에 중심 주장 글이 들어있게 된다. 반면, 바뀐 뒤의 주장이 부차적일 경우에는 앞의 문장(또는 단락)에 중심 주장 글을 담는다.

그렇더라도 여러 단락의 수많은 문장으로 구성된 길고 복잡한 글의 경우에는 논의의 구조가 상당히 복잡하게 얽혀 글의 주장(주장 글)을 제대로 파악하기 까다롭다. 개별 단락마다 중심 문장과 뒷받침 문장으로 구성되고 또 단락 안에서도 복수의 접속 표현이 들어가 있는 경우가 일반적이어서, 그만큼 생각을 논리적·체계적으로 정리해가면서 파악해야 하기 때문이다.

기본적인 접속 표현(2)_ 이유·결과

[예문4] 다음 ⓐ, ⓑ에 적절한 접속 표현을 골라라.
모든 자원을 통제할 자격을 가지고 있는 사람이나 집단이 있어 자원들이 어떻게 나뉘어져야 하는가를 함께 결정하는 중앙 분배는 존재하지 않는다. ⓐ(왜냐하면, 그러므로, 단, 즉), 각각의 사람이 얻는 것은 자신이 다른 사람과 어떤 것을 교환함으로써 얻는 것이거나 타인이 자신에게 선물로 주는 것이다. ⓑ(그리고, 그러나, 단), 자유 사회에서는 다양한 사람들이 각기 다른 자원을 통제하고 있고, 새로운 소유물은 사람들 사이의 자발적인 교환과 행위로부터 생겨난다. ⓒ(왜냐하면, 그러므로, 단, 즉), 사람들이 자신의 결혼 상대자를 선택하는 사회에서는 배우자를 분배하는 일이 없는 것처럼 이 과정에서도 분배 행위나 몫의 분배란 존재하지 않는다. ⓓ(예를 들어, 즉, 단), 전체 결과는 스스로 취할 수 있는 자격을 가진, 분배에 관여하고 있는 각각의 사람들이 내리는 많은 결정에 의해 생긴 것이다.

▶답: (ⓐ왜냐하면(이유) ⓑ그리고(부가), ⓒ그러므로(결과), ⓓ즉(부연))

ⓐ의 뒷 문장은 앞글의 주장에 대한 당위성을 규정짓는 것이기에, '이유'의 접속

관계다. ⓑ의 앞 단락과 뒷 단락은 양립 가능한 주장이기에, '부가'의 접속 관계다. 그리고 ⓒ의 뒷 문장은 바로 앞글의 주장에 대한 결과물이기에, '결과'의 접속 관계다. 또한 ⓓ는 ⓑⓒ에 덧붙여 설명하는 것이기에, '부연'의 접속 관계이다. 따라서 ⓐ와 ⓔ는 각각의 주장에 대한 '근거'를 나타내는 접속 관계임을 알 수 있다.

'이유'와 '결과', 즉 **'근거'**를 나타내는 접속 관계는 논의의 골격에 대한 파악에서 매우 중요한데, 왜냐하면 이것이 주장과의 인과 관계를 나타내는 접속 표현이기 때문이다. 다시 말해, '근거'를 나타내는 접속 표현의 앞 또는 뒷글에 주장이 실린 글이 위치하며, 그 주장은 '부가', '전환'을 나타내는 접속 표현을 포괄한다. 그렇기에 그 근거가 중심 문장을 지지하는가, 뒷받침 문장을 지지하느냐는 전적으로 '부가', '전환'의 **방향성**과 **무게**에 달렸다.

이것을 염두에 두고 기본적인 접속 관계에 대해 연습해보자.

[예문5] 적절한 접속 표현을 사용하여 '①.〔   〕, ②.〔   〕, ③'이 되도록 문장을 완성하라. 단, 내용을 바꾸지 않을 정도의 연결어미 수정은 가능하다.(고등학교 도덕, 천재교육)
①인간다운 삶을 살아가는 데 핵심적인 역할을 하는 도덕에는 인간의 자유 의지가 전제된다.
②인간이 자유 의지 없이 행위 한다면 그 행위에 대해 옳고 그름을 판단하여 책임을 묻기 어려우며, 그 행위는 도덕적 의미를 갖지 못한다.
③인간은 자율적으로 도덕을 실천할 때 진정한 의미의 도덕적 인간이 된다.

---

②는 ①의 이유를 부여하고, ③은 ②의 결과의 관계를 이룬다. 따라서 '(①, 왜냐하면 ②), 결국③'이 되며, '결국'의 접속어 대신 '그러므로', '따라서' 등을 사용해도 된다. 참고로, ②를 ①의 귀결로 보고 '그러므로'라는 접속 표현을 사용하는 게 더 적절할 것이라고 하여 의문을 제기할 수 있을 것이다.

하지만 그렇게 되면, ③의 앞에 전환의 접속 관계인 '그러나'를 놓아야 하기에, 글 전체의 문맥이 어수선하게 된다. 따라서 이유의 접속 표현이 더 적절하며, 이렇게 해야 주장 글은 더욱 명료해진다. 따라서 접속 표현은 전체의 맥락에서 파악하는 것이 주장 글을 찾는데 더 효과적임을 이해할 수 있을 것이다.

▶답: ①왜냐하면, ②결국

[예문6] 다음 빈칸에 가장 적절한 접속 표현을 넣어라.
하나의 개념(概念)에는 진(眞)도 위(僞)도 없으며 오직 명제(命題)만이 진위를 가진다. 하나의 개념은 타당한 것도 부당한 것도 아니요 오직 논의(論議)에 대해서만 타당한지 아닌지를 따질 수 있다. ①〔　　〕정의(正義)된 기술적 개념 중에는 '좋은 것'과 '나쁜 것' 간에 구별이 있다. 이것에 이름을 붙이기 위해서 나는 '하나의 개념이 의의(意義)가 있다'거나 '의의가 없다'고 말할 것이다. 만일 하나의 개념이 우리가 진실이라고 믿을 만한 법칙적 언명(言明) 속에서 다른 개념들과 함께 사용되고 있다면 그러한 경우에 한해서 그 개념은 의의가 있다. ②〔　　〕좀 모호한 표현이기는 하지만, 어떤 개념은 다른 개념보다 더 의의가 있다. 예를 들면 한두 개의 외떨어진 법칙에서만 사용되는 개념은 훨씬 범위가 넓은 덜 정립(定立)된 이론에서 사용되는 개념보다는 의의가 적다. 그뿐만 아니라 오늘날 의의가 없던 개념이 앞으로 의의가 있는 개념이 될 수도 있다는 것이다.(강신택, '개념, 정의 및 개념 형성', 고등학교 독서, 중앙교육).

문제에는 3개의 주장이 포함되어 있다. 이를 정리하면 다음과 같다.

A. 개념은 옳고 그름을 따질 수 있는 성질의 것이 아니며, 개념적 타당성만 논의될 뿐이다.
B. 정의된 개념은 의의를 갖거나, 의의가 없는 것으로 구분할 수 있다.
C. 어떤 개념은 다른 개념보다 더 의의가 있다.

A와 B는 서로 다른 방향이다. 그러므로 B 앞에는 '전환'의 접속 표현인 '그러나

(또는, 하지만)'이 놓인다. 그리고 C는 B의 '결과'이므로 '그러므로(그렇기에)'를 사용하면 된다. 따라서 A, B, C 세 주장 중에 중심이 되는 주장 글은 가장 무게가 실린 C이다. 이때 이어지는 "오늘날 의의가 없던 개념이 앞으로 의의가 있는 개념이 될수 있다"라는 주장과 '부가'의 접속 관계를 갖는다.

▶답: ①그러나(하지만), ②그러므로(그렇기에)

주장 글 찾기

앞서 [부가, 전환, 해설, 예시, 이유, 결과, 보충]의 일곱 가지 접속 관계를 살펴보았다. 여기서 '예시'와 '보충'은 '해설'에 포함하고, '이유'와 '결과(귀결)'는 통합하여 '근거'로 일원화한다. 이렇게 하면 [부가, 전환, 해설, 근거]라는 네 가지 접속 관계로 거듭 정리된다. 각각의 접속 관계는 다음 기호를 사용하여 나타내기로 한다.

해설: A = B (A, 즉, B)
근거: A → B (A, 그러므로, B)
부가: A + B (A, 그리고, B)
전환: A ~ B (A, 그러나, B)

이제 문장과 문장, 단락과 단락은 [부가, 전환, 해설, 근거]라는 접속 관계를 통해 논리적 인과 관계를 갖는다. 그리고 그에 따라 글 전체에서 논의되는 핵심 내용이 어디 위치하는지가 규정되며, 그 핵심 내용은 '**주장**'과 '**근거**' 또는 '**결론**'과 '**전제**'라는 글 묶음을 이룬다. 그렇기에 전체 글을 통해 이 둘의 관계를 찾아 살피면 글의 중요한 부분(중심 생각)을 효과적으로 파악할 수 있다.

하지만 글의 구조가 워낙에 복잡하게 얽혀 있고 글의 논리 역시 변화무쌍하게 전개되기에, 글에서 중요한 부분을 정확히 파악해내기란 여간 어렵다. 이런 이유로 글에 담긴 논의의 짜임새를 올바로 파악하기 위해서는 [부가, 전환, 해설, 근거]의 접속 관계를 사용하여 논의를 효과적으로 정리해나갈 필요가 있다. 즉, 논의의 줄기를 먼저 집어내고, 이어서 가지와 잎을 붙여나가야 제대로 된 나무 모양이 나오지, 이와는 반대로 되어서는 결코 글의 중심 생각을 제대로 파악할 수 없다.

따라서 먼저 글의 중심 생각을 구성하는 중심 부분과 곁가지 부분을 정확히 구분해낼 수 있어야 한다. 이를 위해서는 먼저 중심을 이루는 '주장 글'부터 찾아야 하는데, 이는 다음 과정을 통해 살피면 된다.

- (1)해설과 근거부터 찾아 정리하여 '주장 글'만을 따로 표시한다.
- (2)표시한 '주장 글'을 '부가' 또는 '전환' 관계로 접속한다.

글의 중심 생각을 구성하는 문장은 하나 또는 다수의 문장으로 구성되어 있으며, 여러 문장으로 만들어진 글 묶음이 하나의 주장을 이루게 된다. 편의상 이를 '주장 글 묶음'이라고 하고, 그 중심이 되는 문장을 **'주장 글'**이라고 하자.

한편, 전체 글이 여러 단락으로 구성된 경우에는 단락별로 '주장 글'이 있을 수 있는데, 이때 역시 앞의 두 과정을 통해 우열을 가려 살피면서 연결하면 된다. 이때 '주장 글'에 밑줄을 그어 표시하고, 해설이나 근거에 해당하는 부분은 괄호로 묶으면 글의 중심 생각이 드러나게 된다.

이렇게 해서 '주장 글 묶음'을 갖고 다음 세 가지 방법으로 '주장 글'을 알아낼 수 있다.

- (1)주장 글 묶음 내의 주장 A와 B가 부가(A+B)의 관계일 때, 그것은 내용적으로는 한 묶음이 된다. 이때 A와 B 중에 내용을 더 압축적이면서도 정확하게 표현하고 있는 쪽을 '주장 글'로 한다.
- (2-1)주장 글 묶음 내의 주장 A와 B가 전환의 관계이되 귀납적 관계에 놓일 때(A→B, 그러므로), 기본적으로 주장하고 싶은 것은 B이고, A는 그 정당화를 위해 사용되

고 있다. 따라서 '주장 글'은 B이다.
- (2-2)주장 글 묶음 내의 주장 A와 B가 전환의 관계이되 연역적 관계에 놓일 때 (A←B, 왜냐하면), 기본적으로 주장하고 싶은 것은 A이고, B는 그 정당화를 위해 사용되고 있다. 따라서 '주장 글'은 A이다.

이상의 설명을 앞서 기술한 [예문1]을 통해 살피면 보다 이해하기 쉬울 것이다.

〔국어 공부에서 중요한 것은 좋은 글을 많이 읽는 것이다. (그리고) 다양한 접속 표현에 주의하면서 읽는 것이다〕...(주장). 〔왜냐하면 논리란 글과 글의 짜임새 관계이며, 그 관계를 명시하는 것이 접속 표현이기 때문이다〕...(근거). 〔예를 들면, '그러나'라는 접속사는 많은 경우 '전환'을 나타낸다. 즉, '그러나' 앞뒤에서 주장의 근거가 바뀌었을 가능성이 높다. 그러므로 논의의 흐름을 놓치지 않기 위해서는 '그러나'라는 접속사에 주의해서 읽어야 한다. 단, 접속사는 생략되는 경우가 많은데, 그 경우에는 문장의 앞에 이를 보충하면서 읽어야 한다. 그러나 접속표현의 생략이 글의 논리를 약화시키는 것은 아니다〕...(해설+보충).

다음 글에서 '주장 글'을 찾아내는 연습을 해보자.

[예문7] 다음 글에서 ㉠~㉤의 논리적 관계를 바르게 말한 것은? (95 수능)
한 민족의 전통은 고유한 것이다. 그러나 …

㉠ 고유하다. 고유하지 않다는 것도 상대적인 개념이다.
㉡ 어느 민족의 어느 사상도 완전히 동일한 것은 없다는 점에서 모두가 다 고유하다고 할 수 있다.
㉢ 한 종교나 사상이나 정치제도가 다른 나라에 도입된다 하더라도, 꼭 동일한 양상으로 발전되는 법은 없으며, 문화, 예술은 물론이고 과학기술조차 완전히 동일한 발전

을 한다고 볼 수 없다.

ㄹ 이런 점에서는, 조상으로부터 물려받은 모든 유산이 다 고유하다고 할 수 있다.

ㅁ 그러나 또 한편, 한 민족이 창조하고 계승한 문화나 관습이나 물건이 완전히 고유하며, 다른 민족의 문화 내지 전통과 유사점을 전혀 찾을 수가 없고, 상호의 영향이 전연 없는 그런 독특한 것은, 극히 원시 시대의 몇몇 관습 이외에는 없다고 할 것이다.

① ㄱ은 ㄴ의 근거이다.

② ㄴ은 ㄷ의 근거이다.

③ ㄷ은 ㄹ의 근거이다.

④ ㄹ은 ㅁ의 근거이다.

⑤ ㅁ은 논증의 결론이다.

[예문7]의 논리적 흐름을 접속 관계를 따라 분석하면 다음과 같다.

ㄴ, ㄷ은 ㄹ의 근거(ㄹ은 ㄴ, ㄷ의 결론이자, ㄱ의 전제)이다.

ㅁ은 ㄴ～ㄹ과는 상반되는 내용을 규정하는 전환의 접속 관계로써, ㅁ에 보다 무게가 실린다. 따라서 ㅁ은 ㄱ의 보충이 되는 전제가 된다.

ㄴ～ㅁ은 ㄱ의 해설, 따라서 ㄱ은 ㄴ～ㅁ의 결론이자, 중심 주장 글이다.

▶답: ③

한 민족의 전통은 고유한 것이지만, 그렇더라도 이는 어디까지나 상대적인 관점에서 규정된 개념일 뿐이기에 섣불리 단정 지을 근거 또한 없다. … 글의 중심 생각을 담은 핵심 논지

글의 전개 방식을 살피면서 읽으면, 글의 중요한 내용이
단락 안의 어느 곳에 집중해 있는지 파악할 수 있다.
단락별 글 내용의 핵심을 파악하는 요령
https://youtu.be/WYtNkRqmq8o

핵심에 집중하라
글의 중요한 부분에 정신을 집중하는 선택적 글 읽기

앞서, 수능 국어 비문학 지문을 빠르고 정확히 읽으려면, 글을 읽으면서 글의 구성과 구조, 즉 '글의 주제(제재)가 확장하는 방식'과 '단락의 전개 방식'을 재빨리 파악할 수 있어야 한다고 했다. 이것은 글의 '중요한 부분과 그렇지 않은 부분'을 구분하여 읽으면서 중심 내용에 집중하고, 글의 '전체-부분' 구조의 짜임을 살펴 읽으면서 중심 단락과 중심 문장을 정확히 찾아내기 위해서다.

먼저, 지문을 읽어 글의 '중요한 부분'을 가릴 수 있어야 하는데, 이는 개념을 직접 설명하거나, 글의 중심 생각을 설명하는 내용에 집중된다. 글에서 '**정의와 확장된 정의**', '**논증(주장과 근거, 전제와 결론의 글 묶음)**'의 방법(진술 방식)으로 기술된 부분으로, 반드시 밑줄을 그어가며 따로 표시해두어야 한다.

다음으로, 논의의 흐름을 따라 글을 읽으면서, 글의 '전체-부분' 구조를 한눈에 파악하기 위해서는, '**비교와 대조**', '**분류와 구분**', '**인과 분석**'의 방법으로 진술된 글 내용을 눈여겨봐야 한다. 이 설명글을 중심으로 구성된 단락은 개념과 개념을 서로 비교하면서, 또는 개념을 나누고 쪼개어 설명하면서, 혹은 단락 단위 혹은 문장 단위로 논리적 또는 사실적 관계를 가리면서, 있는 그대로의 '사실·사건·대상·현상'을 객관적으로 기술한 것이다.

끝으로, 사례를 들어가며 개념적 설명을 강화하거나, 대상을 세밀히 관찰하거나, 사건과 현상의 배열 순서를 정하거나, 상황의 추이를 보여 주는 등으로, 설명을 뒷받침하는 목적으로 진술된 글감이 있다. '**예시와 인용**', '**부연과 상세**', '**묘사적 설명과 서사적 설명**'처럼 글의 중심 내용을 해설(상술)한 글감이 이에 해당한다. 이 부분은 글에서 중요한 부분을 상세한 것이기에, 선택적으로 판단해서 주의 깊게 살피거나, 또는 이미 알고 있는 내용이라 그리 중요하지 않다고 생각이 들 때는 빠르게 훑으면서 읽을 필요가 있다.

■ 핵심 포인트6: 글의 '곁가지'부터 쳐내면, 글의 '**뼈대**'를 이루는 중요한 부분이 눈에
　　　　　　　더 잘 들어온다.

　설명글에서, 어떤 내용을 담고 있든 글에서 중요한 부분은 특정 단락, 특정 문장에 한정되며, 나머지 문장은 중요한 내용을 보충 및 부연하면서 상술한 것이다. 글을 읽으면서 '중요한' 부분과 '중요하지 않은' 부분을 효과적으로 가려내면, 글의 '전체-부분' 구조를 단박에 파악할 수 있다.

　글의 중요한 부분은 글의 뼈대를 이루는 부분, 즉 '개념'과 '사실'과 '가치'와 관련한 직접적인 언술이며, 중요하지 않은 부분은 그 언술을 뒷받침하는 보충 설명과 관련한 곁가지 글감이다. 복잡한 글 구조에서 '주제 개념'을 따라 '하위 개념'별로 그것이 지시하는 '사실적 진술'의 핵심 설명 부분을 간추리면, 글의 '전체-부분' 구조가 한눈에 드러난다.

　글의 중요한 부분에 집중하면서 읽으면, 글의 전체 구조를 파악하는 것은 그리 어렵지 않다. 특히 글의 중요한 부분을 중심으로 발문의 물음이 복잡하게 구성되는데, '개념', '사실', '가치'와 관련한 진술이 뒤섞여 출제된다. 이때 글을 읽어 '개념'과 '사실', '정책'과 '가치'를 다룬 부분을 여하히 '**분류·분석·비교**'하여 파악할 수 있는가가 관건으로, 바로 이 부분에서 발문의 물음이 집중적으로 만들어진다.

　글에서 중요한 부분을 파악하는 방법적 요령은 간단하다. 먼저 글 내용의 중요도가 떨어지는 부분, 즉 곁가지 '**해설**'에 해당하는 글감부터 따로 **떼어낸다**. 그런 다음, 주제 및 제재 관련 개념어(핵심 어구)가 들어있는 문장을 찾아 밑줄을 긋는다. 글쓴이의 주장을 다른 표현을 쓰거나 구체적인 예를 들어가며 말 **바꾸기(변주)**를 하면서 거듭 기술되고 있는 부분이 가리키는 문장을 찾아 이것에도 밑줄을 긋는다. 서로 대립하는 구조, 즉 비교와 대조의 방법으로 개념이나 대상·현상·이론을 설명

하고 있는 문장을 찾아 이것에도 밑줄을 긋는다. 이런 문장들이 글에서 중요한 부분으로, 세부적인 곁가지는 생략하고 큰 줄기를 중심으로 글 내용을 정리하면, 글의 중심 생각으로 글에서 중요한 부분은 단박에 파악될 수 있다.

■ 핵심 포인트7: 단락별 **핵심어**와 **중심 문장**을 찾아낸 후 이것들의 관계에 집중하면서 읽으면, 글 내용을 더 잘 이해할 수 있다.

공부의 기본인 읽기 능력이 늘지 않는 이유는 다른 무엇보다 '날림'으로 글을 읽는 습관이 크게 작용하기 때문이다. 글에 실린 모든 단어가 똑같이 중요하다고 인식하고는, 어휘의 의미와 개념을 이해하지 않으면서 마구잡이로 글을 읽기 때문이다. 이것이 독해력이 부족한 학생들에게서 나타나는 전형적인 현상으로, 글을 읽는 방법이 잘못됐기 때문에 공부의 기본인 읽기 능력이 떨어지는 것이다.

수능 국어 비문학 지문을 잘 읽으려면 먼저, 글에 담긴 핵심 개념(핵심 어구)부터 잡아야 한다. 즉, 글의 '주제 및 제재'가 무엇인지부터 찾아 살펴야 한다. 이는 글을 읽어 글의 핵심을 이루는 '뼈대'와 이를 보충 설명하는 '곁가지'를 구분하는 데 더할 나위 없이 중요하다. 글에 담긴 많은 정보를 놓고 학생들은 혼란스러움을 느끼게 되는데, 그 주된 이유는 핵심 개념을 파악하지 못한 채 막연히 글을 읽기 때문이다. 양파껍질을 벗기듯이 한 겹 한 겹 글의 불필요한 내용(즉, 글의 곁가지로써의 '해설' 부분)을 제거하면서 대상의 본질에 다가갈 때, 글의 중심 내용이자 주제 의식을 담은 핵심 개념은 곧바로 파악 가능하며, 글 전체의 의미 또한 어렵지 않게 읽어낼 수 있다.

핵심 어구(개념어 및 관련 키워드)란 문장에서 생략되면 글의 의미가 달라지는 단어로, 주제 및 제재와 관련하여 **일련의 개념적 범주를 이루면서** 글을 따라 체계적으로 펼쳐진다. 핵심 개념은 글의 중심 단락, 중요 문장에 들어있으며, 주제어를 담게 마련이다. 단락 전체에 여러 번 반복하여 가장 많이 나오는 용어와 어휘가 곧 핵심 개념을 담은 주제어일 가능성이 크다. 주제어와 핵심 개념의 파악은 곧 지문 해석에서의 키를 얻는 것이자, 일종의 출입문을 찾는 것과 같다.

문장에서 핵심 어구만 찾아서 나열해가며 읽어도 글쓴이가 말하려는 의도를 알 수 있다. 따라서 글을 읽어 글 내용을 이해했다고 말하려면 자신이 읽은 문장에서 핵심 어구 정도는 곧바로 찾을 수 있어야 한다. 핵심 어구를 찾는 능력은 곧 글을 읽어 그 의미를 파악할 수 있음을 보여 주는 것이라 할 수 있다. 글의 핵심 어구를 찾지 못하면 중요한 것과 중요하지 않은 것을 구분할 수 없다. 당연히 중심 문장을 찾지 못한다.

중심 문장은 글에서 가장 중요한 내용을 담고 있으면서, **핵심 어구를 중심으로** 글의 중심 내용을 가장 포괄적으로 축약하여 기술한 문장이다. 단락의 중심 문장을 찾으려면 지문 전체의 의미를 가능한 한 빨리 파악할 수 있어야 한다. 지문을 읽고 곧바로 핵심 개념부터 찾아 그 사전적(辭典的) 의미를 이해한 후, 이를 토대로 이어지는 단락의 어딘가에 명기된 하위의 세부 개념과 그 논리적 진술을 전부 그리고 빠르게 훑으면, 중심 문장을 찾을 수 있을 것이다.

따라서 글에서 무엇이 중요한지를 알려면, 복잡한 글 내용에서 핵심만을 간략히 추릴 수 있어야 한다. 실제, 글에 실린 핵심 어구만 제대로 찾아낸 후, 그것을 중심으로 단락 안의 글을 뭉뚱그려가면서 읽는 것만으로도 글 내용의 핵심을 어림잡을 수 있을 뿐 아니라, 글의 중심 문장을 어렵지 않게 찾아낼 수 있다(뭉뚱그려 읽기는 독해력 향상에서 무척 중요하므로, 뒤에 그 방법적 요령을 들어가며 자세히 설명한다).

[예문: 경험론]

중세 서양인들은 세계가 완전한 천상계와 불완전한 지상계로 이루어져 있다고 생각했다. 천체들은 5원소로 이루어져 있고 원운동을 하며, 천체들을 움직이는 힘은 신의 의지라고 생각했다. 상상에 의존하는 이러한 세계관은 천체들을 직접 관측하고, 망원경으로 확인하면서 서서히 흔들렸다. 사람들은 머리로만 생각해 왔던 이상적 질서들이 '경험'을 통해 부정될 수 있다는 사실을 새삼 깨달았다. 근대 경험론은 이런 과정을 통해 탄생했다고 볼 수 있다.

경험론이란 인간의 인식이나 지식의 근원을 인간의 지각, 즉 경험에서 찾는 철학적 입장을 가리킨다. 굳이 '지혜는 경험의 딸이다.'라는 레오나르도 다빈치의 말이 아니더라도 경험이 어떤 가르침을 준다는 사실을 부인할 사람은 드물 것이다. 경험을 통해 무엇을 알게 되는 것은 모든 사람이 일상적으로 겪는 과정이기 때문에 이 입장을 거부하는 것은 쉽지 않다.

경험론의 전통은 멀리 고대 그리스의 소피스트, 키레네 학파까지 올라가지만, 합리론에 대립되는 본격적인 경험론은 프랜시스 베이컨이 체계를 세웠다. 사실 이 두 사상은 모두 자연과학 발전의 영향을 받았지만, 그 발전의 핵심 동력은 다르게 파악하며 철학적 토대를 닦아나갔다. 경험론자들은 관찰과 실험에 입각한 귀납적 방법이, 합리론자들은 이성적 사고에 기반을 둔 연역적 추론이 각각 자연과학의 발전을 이끌었다고 여겼다.

경험론자들은 귀납법을 통해 구체적이고 개별적인 사례들에서 인간과 자연에 대한 보편적인 법칙을 알아갈 수 있다고 생각했다. 하지만 조금 더 생각해보면 경험론은 한계가 있음을 알 수 있다. 예를 들어 똑같은 장소를 걸어서 지나친 여행자와 기차를 타고 지나친 여행자를 생각해 보자. 장소는 동일하지만 두 여행자가 그 장소를 바라봤던 경험은 분명 다를 것이다. 그런 점에서 경험의 세계는 절대적으로 확신하기가 어려운 것이다. 그러므로 자신의 경험에 오류가 있을 수도 있음을 받아들이는 겸허한 태도가 필요하다.

그럼에도 불구하고 인간에게 있어 의미 있고 근거 있는 인식은 경험에서 출발한다는 경험론의 입장은 여전히 설득력이 있다. 그리고 근대 이후 철학들은 경험론에서 바라본 경험의 의미를 존중하면서 그 의미를 나름대로 확장했다. 칸트의 관념론은 '정신의 경험'까지, 라캉의 구조론은 '무의식의 경험'까지 의미를 넓힌 것이다. 이처럼 근대 이후 철학의 상당 부분은 경험론의 영향 아래 진행되었다고 해도 과언이 아니다. (2015.6월 고1 모의, 문제18~20 출제 지문)

[예문]은 서양 근대 철학 중 경험론에 대하여 그 출현 배경, 개념, 합리론과의 차이점, 한계, 의의를 기술하고 있다. 단락1은 글 전체가 '해설' 글로 이루어져 있으며, 단락2~단락5는 주제어인 경험론에 대해 '예시'와 '부연'의 방법으로 기술한 부분이 곁가지 글에 해당한다. 따라서 이 부분을 따로 떼어내면 글의 중요한 부분이 단박에 드러난다.

글에서 중요한 부분은 아래 기술한 단락2~단락4의 설명의 진술 방식을 중심으로 기술한 내용으로, [예문]의 밑줄 쳐진 부분이 이에 해당한다. 글 내용 이해에서 실제 중요한 부분은 굵은 글씨체의 핵심 어구로, 이 부분에 집중하면서 글을 읽으면, 글의 의미와 글 내용의 핵심은 파악된다.

소주제의 물음별 글 내용의 기술, 단락 전개

(단락1) 근대 경험론 탄생 배경 ⋯ 단락 전체가 '해설' 글로 이루어졌다.
(단락2) 경험론의 정의 ⋯ '정의'의 진술 방식으로 기술한 부분
(단락3) 경험론과 합리론의 차이 ⋯ '비교'의 진술 방식으로 기술한 부분
(단락4) 경험론의 한계 ⋯ '분석'의 진술 방식으로 기술한 부분
(단락5) 경험론의 의의 ⋯ '확장된 정의'의 진술 방식으로 기술한 부분

(단락1) → **(단락2)** → **(단락3)**
                              (단락4) → **(단락5)**

의미를 읽어라
텍스트의 논리적 짜임새를 분석하며 읽는 구조 독해

글을 빠르고 정확히 읽으려면 글자를 읽지 말고 글에 담긴 '의미'를 읽어야 한다. 글자(단어, 낱말)는 단순히 의미를 전달하는 기능을 할 뿐이다. 그렇기에 글자 그 자체에 매달려서 그것이 무슨 의미라도 있는 듯이 읽는다거나, 단어를 하나씩 따로 이해하면서 글을 읽어서는 안 된다. 이런 식으로 글을 읽으면 문장 안의 개별 단어는 해독하면서도 정작 글의 맥락과 글의 중심 생각(글의 중심 내용, 글의 의미, 글의 요지)을 파악하지 못한다.

글의 의미를 이해하며 읽으려면 글자(단어, 낱말) 그 자체에 매달려서는 안 된다. 문장 속 단어나 용어, 어휘의 의미를 서로 연결해가며 읽으면서 글의 **상호 관계를 파악해야** 한다. 그것이 곧 문장의 '의미'다. 단어나 어휘의 관계를 생각하며 글을 읽을 때 머릿속에 떠오르는 생각이 바로 그 문장의 의미인 것이다. 예를 들어, 같은 '잘 논다'라는 어휘더라도, "너희 진짜 잘 논다"와 "얼씨구, 잘들 논다"라는 문장 간의 의미는 다르며, 그 차이는 글의 상호 관계 속에서 맥락으로 파악될 수 있는 것이다.

문장에 등장하는 단어나 어휘의 의미를 서로 연결해가며 상호 관계를 파악하는 힘은 '**직관**'에서 나온다. "아는 만큼 본다"라는 말이 있듯이, 사람들은 사물과 현상을 바라볼 때 이를 자신의 경험이나 지식과 관련지어 이해하고 해석하려는 경향이 있는데, 이것을 '**직관(直觀)**'이라고 한다. 직관은 이를테면 풍부한 독서 경험을 통해 자신도 모르게 저장한 머릿속 인식 능력으로, 글이나 문장을 보고 의미를 이해한다거나 글을 맥락으로 파악한다는 것은 곧 언어 능력으로써의 직관적 사고력이 머릿속에서 작용한 때문이다. 직관은 곧 **글에 대한 이해력**이라고 할 수 있다.

글을 읽으면서 단어나 어휘의 개별 의미를 서로 이어가며 종합하려고 노력하면 그때마다 직관이 생각에 적극적으로 작용한다. 글을 읽으면서 단어와 어휘의 의미를 다양한 관점에서 깊게 생각할 수 있도록 의식적으로 노력하면 직관적 사고력은 발달한다. 직관적 사고력이 향상하면 글을 해석하는 속도는 빨라지며, 동시에 글의 의미를 좀더 심층적으로 파악할 수 있다.

직관력은 텍스트의 의미 구조를 간파하는 능력이다

글에 이해하기 어려운 주제나 제재를 담고 있거나, 핵심 개념에 대한 배경 지식이 딸릴 때는 **텍스트의 의미 구조**, 즉 텍스트의 논리적 짜임새를 파악하면서 글을 읽을 필요가 있다. 텍스트 구조를 활용하여 글 내용을 예측하며 읽는 연습은 독해력 향상을 위해 중요하다. 텍스트 구조를 파악한 후 글 내용의 핵심을 상황·조건·맥락에 맞게 연결한다면, 글쓴이가 책을 통해 어떤 말을 전하고자 하는지에 대한 진위 파악은 한결 쉬워진다. 서로 다른 유형이 뒤섞이면서 글 내용을 구성하는 텍스트 구조는 글쓴이가 전달하려는 개념 전달 방법 및 설명의 기술 방식에 따라 달라진다. 가장 일반적인 텍스트 구조는 개념 정의, 비교와 대조, 원인과 결과, 문제 제시 및 해결, 상세 및 부연 설명이 있는데, 앞서 설명했다.

독해력을 향상하기 위해서는 글을 '**의미 단위**'로 뭉뚱그려가며 읽으면서 글에 담긴 **개념을 머릿속에서 구체화하여 생각할 수 있어야** 한다. 이를 위해서는 먼저 가장 작은 생각의 단위인 단락의 '의미 구조(중심 문장의 중심 내용을 나타내는 개념과 그 개념에 내재한 의미)'를 단락별로 순차적으로 확인한다. 그러면서 각 단락의 개념이 다른 단락 및 글 전체 속에서 서로 어떤 의미 관계를 갖는가를 생각하면서, 글 전체 내용을 포괄하는 가장 높은 층위의 추상화된 개념을 파악하기 위해 노력해야 한다. 이것이 곧 글의 '주제 개념'이다.

글을 읽어 전체 내용을 하나로 뭉뚱그려야 한다는 사실을 상기하면서, 처음부터 주의 깊게 글을 읽기 시작한다. 그러면서 문장별, 단락별, 글 전체로 한 단계씩 높아지는 개념의 추상적인 의미를 이해하기 위해 개념과 개념의 관계를 생각하면서 글을 읽자. 이때 글의 필요한 부분에 밑줄을 긋거나 별도의 기호로 표기하면서 글을 읽으면, 글 전체의 내용과 의미는 더욱 또렷이 파악되고 좀더 잘 이해될 것이다.

★ ★ ★

글 읽기에서 직관력의 의미를 좀더 구체적으로 설명해주세요?

직관력은 쉽게 말해, 사물이나 현상의 본질을 단박에 간파하는 능력을 말한다. 이것을 확인하는 것은 그리 어렵지 않다. 가장 간단한 예로, 아이들을 완구점에 데려가서 각자 자신이 원하는 것을 고르라고 하자. 그러면 아이들은 한순간의 망설임도 없이 해당 물건이 있는 코너로 달려가서 곧바로 자신이 원하는 장난감이나 인형을 선택한다. 예전 경험을 토대로 새로운 완구 코너의 동선 구조가 머릿속에서 활성화되면서, 아이들은 길 찾기에 놀라운 집중력을 보이는 것이다.

또 다른 예가 있다. 유튜브를 보면, 외국인들은 우리나라 지하철의 편리성을 언급하면서 '직관적'이라는 용어를 곧잘 사용한다. 외국인에게 우리나라 지하철은 게시된 언어도 다르고 노선도 복잡하며 관련한 IT 기술도 크게 차이 나지만, 그러함에도 외국인들은 생각 이상으로 복잡한 지하철 환경에 빠르게 적응한다. 그 주된 이유의 하나가 바로 누구나 쉽게 이해할 수 있도록 만들어 놓은 노선별 색상과 시각적 디자인이라 할 수 있는데, 외국인들은 시각적 요소만을 갖고서도 이를 머릿속 생각으로 구조화하면서 지하철 노선에 대해 직관적으로 이해하는 것이다.

글 읽기 역시 이와 크게 다를 바 없다. 글 읽기에서 직관력이란 개념과 개념의 관계를 따라 글의 중심 생각을 단박에 포착하는 언어 능력이라 할 수 있다. 예를 들어 '사랑'이란 추상적 개념을 주제로 한 글감이 있고, 이것이 '에로스'와 '아가페'라는 하위 개념어를 중심으로 글 내용을 구성하고 있다면, 이 두 개념의 의미를 정확히 읽어내는 것으로도 그 의미 구조를 읽어낼 수 있다. 글을 읽어 자신이 아는 것을 설명할 수 있는 능력인 '메타 인지'라는 것도 따지고 보면 직관력의 다른 표현일 뿐이다.

텍스트의 논리적 짜임새를 살피면서 글 내용의 핵심에 집중하는 글 읽기 연습을 해나가다 보면, 개념의 쓰임이 단박에 포착되며, 이를 통해 글 전체의 의미가 한눈에 잡힌다. 이런 과정을 반복해나가다 보면, 중심 문장과 핵심어가 쉽게 눈에 띄고, 이것들을 뭉뚱그려 전체 '**의미 구조**'를 읽어낼 수 있다. 글 내용의 핵심을 포착하는 직관력은 그렇게 해서 길러진다.

★ ★ ★

■ 핵심 포인트8: **텍스트의 의미 구조**를 살피면서 읽으면, 글 내용을 빠르고 정확하게 파악할 수 있다.

독서력의 핵심은 글의 '짜임 및 내용' 면에서의 의미 구조를 파악하는 데 있다. 글에는 반드시 구조(의미)가 있다. 문장에도 구조가 있고, 단락에도 구조가 있고, 글 전체에도 구조가 있다. 이때 글로 표현된 글쓴이의 생각과 글을 읽을 때 독자의 머릿속에서 일어나는 생각이 일치하고 있음을 추체험할 때, 이를 두고 글의 '**의미 구조**'를 **파악했다**고 말한다. 즉, 글을 읽어 글의 구조(의미)를 읽어내는 힘이 곧 '**독해력**'이다.

'의미 구조'란 다수의 어휘나 개념을 하나로 뭉뚱그려서 나타낼 수 있는 '생각의 단위'를 일컫는다. 이를테면 사과와 배와 귤이라는 세 단어를 하나로 뭉뚱그리면 '과일'이라는 새로운 의미 구조를 갖는 용어(개념)를 만들어 낸다. 거꾸로, '과일'이라는 추상적인 개념을 특정 의미 구조로 나타내거나, '과일'이라는 개념(어)에 연상되는 여러 가지 가까운 생각들을 열거하면 '사과' '배' '귤' '감'이라는 구체적인 용어(개념)로 표현될 수 있다. 이처럼 의미 구조는 글에 등장하는 여러 단어(개념)를 하나로 '**뭉뚱그려**' 생각한 머릿속의 체계적인 생각을 지칭한다. 결국, 문장 독해력이란 개별 어휘가 갖는 개념 간의 관계를 이해해서 전체 내용(또는 의미)을 한층 높은 수준으로 뭉뚱그려 생각하는 힘을 일컫는데, 그 핵심은 개념의 추상화와 구체화를 통해 글 내용의 '본질', 즉 '의미'를 드러내는 것이다.

수능 국어 비문학 지문을 구성하는 글감은 명제를 구성하는 일련의 '어군(語群)'이 모여서 생각의 단위, 곧 '의미 구조'를 형성한다. 이 생각의 단위들이 의미로써 연결될 때 독해는 수월하다. 비문학 지문 읽기의 핵심은 하나의 생각으로써의 소주제를 담은 '단락(또는 텍스트)'을 '의미 단위'로 읽는 것이다. 단락의 구조를 파악하여 이를 하나의 생각으로 묶어가며 읽는 것이 바로 의미 단위 읽기다.

의미 단위로 묶어가며 읽어라

많은 단어와 복잡한 서술로 이루어진 긴 글을 접할 때, 글의 한 줄을 두 번 내지 세 번으로 나누어 두뇌에 전달하면 된다. 그렇게 하면 두뇌는 내용을 이해하는데 필요한, 또는 예측하며 읽은 것들을 확인하는 데 꼭 필요한 낱말이나 어귀만을 '골라서 읽게' 된다.

이것이 바로 '의미 단위' 읽기, 곧 '의미 읽기'다. 좁은 의미의 의미 단위 읽기란 하나의 문장에 내포된 '명제'들을 하나의 '덩어리'로 지각하여 글을 읽는 것이다. 다시 말해, 단어 하나하나를 분절해가며 글을 읽는 것이 아니라, 명제 단위로 글을 읽어나가는 것이다. 명제(命題)란 글의 의미 단위이자 생각의 최소 단위로, 여러 명제가 합쳐져 문장이 되고 그것들이 다시 모여 줄거리를 이룬다. 따라서 명제 단위로 글을 읽게 되면 명제 몇을 합해 큰 명제 덩어리로 글을 읽어나갈 수 있다.

이 큰 명제 덩어리가 바로 '글 구조', 즉 텍스트(text)이다. 텍스트는 문장의 연결체로 이루어진 문장보다 더 큰 언어 단위이자, 실제 소통되는 의미 단위다. 즉, 텍스트는 구체적인 소통 상황에서 사용된 '맥락적'인 언어이자, '맥락을 동반한' 의사소통 단위다. 한편, 글 구조란 글을 구성하는 명제 또는 문장들의 체계적인 연결 관계망을 이루면서 글의 의미를 드러내는 기본 골격 또는 개요를 말한다. '텍스트 구조' 또는 '텍스트 의미 구조'라고도 한다.

글 읽기에서 개념(단어)이나 명제(문장)보다 '글 구조', 다시 말해 텍스트 의미 구조를 중시하는 이유는, 텍스트 단위의 이해가 글의 해석에서 무엇보다 중요하기 때문이다. 단어에 대응하는 의미를 '개념'이라고 하고, 문장에 대응하는 의미를 '명제'라고 하며, 텍스트에 대응하는 의미를 '글 구조(텍스트)'라고 한다. 이때 독서의 주된 대상은 단어나 문장 단위이기보다 텍스트 단위이기 때문에, 글 구조에 관심을 가지고 읽으면 글 전체의 의미를 읽어낼 수 있을 뿐만 아니라, 글의 세부 의미를 더 쉽고 더 체계적으로 파악할 수 있다. 이것이 넓은 의미에서의 의미 단위 읽기로, 글을 읽을 때는 단어를 하나씩 개별적으로 읽지 않고, '하나의 생각을 담은 어휘 묶음을 의미 단위'로 묶어 읽으면서 그 의미를 이해할 수 있어야 한다.

글을 의미 단위로 읽으려면, 한 문장을 빨리 읽어서 하나의 생각으로 '뭉뚱그릴' 수 있어야 한다. 이때 문장을 빠르게 읽으면서 내용을 하나로 뭉뚱그려 생각할 수 있도록 글 읽기를 연습(이것을 '기능 독서'라고 한다)하다 보면, 독서 속도는 물론이고 정확도, 독해력이 크게 향상한다. 독해력의 향상을 위해서는 '빨리 읽는다'라는 것과 '하나로 뭉뚱그린다'라는 것이 중요하다. 이를 다음 예시를 통해 확인해보기 바란다.

다음 각 예문에는 다섯 개의 문장이 들어있는데, 그중에서 하나는 내용이 틀린 문장이다. 다음 글을 빠르게 읽고, 글의 틀린 부분을 찾아 바로 잡아라.

[예문: 문장의 잘못된 부분 파악]

1-㈀ 국어 문법에서 음운론은 단어의 소리와, 형태론은 단어의 모양과, 통사론은 단어의 배열과 관계된다.

㈁ 목욕을 하거나 안마를 받으면 혈액 순환이 잘되어 정신의 피로가 쉽게 풀린다.

㈂ 동양의 역사소설인 삼국지에 따르면, 주인공 유비의 고향은 탁현 누상촌이다.

㈃ 애국가는 우리나라를 대표하는 노래이며, 태극기는 우리나라를 대표하는 표상이다.

㈄ 우리는 충무공의 숭고한 애국정신과 뜨거운 인간성을 흠모한다.

2-㉠ 글을 빨리 읽어도 의미를 모르면 읽지 않은 것과 같다.

   ㉡ 민족은 그 민족이 가지고 있는 언어와 대체적으로 운명을 같이한다.

   ㉢ 물의 수소와 산소 성분비는 무게가 각각 89%와 11%로, 언제나 일정하다.

   ㉣ 논증은 논리적으로 주장을 펼쳐 상대를 설득시키고자 하는 진술 방식이다.

   ㉤ 서울과 인천은 한국에서 가장 인구밀도가 높고 상공업이 발달되었다.

3-㉠ 아무리 글을 빨리, 많이 읽어도 지금까지 세상에 나온 책들을 다 읽을 수는 없다.

   ㉡ 열역학 제1법칙에 따르면, 에너지 형태가 변하더라도 에너지의 양에는 변함이 없다.

   ㉢ 동양인들은 조화와 균형, 특히 대자연과의 조화와 상생을 생활신조로 삼고 산다.

   ㉣ 말이나 글은 단어를 바로 쓰지 못하면 마치 흐리게 잘못 찍힌 사진처럼 의미파악이 어렵다.

   ㉤ 갈릴레오의 현미경과 망원경은 17세기부터 세 개의 세계를 알려줬다.

정답: 1. ㉡ 정신의 피로가 → 육체의 피로가,
      2. ㉢ 89%와 11%로써 → 11%와 89%로써
      3. ㉤ 세 개의 → 두 개의

■ 핵심 포인트9: 문장을 하나의 생각으로 **뭉뚱그려** 읽으면, 글 내용을 빠르고 정확하게 파악할 수 있다.

문장의 '의미'란 무엇일까? 먼저, '문장'은 단어와 단어의 의미를 연결하여 하나의 생각이나 느낌으로 표현하는 가장 작은 단위의 서술이다. 어느 한 문장은 이어지는 다른 문장과 연결되고, 종국에는 하나의 단락을 이룬다. 이때, 문장 내의 개별 단어들의 의미(개념)를 서로 연결해서 전체를 하나의 생각으로 뭉뚱그린 것이 그 문장의 '의미'다.

"사과는 몸에 좋다"라는 문장을 놓고 생각해 보자. 문장 내의 '사과'와 '몸'과 '좋다'라는 단어를 보고 독자의 두뇌는 과거에 직·간접으로 얻은 여러 가지 지식과 경험, 즉 의미(개념)를 불러일으킬 것이다. 그러나 그것으로 문장의 의미를 이해한 것은 아니다. '사과'와 '몸'과 '좋다'가 각각 불러일으키는 의미들의 관계를 생각해서 이 셋을 하나로 뭉뚱그린 결과가 이 문장의 의미다. 다시 말해, 개별 단어들로부터 연상되는 각각의 의미를 서로 묶어서, 이들의 관계를 종합하여 얻은 **'새로운 생각'**이 곧 문장의 의미다.

다시금 그렇다면, 그 새로운 생각이란 뭘까? 바로 '사과=건강'이라는 의미 관계로, 이를 통해 이어지는 문장들이 '사과'를 소재로 하여 '건강'이라는 개념을 화제로 논의가 진행될 것이라는 추측이 가능해질 것이다. 그렇게 되면 미리 앞을 내다보며 글을 읽는 **'예측하며 읽기'**가 가능하고, 더불어 글을 읽는 속도도 빨라진다. 게다가 그 과정에서 개념적 사고의 확장이 일어나, "하루 사과 한 개면 의사가 필요 없다", "가을이 선물한 붉은 보석을 탐하다"와 같은 문장을 접하더라도 앞 문장의 '사과'가 '건강'을, 뒤 문장의 '붉은 보석'이 '사과'를 지칭하여 서술된 글임을 짐작하는 것은 그리 어렵지 않을 것이다.

텍스트를 의미 있는 '하나'로써 묶어 읽어라

문장 독해력이란 문장 내의 개별 어휘와 개념이 지닌 의미 관계를 이해한 후, 이를 바탕으로 전체 내용을 보다 차원 높은 수준으로 뭉뚱그려 생각하는 인지 과정이다. 글을 분석하거나 글의 관계를 파악하기에 앞서, 글 전체를 종합하여 이를 하나의 생각으로 뭉뚱그리는 인지적 과정으로써의 직관적 사고력은 작동한다. 그런 과정에서 각 문장의 화제와 성격을 파악하고, 각각의 문장이 어떤 관계로 이어지고 있는가를 이해하면서, 글쓴이가 말하고자 하는 중심 생각을 파악한다. 이것이 곧 **'문장 독해'**다.

문장 독해의 핵심은 글을 빠르게 읽되, 중심 단락이나 중심 문장을 찾아 좀더 생각하면서 주의 깊게 읽는 것이다. 즉, **글의 중요한 부분**(글에서 중요한 의미로써 다루고 있는 글감)에 **집중**하는 것이다. 그리고 하나의 작은 생각(단락별 소주제)을 담은 단락의 구조(중심 문장과 뒷받침 문장)와 내용(중심 내용과 부연 내용)을 빠르게 확인하는 것이다. 그 과정에서 글에 명시되거나 암시된 주제 개념(글 주제 및 제재)을 논리적·체계적으로 생각하면서 찾아 밝힌다면, 독해력은 단연코 향상한다.

독해력 향상을 위한 노력은 '단락(및 단락 안 문장)'을 뭉뚱그려가며 빠르게 읽는 연습에서부터 시작된다. 이는 글을 읽는 눈은 문장과 문장, 단락과 단락의 연결 흐름을 따라가면서, 그와 동시에 머릿속에서는 생각의 흐름을 일으킬 수 있도록 훈련하는 것으로, 그 과정에서 글의 내용을 이해하고 그 의미를 종합하는 능력으로써의 직관적 사고력은 거듭 향상한다. 이를 위해서는 글의 흐름과 생각의 흐름을 일치시켜 가면서 빠르게 글을 읽으려고 의식적으로 노력할 필요가 있으며, 더불어 이것을 가능케 하는 체계적인 글 읽기 훈련이 필요하다. 다음은 그 핵심을 정리한 것이다.

[문장 독해 요령]

머릿속에서 일어나는 '생각'은 어떤 방향성을 지향하면서 '흐르는' 그 무엇이라고 할 수 있다. 그것을 '의식의 흐름'이라고 하는데, 머릿속 생각의 흐름을 표현한 것이 글의 흐름이다. 그러나 글과는 달리, 머릿속 생각의 흐름은 글의 흐름을 규정하고 방향성을 제시하는 일련의 언어적·기호적 약속 체계. 예를 들어 단어나 어휘의 설정, 문장과 단락의 구분, 심지어는 구두점과 같은 문장 표기가 따로 있지 않다. 머릿속 생각의 흐름을 담은 단어들을 조사·접속사와 같은 문법적 기능어로 연결하여 글로 나타내는데, 이때 독자가 읽기 편하도록 글의 내용적인 흐름을 문장과 단락별로 구분하여 기술한 것이 글이다.

따라서 글을 효과적으로 읽으려면, 생각의 단위를 단락으로 하여, 눈으로는 글을 보면서 머리는 글 내용의 흐름을 따라가야 한다. 한 단락이나 한 묶음의 글 속에는 중심 문장이 하나 들어있는데, 일반적으로 중심 문장이 그 단락의 중심 내용이 된다.

이 중심 문장이 담고 있는 내용, 즉 중심 내용을 향해 논의의 흐름을 계속해서 이어나가는 것이 나머지 뒷받침 문장들이다. 어떤 내용은 중심 내용을 이어받아 같은 방향으로 계속 밀고 나가고(이를 글의 '부가'라고 한다), 또 어떤 내용은 중심 내용의 흐름을 역행하거나(이를 글의 '전환'이라고 한다), 또는 제자리걸음을 하면서(이를 글의 '보충'

이라고 한다) 글의 '설명'에 참여한다.

글에는, 중심 문장이 하나 있는데, 이를 뒷받침 문장들이 이어받아 내용을 보태기도 하고, 내용을 뒤집기도 하며, 때로는 내용을 이리저리 에두르면서 내용을 상세하고 또 부연하기도 한다. 그러나 글 전체로 보면 애초의 중심 내용을 강화하는 방향으로 논의가 흐르는 결과를 가져오는 것이 글의 내용적인 흐름이다. 독자가 글을 읽어 내용의 흐름을 신속하고 정확하게 따라가는 데에는 접속사(접속 표현)가 크게 도움이 된다. 구두점과 같은 문장 표기 역시 많은 도움을 준다. 접속 표현과 문장 표기에 익숙해지면, 글의 내용 면에서의 흐름의 방향을 예상하면서 글을 읽을 수 있다.

글의 내용면에서의 흐름의 방향성을 나타내는 접속 표현의 종류는 다양하다. 주의할 것은, 글에 접속어를 생략함으로써 내용만으로 글의 흐름의 방향이 암시되는 경우도 많다. 따라서 글을 읽을 때는 이 생략된 접속어를 채워가면서 글의 흐름을 파악하려고 노력해야 한다. 참고로 글의 중심 내용(주장과 근거, 결론과 전제)을 담은 글과 이를 뒷받침하는 글(글의 '보충 설명'을 담은 '해설' 부분)을 지정하는 다양한 접속 표현은 다음과 같다.

[글 흐름의 방향성을 지시하는 다양한 접속 표현]

- **부가**: 그리고, 그래서, 또한, 더구나, 게다가, 뿐더러, 더욱이, 아울러, 그 위에, 이와 같이, 우선, 첫째, 둘째
- **전환**: 그러나, 그런데, 그렇지만, 그렇더라도, 그러함에도 불구하고, 그와는 달리, 그와 반대로, 그런데 실은, 하지만, 반면, 이에 비해, 어쨌든, 아무튼, 한편, 다음으로, 돌이켜 보건데, …이지만, …에 비하여
- **예시**: 예를 들어, 이를테면, 가령, 예컨대
- **이유**: 왜냐하면, 그 까닭은, 그 이유는, 그 원인은, …처럼, … 때문에
- **결과**: 그러므로, 따라서, 이런 이유로, 그렇기에, 결국, 결론적으로, 그래서, 그렇다면, 이처럼
- **해설**: 곧, 즉, 다시 말하면, 바꾸어 말하면, 다른 말로 말하면, 내용인즉, 사실인즉, 실은
- **보충**: 단, 다만, 특히, 뿐만 아니라, 만약, 만일, 요는, 이때

지금까지의 설명을 토대로, 생각의 흐름을 순행(→), 역행(←), 병행(⋯), 접속 표현(◡)로 구분하면서, 그리고 때로는 글에 표시하면서 글을 읽어보자. (→)는 중심

문장(중심 내용)을 향해 순차적으로 전개되면서 생각의 흐름을 강화하는 문장들을 나타낸다. (←)는 중심 내용과 대비되는 내용을 제시하면서 중심 내용에 관한 생각의 흐름을 강화하는 문장들을 나타낸다. (⋯)는 중심 내용을 앞으로 밀고 나가는 것이 아니라, 설명이나 이유, 조건 등을 제시하면서 중심 생각의 흐름을 보충하는 문장들을 나타낸다. ( )는 생각의 흐름을 유도하는 접속어를 나타낸다.

그렇게 해서 다음 글을 살펴보자. 다음은 앞장에서 예시한 단락의 하나로, ㉮는 '유도(설명)', ㉯는 '보충(부연)', ㉰는 '이유(조건)', ㉱는 '결과(결론)', ㉲는 '보충(부연)', ㉳는 '대조(전환)', ㉴는 '부가(보충)'라는 각각의 문장이 저마다의 '역할과 기능'을 담당하면서 '접속어(접속 표현)'로 연결되어 있음을 알 수 있다. 따라서 생각의 흐름을 따라가면서 단락을 읽으면 중심 문장은 ㉱이며, 그 밖의 것들은 이를 뒷받침하는 문장이란 사실이 파악된다.

㉮ 지금까지도 이 사례는 풀기 어려운 논리 난제로 거론된다. (→)

㉯ 다만 법률가들은 이를 해결할 수 있는 사안이라고 본다. (⋯)

㉰ **우선**, 이 사례의 계약이 수강료 지급이라는 효과를, (그리고) 실현되지 않은 사건에 의존하도록 하는 계약이라는 점을 살펴야 한다. (→) (→)

㉱ **이처럼** 일정한 효과의 발생이나 소멸에 제한을 덧붙이는 것을 '부관'이라고 하는데, 여기에는 '기한'과 '조건'이 있다. (→) (→)

㉲ (이때) 효과의 발생이나 소멸이 장래에 확실히 발생할 사실에 의존하도록 하는 것을 기한이라 한다. (⋯)

㉳ 반면 장래에 일어날 수도 있는 사실에 의존하도록 하는 것은 조건이다. (←)

㉴ 그리고 조건이 실현되었을 때 효과를 발생시키면 '정지조건', 소멸시키면 '해제조건'이라 부른다. (→)

■ 핵심 포인트10: 단어의 의미를 **'추리'하며** 읽으면, 글의 의미를 더 잘 이해할 수 있다.

단어를 많이 안다는 것, 다시 말해 어휘력은 단순한 사전적인 의미뿐만 아니라 이미 알고 있는 어휘를 통해 모르는 어휘의 뜻을 추리하는 능력을 포함한다. 그리고 글의 지시적·문맥적·비유적 의미를 이해하는 능력을 포괄한다. 글이란 결국 단어를 어법에 맞게 배열하여 결합한 것이므로, 단어의 의미를 아는 것은 독해의 가장 기본적인 요건이라 할 수 있다. 다음 글에 나오는 생소한 단어의 의미를 추리해보자.

[예문1: 생소한 단어의 의미 추리]

나는 고서(古書)와 고화(古畵)를 통해 고인과 더불어 대화하면서 생각하기를 좋아한다. 그 손때로 결은 먹 너머에 서린 생각의 보금자리 속에 고이 깃들이고 싶어서다. 사실, 해묵은 서화에 담긴 사연을 더듬는다는 그 마련부터가 대단히 즐겁고 값진 일이니, 비록 서화에 **손방인** 나라 할지라도 적잖은 반기가 끼쳐짐에서다.

이런 뜻에서 지난달은 정말 푸짐한 달이었다. 성북동 간송 박물관에서 단원(檀園)을 보며 꿈을 되새겼고, 국립 박물관에서 '한국 예술 이천 년 전'으로 **가멸찬** 눈요기를 했다. 게다가 뜻밖에 '중국 전람회'가 왔으니, 실로 안복(眼福)의 연속이었다. 눈을 모아 이야기하고, 이야기하며 생각을 가다듬으면서, 시공(時空)을 초월한 고인의 멋과 그 맛에 **함초롬히** 취했다. (이병주, 「고인과의 대화」, 고등학교 「독서」, 86쪽, 중앙교육진흥연구소)

[예문1]의 앞 뒤 문맥을 미루어 볼 때, '손방'은 '서투른 사람', '가멸찬'은 '풍부한', '함초롬히'는 '잔잔하게'의 뜻을 지님을 알 수 있다. 이와 같이 단어의 의미를 이해하는 데는 문맥적인 도움을 받기도 하는데, 문맥(맥락) 속에서 의미를 파악하기 위해서는 글 **앞뒤의 의미를** 세밀히 살펴야 한다. 문맥이 제공하는 단서를 최대한 활용하면서 적극적으로 글을 읽을 때 글의 이해력은 높아지고 독해력은 향상한다.

[예문2: 법률 행위의 부관]

지금까지도 이 사례는 풀기 어려운 논리 난제로 거론된다. 다만 법률가들은 이를 해결할 수 있는 사안이라고 본다. 우선, 이 사례의 계약이 수강료 지급이라는 효과를, 실현되지 않은 사건에 의존하도록 하는 계약이라는 점을 살펴야 한다. 이처럼 일정한 효과의 발생이나 소멸에 제한을 덧붙이는 것을 '부관'이라 하는데, 여기에는 '기한'과 '조건'이 있다. 효과의 발생이나 소멸이 장래에 확실히 발생할 사실에 의존하도록 하는 것을 기한이라 한다. 반면 장래에 일어날 수도 있는 사실에 의존하도록 하는 것은 조건이다. 그리고 조건이 실현되었을 때 효과를 발생시키면 '정지조건', 소멸시키면 '해제조건'이라 부른다.

민사 소송에서 판결에 대하여 상소, 곧 항소나 상고가 그 기간 안에 제기되지 않아서 사안이 종결되든가, 그 사안에 대해 대법원에서 최종 판결이 선고되든가 하면, 이제 더이상 그 일을 다툴 길이 없어진다. 이때 판결은 확정되었다고 한다. 확정 판결에 대하여는 '기판력(旣判力)'이라는 것을 인정한다. 기판력이 있는 판결에 대해서는 더 이상같은 사안으로 소송에서 다툴 수 없다. 예를 들어, 계약서를 제시하지 못해 매매 사실을 입증하지 못하고 패소한 판결이 확정되면, 이후에 계약서를 발견하더라도 그 사안에 대하여는 다시 소송하지 못한다. 같은 사안에 대해 서로 모순되는 확정 판결이 존재하도록 할 수는 없는 것이다. (2016학년도 수능 국어 27~30번 문제, 단락2~3)

[예문2]는 '법률 행위의 부관(附款)'을 제재로 한 글로, 글 내용이 법률 용어로 구성된 탓에 내용 이해는 차치하고 글을 읽기부터 어렵다. 더군다나 법률 용어는 대부분 한자어라 해도 과언은 아니어서, 단어의 함축된 뜻을 이해하기 쉽지 않다. 예를 들어 '부관'은 '법률 행위 효력의 발생 또는 소멸을 제한하기 위하여 부가되는 약관'을 말하는데, 그 사전적 설명 또한 다수의 한자어로 서술된 탓에 이 역시 이해하기 어렵다.

그렇더라도 그리 당황할 필요 없다. 수능 국어 비문학 지문으로 채택되는 설명글의 경우에는 개념어, 특히 그것이 주제 및 제재를 일컫는 개념이나 이것과 관련한 하위의 개념을 담고 있는 핵심 어구일 경우에는 반드시 이를 '정의'의 진술 방식으로 글 안에 기술해 놓는다. 게다가 학생 수준에서 이해하기 어려운 단어의 경우에는 별도로 주석을 달아 놓는다. 따라서 글 안에 어렵고 생소한 단어가 나오더라도 앞뒤 문맥을 살피면서, 그리고 **추론해가면서** 읽으면, 그 의미를 거뜬히 파악할 수 있을 것이다.

덧붙여, 독서 속도는 어휘 지식에 따라 빨라질 수도 있고 느려질 수도 있다. 어휘 지식은 글의 이해에 아주 중요하다. 글을 접했을 때 아는 단어가 많으면 그만큼 글을 빠르고 정확히 읽을 수 있다. 어휘 지식이 풍부하고 어휘력이 뛰어날수록 글을 이해하기 한결 쉬운데, 법률 용어의 경우에는 특히 그렇다.

어휘 지식은 또한 글에 대한 '**스키마(도식)**'를 형성함으로써, 글 읽기와 글의 이해를 돕는다. 사전 지식이나 배경 지식을 뜻하는 스키마는 글 속의 정보와 독자의 지식을 통합하는 기능, 글 속에서 단어의 정확한 의미를 선택하도록 돕는 기능, 정보를 선별적으로 기억하도록 하는 기능, 어떤 내용이 전개될 것인지를 예측할 수 있도록 하는 기능, 추론을 통한 개념 이해를 돕는 기능을 함으로써, 독해력과 독서 속도를 높일 수 있도록 돕는다.

■ 핵심 포인트11: 어휘가 어려울수록 **맥락으로** 읽으면, 글의 의미를 더 잘 이해할 수 있다.

글을 읽어도 의미가 잘 이해가 되지 않거나, 또는 글을 읽어 의미를 잘못 해석하는 경우가 생각 이상으로 많다. 그 주된 이유는 글의 '어휘 구성' 및 '문장 구조'와 관계 깊다. 전자의 경우에는 독자의 머릿속에 떠오르는 단어(어휘)의 '개념적 이해력'이 문제가 되고, 후자는 개념들의 관계를 파악하는 지적 역량으로써의 '직관적 사고력'이 관건이 된다. 이 두 가지 모두 독해력에 크게 작용한다.

단어(와 어휘)는, 그것에 담긴 개념적 층위의 높낮이가 독해력에 크게 영향을 미친다. 당연한 얘기겠지만, 단어(어휘)에 담긴 개념적 정의(이를 개념의 '내포'와 '외연', '한정'과 '개괄'이라고 하는데, 이에 대한 설명은 생략한다)가 구체적일수록 그 의미를 이해하는 것은 어렵지 않다. 반면, **단어의 개념적 정의가 추상적일수록** 이를 해석하기 쉽지 않다. 다음 문장들의 예를 보자.

비타민 C를 다량 섭취하자.
↑
비타민 C가 들어있는 음식을 많이 먹자.
↑
과일과 야채를 많이 먹자.
↑
귤이나 당근을 많이 먹자.

단어(어휘)의 개념이 추상적일수록 그 단어로 표현된 문장의 의미를 파악하기 어려운데, 그 이유는 무엇일까? 앞서 글의 의미를 파악한다는 것은 곧 글로 표현된 글쓴이의 생각, 더 나아가서는 글쓴이가 글을 쓰면서 떠올린 생각을 독자의 머릿속에 일으키는 것이라고 했다. 만약 글을 읽어 독자의 머릿속에 떠오르는 생각이 뚜렷하고 구체적일수록, 독자의 생각과 글쓴이의 생각은 서로 비슷할 것이다.

위 문장에서 '귤'이나 '당근'과 같은 단어는 극히 한정된 생각을 머릿속에서 일으킨다. 그러나 '과일'이나 '야채', 또는 '음식'이나 '비타민 C'와 같은 단어는 머릿속에서 일어나는 생각의 폭은 훨씬 넓다. 과일과 야채는 그 종류가 많으며, 비타민 C가 들어있는 음식의 종류 역시 다양하기 때문이다. 물론 '비타민 C'가 무엇을 의미하는지를 독자가 알고 있느냐 모르고 있느냐 하는 것도 문제겠지만, 그것은 어휘력에서 논할 문제다.

'개념'은 어떤 생각을 담은 의미소(素)다. 그 생각이란 구체적인 대상들의 공통점과 유사성을 추려낸, 즉 대상의 공통된 요소를 추상화하여 종합하고 일반화한 것이다. 따라서 개념은 구체성과 추상성 둘 다 지닌다. 그리고 그것이 '단어의 의미'

가 되는데, 이것이 곧 '개념어'다.

추상적인 의미의 단어일수록 이를 개념화하여 생각해야 한다

단어와 단어는 서로 관계를 맺고 이어지면서 비로소 글로써의 의미를 담는다. 이때 **단어가 추상적일수록**, 즉 단어의 개념이 여러 구체적인 것들을 포함(내포)할 가능성이 클수록 글과 생각과의 거리는 그만큼 멀어진다. 글에 추상적인 단어가 들어있거나, 서로 다른 개념을 담은 단어가 문장 내에 많이 들어있어서 개념의 혼동을 일으킨다면, 글을 읽고 이를 받아들이는 과정에서 필연적으로 사고의 오류가 일어날 수밖에 없다.

따라서 더 높은 단계의 추상적인 단어(어휘)가 쓰인 문장을 읽어 그 의미를 정확히 파악하려면, 문장 안과 밖의 '구조'를 파악하여 단어에 담긴 의미와 용법을 **'맥락'으로 이해할 수 있어야** 한다. 이때 '구조'란 글(문장, 단락, 글 전체)의 '뼈대'를 이루는 중심 생각이자 전체 글의 중심 내용을 구성하는 글의 내용면에서의 하나의 조직화한 의미 체계를 일컫는다. '문장 안과 밖의 구조'라는 것은 그 단어가 들어있는 문장의 뭉뚱그려진 생각 속에서의 '의미 구조'와, 그 문장이 들어있는 단락이나 글 전체의 뭉뚱그려진 생각 속에서의 '의미 구조'를 함께 지칭하여 이르는 말이다. 그 의미 구조는 **개념(어)과 개념(어)의 관계 속에서** 생각의 흐름을 따라 하나의 '주제'를 향해 일관된 방향으로 펼쳐지고 또 체계적으로 기술된다. 독해력의 핵심은 바로 이것을 파악하는 데 있다.

한편, 단어 뜻의 '맥락적인 이해'란, **문맥적인 단서를 활용하여** 단어의 의미를 유추하는 것을 말한다. 이는 문장을 읽으면서 잘 모르는 단어나 어려운 낱말에 밑줄을 친 후, 서로 연결해 있는 앞뒤 문장을 주의 깊게 읽고 단어의 의미를 파악하는 것이다. 예를 들어, "각광을 받았습니다"라는 문장에서 '각광'이라는 단어의 뜻을 모를 때, 이어지는 문장에 나오는 "외국인들이 흥겨워하였습니다"를 읽으면서 이것이 '인기가 있다'라는 뜻임을 이해할 수 있다.

글의 중심 내용 파악 역시 마찬가지다. 문장 및 단락, 글 전체는 각각의 구조적 틀 안에서 하나의 생각으로 뭉뚱그릴 수 있으며, 이 뭉뚱그린 생각 '속에서' 중심 내용을 하나의 의미 단위로 구성할 수 있다.

정리하면, 글을 정확히 독해하기 위해서는 문장 안의 추상적 개념어에 담긴 의미부터 올바로 이해할 수 있어야 한다. 이를 위해서는, 안으로는 앞뒤로 이어지는 다른 단어들의 **의미 관계를 살피**고, 밖으로는 문장과 문장의 **의미 구조를 살피**면서, 단어의 개념적 의미를 '맥락'으로 **파악할 수** 있어야 한다. 전체 글의 중심 내용(중심 문장 속의 중심 생각을 담은 주제 개념) 또한 같다.

단어가 어려울수록 문맥을 통해 단어의 뜻을 유추할 수 있어야 한다

그렇다면, 어떤 경우에 독해가 어려울까? 글에 어떤 단어들이 들어있을 때 글을 읽어도 이것이 좀처럼 이해되지 않을까?

이는 크게 다음 세 가지 이유에서 비롯된다.

첫째, 비록 어떤 구체적인 의미를 지닌 단어일지라도, 그 단어가 상징하거나, 또는 단어를 통해 연상할 수 있는 일련의 **추상적인 관념**을 독자에게 전달하기 위한 목적으로 쓰였을 경우, 그 글(문장)은 독해하기 어려워진다. 문학 작품 가운데 시(詩)가 특히 그러한데, 시적 언어는 구체적인 개념을 갖는 단어를 사용했을지라도 그것이 갖는 내포적·상징적·추상적 의미가 글의 이해를 어렵게 만든다.

한자로 이루어진 단어가 많이 들어간 문장 역시 글의 이해를 어렵게 만든다. 이를 "30년 만에 모국(母國)을 찾았다"와 "30년 만에 조국(祖國)을 찾았다"라는 두 문장을 예로 들어 생각해보자. 얼핏 생각하면 모국이나 조국이나 둘 다 같은 의미지만, 두 문장에서의 '모국'과 '조국'은 상당히 다른 개념을 연상시킨다. 그에 따라 '찾았다'의 의미가 달라지고, 문장 전체의 뭉뚱그려진 의미도 다르게 인식된다.

앞 문장의 '모국(母國)을 찾았다'는 외국에서 귀국을 했다는 뜻이고, 뒤 문장의 '조국(祖國)을 찾았다'는 빼앗겼던 나라를 다시 얻었다는 뜻이 된다. 한편, '조국을 찾았다'에서 '찾았다'를 '방문했다'의 의미로 이해하면, 이때는 '조국'이란 단어로 인해 문장의 뭉뚱그려진 의미는 혼란이 온다. 따라서 단어가 갖는 개념의 혼동을 막으려면, 앞서 말한 것처럼 단어에 담긴 의미와 용법을 '맥락'으로 이해하면서 의미 단위로 글을 읽어야 한다.

둘째, **전문 용어가 많이 들어있는** 문장 역시 글 내용을 독해하기 어렵다. 학생들이 수능 국어 과학 지문 읽기를 어려워하는 이유가 이 때문으로, 글 자체가 전문 분야의 지식을 다루고 있어서 내용을 구체적으로 파악하기 어렵고, 독해력을 떨어뜨린다. 전문 용어에 대한 개념적 이해도가 낮을수록, 관련한 단어가 많이 들어간 문장을 하나의 의미 단위로 뭉뚱그려 생각하는 데 어려움을 겪는다.

전문 용어가 많이 등장하는 문장일수록 글을 이해하는 속도가 느리거나, 비록 독자는 이해한 듯해도 글쓴이의 애초 생각과는 다른 의미를 얻게 되는 경우가 많다. 전문 용어를 한글로 표기하였을 때는 특히 더하다. 이때 전문 용어의 개념, 다시 말해 단어의 사전적 지식을 먼저 깨우칠 필요가 있으며, 그것이 해결된 이후에 글을 읽어 내용 면에서의 의미 관계를 이해하는 것이 독해력 향상에 효과적이다.

셋째, 문장 안에 **추상적인 개념어**가 너무 자주 등장하거나, 여러 추상적인 개념이 이어지면서 문장이 펼쳐지면 그만큼 글 내용을 이해하기 어렵다. 수능 국어 가운데 철학적·인문학적 주제를 담은 지문이 이에 해당하는데, 단어의 개념이 추상적일수록 그만큼 독해는 힘들어진다. 그 까닭은, 독자가 단어(개념)의 추상적인 의미를 머릿속에서 구체화하여 생각하는 데 익숙지 않음에 따라, 하위의 일반 개념들의 관계를 파악한 후 이를 종합하여 상위의 추상적인 개념으로 나아가기 어렵고, 반대로 높은 단계의 추상적인 개념을 통해 낮은 수준의 구체적인 개념을 연상하는 것 또한 쉽지 않기 때문이다. 이를 '거처(居處)-장소·주거-일반주택·아파트·한옥'이라는 상위 개념과 하위 개념, 유개념과 종개념의 관계를 놓고 생각하면 이해할 수 있을 것이다.

추상적인 개념어가 글에 꼬리에 꼬리를 물고 이어지거나, 이해하기 어려운 개념어가 문장 안에 자주 실리면서 글이 길어지면, 글의 전체 내용을 이해하는데 시간이 많이 들고, 글의 의미 구조를 파악하기도 어렵다. 따라서 단어의 추상적인 개념을 좀더 잘 이해하기 위한 글 읽기를 해야 한다. '의미 읽기'가 그것으로, 각각의 단어가 지닌 개념을 개별적으로 이해하려고 들기보다는, 단어와 단어, 개념과 개념을 의미 단위로 묶어 뭉뚱그려가며 읽으면서 글의 내용을 파악하고, 맥락을 살펴 개념을 더 잘 이해할 수 있어야만 한다.

■ 핵심 포인트12: **개념의 관계를 살피면서** 읽으면, 글의 의미를 더 잘 이해할 수 있다.

문장은, 이를테면, 둘 이상의 단어를 놓고 그 단어들의 관계를 표현한 것이다. 달리 말하면, 글쓴이의 머릿속에 있던 하나의 생각을 둘 이상의 작은 단어로 나누고, 이것들의 의미 관계를 글로 표현한 것이 곧 문장이다. 예를 들어 "우유에는 칼슘이 많이 들어있다"라는 생각을 문장으로 구성했다면, 이때 '…에는'과 '…이'와 '많이 들어 있다'는 '우유'와 '칼슘'이란 개별 단어의 의미 관계를 나타내는 표현적인 서술이다. 이때, 단어의 '의미'를 일컬어 '개념'이라고 한다.

문장에서 한 걸음 더 나아가 단락이나 글 전체를 놓고서도 동일한 설명이 가능하다. 앞서 단락은, 글 전체를 놓고 생각할 때, 하나의 작은 생각의 집약이자 글의 내용면에서의 생각의 기본 단위라고 했다. 이는, 단락은 하나의 작은 주제를 담고 있음을 뜻한다. 그리고 작은 주제는 문장 속 단어의 개념보다 상위의 개념을 담고 있다. 그리고 글 전체에는 그보다 더 높은 층위의 개념을 담고 있는데, 이것이 글 전체의 '주제(또는 소주제) 개념'이다. 그렇게 해서 '단어→문장→단락→글 전체'로 발전하면서 개념은 더욱 추상화·일반화되는 것이 일반적이다. 이를 다음 사례를 통해 확인할 수 있을 것이다.

- 사과_ 장미과(科)에 속하는 사과나무속(屬) 식물의 열매
- 과일_ 식용으로 하는 과실(果實)
- 음식_ 사람들이 먹거나 마실 수 있는 모든 것
- 건강_ 정신적으로나 육체적으로 아무 탈이 없고 튼튼한 상태

글을 읽어 글 내용을 잘 파악하려면 무엇보다 개념의 의미를 정확하게 파악하고 올바르게 인식해야 한다. 이를 위해서는 **개념을 규정할 때 사용하는 어휘**(주제와 제재를 담은 핵심어)의 개별적인 의미를 더욱 분명히 파악해야 한다. 무엇이 상위 개념이고 또 무엇이 하위 개념인지, 어떤 개념이 유개념이고 또 어떤 개념이 종개념인지를 구분하고, 같은 층위에 있는 개념 간에는 어떤 속성의 차이가 있는지를 파악하면 보다 정확한 개념 사용이 가능해진다. 예를 들어, '1인 가족'이나 '비혼 가족'을 가족 개념에 포함할 때, 이를 포괄하는 보편적 가족 개념을 어떻게 설명해야 타당한지를 묻고 따지거나(상위 개념과 하위 개념 간에 어떤 관련성이 있는가?), '가정'과 '가구'는 가족 개념과 어떠한 차이(유개념인가?, 종개념인가?)가 있는지를 살피면, 가족 개념은 더욱 명확해진다.

개념을 머릿속에서 구체화하여 생각하라

그런 점에서 볼 때, 독해력은 글을 읽어 **개념들의 '관계'를 파악하는** 힘이라고 말할 수 있다. 이것은 글의 '의미 구조'을 읽어내는 것에서부터 출발한다. "귤에는 비타민 C가 많다"라는 문장을 읽었다고 하자. 이때 머릿속에서 '귤'과 '비타민 C'라는 단어의 의미 관계를 이해한 후, 곧바로 하나의 뭉뚱그려진 생각이 떠올랐다면, 독자는 이 문장의 의미를 안 것이다. 만약 어휘력이 부족하여 '…에는'과 '…가'와 '많다'라는 지시어가 지칭하는 개념들의 관계를 알지 못하는 독자가 있다면, 그 독자는 이 문장의 의미 구조를 파악하지 못한 탓에 글의 의미를 모르게 된 것이다.

그에 비해, '귤'과 '비타민 C'만 보고도 "귤에는 비타민 C가 많다"가 나타내는 뭉뚱그려진 생각이 머릿속에 연상될 수 있다면, 이는 독자가 언어력에 크게 의존할 필요가 없을 정도로 높은 수준의 독서력을 갖고 있다는 증거다. 이것이 곧 '직관적 사고력'으로, 개념들의 관계와 글의 의미 구조를 파악한 후, 전체를 하나의 생각으로 종합·분석하여 이해하는 힘이다. 독해력 향상을 위한 직관적 사고력의 향상은 개념들의 관계를 생각해서 전체를 하나로 뭉뚱그리려는 의식적인 노력에서 비롯된다.

다음으로, 개념들의 관계를 파악한다는 것은 구체적으로 무엇을 의미하는가? 그것은 **'깊게 생각한다'**라는 뜻이다. 깊게 생각한다는 것은 독자가 둘 이상의 단어에 담긴 개념적 의미를 서로 비교하고 분석하는 등으로 생각을 거듭함으로써, 더욱 높은 수준의 개념을 얻기 위한 **일반화 및 추상화의 과정**을 겪는다는 뜻이다. 바꿔 말하면, 개념, 즉 단어에 내재한 의미 수준을 한 단계 더 높이려는 목적을 갖고 (이것을 개념의 일반화·추상화라고 한다), 둘 이상의 개념을 비교 또는 분류하는 등으로 생각을 거듭하는 지적 활동이 곧 개념들의 관계 파악이다.

이 모든 것들은 머릿속에서만 존재하고 일어나는 과정이다. 예를 들어 '연필'이 책상 위에 있는 경우를 생각해보자. 연필은 실제 우리 눈앞에 있다. 그러나 실은 '연필'이라는 단어의 개념은 우리의 머릿속에 있다. 연필이라는 실물과 그것을 지칭하는 말과 글을 통해서 머릿속에 일어나는 모든 생각을 우리는 연필의 '개념'이라고 말한다. '관계' 또한 그렇다. '연필'과 '볼펜'을 직접 우리 눈으로 보았을 때 각각 떠오르는 개념을 서로 비교하거나 분류하는 것이 개념들의 관계이므로, 연필과 볼펜 자체는 그 관계성이 실제 존재하는 것은 아니다. 또 '연필'과 '볼펜'이라는 말과 글을 통해 머릿속에 일어나는 양쪽 개념 간의 관계 역시 우리의 머릿속에서만 관념적으로 존재하는 것이다.

이를 일컬어 개념이 '추상적'이라고 말한다. 이때 그 개념의 추상성의 정도, 다시 말해 개념의 층위가 어떤 단계에 속하느냐가 문제다. 가장 낮은 것은 실물을 가리키는 단어 개념이다. 여기서부터 출발하여 추상성의 정도는 한 단계씩 올라간다. 따라서 단어의 개념적 의미 관계에 대한 올바른 이해는, 개념들을 한층 높게 추상화(또는 일반화)하기 위하여 개념들을 동시에 그리고 함께 생각하며 궁리하는 과정에서 이루어진다. 독해력 향상을 위해서는 개념적 인식 능력을 높여야 한다.

그런 의미에서 볼 때, 모든 독서는 글을 읽어 **개념들의 관계를 파악하는** 과정으로, 그 과정을 거치면서 추상적·보편적인 개념을 머릿속 생각으로 구체화·체계화할 때, 독서 효과는 높아진다. 물론, 더 높은 층위의 개념(추상화·일반화된 개념)을 이해하기 위해서는 낮은 층위의 개념(구체적·실제적인 개념)들을 나열하면서 설명하는 글을 폭넓게 읽으면서 개념 이해의 폭을 넓히고 깊이를 늘리는 방법도 생각할 수 있다. 글 읽기의 목표와 목적이 어느 곳 어느 수준에 있든지, 개념들의 관계를 생각하며 글을 읽는다는 것은, 개념의 단계별 추상화의 정도 차이를 극복하는 방향으로 나아가는 지적 노력을 수반한다. 그 핵심은 개념과 개념을 서로 연결해가며 치열하게 생각하는 것이다.

개념도를 활용한 적극적 글 읽기

텍스트는 선형적 문장의 연결로 이루어져 있다. 이러한 선형 구조 내부에 존재하는 요소(글 내용의 핵심을 담은 개념)들의 관계를 구조화하는 과정은 글의 의미 구조 및 구성 관계를 파악하고, 글의 핵심 내용을 이해하는 데 크게 도움이 된다. 그 구조도를 '개념도(또는 마인드맵)'라고 한다. 개념도는 **개념과 개념의 관계를** 체계적으로 정리한 도식으로, 텍스트 정보를 구성하는 개념들 사이의 관계를 시각적으로 표시한 생각의 지도다. 개념도를 통해 개념 간의 위계와 개념의 지시적 의미는 단박에 드러난다.

이 개념도를 독서 과정에서 적절히 활용하면 학생들은 글의 '**부분-전체**' 구조와 **글 내용의 핵심을 구조적으로 체계화**할 수 있다. 개념도를 시각화하면서 개념과 개념 간의 관계를 파악하는 과정에서 학생들은 글의 이해력을 높일 수 있을 뿐 아니라, 자신의 사고 과정을 확인할 수 있다. 학생들은 개념도를 활용하여 글 내용의 핵심을 도식화하는 과정에서 복잡한 글 구조를 조직화하거나 글 내용을 통합하는 방법을 익힐 수 있을 뿐 아니라, 자신이 잘못 이해하고 있는 부분을 파악하여 이를 바로잡을 수 있다. 글 전체의 주제문 및 핵심어(핵심 개념)를 찾고, 단락별 핵심어를 살펴 단락 간 의미 관계를 밝히는 데도 개념도는 무척 유용하다.

개념과 개념의 관계를 살피면서 읽으면,
글의 의미는 더 잘 이해된다!

글을 읽고 개념도를 작성하는 방법

https://youtu.be/mKFAUNlvxuo

치열하게 읽어라
글 내용의 핵심을 머릿속 단기기억으로 잡아둘 수 있도록 힘쓴다

수능 국어 비문학 지문 읽기는 다음 두 가지가 중요하다. 하나는 "얼마나 빨리 읽을 수 있는가"이고, 다른 하나는 "얼마나 잘 이해할 수 있는가"하는 것이다. 글을 '읽는 속도'와 글의 '이해, 즉 독해력'의 기능적 차원을 잘 살려 학습자의 독서력을 높여야 국어는 실력이 는다.

글을 읽는 속도와 글의 독해력이 중요한 이유는, 수능 국어 비문학 독해는 사실상 글 읽기 능력을 묻는 시험이기 때문이다. 수능의 가장 큰 특징은 '지문과 답지의 물음이 길다'라는 것으로, 국어 시험을 잘 보려면 제한된 시간에 여러 분야의 다양한 지문을 읽고 그 안에 담긴 수많은 정보를 정확히 해석해 낼 수 있어야 한다. 이를 위해서는 지문을 빠르게 읽으면서 글 내용의 핵심을 단박에 파악할 수 있는 독해 능력이 절대적으로 뒷받침되어야 한다. 어떻게 하면 **빠른 속도로 글을 읽으면서 핵심 내용을 잘 파악할** 수 있는지를 고민해야 한다.

따라서 수능 국어 비문학 지문을 읽을 때는 다음과 같은 물리적이고 의식적인 노력을 함께 기울여야 한다. 글을 읽는 내내 핵심 개념을 머릿속에서 항상 생각하면서 생각을 집약하고, **글에서 중요한 부분(문장)에 밑줄을 긋는** 등의 의식적인 노력이 따라야 한다.

더불어 개념과 개념의 관계를 살피고, 중요한 단어(개념)에 동그라미를 치고, 그러면서 머릿속에 들어있는 관련 개념을 끄집어내 지문 옆에 적으면서, 개념의 위계와 범주를 따라 글의 중심 생각(핵심 논지)을 확정할 수 있어야 한다. 이 모든 정신 활동이 글의 이해는 물론이고 사고의 폭을 넓힌다는 사실을 깨닫고, 글을 치열하게 읽어야 한다.

■ 핵심 포인트13: **배경 지식**을 활용하면서 읽으면, 글의 의미는 더 잘 이해된다.

글에는 듬성듬성 틈이 있는데, 이는 논리적 흐름을 이해하는데 필요한 정보를 글쓴이가 생략해서 생기는 간격이다. 글쓴이는 독자가 그 틈을 메울 수 있을 만큼 충분한 지식을 갖추고 있다고 가정하고, 정보를 과감하게 생략하면서 간결하고 깔끔하게 글을 쓴다.

이때 '배경 지식'은 말과 글의 의미를 이해하는 데 유용하다. 머릿속 장기 기억에 어휘나 개념이 저장되어있지 않으면 우리는 그만큼 문장을 제대로 이해하기 어렵다. 글을 읽어 그 안에 담긴 의미를 올바로 이해하지 못하는 것은 곧, 우리가 글쓴이가 기대한 수준만큼의 배경 지식을 갖고 있지 못했기 때문으로 보면 된다.

'배경 지식'이란 공부를 통해 입력된 다양한 정보를 서로 결합하고 연결하는 '의미 단위 짓기' 작업을 통해 우리의 머릿속에 '장기 기억으로 저장한 사실적 지식(외현 기억)과 절차적 지식(암묵 기억)의 결합이다. 정보를 '의미 단위(의미 덩이)로 묶으면 더 많은 정보를 작업 기억에 저장한 후 이를 장기 기억으로 보낼 수 있을 뿐만 아니라, 이후에 일어나는 여러 인지 과정의 순차적·선별적인 수행이 수월해지고, 그와 더불어 글에 담긴 의미를 개념화하여 이해하기 훨씬 쉽다.

글 정보를 의미 단위로 만들려면 기존에 습득한 지식이 머릿속 장기 기억 안에 들어있어야 하는데, 이것이 배경 지식이 되어 작업 기억(물론, 가상의 두뇌 활동 공간이다)으로 올라오고, 이후 작업 기억에서 배경 지식과 새로운 정보를 한데 묶어 생각하는 작업이 실행되면서 개념적 이해와 논리적·추상적 사고의 점화가 일어난다.

정보와 지식을 의미 단위로 묶어 생각하게 되면 독해력은 향상한다. 개념은 의미 단위로 파악할 때 효과적인데, **그 의미 단위가 바로 글의 '단락'**이다. 단락 안에 들어있는 개념(주된 개념과 종개념, 상위 개념과 하위 개념)을 서로 연결해가며 살필 때 그 의미는 올바로 파악되고 정확히 이해된다. 글을 읽을 때는 개념을 단락 안에서 살피면서 이해할 수 있어야 한다. 글의 맥락적인 이해가 이를 두고 하는 것으로, 그 바탕에는 지식을 개념화하여 생각할 수 있는 능력으로서의 독해력이 깔려있다.

거듭 강조하지만, 독해 능력, 다시 말해 언어력 향상에 절대적으로 필요한 것의 하나는 글에 대한 배경 지식이다. 글에 대한 배경 지식이 많으면 많을수록 독해 능력은 향상한다. 처음 접하는 글에 대한 독해 능력을 기르기 위해서는 될 수 있는 한 관련한 많은 글을 읽어 교양을 쌓는 것이 중요하다. 분명 지문과 관련한 배경 지식은 학생들이 지문을 더 쉽게 이해할 수 있도록 돕는다.

배경 지식이 많으면 글을 의미 단위로 끊어가면서 내용을 파악할 수 있는 능력이 발달하고, 그에 따라 글을 훨씬 더 잘 읽고 더 쉽게 이해할 수 있다. 즉, 배경 지식이 있어야(특히 개념적인 인식과 개념 이해가 따라야) 글의 의미 단위를 만들 수 있고, 의미 단위를 만들어야 작업 기억에 공간이 생겨서 개념을 쉽게 생각하고 글을 더 잘 이해할 수 있다. 결국, 글의 이해력을 높이기 위해서는 문장 또는 단락을 '**의미 단위**'로 **끊어가며 빠른 속도로 읽을 수 있어야** 하는데, 공부 잘하기 위한 전제 조건으로써의 독서력이 중요한 이유가 여기에 있다.

머릿속 작업 기억에 공간이 생긴다는 의미는 그만큼 지식에 대한 선택적·선별적 기억을 통해 단기 기억으로 들어올 수 있는 정보의 양을 제한하고 그것에 집중해서 생각한다는 의미다. 이는 말하자면, 글의 중요한 부분과 그렇지 않은 부분을 구분한 다음 그 중요한 부분에 집중하여 머리를 활성화하기 위해서는, 그만큼 작업 기억 공간에 여유가 있어야 함을 뜻한다. 만약 그렇지를 않고 중요한 정보(또는 지식)와 그렇지 않은 정보가 서로 뒤엉켜 있을 때는, 중요한 정보와 기존 배경 지식(사실적 지식과 절차적 지식)이 서로 연결되지 않고 제각각으로 따로 놀게 된다. 독해력이 떨어지고 개념화하는 능력이 떨어지는, 한 마디로 공부 못하는 학생들에게서 나타나는 전형적인 현상의 하나가 바로 이것으로, 이를 개선하지 않으면 학습 능력은 결코 향상할 수 없다.

배경 지식이 독해력을 향상한다

배경 지식은 또한 모호하고 혼란스러울 수 있는 **정보들을 명확히 구분할 수 있**

게 한다. 우리가 평소에 읽는 글은 그다지 모호하지 않으며, 게다가 우리는 독자로서 어떤 배경 지식을 동원해야 할지 잘 알고 있다. 이는 독자가 글을 읽는 동안 모호한 문장이 나와도 그러한 사실조차 깨닫지 못하고 곧바로 배경 지식을 끌어와서 해석하기 때문으로, 말하자면 배경 지식이 정보의 명확성을 돕는 것이다.

그렇더라도 배경 지식과 관련해서는 오해의 소지가 따를 수 있으므로 좀더 정확하게 알 필요가 있다. 언어 능력 향상을 위해 필요한 배경 지식 학습의 핵심은 단순한 지식의 습득이 아니라 '개념'을 익히고 '개념적'으로 사고하는 능력을 키우는데 있다. 수능 국어 비문학을 공부하는 학생들이 글 내용을 어려워하는 가장 큰 이유는 다름 아닌 '개념'에 대한 이해 부족 때문이다. 좀더 엄밀히 말한다면 **'개념적 사고'가 결여한** 때문으로, 글을 읽을 때 개념을 '정의'의 설명 방법으로 기술한 내용을 확실히 이해하고 맥락으로 파악할 수 있도록 습관화해야 한다.

배경 지식이 있으면 독해력은 물론이고 사고력까지도 향상한다. 배경 지식이 없으면 비판적으로 생각하는 것도, 논리적으로 생각하기도 쉽지 않다. 글을 읽으면서 논리적으로 생각하는 동안 독자는 자신의 머릿속 기억을 검색한다. 기억은 학습에서 맨 먼저 찾게 되는 인지 과정이다. 예를 들어 시험 문제를 보면 독자는 먼저 그와 관련한 기억부터 검색하고, 그렇게 해서 기억을 떠올리면 그것을 이용해서 답을 찾는다. 이러한 방법은 매우 쉽고 효과적인데, 우리가 흔히 접하는 주제일수록 그리고 그 주제에 대한 배경 지식을 갖고 있을수록 굳이 논리적으로 추론할 필요가 없이 기억을 더듬어 문제를 해결하게 된다.

즉, 배경 지식(특히 암묵 기억)의 도움을 받아 정보를 의미 단위로 만들면, 각 항목을 하나의 단위로 묶어 작업 기억으로 밀어 올림으로써 정보 처리 공간을 늘리게 된다. 그에 따라 글(지문)을 읽으면서 단락별 핵심 내용을 담은 의미 단위가 만들어지고, 더불어 작업 기억에 공간이 생겨서 의미를 좀더 긴밀히 연결할 수 있다. 이처럼 기억 공간이 늘어나면 추론하는 데 도움이 되는데, 이는 결국 배경 지식의 도움을 받아야 논리적 사고력은 향상한다는 사실을 보여 준다. 학습 능력을 높이는

데 있어 **교과 지식**의 부단한 학습 및 축적이 중요한 이유가 여기 있다.

학습에서 배경 지식이 중요한 이유를 거듭 정리하면 다음과 같다. 배경 지식은 **풍부한 어휘**를 쌓게 하고, 글쓴이가 생략한 논리적 틈을 메운다. 또한, 배경 지식을 바탕으로 의미 단위를 만들어 작업 기억의 공간을 늘리면서 **개념을 쉽게 연결할 수** 있는 사고의 힘을 키운다. 아울러 배경 지식이 있으면 **모호한 문장을 명확히 해석할 수** 있다. 배경 지식, 특히 어휘력(개념어 및 용어, 단어 활용 능력)이 풍부할수록 독해력이 향상되는 이유가 이것이다.

■ **핵심 포인트14**: 글의 중요한 부분을 **표시하면서 읽으면**, 글 내용의 핵심을 빠르고 정확하게 파악할 수 있다.

글 내용을 빠르고 정확히 파악하려면 어떤 식으로 읽어야 할까? 독해란 글을 읽고 그 글의 내용을 이해하고 파악하는 것이다. 더 나아가 글을 읽어 이해하고 파악한 내용을 바탕으로 의미를 '재구성'하는 것이다. 그 효과적인 독해 방법을 익힐 필요가 있는데, 그 밑바탕의 하나가 바로 글의 **중심 내용에 '표시'**하면서 읽는 것이다.

그 핵심은 핵심어나 개념어에 동그라미를 두르거나 별표 등 중요 표시를 하고, 중요한 문장에 밑줄을 긋는 것이다. 그렇더라도 글의 아무 데나 무분별하게 표시하는 것은 옳지 않다. 오히려 올바른 글 읽기를 방해할 뿐이다. 글의 아무 데나 무분별하게 표시하는 행위는 중요한 부분과 중요하지 않은 부분을 구별하지 못한 데서 비롯되는 나쁜 글 읽기 습관의 하나이다. 한마디로 글을 제대로 읽지 못한 탓에 글의 이곳저곳, 아무데나 별 뜻 없이 습관적으로 표시를 하는 것이다.

중요한 내용인지 아닌지는 밑줄 친 내용 간의 비교를 통해서 가능한데, 이는 밑줄 긋기가 읽기 후 전략으로 확장될 수 있음을 의미한다. 지문(텍스트)을 거듭 읽고 내용의 중요도를 상대적으로 따져 살핀 후, 이전 읽었을 때보다 더 중요한 내용은 취하고 덜 중요한 내용은 삭제하는 과정에서 글의 의미는 파악되고 중심 생각은 포착된다. 그 과정에서 글 내용의 중요도는 텍스트의 의미 구조에 따라 상대적으로 결정된다는 사실을 깨달을 수 있을 것이다.

그렇다면 그 표시는 어떤 기준을 따르고 또 어느 정도라야 할까? 그것은 글에 표시한 부분이 글의 '뼈대'에 해당하는 부분과 일치하는 정도이다. 핵심어에 동그라미를 치고, 핵심 내용에 밑줄을 긋고, 중요한 곳에 표시한 것을 모두 모으면, 여기에는 글의 핵심 내용만이 간추려져 있어야 한다. 만약 그렇지 않고 글의 곁가지에 해당하는 부분이 잔뜩 뒤섞여 있다면, 이는 글을 읽어 글 내용을 올바르게 이해하지 못한 데다가 글의 의미 또한 정확히 파악하지 못했음을 의미한다.

글의 중요한 부분에 표시해가면서 읽는다는 것은 그만큼 글을 치열하게 읽고 또 생각을 거듭하며 글의 의미를 곱씹어 본다는 뜻과 같다. 처음에는 이것이 어렵겠지만, 글을 거듭 읽으며 연습하다 보면 어느덧 글의 핵심 내용만을 추려 그것에 표시를 남기고 있는 자신을 발견하게 된다. 그 요령은, 처음 글을 읽어 표시한 부분과 다시 글을 읽되 다른 펜을 이용해 핵심 내용을 추려 표시한 부분을 비교하여 살피는 것이다. 그 과정에서 글의 핵심 내용이 눈에 들어오기 시작하면서 중요한 부분과 중요하지 않은 부분을 구분할 수 있는 안목이 늘뿐더러, 글의 전체 내용과 글의 요지를 단박에 포착할 수 있을 것이다. 그런 노력의 과정에서 글을 읽는 속도와 독해력은 비약적으로 향상한다.

이것을 다음 글을 읽으면서 확인하기 바란다.

[효과적인 글 읽기 요령]

글의 중요한 부분에 밑줄을 그어가며 읽는 것이다. 글을 읽으면서 중요한 부분에 밑줄을 긋게 되면, '다시 읽기'를 할 때 매우 효과적이다. 무엇보다, 글을 다시 읽으면서 글의 핵심을 더욱 빠르고 정확히 읽어낼 수 있다. 게다가 지난번에 그은 밑줄에서 중요하지 않은 부분을 덜어낼 수 있고, 또한 지난번 읽을 때 찾아내지 못한 글의 요점이나 핵심을 발견하고 그것에 밑줄을 더하는 등으로, 글의 중요한 부분에 집중하면서 내용과 의미를 좀더 압축해서 생각할 수 있다.

그렇더라도 주의해야 할 것들이 있다. 많은 학생은 이해의 폭을 넓히기 위해서라기보다는 이해를 '대신'하는 것으로 밑줄을 긋는 경우가 많다. 이는 밑줄을 긋는 과정과 이해하는 과정을 혼동하기 때문에 일어나는 잘못된 글 읽기 습관이다. 글을 읽으면서 밑줄을 긋게 되면, 그 밑줄 그은 부분을 이해한 것으로 착각하는 것이다. 이런 경우, 글의 여기저기 구석구석에 밑줄이 그어져 있는 경우가 많은데, 정작 글을 읽고 난 후에 글의 어느 부분이 중요한지 또 글에 실린 내용이 무엇인지를 분별하지 못하는 경우가 일반적이다.

하지만 그래서는 안 된다. 이해하기 전이 아니라, 이해하고 난 후에 밑줄을 그어야 한다(당연히, 글을 읽기 전이 아니라 글을 읽은 바로 직후에 밑줄을 그어야 한다. 여기서 읽기 전이라고 함은 글을 보자마자 덮어놓고 '그러나', '그리고'와 같은 접속어에 세모 표시를 한다거나, 글에 습관적으로 밑줄을 긋는 등의 의미 없는 행위를 일컫는다). 글에 밑줄을 긋는다는 것은, 글을 능동적·적극적으로 읽었다는 의미이고, 글을 읽으면서 그 의미를 이해했다는 것이며, 글의 중요한 부분을 파악했다는 뜻이기 때문이다. 그렇기에 밑줄은 꼭 필요한, 중요한 부분에만 그어져야 한다. 연구 결과에 따르면, 집중해서 책(글)을 읽은 뒤에 밑줄을 그으면 집중해서 내용을 읽지 않고 밑줄을 그은 경우보다 더 많은 것을 알고, 더 많은 것을 배울 수 있다고 한다. 이것이 의미하는 바를 이해할 수 있을 것이다.

이때 지문을 끝까지 전부 읽고 글 내용을 이해하고 난 뒤에, 이를 다시 읽으면서 밑줄을 그을 필요는 없다. 그저 글을 읽어가며 그때그때 이해하면서 밑줄을 그어나가면 된다. 또 단락이나 문장별로 적절하고 균등하게 밑줄을 그어야 한다고 생각하는 학생들도 있는데, 이 역시 적절하지 않다. 말했듯이, 글은 내용면에서 중요한 부분과 중요하지 않은 부분이 뒤섞여 의미를 구성하는 것이기에, 글을 읽으면서 글 내용의 중요한 부분만을 집중해서 찾아내려고 노력해야 한다. 이때 효과적인 방법이 바로 그 중요한 부분에 밑줄 긋기다.

글에 밑줄을 그을 때는 될 수 있으면 연필을 사용하는 것이 좋다. 그것도 조금은 진하면서도 두텁게 그어지는 연필을 사용하는 것이 좋다. 연필을 사용하게 되면, 다시 읽기를 해나가면서 앞서 읽었을 때 그었던 밑줄 가운데 중요하지 않은 부분을 삭제할 수 있다. 또한 새로이 읽으면서 확인된 중요한 부분에 밑줄을 그을 수 있으며, 둘을 합쳐 거듭 중요한 부분에 덧칠하는 등으로, 중요성의 정도를 새롭게 가늠하면서 교정해나갈 수 있다.

그렇게 해서 중요성의 정도를 여러 가지 색인으로 표시하는 것도 독서 효과를 높이는 좋은 방법이다. 밑줄 친 내용이 모두 똑같이 중요한 것은 아니기에, 가장 중요한 내용이나 핵심 개념어는 형광펜을 써가며 달리 표시한다거나, 연필로 괄호와 동그라미를

글의 중요한 부분에 밑줄 긋고 표시하는 방법에도
요령이 있다!

글에 표시하면서 읽는 방법적 요령

https://youtu.be/WaJVMBJS5Bw

■ 핵심 포인트15: 글의 **중심 생각을 요약하는** 연습을 병행하면, 독해력은 크게 향상한다.

글을 읽고 중요한 부분에 밑줄을 그은 후, 지문의 여백을 이용하여 밑줄 친 부분의 중요한 개념이나 용어, 그리고 **핵심 내용을 간략히 요약하는** 것은 글의 이해와 내용 파악을 위해 아주 효과적이다. 또 글을 읽어 떠오른 생각이나 참고해야 할 내용, 다른 글이나 글 안의 다른 지면에 있는 내용과 통합해서 살펴야 할 것들에 대해 메모를 적어 놓는 행위 역시 독서의 효과를 높이는 좋은 방법이다.

지문에 요약과 메모를 하면 정보를 능동적으로 다룰 수 있을 뿐 아니라, 개념을 효과적으로 재구성하고 분류할 수 있게 함으로써 글에 대한 이해를 더욱 높일 수 있다. 지문에 그은 밑줄은 복습할 때 지문의 어느 부분에 집중하고 또 주의를 기울여야 하는지를 알려준다. 이때 지문의 여백에 밑줄 그은 부분에 대해 간략히 요약되어있을 경우, 이는 학생들의 머릿속에서 내용을 조직화하는 데 도움을 주고 또 복습할 때 훌륭한 안내자 역할을 한다.

글을 읽으면서 떠올렸던 생각과 질문, 관련 자료와 도서 목록, 좀더 공부할 필요가 있는 글이나 찾아보아야 할 단어 등을 지문 여백에 적어 넣자. 이는 학생들로 하여금 자신이 이전에 공부했던 내용을 상기토록 하며, 좀더 찾아 살피면서 공부해야 할 부분을 알려준다.

글을 읽어 중요한 부분에 밑줄 긋고, 중심 내용이나 핵심 개념에 대해 이를 자신의 언어로 짧게 요약하고, 강조하고 참고해야 할 것들을 메모하는 등으로 중요한 것을 표시하자. 그렇게 해서 표시한 것들은 이후 글(책과 교재)을 다시 읽고 살피는 과정에서 안내와 지침 역할을 한다. 이렇듯 글을 선택적으로 그리고 효과적으로 읽는 노력을 통해 독해력은 비약적으로 향상한다.

단락의 중심 생각을 따라 글 내용을 요약하라.

수능 비문학 지문을 요약할 때 알고 있어야 할 핵심은 다음과 같다. 글은 내용면에서 볼 때, '중심 내용(글의 '결론' 부분으로, '주장'과 '근거'가 이에 해당한다)'과 '해설(결론을 뒷받침하는 설명글)'로 나뉜다. 글의 중심 내용은 중심 단락에 들어있으며, 중심 단락의 중심 문장(또는 단락의 요지)이 글 전체의 '결론'에 해당하는 설명글이다. 그리고 결론의 '근거'가 되는 내용은 중심 단락에 들어있을 수도, 다른 단락에 들어있을 수도 있다. 만약 다른 단락에 들어있을 경우, 그 단락의 중심 문장(또는 단락의 요지)이 결론을 뒷받침하는 '근거(즉, 결론의 전제가 되는 글)'에 해당하는 글이 된다. 나머지 단락은 '해설'에 해당한다고 보면 된다.

그렇게 해서 글 전체의 결론에 해당하는 핵심 내용이자 중심 생각, 즉 '주장-근거'에 해당하는 글 묶음을 '논증'이라고 하는데, 글의 요약은 이 논증을 중심으로 글의 핵심 내용을 체계적으로 서술한 일련의 글 묶음이다. 이를 [사례]를 들어 설명하면 다음과 같다.

[예문: 공공재와 공유 자원에 의한 시장 실패]

(단락1) 대부분의 재화는 시장 원리에 따라 소비자가 대가를 지불하고 공급자가 그 대가를 취득한다. 그러나 등대, 가로등과 같은 공공재나 깨끗한 공기, 바다 속의 물고기와 같은 공유 자원은 재화를 이용하는 대가를 지불하지 않아도 되므로 시장 원리에 따라 재화가 효율적으로 배분되지 못한다. 이와 같은 경우를 시장 실패라 하는데, 시장 실패가 발생하면 이를 해결하는 데 드는 사회적 비용이 크기 때문에 사전에 예방하는 것이 중요하다. 그 방법은 재화의 성격에 따라 달라지므로 공공재와 공유 자원을 명확하게 구분할 필요가 있다... [시장 실패, 공공재, 공유 자원]

(단락2) 공공재는 배제성과 경합성이 없는 재화를 말한다. 배제성이란 사람들이 재화를 소비하는 것을 막을 수 있는 가능성을 말하고, 경합성이란 한 사람이 재화를 소비하면 다른 사람이 소비에 제한을 받는 속성을 말한다. 예를 들어 해안가에 세운 등대가 주는 혜택을 특정 개인이 누리지 못하게 할 수 없고, 한 사람이 그 혜택을 받는다고 해서 다른 사람의 편익이 줄지도 않는다는 점에서 등대는 공공재가 된다. 공공재가 배제성이 없다는 것은 재화를 생산하더라도 그것을 소비하는 데 드는 비용을 지불할 사람이 없다는 것이므로 누구도 공공재를 공급하려 하지 않는다. 따라서 정부가 사회적 비용과 편익을 따져 공공재를 공급함으로써 시장 실패를 예방할 수 있다... [공공재, 배제성, 경합성]

(단락3) 공유 자원은 공공재와 같이 배제성이 없어 누구나 공짜로 사용할 수 있지만 경합성이 있는 재화이다. 이에 따라 '공유 자원의 비극'이라는 심각한 문제를 야기한다. 누구든지 자유롭게 사용할 수 있는 목초지가 있다고 하자. 소 주인들은 공짜로 풀을 먹일 수 있기 때문에 가급적 많은 소를 몰고 와서 먹이려고 할 것이다. 자기 소를 한 마리 더 들여와 목초지가 점점 훼손된다 하더라도, 그에 따른 불이익은 목초지를 이용하는 모든 소 주인들이 함께 나누기 때문이다. 그러나 목초지의 풀은 제한되어 있어 어느 수준 이상의 소가 들어오면 목초지는 그 기능을 상실하게 된다... [공유 자원, 공유 자원의 비극]

(단락4) 공공재에 의한 시장 실패는 정부가 공공재의 공급 비용을 부담함으로써 쉽게 예방할 수 있다. 하지만 공유 자원에 의한 시장 실패는 앞의 예와 같이 개인들이 더 많은 자원을 사용하려고 경합하는 데서 발생하기 때문에 재화의 경합성을 적절하게 조정하는 예방책이 필요하다. 그 구체적인 예방책으로는 정부가 공유 자원의 사용을 직접 통제하거나 공유 자원에 사유 재산권을 부여하는 방법이 있다. 정부의 직접 통제는 정부가 특정 장비 사용의 제한, 사용 시간이나 장소의 할당, 이용 단위나 비용의 설정 등을 통해 수요를 억제하는 방법이다. 사유 재산권 부여는 자신의 재산을 잘 관리하려는 사람들의 성향을 이용하여 공유 자원을 관리하게 함으로써 공유 자원이 황폐화되는 것

을 막기 위한 방법이다. 이 두 방법은 정부의 시장 개입이 수반된다는 점에서 통제 방식이나 절차, 사유 재산권 배분 기준에 대한 사회적 합의가 전제되어야 한다. 또한 공유 자원을 사용하는 사람들에 대한 정부의 통제 능력과 개인의 사유재산 관리 능력을 확보하는 것이 성패의 관건이 된다... [공유 자원에 의한 시장 실패, 예방책]

(단락5) 공공재와 공유 자원에 의한 시장 실패는 자원의 왜곡된 배분을 가져와 사회 전체의 효용을 감소시킨다. 또한 재화의 관리가 효율적으로 이루어지지 않으면 재화를 공급하여 얻는 편익이 감소될 가능성이 크다. 따라서 시장 실패가 초래하는 비극을 예방할 수 있는 효율적인 방안을 강구해 구성원의 경제적 후생을 향상시키는 것이 정부의 중요한 경제 정책이 되어야 한다... [시장 실패 예방책 강구] (2008.3월 고3 모의 18~21번 문제 출제 지문)

[예문]은 경제학의 중요한 개념인 '시장 실패'에 대해 설명한 것이다. 지문은 '시장 실패→공공재와 공유 자원→배재성과 경합성→공유 자원의 비극'이라는 일련의 개념(핵심 용어)을 중심으로 단락별로 순차적으로 논의가 전개되고 있다. 따라서 이 개념들의 관계를 파악하면서 단락을 하나의 생각의 단위로 하여 빠르게 읽으면('훑어 읽기'라는 표현이 더 적절하다), 글 전체의 의미 관계가 파악되고, 그와 동시에 글이 개략적으로 어떻게 구성되고 또 전개되는지를 어렵지 않게 가늠할 수 있을 것이다.

이후 핵심 키워드와 밑줄 친 부분을 중심으로 단락을 뭉뚱그려가며 읽으면, 단락별 글의 '요지'를 다음과 같이 정리할 수 있겠다. 그렇게 해서 글 전체의 주제어는 '시장 실패', 주제는 '공공재와 공유 자원에 의한 시장 실패의 원인과 예방책 촉구'임을 알 수 있다.

- 단락1: '시장 실패'를 막으려면 '공공재'와 '공유 자원'을 명확히 구분하여 대처할 필요가 있다.
- 단락2: '공공재' 부족에 따른 시장 실패는 정부의 '비용-편익' 공급으로 '비배재성'을 해소함으로써 예방할 수 있다.
- 단락3: '공유 자원'은 '경합성'으로 인해 '공유 자원의 비극'을 초래한다.

- 단락4: '공유 자원의 비극'을 막으려면 경합성을 조절하는 적극적인 예방책이 필요하다.
- 단락5: 공공재와 공유 자원에 의한 시장 실패를 예방하려면 정부가 나서 효율적 방안을 강구해야 한다.

[예문]의 지문을 단락별로 요약할 경우 논증의 핵심 내용을 담은 '단락 5'와 '단락 3'만 의미 있을 뿐, '단락 1, 2, 4'는 그다지 의미 없다. 따라서 '단락 1, 2, 4'는 논증(주장과 근거)의 해설에 해당하는 부분 중에 전제로부터 결론을 향해 나아가는 데 있어서 꼭 필요한 핵심 내용을 제외하고는 과감하게 버려야 한다. 그래야 만이 글의 핵심이 좀더 명확하게 드러나고 글의 요약이 한결 매끄러워진다(아래의 지문 요약②). 그렇게 해서 단락별 요지를 중심으로 논증을 담아 요약하면 다음과 같다.

참고로, [예문]의 글 내용을 이끄는 핵심어는 '경합성'이라는 개념으로, 그만큼 글에서 중요한 개념이라 '공유의 비극'을 예시로 들어가며 설명한 것이다. 그리고 이 개념을 발문 〈보기〉의 구체적 사례에 적용하여 어떤 내용(지식·정보)을 '이해·판단·추론'을 묻게 될 것이라는 사실을 짐작한다면, 이 개념에 특히 집중하면서 글 내용을 이해할 필요가 있다.

- 단락1(해설1_전제의 이유): 시장 실패 해결을 위한 공공재와 공유 자원의 구분 대처의 필요성… '시장 실패'를 막으려면 '공공재'와 공유 자원'을 명확히 구분하여 대처할 필요가 있다.
- 단락2(해설2_전제의 뒷받침 근거): 공공재의 특성과 시장 실패의 예방… 공공재' 부족에 따른 시장 실패는 정부의 '비용-편익' 공급으로 '비배재성'을 해소함으로써 예방할 수 있다.
- 단락3(전제): 공유의 비극이 일어나는 원인… '공유 자원'은 '경합성'으로 인해 '공유 자원의 비극'을 초래한다.
- 단락4(해설3_결론의 뒷받침 근거): 공유 자원의 시장 실패 원인과 예방책… '공유 자원의 비극'을 막으려면 경합성을 조절하는 적극적인 예방책이 필요하다.
- 단락5(결론): 공공재와 공유 자원에 의한 시장 실패 예방책 및 효율적인 정책 촉구… 공공재와 공유 자원에 의한 시장 실패를 예방하려면 정부가 나서 효율

적 방안을 강구해야 한다.

'시장 실패'를 막으려면 '공공재'와 '공유 자원'을 명확히 구분하여 대처할 필요가 있다(단락1). 이때 '공공재' 부족에 따른 시장 실패는 정부의 '비용–편익' 공급으로 '비배재성'을 해소함으로써 예방할 수 있다(단락2). 하지만(단락3). 이런 이유로, '공유자원의 비극'을 막으려면 경합성을 조절하는 적극적인 예방책이 필요하다(단락4). 공유의 비극으로 인한 시장 실패를 막으려면 정부가 나서 효율적인 방안을 강구해야 한다(단락5). … [지문 요약①]

'공유 자원'은 '경합성'으로 인해 '공유 자원의 비극'을 초래하기 때문에(단락3), 그것으로 인한 시장 실패를 막으려면 정부가 나서 효율적인 방안을 강구해야 한다(단락5). … [지문 요약②]

국어 실력을 높이려면 무엇을 갖고, 어떻게 공부해야 하는 게 좋을까요?

결론부터 말하면, 수능 및 모의 기출문제를 중심으로 공부하는 것이 국어 성적을 올리고 또 글을 읽는 능력을 높이는데 가장 효과적인 방법이다. 수능 국어는 기존 참고서나 문제집에 실린 것과 똑같은 지문을 절대 글감으로 엮어 출제하지 않는다. 비문학 지문의 경우에는 반드시 그렇다.

수능 및 모의 기출문제를 중심으로 공부하는 것이 효과적인 추가적인 이유는, 글 읽기와 문제 풀이 훈련을 함께 해나갈 수 있다는 점이다. 수능 기출문제는 수많은 집필진이 그 어떤 문제보다도 심혈을 기울여 출제하고, 검토를 거듭한 양질의 문제이다. 따라서 이것으로 공부하는 것만으로도 얼마든지 실력은 오르고, 수능에서 높은 성적을 받을 수 있다. 게다가 여러 기출문제를 푸는 동안 모습을 바꿔가면서 드러내는 출제자의 의도를 파악하고 그것에 맞게 문제를 분석할 수 있기에, 처음 보는 글감과 처음 접하는 작품이더라도 이를 '객관적으로 읽어내는 방법적 요령'을 능히 터득할 수 있는 부차적인 효과를 기대할 수 있다.

수능 및 모의 기출문제를 중심으로 공부할 때 특히 유의해야 할 것이 있다. 학생들은 참고서와 문제집에 실린 기출문제 및 해설서를 중심으로 공부하려 들지 말고, 반드시 **문제지 그 자체를 출력**하여 날것 그대로의 문제를 직접 풀어가며 공부해야 한다. 덧붙여서 평가원에서 제공하는 해설서, 단권화한 참고서, 국어사전을 함께 놓고서 꼭 필요할 때만 그때그때 참고해가며 공부하는 것이 좋다. 이는 다음 이유 때문이다.

글에는 글쓴이인 화자의 생각과 이를 읽는 독자인 '나' 사이의 필연적인 간격이 있게 마련인데, 그 간격을 메우려면 그야말로 치열하게 글을 읽으면서 글쓴이의 생각을 따라잡아야 한다. 이때 '글'과 글을 읽는 '나' 사이에는 생각의 일념과 의식의 흐름을 방해하는 그 어떤 것도 놓여서는 안 된다. 오로지 **텍스트 그 자체**만을 눈앞에 놓고서 생각에 생각을 거듭하면서 글을 읽어야 한다. 그래야만 글에 대한 이해력으로써의 '독해력'은 향상한다. 만약 그렇지를 않고 이것저것 지나치게 친절한 설명에 눈길을 줄수록, 이것이 오히려 글의 올바른 이해와 정확한 해석을 방해하고, 결국에는 글 읽기의 능력을 낮추는 요인으로 작용할 뿐이다.

국어를 공부하는 학생들에게서 나타나는 가장 큰 문제점의 하나가 바로 이것이다. 참고서와 문제집을 갖고 공부하면서 글의 이해에 그다지 필요치 않은 내용을 단순 암기하려 애쓰고, 쓸데없이 복잡한 설명에 눈길을 줄수록, 글 읽기 능력은 절대 향상되지 않음을 공부하는 학생들은 반드시 알고 있어야 한다.

★ ★ ★

텍스트의
논리적 독해를 위한
방법적 요령 7가지

글은 어떻게 읽어야 할까
글 구조 파악→ 중심 문장 찾기→ 명제 파악→ 맥락 이해

수능 국어 비문학 설명글은 어떻게 읽어야 할까? 어떻게 하면 글을 읽으면서 글의 '전체-부분 구조를 단박에 파악'하고, 글에서 '중요한' 부분과 '중요하지 않은' 부분을 효과적으로 가려낼 수 있을까? 그리고 수능 국어 문제를 푸는데 '도움이 되는' 정보와 '그렇지 않은' 정보를 구분하여 살필 수 있을까? 텍스트의 논리적 독해를 위한 방법적 요령을 적절한 비유를 들어가면서 간략히 설명하면 다음과 같다.

퍼즐 조각 맞추듯 읽어라

글 읽기는 퍼즐 맞추기에 빗대어 설명할 수 있다. 퍼즐을 맞출 때 우리는 상자 안의 그림 조각을 꺼내 마구잡이로 꿰맞추려 들지 않는다. 퍼즐을 맞출 때 가장 먼저 해야 할 일은 먼저 상자에 그려진 **퍼즐 합체 그림부터 찬찬히 살펴보는** 일이다. 퍼즐 조각의 전체상이 무엇을 나타내고 있는지부터 확인하는 것으로, 이것은 퍼즐 맞추기에서 아주 중요한 과정이다. 자신이 맞추어나가야 할 퍼즐 조각의 전체상을 확인하지 않고 퍼즐 조각을 맞추는 것은 목적지를 정하지 않고 길을 나서는 것과 다를 바 없기 때문이다.

이때, 퍼즐의 전체상을 나타내는 그림 안팎의 윤곽에 주목하고, 그와 더불어 그림 안의 특별한 형상에 주목한다면, 퍼즐 맞추기는 한결 쉬워질 것이다. 예를 들어, 자동차 내부 구조를 담은 퍼즐 조각을 맞추고자 할 경우, 자동차의 외형을 따라 조각을 이루는 부분들을 찾고, 자동차 바퀴를 담은 조각처럼 내부의 특별한 모습을 담은 것들부터 찾는다면, 그 조각들을 갖고서 전체를 꿰맞출 토대는 준비된 셈이다.

그렇게 해서 퍼즐 맞추기 작업의 **틀을 짜** 맞추어나가면서, 모서리 부분의 조각

들부터 찾아 맞추기 시작한다. 테두리를 짜기 위해 외곽이나 모서리 부분에 해당하는 가장자리 부분부터 꿰맞춘다. 이것은 퍼즐 조작 맞추기에서 배경 화면처럼 **쉽게 판별 가능한(본 그림 밖의) 퍼즐 조각부터 덜어내는** 과정을 거쳐야 퍼즐 그림의 본 모습에 빠르게 도달할 수 있음을 보여 준다. 다시 말해, 그 많은 퍼즐 조각에서 중요하지 않은 부분부터 덜어내면서 그림의 본 모습에 다가설 때, 그와 동시에 그림의 본 모습을 구성하는 퍼즐 조각에 주목할 때, 퍼즐 맞추기는 빠르고 정확히 수행될 수 있음을 뜻한다.

이어서 같은 색깔을 가졌거나 특별한 문양이 그려진 조각들을 맞추는 작업을 시행한다. 특별히 힘든 조각들은 우선 뒤로 미뤄놓으면서 먼저 쉬운 부분부터 찾아 끼워 맞춘다. 그러면 마지막에는 가장 어려운 부분을 끼워 맞추는 것도 힘들지 않다. 퍼즐을 맞출 때 우리는 누가 시키지 않아도 이런 식으로 진행한다.

글의 의미 구조부터 파악하라

글을 읽을 때도 이와 비슷한 과정이 필요하다. 글의 주제가 무엇인지, 글 내용이 무엇을 담고 있는지를 모른 채 무작정 읽는다면, 글을 읽어 글 내용을 이해하기란 절대 쉽지 않다. 생각의 초점이 집약되지 않은 상태에서 정신을 집중하기란 어렵기 때문이다.

글 내용의 전체 흐름을 살피면서 글의 '전체-부분' 구조를 파악하는 과정은 수능 국어 비문학 독해에서 무척 중요하다. 전체를 살피면 부분은 눈에 쉽게 들어오지만, 부분에 함몰되면 전체를 파악하기 어렵다. 이를테면 어떤 산을 처음 오를 경우, 먼저 산 초입에 놓여 있는 등반 안내도를 확인한 후 산에 오르면 이후에 맞닥뜨리는 구간별 이정표가 지시하는 의미를 알 수 있다. 이정표별 거리와 경사도를 파악한 후 산에 오르면 구간별로 대응을 할 수 있어서 산행은 한결 쉬워진다. 하지만 등반 안내도를 확인하지 않고 무작정 산에 오르면, 이것이 불가능해지면서 고행길이 되고 만다.

같은 이치로, 글을 읽을 때는 먼저 '글의 전체상'부터 파악해야 한다. 글은 마치 이정표와도 같은 '핵심 개념'을 따라 어떤 사상이나 주장이 펼쳐지고 있음을 깨닫는다면, **주제와 소주제를 담은 핵심 개념어부터** 찾아 살피는 것으로부터 출발해야 한다는 사실의 중요성을 깨달을 수 있을 것이다. 그와 함께 글 내용 이해의 기본 단위는 '단락'이란 사실을 이해한다면, **단락의 전개 방식을** 살펴 글 내용의 흐름을 파악해야 한다는 사실의 중요성 역시 깨달을 수 있을 것이다.

이것은 본격적으로 글을 읽기 전에 글 전체를 미리 훑어보는 과정이다. 핵심어를 따라서 글의 '펼쳐 가기(전개)'와 글의 '짜임새(구성)'를 파악하는 과정이 그것이다. 글 내용을 훑어보면서 주제 개념을 따라 나열되고 있는 핵심어와 단락별 소주제의 물음에 주의를 기울이면, 짧은 시간 안에 글 전체의 개략적인 내용을 가늠할 수 있다. 짧은 시간에 글 내용의 핵심을 확실하게 훑어보는 읽기 기술은 아주 중요하다. 글 구조를 이해하면서 글의 '뼈대'를 찾아가는 과정인 '구조 독해'는 이어지는 과정인 **글의 중요한 정보를 '빠르고 정확하게' 알아내기 위한** 일련의 방법적인 요령을 제공한다.

실제, 글을 빠르게 '훑어' 읽으면서 단락별로 소주제의 물음과 더불어 관련한 핵심어를 찾아 나열하는 것만으로도 지문 독해를 위한 틀은 완성한 것이라 할 수 있다. '글의 의미 구조 및 글 내용 전개의 틀'을 도식화한 일종의 **개념 구조도**'가 그것으로, 이것을 구성하는 능력이 텍스트의 논리적 독해를 위한 방법적 요령의 첫 번째 단계라는 사실을 깨닫고, 부단한 글 읽기 연습을 통해 머릿속 생각으로 체화할 수 있도록 해야 한다. 거듭 강조하지만, 이것은 지문 독해에서 무척 중요한 과정이다.

중심 문장을 찾아라

개념 구조도가 완성됐다는 것은 곧, 단락별 소주제의 물음이 핵심어를 따라 어떻게 전개되고 있는지를 가늠할 수 있는 단서를 마련한 것이다. 단락은 사고와 판단을 표현하는 문장의 집합으로, 한 단락을 이루는 모든 문장은 글쓴이의 중심 생각을 담은 '중심 문장'을 향해 결집한다. 따라서 단락 안의 문장들을 '뭉뚱그려' 읽으면서 글에서 중요한 부분인 **'중심 문장'을 찾기 위해** 힘을 쏟아야 하는데, 이것이 실질적인 의미에서의 문장 독해라 할 수 있다.

다시 퍼즐 맞추기에 빗대어 글 읽기를 설명하면, 퍼즐의 테두리가 완성되면 우리는 처음에는 쉬운 부분부터 시작할 것이다. 퍼즐의 기본이 되는 구성 요소들과 개별 문양들이 맞추어진 이후에야 단계적으로 어려운 부분들도 끼워 넣을 수 있다. 이와 마찬가지로 글에서 중요하지 않은 문장들, 즉 글의 중심 생각을 **뒷받침하는 문장들부터 덜어내면**, 단락 안의 중심 문장은 한눈에 들어온다. 그런 다음, 이 중심 문장을 '중심'으로 그 밖의 뒷받침 문장에 들어있는 핵심 어구를 끌어와 **'의미'를 체계적으로 재구성하면**, 그것이 곧 글 독해이다. 이때 글(문장)을 읽어 이해하기 어려운 부분은 일단 건너뛰는 것이 때론 도움이 된다. 처음 읽어 이해하기 어려웠던 부분은 글 내용을 다시금 주의 깊게 읽는 과정에서 읽는 동안 늘어난 지식으로 인해 이해하기 한층 쉬워진다.

이처럼 텍스트를 논리적으로 이해하기 위한 방법적 요령의 두 번째는, 글에서 중요한 부분, 즉 중심 문장을 찾는 것이다. 그 핵심은 먼저 글에서 중요하지 않은 부분(예시, 부연, 상세)부터 덜어낸 후, 글의 중심 생각을 찾아 이것을 중심으로 글 내용의 외연(의미)을 확장하는 것이다.

이때, 글에서 중요한 정보는 물론 중심 문장에 집약되지만, 그것들의 **'전제'에 해당하는** 정보 역시 글 내용의 이해를 위해 반드시 주의 깊게 살펴야 하는 부분이다. 텍스트를 논리적으로 독해하기 위해서 중요한 것은, 결론에 이르기까지의 전제나 가정을 정확히 확인하는 것이다. 이를 위해서는 특히 정보 간의 관계에 유의해서 글 내용을 이해할 필요가 있다. 글 내용이 **특정 '관계'를 따라** 논리적인 체계를 구성하는 부분이 그것으로, **비교와 대조, 인과 결과, 전제와 결론, 근거와 주장, 동의와 수정, 판단과 대답, 반박과 절충**의 진술에서 핵심을 이루는 부분에 주목하면서 읽어야만 텍스트의 의미를 논리적으로 이해할 수 있다.

명제를 찾아 밝혀라

이제 중심 문장(중요한 문장)을 찾았다고 하자. 다음 단계는 중심 문장 속에서 '명제'를 발견해야 한다. 다른 말로 하면 그 중심 문장들이 '무슨 뜻인지' 파악해야 한다. 중심 문장을 이루는 단어들, 특히 중요한 단어의 의미와 쓰임을 해석하여 명제를 찾을 수 있다.

명제란 한 마디로, 글(단락)의 '결론'이라 할 수 있다. 글에서 가장 중요한 문장들, 즉 중심 문장을 찾아 명제로써 간략히 밝히게 되면, 글의 의미는 정확히 파악될 수 있다. 복잡한 문장들로 이루어진 단락 안에는 보통 하나 또는 그 이상의 명제가 있다. 복잡한 문장에서 각기 다른 명제들을 모두 추출하지 못했다면 중요한 문장을 완전히 이해하지 못했다고 할 수 있다. 이것은 많은 연습이 필요하다. 글의 중심 문장을 찾아, 그것이 의미하는 것에 생각을 집중해보라. 그리고 그 결과물을 하나씩 끄집어내 주제 개념과 관련지어 설명해보라.

글쓴이는 글을 쓰면서 같은 명제를 다른 말로 표현한다. 지문 속 다른 글(문장)로 똑같은 이야기를 하거나, 유사한 글로 다른 이야기를 할 수 있다. 따라서 단순히 글을 읽고 그 안에 있는 명제를 바로 보지 못한다면, 똑같은 문장들을 각기 다른 명제로 파악하는 일도 생길 수 있다. '2+2=4'와 '4-2=2'가 4는 2의 두 배, 또는 2는 4의 절반이라는 상반된 개념으로 다르게 표현한 수학적으로 똑같은 의미의 명제라는 것을 이해하지 못한다면, 독자는 그 간단한 방정식이 무슨 뜻인지 이해하지 못하고 있다고 결론 내릴 수밖에 없다. 똑같은 의미의 명제라도 다르게 표현한 것임을 구분하지 못하는 사람들이 그렇다. 그 점에서 수능 비문학에서 지문 내용과 선지 대답 간의 일치·불일치 관계는 명제의 혼동을 유도한 것이라고 할 수 있다.

맥락으로 읽어라

텍스트를 논리적으로 이해하기 위한 방법적 요령의 세 번째는, 중요한 정보를 '체계적으로 정리'해서 생각하는 것이다. 글과 글 사이에는 듬성듬성 틈이 있는데,

이것이 글의 이해를 가로막는다. 또한 글에는 명시적으로 제시되는 정보들로 구성되지만, 그 정보들 사이에 **감추어져 있는** 정보들도 있으며, 글에 흩어져 있는 정보를 종합해서 숨은 정보를 추론해야 하는 때도 있다. **맥락적 단서를 찾아** 그 의미를 정확히 이해할 수 있어야 비로소 글의 중심 생각이 잡히는 때도 있다.

이 모든 것들은 글에서 논의의 핵심을 찾아 밝힌 후, 그것을 따라 글의 중심 생각을 체계적으로 정리하면서 살펴야 글의 숨은 정보나 맥락적 단서는 비로소 포착된다. 어려운 퍼즐 조각 하나가 풀리면 그 주변의 퍼즐 조각은 막힘없이 술술 꿰맞춰 지듯, 글의 숨은 정보나 맥락적 단서를 찾아낸 후 이것을 중심으로 글의 의미를 거듭 살피면, 텍스트의 의미는 명확하게 포착된다.

그런 과정을 거친 이후에도 이해가 안 되는 부분이 있으면, 머리(두뇌)가 글 내용을 최대한 소화할 수 있도록 충분한 시간을 주면서 집중해서 읽으면 된다. **텍스트를 깊이 있게 읽으면서** 글 내용을 이해하려고 노력하는 과정에서 글 읽기의 어려움은 대부분 해소되고, 글을 더 빨리, 더 잘 이해하면서 읽게 될 것이다.

전략적으로 읽어라

지식을 많이 습득할수록 공부를 더 잘하게 되듯이, 글을 빠르고 정확하게 읽으면서 글 내용의 이해력을 높이려면 학습 독서력을 높이는 글 읽기를 반복해서 훈련해야 한다. 특히 수능 국어 비문학 문제 풀이 공부에 맞는 글 읽기 훈련을 해야하는데, 이를 '학습 독서'라고 하자.

[학습 독서의 핵심]

- **개념 이해**⋯ 글 내용의 전체 흐름을 단박에 파악하는 능력을 길러라. ⋯ **훑어 읽기**
- **기억 강화**⋯ 글의 중요한 부분에 정신을 집중하라. ⋯ **집중해서 읽기**
- **의미 파악**⋯ 텍스트의 논리적 짜임새를 분석하며 읽어라. ⋯ **맥락으로 읽기**

수능 비문학 읽기에서 효과적인 독서 전략을 수립해야 하는 이유는 무엇일까? 그 이유는 크게 다음 세 가지 읽기 기술을 익히기 위해서다. 첫째 글의 전체 흐름과 글 내용의 핵심을 단박에 파악하기 위해서이고(글에서 원하는 것을 찾는 기술로, 글 내용 이해의 전제가 된다), 둘째 읽은 내용의 핵심을 잘 기억하면서 머릿속에 가능한 한 오래도록 유지하기 위해서이며(글에서 찾은 중요한 것을 잊지 않고 기억하는 기술로, 발문의 물음 및 선택지 대답과 연계하기 위해서 무척 중요하다), 셋째 글의 중심 생각을 따라 이해력을 최대한 끌어올리기 위해서다(글 내용을 체계적으로 정리하고 빠르게 조직화하는 기술로, 문제 속 선지별 정오 관계에 답하기 위해서 중요하다). 즉, 개념 이해와 기억 강화, 의미 파악을 위한 독서는 수능 국어 비문학 읽기 학습에서 무척 중요하다.

비문학 지문 독해력을 높이기 위해서는 다음과 같은 의식적인 노력이 따라야 한다. 첫째, 글의 흐름부터 잡아야 한다. 글을 읽으면서 글의 '부분-전체'의 구조를 단번에 파악할 수 있어야 하는데, 특히 **개념의 관계**를 살펴야 한다. 둘째, **선택적으로 가려서** 읽어야 한다. 중요하다고 확신하는 정보만을 찾아 자세히, 꼼꼼히 읽어야 한다. 실제 이 부분을 가려낼 수 있는 능력이 독해력의 핵심이란 사실을 깨닫고, 글에서 중요한 정보만을 빠르게 선별하여 이것에 집중해야 한다. 셋째, **지식을 체계화하여 생각하는** 습관을 들여야 한다. 글 읽기 능력은 언어 사고력에 달렸는데, '언어를 매개로 어떤 대상·현상에 대한 인식 변화를 꾀하는 정신 작용'이라 할 수 있는 언어 사고력 향상은 텍스트를 논리적으로 독해하고 글 내용의 핵심을 체계적으로 생각하기 위해 꼭 필요하다.

설명글의 독해 순서

수능 국어 비문학 지문 이해를 위해서는 특히 텍스트의 논리적 독해를 위한 방법적 요령을 익힐 필요가 있다. 일반적으로 지문 독해는 다음 순서를 따르는데, 크게 '글 구조의 파악 → 글의 중심 생각 찾기 → 텍스트의 논리적 독해' 순서를 밟아가면서 진행하면 된다.

[글 구조 파악]

① 먼저, 지문을 단락별로 빠르게 '훑어' 읽으면서, 글의 주제 및 제재 관련 '개념어(핵심 어구)'부터 찾아 동그라미를 친다.

② 그런 다음, 단락별로 소주제(제재 및 화제)가 확장하는 방식을 따라 펼쳐지는 개념어를 단락별로 나열한다. 그와 동시에, 단락의 구성 방식을 살피면서 단락별 텍스트의 짜임새(전개 구조)를 파악한다.

③ 앞의 두 과정을 동시에, 한꺼번에, 빠르게 처리하면서, 단락별로 전개되는 '개념어와 개념어'의 '관계'를 살핀 후, 단락별 '개념 구조도'를 작성한다.

[글 내용의 이해]

④ 복잡하게 기술된 설명글에서, 먼저 '곁가지'부터 쳐낸다.

⑤ 그런 다음, 단락별 텍스트 의미 구조의 '뼈대'로, 글 이해에서 '중요한 부분'을 찾는다.

   ㉮ 핵심 개념어를 '정의'의 진술 방식으로 설명한 부분

   ㉯ '예시', '부연', '상세'의 설명 글이 가리키는 핵심어 및 관련한 특별 진술

   ㉰ '비교'와 '대조'를 이루면서 나열되고 열거되는 부분

   ㉱ 글 내용이 특정 '관계'를 따라 논리적인 체계를 이루면서 기술되는 부분의 핵심

   ㉲ 어떤 정해진 순서·과정·흐름을 따라 원리·법칙·이론·현상이 기술되고 있는 부분의 뼈대

   ㉳ 특정 견해와 주장 간의 관점(입장) 차이와 비판적 시각을 드러낸 부분

[텍스트의 논리적 독해]

⑥ 글에서 중요한 부분을 찾았으면, 이어서 그 중요한 부분을 서로 연결해가면서 명제로써 정리하면서 글의 의미를 이해하려고 노력한다. 특히 다음 사항을 염두에 두고서 글 내용을 살핀다.

   ㉮ 단락 안의 문장들을 '뭉뚱그려' 읽으면서, 글 전체를 하나의 '의미 덩어리'로 재구성한다.

   ㉯ 글쓴이의 '견해·주장'의 물음을 '재구성'하면서 질문의 핵심과 그 대답을 살핀다.

   ㉰ 글 이해를 위한 결정적 키워드인 '맥락적 단서'를 찾아 그 '의미'를 재해석한다.

   ㉱ 개념의 '추상화'를 통해 본질에 접근한다.

   ㉲ '재진술'하면서 거듭해서 설명한 부분(부연 설명)을 살펴 '의미'를 구체화한다.

   ㉳ 글에 생략된 정보가 있는 경우, 그 숨은 정보를 추론해서 찾아 밝힌다.

㉕ '비교와 대조'를 이루면서 펼쳐지는 글 내용을 대상 및 논점별로 체계적으로 정리한다.

㉖ 글 내용이 특정 '관계'를 따라 논리적인 체계를 구성하는 부분을 별도로 정리한다.

㉗ '예시' 글을 살펴 그것이 지시하는 대상과 개념의 '의미'를 구체화한다.

㉘ '원리 · 법칙 · 이론'의 흐름과 과정을 설명하는 글 내용은, 그 단서가 되는 키워드를 따라서 글 내용의 핵심을 도식화한다.

㉙ 특정 사례나 현상에 대한 '추세 · 추이'를 설명하는 글 내용은 생각의 흐름을 따라서 키워드별로 그 변화 및 변동 관계를 표시하면서 읽는다.

⑦ 끝으로, 관련한 '배경 지식'을 활성화하여 글 내용을 빠르게 해체하고 재구성한다.

글 '전체'의 흐름을 포착하라
글 구조 파악

다음 순서를 따라, 글 구성과 글 내용의 흐름을 파악한다.

- 요령1: 먼저, 지문을 단락별로 빠르게 '훑어' 읽으면서, 글의 주제 및 제재 관련 '**개념어(핵심 어구)**'부터 찾아 동그라미를 친다.
- 요령2: 그런 다음, 단락별로 소주제(제재 및 화제)가 확장하는 방식을 따라 펼쳐지는 개념어를 **단락별로 나열**한다. 그와 동시에, 단락의 구성 방식을 살피면서 단락별 **텍스트의 짜임새(전개 구조)**를 파악한다.
- 요령3: 앞의 두 과정을 동시에, 한꺼번에, 빠르게 처리하면서, 단락별로 전개되는 **개념어와 개념어의 '관계'**를 살핀 후, 단락별 '**개념 구조도**'를 작성한다.

글의 전체 구조와 글 내용의 흐름을 파악하는 것은 영화의 '시놉시스'를 읽는 것과도 같다. 작품의 줄거리 및 개요를 의미하는 시놉시스에는 주제, 기획 및 집필 의도, 등장인물, 전체 줄거리를 담고 있어서, 독자는 이 시놉시스만 읽고서도 영화의 개략적인 전체상을 파악할 수 있다.

수능 국어 비문학 지문을 독해할 때, 가장 먼저 해야 할 작업은 지문을 빠르게 훑어 읽으면서 글의 전개 구조(펼쳐 가기)와 글 내용의 흐름(글의 짜임새)을 살피는 것이다. 그렇게 되면, 마치 영화의 시놉시스를 읽는 것과 같은 효과를 기대할 수 있다. 글 내용이 비로소 눈에 들어오고, 글의 중심 생각이 손에 잡히는 것이다. 글 읽기에서 시놉시스는 글을 빠르게 훑어 읽으면서 '**단락별 소주제의 물음**'과 함께, 그 물음을 따라 전개되는 '**핵심 어구**'를 **나열하는** 것만으로도 충분하며, 이 둘의 관계를 통해 글의 전체 흐름을 파악할 수 있다.

글을 다 읽고서 정작 자신이 어떤 내용의 글을 읽었는지조차 깨닫지 못한다면, 그것은 글의 주제 개념, 특히 소주제의 물음을 따라 글 내용이 어떤 식으로 펼쳐지고 있는지조차 파악하지 못했기 때문이다. 당연히 글의 핵심 정보를 중심으로 펼쳐지는 글의 중심 생각을 읽어낼 수 없다. 줄거리 '개요'를 뜻하는 '시놉시스'부터 살펴야 줄거리 '요약'을 뜻하는 '스토리 라인'이 한눈에 들어온다. 같은 이치로, 비문학 지문 독해에서, 글의 주제와 소주제(제재와 화제)의 물음을 따라 전개되고 있는 '핵심 개념어'가 글의 전체 구조와 글 내용의 흐름을 따라 어떻게 펼쳐지고 있는지부터 살펴야만, 글에서 중요한 부분을 찾아서 이것을 중심으로 글의 중심 생각(핵심 논지)을 빠르고 정확하게 이해할 수 있다.

핵심어부터 찾아라

지문 독해는 먼저 글에 실린 주제(와 소주제)를 담은 **개념어부터 찾아 살피면서**, 그와 동시에 핵심 개념어(핵심 어구)를 중심으로 글 전체의 흐름을 빠르게 살피는 것으로부터 시작한다. 그렇게 해서, 소주제의 물음을 담은 **단락별로 핵심어(개념어와 키워드)를 나열**하면서 개념어와 개념어의 관계를 살핀다. 이때, 단락별 텍스트의 논리적 짜임새를 파악하면서 **개념어(핵심 어구)의 관계를 살피면**, 글의 전체상은 물론이고 글에서 중요한 부분이 어느 단락에 집중해 있고, 단락 안의 어느 문장을 가리키는지를 가늠할 수 있다. 그리고 이 모든 과정을 종합하여, '단락별 핵심 어구'를 체계적으로 정리한다. 이로써 글 내용의 이해를 위한 기초 작업은 끝난 셈인데, 다음 세 과정을 글을 읽으면서 동시에, 한꺼번에, 빠르게 처리해야 한다.

지문을 읽으면서 가장 먼저 할 일은, 글에서 중요하게 다루고 있는 개념어(핵심 어구)부터 찾아 밝히는 것이다. 지문을 단락별로 빠르게 '훑어' 읽으면서 글의 주제 및 제재(주제 개념을 드러내기 위해 사용한 중심 소재 및 주제와 연계해서 글쓴이가 말하려는 중심 생각을 담은 화제)와 관련한 **'핵심 어구'부터 찾아 동그라미를 친다.**

핵심 어구란 문장에서 생략되면 글의 의미가 달라지는 단어와 서술로, 문장에서 핵심 어구만 찾아서 나열해가며 읽어도 글쓴이가 말하려는 의도를 알 수 있다. 때문에, 글을 읽고 내용을 이해했다고 말하려면 자신이 읽은 문장에서 핵심 어구 정도는 곧바로 찾을 수 있어야 한다. 핵심 어구를 찾는 능력은 글을 읽고 전체 내용을 얼마나 이해했는지를 알 수 있는 '기준점'이라 할 수 있다.

핵심 어구를 찾지 못하면 글에 실린 많은 정보에서 중요한 것과 중요하지 않은 것을 구분할 수 없다. 글에서 무엇이 중요한지를 알려면 높은 수준의 읽기 능력을 갖추고 있어야 한다. 복잡한 글 내용에서 핵심만을 간략히 추릴 수 있어야 한다. 이런 능력이 부족하면 글을 제대로 읽을 수 없을 뿐만 아니라, 지문 내용과 연계하여 출제된 발문의 물음과 선택지 대답에 올바르게 대응할 수 없다.

핵심 어구는 글의 중심 단락, 중심 문장에 들어있으며, 주제(및 제재) 개념 및 이것과 관련한 중요한 키워드를 담게 마련이다. 단락 전체에 여러 번 반복하여 가장 많이 나오는 어휘가 곧 주제 개념을 드러내는 핵심 어구일 가능성이 크다. 주제 개념과 관련한 핵심 어구의 파악은 곧 지문 해석에서의 키를 얻는 것이자, 일종의 출입문을 찾는 것과 같다.

주제 개념을 담은 핵심 어구, 특히 개념어는 지문의 첫째 단락에서 밝혀 놓고 이를 '정의(定義)'의 진술 방식으로 설명해 놓은 경우가 일반적이기에, 이것을 찾는 것은 그리 어렵지 않다. 따라서 지문을 읽고 곧바로 주제어부터 찾아 그 사전적(辭典的) 의미를 이해한 후, 이를 토대로 이어지는 단락의 어딘가에 명기된 하위의 세부 개념과 그 논리적 진술을 전부 그리고 빠르게 찾아냄으로써, 지문 전체에 걸쳐서 펼쳐지고 있는 개념 구조를 재빨리 파악할 수 있어야 한다.

단락별로 소주제의 물음을 밝혀라

그렇더라도 알고 있어야 할 것은, 비문학 지문의 특징 가운데 하나는 주제 개념보다는 소주제인 '제재와 화제'를 드러내는 개념어를 중심으로 글 내용이 전개되는 경우가 일반적이란 사실이다. 이것은 주제 개념을 좀더 세분해서 기술하면서 글 내용을 복잡하게 만들고자 하는 출제자의 의도에서 비롯된 것으로, 그만큼 글 전체에 걸쳐서 많은 개념어를 담고 있어서 독자의 머릿속을 어지럽게 만든다.

중요한 것은, 글 내용의 핵심을 이루는 것은 주제어가 아닌 소주제(제재 및 화제)를 담고 있는 개념어다. 지문 안에는 특정 주제어를 중심으로 전체 단락에 걸쳐서 글 내용이 일관되게 펼쳐지는 것이 일반적이지만(이 경우, 주제와 제재는 동일하다), 주제 개념을 첫 단락에서 언급한 다음에 이후 단락부터 관련한 제재와 화제를 따라 글 내용을 좀더 심층적으로 기술하기도 한다. 또 단락별로 제재와 화제를 달리하면서 글 내용을 기술하기도 하는데, 그렇게 되면 글 내용은 더 복잡해진다. 어느 것이든 중요한 것은, 단락별로 글(지문)을 읽으면서 그 안에 들어있는 핵심 어구를 찾아 밝히는 것이다.

다음으로, 글에서 핵심 어구를 전부 찾았다면, 특히 '제재'가 확장하는 방식, 즉 소주제의 물음을 따라 펼쳐지는 개념어를 **단락별로 나열**한다. 그와 동시에, 단락의 구성 방식을 살피면서 단락별 **텍스트의 짜임새(전개 구조)**를 파악한다. 단락(과 단락)의 전개 방식을 살펴, 단락별 텍스트의 의미 구조 안에서 각 개념(지식)과 정보(원리·현상)가 어떤 식으로 논리적 연관성을 갖고서 기능하는지 파악한다. 그렇게 되면, 주제와 제재가 확장하는 방식을 따라 펼쳐지는 개념어(핵심 어구)의 쓰임새(의미 관계)를 파악할 수 있을 뿐 아니라, 단락별로 글 내용이 어떤 식으로 펼쳐질 것인가를 미루어 짐작할 수 있다.

개념도를 작성하라

끝으로, 앞의 두 과정을 동시에, 한꺼번에, 빠르게 처리하면서, 단락별로 전개되는 **'개념어와 개념어의 관계'**를 살핀 후, 단락별 **'개념 구조도'**를 작성한다. 개념도는 **개념과 개념의 관계를 체계적으로 정리한** 도식으로, 텍스트 정보를 구성하는 개념들 사이의 관계를 시각적으로 표시한 생각의 지도이다. 개념도는 단락별 핵심 내용을 개념의 관계를 따라 시각적으로 구체화하여 떠올릴 수 있게 함으로써, 글의 명확한 이해를 돕는다.

이 개념도를 독서 과정에서 적절히 활용하면 학생들은 글의 **'부분-전체' 구조**와 글 내용의 핵심을 구조적으로 **체계화할 수 있다.** 개념도를 시각화하면서 개념과 개념 간의 관계를 파악하는 과정에서 학생들은 글의 이해력을 높일 수 있다.

개념도를 작성할 때는 단락의 물음을 따라 핵심 어구를 포괄적인 것과 세부적인 것, 상위 범주와 하위 범주로 의미의 계층적 관계를 따라 정리한다. 그렇게 되면 개념 간의 위계와 개념의 지시적 의미는 단박에 드러난다. 이런 의식적인 노력을 통해, 글의 '뼈대'로써 글의 의미 관계를 담은 '핵심 개념어'를 중심으로 글 내용의 전체상을 한눈에 확인할 수 있다.

글을 빠르게 훑어 읽으면서 단락별 핵심 개념을 찾아낸 후, '분류·분석·비교'의 방법을 따라 개념 간의 관계를 밝히는 과정은 무척 중요하다. 이어지는 '선택적 읽기, 집중해서 읽기'를 통해 글의 중심 생각과 글에서 중요한 부분을 찾기 위한 중요한 선결 과제이기 때문이다.

[개념도 작성의 예]

개념도 작성의 예를 이어서 설명할 [예문1: 법의 일반 의미]를 갖고서 설명하면 다음과 같다. 먼저, 개념도에는 **단락별 소주제의 물음과 대답을 담은 핵심 어구를 위계적으로 나열하면서** 특히 개념어 상당 어구에 네모를 두른다. 이것은 단락의 흐름을 따라 개념의 **'정의'**와 **'분류 및 분석'** 과정을 통해 살핀 결과물을 핵심 개념어를 중심으로 기술한 것이라 할 수 있는데, 그 과정에서 글의 '부분―전체' 구조가 눈에 잡힌다.

다음으로, 개념의 위계를 따라, 핵심어(구) 간에는 그 의미 관계를 연결하는 중요한 내용을 밝힌다. 여기에는 특히 **'비교와 대조'**와 **'인과 관계'**를 따라 개념(어) 간 의미 관계의 핵심을 살피는 것이 포인트이다. 그리고 개념도 작성 시에 이것의 기술(記述)이 가장 중요하다.

이때, 단락을 따라 개념이 서로 연결되면서 글의 의미 관계가 드러나게 되는데, 이것을 파악하는 것이 실제 지문 독해의 핵심이다. 아래 개념도에서 '단락5'의 '(자신이 소유한) 동물의 위법 행위 시 개인의 민·형사상 책임 규정'을 정확히 파악하려면, 단락 안에 실린 내용을 '단락 2와 3'에 실린 개념의 의미를 서로 '연결'하면서 정확히 파악할 필요가 있다. 많은 경우, '3점' 배분의 사고추론형 문제의 내용 구성이 이와 같다.

[단락별 글 내용의 흐름을 따라 기술한 개념도]

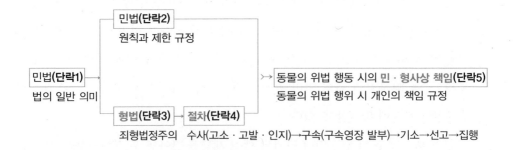

★ ★ ★

글을 읽는 동안 앞서 읽은 내용이 생각나지 않은데, 어떻게 해야 하나요?

비문학 지문을 어려워하는 학생들의 상당수는 방금 읽은 문장이나 단락의 내용을 기억하지 못하면서, 문제를 만날 때마다 다시 지문으로 돌아가 읽기를 반복한다. 그 가장 큰 이유는 글의 핵심 내용에 집중하거나 글의 의미 구조를 파악하지 않고 그저 '읽기'만 했기 때문이다.

이것을 해결하는 읽기 공부는 간명하다. 글을 읽으면서, 일단은 단락별로 글의 핵심 어구와 중심 문장을 찾아 밑줄 긋는다. 그런 다음, 글에서 눈을 뗀 후, 글 내용을 되짚으면서 핵심 어구를 따라 중심 생각을 머릿속에서 되살린다. 특히 '개념'을 정의한 부분이나 '비교'를 이루는 부분에 집중해서 글 내용의 핵심을 시각화한다.

그렇게 해서 단락 전체의 의미 구조를 핵심 어구와 중심 내용을 따라 머릿속에서 '시지각화'를 하면서 떠올리는 연습을 해나간다. 이런 노력만으로도 지문(글) 내용을 머릿속에서 한동안 잡아둘 수 있는데, 학습에 크게 효과를 볼 수 있다. 따지고 보면 '메타인지' 학습이란 것도 이와 다를 것 없다.

★ ★ ★

[예문1: 법의 일반 의미]

인간은 집단생활을 하기 때문에 분쟁이 발생할 수밖에 없다. 그래서 문제가 발생하는 것을 예방하거나 문제를 원만히 해결하기 위해 규칙을 만든다. 여러 규칙 중 사회 구성원들의 합의에 따라 만들어지고 강제성을 가진 규칙을 법이라고 한다. 이때 강제성은 공공의 이익을 실현하기 위해 사회 구성원들이 동의할 때만 발휘될 수 있다. 이러한 법은 몇 가지 특징이 있는데 먼저 법은 행동의 결과를 중시한다. 왜냐하면 다른 사람이 행동을 평가할 수 있고 그 변화도 확인할 수 있어야 하기 때문이다. 그리고 법은 국민의 자유와 권리를 보호한다. 만약 법이 없다면 권력자나 국가 기관이 멋대로 권력을 휘두를 수 있을 것이다. 마지막으로 법은 최소한의 간섭만 한다. 개인이 처리해도 되는 일까지 법이 간섭한다면 사람들은 숨이 막혀 평온하게 살기 힘들 것이다.

대표적인 법에는 민법과 형법이 있다. 민법은 국가 기관이 아닌, 사람들 간의 권리관계를 다루는 법률로써 재산 관계와 가족 관계로 구성되어 있다. 근대 사회에서 형성된 민법의 원칙은 오늘날까지도 중요하게 여겨지고 있다. 중요 원칙 중 하나는 개인의 사유 재산에 대해 절대적 지배를 인정하고 국가를 비롯한 단체나 개인은 다른 사람의 사유 재산 행사에 간섭하지 못한다는 것이다. 그리고 다른 사람에게 끼친 손해는 그 행위가 위법이고 동시에 고의나 과실에 의한 경우에만 책임을 진다는 원칙도 있다. 그런데 이 원칙들은 경제적 강자가 경제적 약자를 지배하는 수단으로 악용되기도 하여 20세기에 들면서 제한이 생겼다. 그 결과 개인의 사유 재산에 대한 지배는 여전히 보장되지만 공공복리에 적합하도록 행사해야 한다는 것과 같은 수정된 원칙들이 적용되고 있다.

반면, 형법은 범죄와 형벌을 규정하는 법률로써 '죄형법정주의'라는 기본 원칙이 있다. 죄형법정주의는 범죄의 행위와 그 범죄에 대한 처벌을 미리 법률로 정해 두어야 한다는 것이다. 그래서 범죄 발생 당시에는 없었던 법이 나중에 생겨도 그것을 소급해서 적용할 수 없다. 또한 민법과 달리 어떤 사항을 직접 규정한 법규가 없을 때, 그와 비슷한 사항을 규정한 법규를 유추하여 적용할 수도 없다.

형법을 위반한 범죄가 발생하면, 먼저 수사 기관이 수사를 한다. 수사를 개시하는 단서로는 고소, 고발, 인지가 있는데, 이 중 고소는 피해자가 하는 반면 고발은 제3자가 한다. 일반적으로 범죄는 수사기관이 인지하는 것만으로도 수사를 시작할 수 있다. 하지만 명예훼손죄, 폭행죄 등은 수사를 진행했더라도 피해자가 원하지 않으면 처벌하지 않는다. 수사 결과 피의자가 죄를 범했다고 의심할 만한 충분한 이유가 있다면 구속 영장을 받아 체포해 구속한다. 만약 범죄를 실행 중인 경우는 구속 영장 없이 체포 가능한데, 이 경우 48시간 이내에 구속 영장을 신청해야 하고, 법원은 신청서가 접수된 시간으로부터 48시간 이내에 구속 영장의 발부 여부를 결정해야 한다. 수사 결과 범죄 혐의가 인정되면 검사는 재판을 청구하는데 이를 기소라고 한다. 이때 검사는 피의자의

나이, 환경, 동기 등을 참작하여 기소를 하지 않을 수 있다. 기소로 재판 절차가 시작되면 법원은 사건을 심리하여 범죄 사실이 확인된 경우 유죄를 선고한다. 유죄가 인정되면 법원이 형을 선고하고 집행 절차에 들어간다.

그런데 만약 동물이 위법한 행동을 하여 다른 사람에게 손해를 끼치면 어떻게 될까? 결론부터 말하면 동물은 아무런 책임이 없다. 법에서는 인간 이외의 것들은 생명의 유무와 상관없이 모두 물건으로 보는데 물건에는 법적 권리가 없다. 법적 권리가 없는 것은 의무와 책임도 없다. 그러므로 동물은 민, 형법상의 책임을 지지 않아도 된다. 다만 손해를 입은 사람은 민법에 따라 동물의 점유자에게 배상을 받을 수 있다. (2018년 6월 고1 모의, 문제37~41 출제 지문)

[예문1]은 법에 대한 일반적인 내용을 설명하고 있다. 법이란 사회 유지를 위해 구성원들의 동의를 바탕으로 만들어진 강제성을 지닌 규칙이다. 대표적인 법으로 민법과 형법이 있는데 민법은 국가 기관이 아닌 사람들 간의 권리관계를 다루는 법률이고, 형법은 범죄와 형벌을 규정하는 법률이다. 이러한 법률은 인간에게만 적용이 되며 인간 이외의 것들은 모두 물건이므로 법적 권리가 없다.

[예문1]에서 알 수 있듯이, 글(지문)을 읽고 핵심 어구(굵은 글씨)와 이것이 지시하는 주요 문구(밑줄을 친 부분)만을 간추려 정리하면, 그것으로 개념도는 완성된다. 아래 <도해>에서 알 수 있듯이, 개념도를 간략히 작성하는 것만으로도 글의 부분-전체 구조 및 단락별 내용 구성은 물론이고 개념과 개념의 관계 및 위계는 한눈에 드러난다(앞에서 이미 설명했다). 이것을 머릿속에 기억하면서 글을 읽으면, 글 내용을 한결 쉽게 이해하고 글의 중심 생각을 단박에 파악할 수 있다.

따라서 읽기 자료(글감)를 접할 때는 항상 핵심어(개념)에 표시하고, 글의 중심 내용에 밑줄을 친 후 둘을 엮어 개념도를 간략히 작성하는 연습을 한다면, 글을 빠르게 읽으면서 글 내용의 핵심을 정확히 파악할 수 있다.

> **단락별 내용 구성: 글 내용의 핵심**

(단락1) 법의 일반 의미
(단락2) 민법: 원칙과 제한 규정
(단락3) 형법: 죄형법정주의
(단락4) 형법 절차: 수사(고소·고발·인지) → 구속(구속영장 발부) → 기소 → 선고
　　　　　 → 집행
(단락5) 동물의 위법 행위 시 책임

> **단락의 흐름: 글의 부분−전체 구조**

　　다음 예문을 읽고, 핵심어에 동그라미를 치고, 단락별 소주제의 물음을 찾아 밝힌 후, 이것들을 집약한 〈단락별 개념 구조도〉를 작성하라. 그리고 단락의 전개 구조를 밝혀라. 필요하면 단락별 글 내용의 핵심을 간략히 기술하라.

[예문2: 소득 효과와 정상재, 열등재의 관계]

콩나물의 가격 변화에 따라 콩나물의 수요량이 변하는 것은 일반적인 현상이다. 그러나 콩나물 가격은 변하지 않는데도 콩나물의 수요량이 변할 수 있다. 시금치 가격이 상승하면 소비자들은 시금치를 콩나물로 대체한다. 그러면 콩나물 가격은 변하지 않는데도 시금치 가격의 상승으로 인해 콩나물의 수요량이 증가할 수 있다. 또는 콩나물이 몸에 좋다는 내용의 방송이나가면 콩나물 가격은 변하지 않음에도 불구하고 콩나물의 수요량이 급증한다. 이와 같이 <u>특정한 상품의 가격은 변하지 않는데도 다른</u>

요인으로 인하여 그 상품의 수요량이 변하는 현상을 수요의 변화라고 한다.

수요의 변화는 소비자의 소득 변화에 의해서도 발생한다. 예를 들어 스마트폰 가격에 변동이 없음에도 불구하고 소득이 증가하면 스마트폰에 대한 수요량이 증가한다. 반대로 소득이 감소하면 수요량이 감소한다. 이처럼 소득의 증가에 따라 수요량이 증가하는 재화를 '정상재'라고 한다. 우리 주위에 있는 대부분의 재화들은 정상재이다. 그러나 소득이 증가하면 오히려 수요량이 감소하는 재화가 있는데 이를 '열등재'라고 한다. 예를 들어 용돈을 받아 쓰던 학생 때는 버스를 이용하다 취직해서 소득이 증가하여 자가용을 타게 되면 버스에 대한 수요는 감소한다. 이 경우 버스는 열등재라고 할 수 있다.

정상재와 열등재는 수요의 소득 탄력성으로도 설명할 수 있다. 수요의 소득 탄력성이란 소득이 1% 변할 때 수요량이 변하는 정도를 말한다. 수요의 소득 탄력성이 양수인 재화는 소득이 증가할 때 수요량도 증가하므로 정상재이다. 반대로 수요의 소득 탄력성이 음수인 재화는 소득이 증가할 때 수요량이 감소하므로 열등재이다. 정상재이면서 소득 탄력성이 1보다 큰, 즉 소득이 증가하는 것보다 수요량이 더 크게 증가하는 경우가 있다. 경제학에서는 이를 '사치재'라고 한다. 반면에 정상재이면서 소득 탄력성이 1보다 작은 재화를 '필수재'라고 한다.

정상재와 열등재는 가격이나 선호도 등 다른 모든 조건이 변하지 않는 상태에서 소득만 변했을 때 재화의 수요가 어떻게 변했는지를 분석한 개념이다. 하지만 특정 재화를 명확하게 정상재나 열등재로 구별하기는 어렵다. 동일한 재화가 소득 수준이나 생활 환경에 따라 열등재가 되기도 하고 정상재가 되기도 하기 때문이다. 패스트푸드점의 햄버거는 일반적으로 정상재로 볼 수 있지만 소득이 아주 높아져서 취향이 달라지면 햄버거에 대한 수요가 줄어들어 열등재가 될 수도 있다. 이처럼 재화의 수요 변화는 재화의 가격뿐만 아니라 그 재화를 대체하거나 보완하는 다른 재화의 가격, 소비자의 소득, 취향, 장래에 대한 예상 등의 여러 요인에 의하여 결정된다. (2014. 6월 고1 모의 문제22~24 출제 지문)

[예문2]는 수요의 변화를 설명하기 위해 정상재와 열등재의 개념을 설명하고, 정상재, 열등재와 수요의 소득 탄력성 간의 관계를 제시하면서 수요의 변화가 발생하는 여러 요인에 관해 설명하고 있는 지문이다. 단락별 개념의 흐름을 기술하면 다음과 같으며, '비교-대조'의 방식을 중심으로 단락별 소주제(정상재와 열등재)의 물음이 전개되고 있다.

참고로 이 글에서 주목해야 할 것은 핵심어인 '수요의 변화'와 '수요의 소득 탄력성'에 대한 개념적 의미로, 이것을 정확히 인식하면서 이어지는 하위의 개념어(정상재와 열등재, 사치재와 필수재)에 대해 '정의'를 내린 진술을 살피면, 큰 어려움 없이 글 내용을 이해할 수 있다.

단락별 소주제의 물음과 핵심 어구

(단락1) 수요의 변화
(단락2) 소득 변화에 따른 수요의 변화 관계: 정상재와 열등재
→ 정상재: 소득의 증가에 따라 수요가 증가하는 재화
  열등재: 소득이 증가하면 오히려 수요가 감소하는 재화
(단락3) 수요의 소득 탄력성과 정상재와 열등재, 사치재와 필수재의 관계
→ 정상재: 수요의 소득 탄력성이 양수인 재화
  열등재: 수요의 소득 탄력성이 음수인 재화
  사치재: 정상재이면서 소득 탄력성이 1보다 큰 재화
  필수재: 정상재이면서 소득 탄력성이 1보다 작은 재화
(단락4) 정상재, 열등재에 대한 소득 이외의 결정 요인: 대체재와 보완재

(단락1) → **(단락2)** → **(단락3)** → **(단락4)**

[예문3: 인간 본성에 대한 세 관점 비교 및 비판]

중국 역사에서 전국 시대는 전쟁으로 점철된 시대였다. 여러 사상가들이 혼란한 정국을 수습하고 백성들을 고통에서 벗어나게 하기 위한 대안을 마련하였는데, 이 과정에서 그들의 이론을 뒷받침할 형이상학적 체계로써의 인성론이 대두되었다. 인성론은, 인간의 본성은 선하다는 성선설, 인간의 본성이 악하다는 성악설, 인간의 본성에는 애초에 선과 악이라는 구분이 전혀 없다는 성무선악설 등으로 분류될 수 있다. 맹자와 순자를 비롯한 사상가들은 인간 본성에 대한 이론적 탐구에서 더 나아가 사회적·정치적 관점으로 인성론을 구성하고 변형시켜 왔다. 맹자의 성선설이 국가 공권력에 저항하기 위해 호족들 및 지주들이 선한 본성을 갖춘 자신들을 간섭하지 말라는 이념적 논거로 사용되었다면, 순자나 법가의 성악설은 군주가 국가 공권력을 정당화할 때 그 논거로

써 사용되었다. 즉 선악이란 윤리적 개념이 정치적 개념과 불가분의 관계에 놓여 있다는 사실을 확인할 수 있다. 성선설에서는 개체가 외부의 강제적인 간섭 없이도 '정치적 질서'를 낳고 유지할 수 있다고 본 반면, 성악설에서는 외부의 간섭이 없을 경우 개체는 '정치적 무질서'를 초래할 뿐인 존재라고 본 것이다.

한편 고자는 성무선악설을 통해 인간이 가지고 있는 식욕과 같은 자연적인 욕구가 본성이므로 이를 정치적이면서 동시에 윤리적인 범주로써의 선과 악의 개념으로 다룰 수 없다고 주장했다. 그는 인간의 본성을 '소용돌이치는 물'로 비유했는데, 이러한 관점은 소용돌이처럼 역동적인 삶의 의지를 지닌 인간을 규격화함으로써 그 역동성을 마비시키려는 일체의 외적 간섭에 저항하는 입장을 취하도록 하였다.

맹자는, 인간의 본성을 역동적인 것으로 간주한 고자의 인성론을 비판하였다. 맹자는 살아있는 버드나무와 그것으로 만들어진 나무 술잔의 비유를 통해, 나무 술잔으로 쓰일 수 있는 본성이 이미 버드나무 안에 있다고 보았다. 맹자는 인간이 선천적으로 지닌 이러한 본성을 인의예지 네 가지로 규정하였다. 고통에 빠진 타인을 측은히 여기는 동정심, 즉 측은지심은 인간이라면 누구나 갖고 있다고 보고, 측은한 마음은 인간의 의식적 노력에서 나온 것이 아니라 불쌍한 타인을 목격할 때 저절로 내면 깊은 곳에서 흘러나온다고 본 것이 맹자의 관점이었다. 다시 말해 인간은 스스로의 노력으로 본성을 실현할 수 있는 존재, 즉 타인의 힘이 아닌 자력으로 수양할 수 있는 존재라고 보았다. 이것이 바로 맹자 수양론의 기본 전제이다.

모든 인간은 선한 본성을 지니고 있고, 이 선한 본성의 실현은 주체 자신의 노력에 의해서만 가능하다는 맹자의 성선설을 순자는 사변적이고 낙관적이며 현실 감각이 결여된 주장으로 보았다. 선한 인간이 되기 위해서 인간은 국가 질서, 학문, 관습 등과 같은 외적인 것에 의존할 필요가 없다고 본 맹자의 논리는 현실 사회에서 국가 공권력과 사회 규범의 역할을 전적으로 부정하는 논거로도 사용될 수 있었기 때문이다. 순자의 견해처럼 인간의 본성이 악하다고 전제할 때 그것을 교정하고 순치할 수 있는 외적인 강제력, 다시 말해 국가 권력이나 전통적인 제도들이 부각될 수 있다. 국가 질서와 사회 규범을 정당화하기 위한 순자의 견해는 성악설뿐만 아니라 현실주의적 인간관에서 비롯되었다.

순자는 인간의 욕망이 무한하지만 그것을 충족시켜줄 재화는 매우 한정되어 있다고 보고 이런 모순을 해결하기 위해서 국가에 의해 예(禮)가 만들어졌다는 입장을 견지하였다. 만약 인간에게 외적인 공권력과 사회 규범이 없는 경우를 가정한다면 인간들은 자신들의 욕망 충족에 있어 턱없이 부족한 재화를 놓고 일종의 전쟁 상태에 빠지게 될 것이고, 그 결과 사회는 걷잡을 수 없는 무질서 상태로 전락하게 될 것이다. 맹자의 성선설이 비현실적일 뿐만 아니라 정치적 질서를 해칠 가능성이 있다고 본 순자의 비판은, 바로 인간과 사회에 대한 이와 같은 견해로부터 나온 것이다. (2019. 9월 고1 모의, 문제 34~37 출제 지문)

[예문3]은 중국 역사에서 인성론이 대두하게 된 시대적 상황과 인성론이 인간 본성에 관한 탐구를 넘어 사회적·정치적 관점으로 해석, 변형된 배경에 대해 다루고 있다. 맹자는 인간의 선한 본성이 선천적으로 내재해 있다는 성선설을 통해 인간의 본성에는 선함도 악함도 없다는 고자의 성무선악설을 비판했다. 순자는 맹자의 주장을 비판하며 성선설을 통해 인간의 악한 본성과 이기적 욕망이 사회적 혼란을 초래하므로 이것을 바로잡기 위해서는 외적 공권력이 필요하다고 역설했다.

[예문3]에서 단락별 소주제의 물음은 '이유와 근거를 들어 설명하는 방식'을 중심으로, 그리고 단락은 '나열 관계(핵심-핵심)'와 '대응 관계(비교-대조)'를 따라 전개되고 있기에, 글 내용이 다소 복잡하다.

그에 따라, [예문3]의 글 내용을 이해하는 데 있어서의 핵심 키워드는 다음 두 가지다. 그 하나는 인간 본성(인성론)에 대한 맹자의 성선설, 순자의 성악설, 고자의 성무선악설의 **'차이'를 드러내는** 핵심 키워드로써의 '윤리적 개념과 정치적 개념의 관계'이다. 다른 하나는 고자의 인성론에 대한 맹자의 '비판'과 맹자의 수양론에 대한 **순자의 '비판'적 관점**이다. 이 두 가지 핵심 포인트를 잘 집어낸 후, 이것을 중심으로 단락별 소주제의 물음과 그 대답을 간략히 정리하면, 글 내용의 핵심은 단박에 드러난다.

> **단락별 소주제의 물음과 핵심 어구**

(단락1) 인성론(인간 본성)의 구분: 성선설, 성악설, 성무선악설
(단락2) 맹자의 성선설 vs. 순자의 성악설: 선악은 윤리 개념과 정치 개념이 불가분 관계
   → 성선설: 정치적 질서 유지, 성악설: 정치적 무질서 초래
(단락3) 고자의 성무선악설: 선악은 자연 본성 그 자체(인위로 바꿀 수 없다)
   → 윤리적이면서 정치적인 개념이 아니다.
(단락4) 고자의 인성론에 대한 맹자의 비판:
   → 스스로 수양하여 내면의 선한 본성을 실현할 수 있다.

(단락5) 맹자의 수양론에 대한 순자의 비판: 현실주의 인간관

    → 외적 강제력으로 인간의 악한 본성을 선하게 바꿀 수 있다.

(단락6) 순자의 인성론에서 '예'가 강조되는 이유

    → 인간의 악한 본성을 바로잡기 위한 국가의 역할 강조

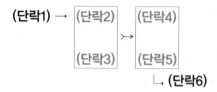

[예문4: 개인정보자기결정권의 헌법상 근거인 사전동의제도와 보호 영역]

정보 통신 기술의 발달로 개인에 대한 정보가 데이터베이스화되면서 개인정보 유출로 인한 피해가 증가하고 있다. 이에 따라 최근 개인정보를 보호해야 한다는 사회적 인식이 커지고 있다. 개인은 자신에 관한 정보가 언제, 누구에게, 어느 범위까지 알려지고 이용될 것인지를 스스로 결정할 수 있는 권리를 가지는데, 이러한 권리를 '개인정보자기결정권'이라고 한다. 이는 타인에 의해 개인정보가 함부로 공개되지 않도록 보장받을 권리와 개인정보에 대해 열람, 삭제, 정정 등의 행위를 요구할 수 있는 권리 등을 포함한다. 우리나라는 헌법 제17조에 명시된 사생활의 비밀과 자유가 보장되어야 한다는 내용을 주된 근거로 개인정보자기결정권이 기본권 중 하나임을 인정하고 있다.

이러한 개인정보자기결정권을 보호하기 위해 제정된 법률이 개인정보보호법이다. 개인정보보호법에서 규정하는 개인정보는 살아 있는 개인에 관한 정보이다. 사망자에 관한 정보나 단체 혹은 법인에 관한 정보는 개인정보에 포함되지 않는다. 또한 성명, 주민등록번호, 사진이나 동영상 등과 같이 개인을 알아볼 수 있는 정보여야 한다. 그리고 주어진 정보만으로 특정 개인을 알아볼 수 없더라도 다른 정보와 쉽게 결합하여 알아볼 수 있다면 이 역시 법적 보호 대상으로서의 개인정보에 포함된다. 가령 휴대 전화 번호의 뒷자리 숫자를 집 전화번호와 같은 다른 정보와 결합하여 사용자를 식별할 수 있다면 개인정보에 해당한다.

개인정보보호법에 따른 사전 동의 제도는 정보 주체인 개인이 개인정보에 대한 자기 결정을 표현할 수 있다는 점에서 개인정보자기결정권을 보호하는 중요한 수단이다. 개인정보를 처리하는 개인이나 단체를 의미하는 개인정보 처리자는, 정보 주체의 동의를 구할 때 정보 수집·이용의 목적, 수집 항목, 보유 및 이용 기간 등을 고지해야 한다.

또한 동의를 거부할 권리가 있다는 사실과, 동의 거부에 따른 불이익이 있는 경우 그 불이익의 내용 역시 알려야 한다.

수집·이용하려는 개인정보 중 고유 식별 정보와 민감 정보는 별도로 동의를 받아야 한다. 고유 식별 정보는 여권 번호와 같이 개인을 고유하게 구별하기 위해 부여된 정보이며, 민감 정보는 건강 정보나 정치적 견해와 같이 주체의 사생활을 현저히 침해할 우려가 있는 정보이다. 이때 정보 주체가 알아보기 쉽도록 수집하려는 고유 식별 정보와 민감 정보의 항목을 밑줄이나 큰 글씨로 강조해야 한다.

개인정보보호법에서는 개인이 수집·이용에 동의했더라도 개인정보가 무분별하게 이용되어 개인의 권리가 침해되는 것을 막기 위해 수집 목적을 달성할 수 있는 한에서 개인정보를 익명 정보로 처리하여 보존하거나 이용하도록 하고 있다. 익명 정보란 다른 정보를 사용하더라도 더 이상 개인을 알아볼 수 없는 정보를 의미한다. 익명 정보는 시간이나 비용, 현재의 기술 수준이나 충분히 예견될 수 있는 기술의 발전 등을 고려했을 때 원래의 개인정보로 복원되는 것이 불가능하다고 판단되는 정보로, 익명 처리를 마친 정보는 수집 목적 이외의 분야에서 활용하기 어렵다는 제약이 있다.

최근 정보 활용의 중요성이 커지면서 개인정보 활용의 유연성을 높여야 한다는 주장이 대두되었다. 이에 개인정보보호법에서는 개인정보를 익명 정보가 아닌 가명 정보로 가공하여 활용할 수 있도록 하는 방안을 마련하였다. 가명 정보는 개인 정보의 일부를 삭제 혹은 대체한 것으로, 추가 정보와 비교적 쉽게 결합하여 개인을 식별할 수 있으므로 개인정보보호법의 보호 대상이 된다. 이러한 가명 정보는 통계 작성, 과학적 연구, 공익적 기록 보존 등을 위해 정보 주체의 동의 없이 이용·제공될 수 있다. 단, 가명 정보는 익명 정보와 달리 개인정보와 일대일 대응이 가능하기 때문에 가명 정보를 제3자에게 제공하는 경우 특정 개인을 알아보는 데 사용될 수 있는 정보를 포함해서는 안 된다. (2022. 3월 고2 모의 문제30~34 출제 지문)

[예문4]는 개인정보자기결정권의 헌법상 근거(개인정보보호법)와 보호 영역에 관해 기술한 글로, 글 내용의 핵심은 다음과 같다. 개인정보자기결정권이란 자신에 관한 정보가 언제, 누구에게 어느 범위까지 알려지고 이용될 것인지 스스로 결정할 수 있는 권리를 의미하는데 이러한 개인정보자기결정권을 보호하기 위한 법률이 개인정보보호법이다. 개인정보보호법에서는 개인정보의 범위를 규정하고 있으며, 개인정보를 수집·이용할 때 사전에 정보 주체의 동의를 받도록 하고 있다.

고유 식별 정보나 민감 정보를 수집·이용할 때는 별도의 동의를 받아야 하며, 동의를 받을 때 수집 항목을 강조하여 표현해야 한다. 또한 이 법에서는 개인정보 보호를 위해 수집 목적을 달성할 수 있는 한에서 개인정보를 익명 정보로 처리하도록 규정하고 있다. 그러나 익명 정보는 수집 목적 이외의 분야에서 활용하기 어렵다는 제약이 있으므로, 개인정보의 유연한 활용을 위해 개인정보를 가명 처리하여 사용하는 방안을 별도로 두고 있다.

[예문4]는 개인정보보호법에 따른 '사전 동의 제도'를 제재로 하여, 그 원칙과 보호 영역을 개념별로 명료하게 다듬고 **'재진술'을 하는** 방식으로 전개하고 있다. 그에 따라 전 단락에 걸쳐서 글 내용(정보)이 '기술 관계(핵심-상술)'를 이루면서 기술되는 한편, 제재가 다루고 있는 글 내용의 핵심은 '나열 관계(핵심-핵심)'를 이루면서 (단락4)~(단락6)에 집약되고 있다. 따라서 **집중해서 살펴야 할 단락은 (단락4, 5, 6)으로**, 각각의 핵심어별로 차이를 드러내는 부분을 집어낼 수 있어야 한다.

> **단락별 소주제의 물음과 핵심 어구**

(단락1) 개인정보자기결정권
(단락2) 개인정보자기결정권 관련 법률: 개인정보보호법
(단락3) 개인정보보호법상 개인정보자기결정권 보호 수단: 사전동의제도(사전 고지)
(단락4) 개인정보보호법상 사전동의제도 보완 규정1: 고유 식별 정보와 민감 정보(별도 동의)
(단락5) 개인정보보호법상 사전동의제도 보완 규정2: 익명 정보(개인정보 침해 방지)
(단락6) 개인정보보호법상 사전동의제도 보완 규정3: 가명 정보(개인정보 활용의 유연성 제고)

(단락1) → **(단락2)** → **(단락3)** → (단락4)
(단락5)
(단락6)

글에서 '중요한 부분'을 찾아라
글의 핵심 정보 찾기

- 요령4: 복잡하게 기술된 설명글에서, 먼저 **'곁가지'**부터 쳐낸다.
- 요령5: 그런 다음, 단락별 텍스트 의미 구조의 '뼈대'로, 글 이해에서 **'중요한 부분'**을 찾는다.
  - ㉮ 핵심 개념어를 **'정의'**의 진술 방식으로 설명한 부분
  - ㉯ **'예시', '부연', '상세'**의 설명 글이 가리키는 **핵심어** 및 관련한 특별 진술
  - ㉰ **'비교'와 '대조'**를 이루면서 나열되고 열거되는 부분
  - ㉱ 글 내용이 특정 **'관계'를 따라** 논리적인 체계를 이루면서 기술되는 부분의 핵심
  - ㉲ 정해진 **순서 · 과정 · 흐름**을 따라 원리 · 법칙 · 이론 · 현상이 기술되고 있는 부분의 뼈대
  - ㉳ 특정 견해와 주장 간의 **관점(입장) 차이**와 **비판적 시각**을 드러낸 부분

거듭 강조한 것이지만, 국어 공부의 기본인 읽기 능력이 떨어지는 이유는, 날림으로 읽고, 모든 글 내용이 똑같이 중요하다고 생각하면서 읽으며, 어휘와 개념의 의미를 이해하지 않으면서 마구잡이로 읽기 때문이다. 심지어는 글을 읽어 '핵심어'조차 파악하지 못하는 학생들이 생각 이상으로 많다.

수능 국어 독서 영역(비문학)은 지문을 길고 복잡하게 구성하여 출제한다. 지문이 길면 이를 재빨리 읽어낼 수 있는 학생이 유리할 수밖에 없다. 지문을 읽고 얼마나 빨리, 많은 정보를 해석할 수 있느냐가 관건이다.

설상가상으로 수능 국어 비문학은 낯선 개념과 복잡한 원리·이론을 글감(주제 및 제재)으로 채택하여 지문을 구성·출제한다. 학생들이 가장 읽기 힘들어하는 지문이 바로 '과학·기술' 및 '인문·철학'과 관련한 지문인데, 그 가장 큰 이유는 다른 무엇보다 **개념과 용어의 '낯섦'** 때문이다. 즉, 개념의 추상성과 용어의 전문성 때문이다.

지문에 담긴 개념과 용어가 추상적이고 또 전문적일수록 학생들은 글을 올바르게 읽으려고 들지 않는다. 학생들은 이런 유(類)의 지문일수록 글의 중심 생각을 따라 글 내용을 좀더 개념화·체계화하면서 생각에 생각을 거듭해야 하는데도 불구하고, 그저 개념과 용어가 생소하고 복잡한 때문에 당연히 글 내용을 이해하기 어려울 것이라고 지레짐작하고는 글을 건성건성 읽는다.

하지만 이런 식의 글 읽기는 수능 국어 비문학 읽기의 본질인 '이해력'의 핵심을 올바로 이해하지 못한 것이다. 이것은 비문학 출제 문제의 대다수는 글의 세부 내용 파악과 관련한 것에서 비롯된 것이기 때문이기도 하다. 지문 속 문장 기술과 선지 대답과의 언어적 일치·불일치 관계를 파악하는 글 읽기에 치중함으로써, 글 내용의 이해와는 관계없이 마치 '숨겨진 그림 찾기'를 하는 식으로 어림짐작으로 글을 읽는 것이다. 당연히 글 내용의 정확한 이해 없이 답 맞추기에 급급할 수밖에 없다.

문제는, 이런 식의 읽기 학습은 '이해·판단·추론'을 요구하는 고득점 문제에 효과적으로 대응할 수 없다는 것이다. 국어 성적은 바로 이 부분에서 판가름 나는데도 불구하고, 학생들은 글의 '의미'를 읽지 않고 '글자'에 집중하는 어리석은 공부에 매달린다. 글 내용의 이해 없는 문제 풀이는 사상누각과 다를 바 없다.

텍스트 구조를 파악하며 읽어라

글을 빠르게 '훑어' 읽어 단락별 소주제의 물음 및 그것과 관련한 핵심어를 찾았다면, 글의 전체 구조와 글 내용의 흐름은 개략적으로 파악한 셈이다. 따라서 이어서 해야 할 것은 글(텍스트)의 '짜임'을 파악하며 읽으면서 글에서 '중요한 부분'을 찾아내는 일이다. 이를 위해서는 단락별로 기술된 정보를 빠르게 분류할 수 있어야 한다. 글에 실린 많은 정보를 내용과 형식에 따라 체계적으로 분류하지 않은 채로 글을 읽으면 생각이 정돈되지 못하고 시간도 많이 든다. 이때 분류의 기준으로 제시되는 것은 다음 두 가지다.

먼저, 내용 면에서 글의 **뼈대를 이루는 '중심 문장'과 중심 문장의 근거가 되는 곁가지 '해설' 부분인 '뒷받침 문장'으로 분류하는** 것이다. 일반적으로 하나 또는 둘 이상의 단락이 합쳐져 하나의 완결된 지문을 구성한다. 하나의 단락에는 중심 생각을 담고 있는 중심 문장과 그 중심 문장의 근거가 되는 여러 개의 뒷받침 문장이 있다. 중심 문장에는 그 단락의 주제를 담은 어휘가 들어있거나, 그 단락의 중심이 되는 내용이 들어있다. 따라서 글을 읽어 중심 문장과 뒷받침 문장을 찾아낸 후, 둘이 서로 어떻게 얽혀 있고 또 어떤 관계 맺음을 하는가를 살피면 단락 전체의 내용은 하나의 생각으로 뭉뚱그려진다.

이때, 중심 문장을 제외한 나머지 글 묶음인 뒷받침 문장 대부분을 구성하는 **'예시, 부연', '인용'** 같은 '상술'의 방법을 사용하여 중심 문장이 담고 있는 내용을 보충 설명하거나, 구체화하거나, 강조하는 역할을 담당한다는 사실에 주목할 필요가 있다. 이런 글 묶음을 '해설'이라고 하는데, 먼저 이것부터 따로 떼어내면 후 중심 문장은 눈에 더 잘 들어온다. 즉, 글의 뼈대를 이루는 중요한 부분을 찾기 위해서는, 먼저 글의 곁가지에 해당하는 '해설' 글부터 따로 떼어내되, 그것이 가리키는 핵심어 및 중심 문장을 찾아 생각을 포개면서 **의미를 구체화**한다. 양파 껍질을 벗기듯이 한 겹 한 겹 글의 불필요한 내용(즉, 글의 곁가지로써의 '해설' 부분)을 제거하면서 대상의 본질에 다가갈 때, 글의 중심 내용이자 주제 의식을 담은 핵심 개념은 곧바로 파악 가능하며, 글 전체의 의미를 읽어낼 수 있다. 이것은 글 이해에 있어서 무척 중요하다.

다음으로, 형식면에서의 글 정보 분류로, 이것은 **설명글의 다양한 '진술 방식'을 이해하는** 것에 있다. 수능 비문학 지문은 다양한 설명의 진술 방식을 사용하여 단락을 구성한다. 각각의 단락은 단일한 설명의 진술 방식을 사용하여 구성되기도 하고, 여러 진술 방식을 혼합하여 단락을 구성하기도 한다. 비문학 지문은 크게 '정의', '비교와 대조', '분류와 구분', '예시'의 진술 방식을 사용하여 문장과 문장, 단락과 단락을 구성하고 구분하는 것이 일반적이다. 앞에서 자세히 설명했다.

비문학 독해에서 설명의 진술 방식을 이해하면서 글을 읽는 것이 중요한 이유는, '사실 판단'과 관련한 정보를 신속하고 효율적으로 처리할 수 있기 때문이다. 개별 단락 안에 담긴 정보들은 설명의 진술 방식에 따라 어떤 기술(記述)적인 특징과 범주화한 특성을 갖게 마련인데, 이것을 잘 파악하면서 글을 읽는다면 글 전체의 의미 구조(글 전체의 의미 구조를 파악하며 읽는 글 읽기를 '기능 독서'라고 하고, 독해 방법을 '구조 독해'라고 한다)는 물론이고 개별 전개 내용까지 어렵지 않게 포착할 수 있다.

> 텍스트의 의미 구조를 읽으면,
> 글의 중요한 부분을 빠르게 찾을 수 있다!
>
> **구조 독해란 무엇인가**
> https://youtu.be/kOWwJKBzJII

글에서 중요한 내용은 이 부분이다

글에서 중요한 문구, 즉 핵심 정보는 특정 부분에 집약되는 것이 일반적이다. 글에서 중요한 부분은, 핵심 어구를 따라 단락별로 중심 생각을 구성하는 **'중심 문장'**들로, 설명의 방법에서 중요하게 다루는 진술을 찾아 살피면 된다. 이를테면 [예문1]의 밑줄 친 글이 그것이다. 이때, 소주제가 확장하는 방식과 단락의 전개 방식을 살피면서 글을 읽으면, 글에서 중요한 부분을 찾는 데 많은 도움이 된다.

아래 [예문1]의 설명글의 진술 방식과 단락의 전개 구조를 살피면서 글에서 중요한 부분이 어디에 있는지를 살피면 다음과 같다. 지문의 글은 인간의 '제한적 합리성'을 담은 주제어인 '휴리스틱'을 중심으로, 이것과 관련한 관련 개념어를 '정의(및 확장된 정의)'의 방법으로 기술하면서(①), 그리고 하위 개념어들을 '예시'의 방법을 사용하여 상세히 설명하고 있다(④). 이때 글(단락) 전개는 '나열 관계'로써 연결되고(② 단락 2, 3, 4), 글 전개는 '비교와 대조'의 방법을 사용하여 순차적으로 기술한다(③). 글(지문)을 읽을 때 글 구조와 구성 관계를 살피면서 읽으면, 글의 전체 구조는 한눈에 들어오고, 글의 핵심을 단박에 파악할 수 있다. 이것은 부단한 읽기 연습을 통해 체화된다.

[예문1: 휴리스틱의 종류와 장단점]

람들은 하루에도 수많은 일들을 판단하면서 살아간다. 판단을 할 때마다 필요한 모든 정보를 수집하여 이용하고자 하면, 정보를 수집하는 것도 힘들뿐더러 그 정보를 처리하는 것도 부담이 된다. 그렇기 때문에 사람들은 과거 경험을 바탕으로 어림짐작을 하게 되는데, 이를 휴리스틱이라고 한다...① 이러한 휴리스틱에는 대표성 휴리스틱과 회상 용이성 휴리스틱, 그리고 시뮬레이션 휴리스틱 등이 있다...②

대표성 휴리스틱은 어떤 대상이 특정 집단에 속할 가능성을 판단할 때, 그 대상이 특정 집단의 전형적인 이미지와 얼마나 닮았는지에 따라 판단하는 경향을 말한다....① 우리는 키 198㎝인 사람이 키 165㎝인 사람보다 농구 선수일 가능성이 높을 것이라 판단한다. 이와 같이 대표성 휴리스틱은 흔히 첫인상을 형성할 때나 타인에 대해 판단을 할 때 작용한다...④ 그런데 대표성 휴리스틱에 따른 판단은 그 대상이 가지고 있는 특정 집단의 전형적인 속성에만 주목하여 이루어진 것이다. 따라서 이러한 판단은 신속한 결정을 내리는 데 도움이 되기도 하지만, 항상 정확하고 객관적인 것이라고 보기는 어렵다...③

회상 용이성 휴리스틱은 당장 머릿속에 잘 떠오르는 정보에 의존하여 판단하는 경향을 말한다....① 사람들에게 작년 겨울 독감에 걸린 환자들이 얼마나 많았는지 물어보면, 일단 자기 주변에서 발생한 사례들을 떠올려 추정하게 된다. 이러한 추정은 적절할 수도 있지만, 실제 발생 확률과는 다를 수도 있다...③ 사람들은 최근에 자신이 경험한 사례, 생동감 있는 사례, 충격적이거나 극적인 사례들을 더 쉽게 회상한다. [그래서 비행기 사고 장면을 담은 충격적인 뉴스 보도 영상을 접하게 되면, 그 장면이 자꾸 떠올라 자동차보다 비행기가 더 위험하다고 생각하게 되는 것이다]...④ 그러나 이것은 실제 사고 발생 확률을 고려하지 못한 잘못된 판단이다.

시뮬레이션 휴리스틱은 과거에 발생한 특정 사건이나 미래에 일어날 일들을 마음속에 떠올려 그 장면을 상상해 보는 것이다....① [범죄 용의자를 심문하는 경찰관이 그 용의자의 진술에 기초해서 범죄 장면을 머릿속에 그려보는 것이 이에 해당한다. 이때 경찰관은 그 용의자를 범인으로 가정해야만 그가 범죄를 저지르는 장면을 머릿속에 떠올려 볼 수 있다. 이러한 가상적 장면을 자꾸 머릿속에 떠올리다 보면, 그 용의자가 정말 범인인 것처럼 생각하게 된다]...④ 그래서 그가 범인임을 입증하는 객관적인 증거를 충분히 수집하기도 전에 그를 범인이라고 판단할 가능성이 높아지는 것이다...③

이처럼 휴리스틱은 종종 판단 착오를 낳기도 하지만, 경험에 기반하여 답을 찾는 효율적인 방법이라고 볼 수도 있다...① 일상 생활에서 우리의 판단과 추론이 항상 합리적인 사고 과정을 거쳐 일어나는 것은 아니다....① 우리는 '결정을 위한 시간이 많지 않다'는 가정을 무의식적으로 하고 있다. 휴리스틱은 우리가 쓰고 싶지 않아도 거의 자동적으로 작용한다. 그리고 수많은 대안 중 순식간에 몇 가지 혹은 단 한 가지의 대안만을 남겨 판단하기 쉽게 만들어 준다. 이런 점에서 인간은 '인지적 구두쇠'라고 할 만하다.

(2017. 3월 고1 모의고사 문제 16~19 출제 지문)

단락별 소주제의 물음과 핵심 어구

(단락1) 휴리스틱의 개념과 종류
(단락2) 종류1: 대표성 휴리스틱
(단락3) 종류2: 회상 용이성 휴리스틱
(단락4) 종류3: 시뮬레이션 휴리스틱
(단락5) 휴리스틱의 장단점

(단락1) → **(단락2)**
　　　　　　(단락3) ⟩⟩ (단락5)
　　　　　　(단락4)

㉮ 핵심 개념어를 '정의'의 진술 방식으로 설명한 부분

주제, 특히 소주제(제재와 화제)의 물음을 따라 전개되는 핵심 개념어는 '사전적 정의' 및 '확장된 정의'의 진술 방식으로 글 내용을 설명하는 것이 일반적이다. 따라서 핵심어에 동그라미를 치고, 그와 동시에 핵심어를 설명한 부분에 밑줄을 그은

후, 그것이 지시하는 의미를 정확히 이해할 수 있도록 집중해서 읽는다. 그렇게 되면, **글 내용의 흐름까지 파악할 수** 있는 부수적인 효과까지 얻을 수 있다.

㉺ '예시', '부연', '상세'의 설명 글이 가리키는 **핵심어** 및 관련한 특별 진술

글쓴이는 핵심 개념어에 대한 독자의 이해를 돕기 위해 다양한 정보를 제시한다. '예시', '상세', '부연'의 설명 글(해설 글)이 그것으로, 핵심 개념어의 의미를 좀더 명확히 드러내기 위해 제시된 부가 정보 간의 의미 관계와 글 내용을 파악하지 못하면 글 내용을 이해하는 데 상당한 어려움을 겪는다.

특히, 추상적이고 관념적인 의미를 담은 인문·철학 관련 개념어나 과학·기술 분야의 전문 용어의 경우에는 그 의미를 정확히 읽어내기 어렵다. 글에 이러한 어려운 개념어가 등장할 때 글쓴이는 '예시', '부연', '상세'의 방법으로 용어의 의미를 거듭 설명하면서 독자의 이해를 촉구한다. 따라서 단락별 소주제의 물음을 담은 핵심 개념어와 부가의 설명 글을 연결하면서 글을 읽도록 한다.

만약 이와 같은 일반 진술이 가리키는 핵심어에 대해 잘 알고 있으면 이 부분을 건너뛰면서 글을 읽어도 상관없지만, 그렇지 않다면 글감에서 반복해서 언급하는 주제(및 제재) 관련 단서나 서술에 집중하면서 무엇보다도 용어의 의미를 거듭 파악할 필요가 있다. 이때, 핵심 개념어의 이해를 돕기 위해 작성한 일반 진술에서 **글 내용의 이해를 위해 꼭 필요한 단어나 어구(핵심 키워드)가 있을 때는** 이 부분에도 밑줄을 긋는다.

특히, '부연'의 해설 글에는 글쓴이가 특별히 강조하거나 이해를 요구하는 내용이 들어있게 마련인데, 이 부분을 놓쳐서는 안 된다. '즉, 다시 말해, 이를테면' 등과 같은 접속 표현을 사용하며 글 내용을 이어나간 '부연'의 설명 글에는 핵심 개념어를 '확장된 정의'로 설명한 글 내용이 들어있는 경우가 많으므로, 이 부분에 밑줄 긋는다.

㉔ '비교'와 '대조'를 이루면서 나열되고 열거되는 부분

설명 글에서 '비교와 대조'를 이루는 부분은 글에서 아주 중요한 내용을 담고 있다. 글쓴이는 두 화제(개념과 개념, 대상과 대상, 사건과 사건, 현상과 현상, 이론과 이론) 사이의 **차이를 강조하기 위해** 비교와 대조의 설명 글을 지문에 끌어들인다. 실제, 이 부분이 문제와 엮어서 가장 자주 출제된다고 봐도 무방하다.

비교와 대조의 진술은 소주제의 물음을 따라 단락과 단락에 걸쳐서 펼쳐지기도 하고(이 경우, 단락과 단락은 '나열 관계'를 이루면서 글 내용이 전개된다), 특정 화제를 따라 단락 안에서 펼쳐지기도 한다(이 경우, 단락 안에서 '비교-대조' 관계를 따라 글 내용이 펼쳐진다). 특정 물음을 따라 단락을 넘나들면서 펼쳐지기도 한다. 어느 쪽이든, 중요한 것은 비교·대조의 **대상과 기준부터** 명확히 파악한 후, 그것에 맞게 비교·대조되는 글 내용(공통점과 차이점)을 찾아서 밑줄을 긋는 것이다.

비교와 대조를 이루면서 나열되고 열거되는 글감은 개념과 개념의 관계를 따라 펼쳐지는 것이 일반적이다. 상반된 의미를 지닌 개념어(양립하는 개념을 담은 핵심 어구)나 대등한 위상의 개념어(유개념을 담은 핵심 어구) 간에 특정 화제를 따라 글 내용이 비교·대조를 이루면서 펼쳐지고 있는 경우, 화제를 명확히 하면서 **차이점을 찾아** 밑줄 긋는다.

이때, 중심 문장은 비교와 대조의 진술 유형에 대한 명백한 증거로, '이를테면, 유사하게, 반대로' 등의 접속어가 뒷받침한다. 이러한 접속 표현은 비교와 대조의 진술 유형을 알리는 '시그널'로, 이것에 주목하면서 비교와 대조를 이루는 문장을 찾는다. 그와 더불어, 문장 안에 들어있는 '다르다, 대조적이다, 비슷하다'와 같은 **동사적 표현(서술)** 역시 '비교와 대조'의 관계를 추측할 수 있는 표식이라 할 수 있다. 따라서 이것 역시 정보 간의 관계 파악에서의 중요한 단서로 작용한다는 사실을 깨닫고, 문장 속 동사적 서술의 의미 관계를 따져 살피면서 글 안에 명시적으로 나열되고 열거되는 글 내용을 찾는다.

㉠ 글 내용이 **특정 '관계'를 따라** 논리적인 체계를 이루면서 기술되는 부분의 핵심

글쓴이가 자신의 가치관이나 주장을 제기하거나 특정 원리·법칙·현상을 제시하면서 글 내용을 기술하는 경우, 그 결론과 결과, 그리고 이를 논리적으로 뒷받침하는 전제나 원인, 뒷받침 근거가 쌍을 이루면서 펼쳐지기 마련이다.

원인과 결과, 전제와 결론, 근거와 주장의 관계로 연결된 둘 또는 그 이상의 문장에서 결과·결론·주장은 하나지만, 그것의 원인·전제·근거는 하나일 수도 있고 둘 이상일 수도 있다. 이것들은 글 내용의 핵심을 이루는 중요한 부분으로, **빠짐없이 찾아서** 밑줄을 긋는다.

이 경우, 문장과 문장을 연결하는 기능어인 '접속 표현(접속어)'에 주목하면 쌍을 이루면서 전개되는 글 내용의 핵심을 한결 찾기 쉽다. '왜냐하면, 그 까닭은, 그 이유는, 그 원인은, … 처럼, … 때문에' 등의 '이유'의 방향성을 지시하는 접속 표현과 '그러므로, 따라서, 이런 이유로, 그렇기에, 결국, 결론적으로, 그래서, 그렇다면, 이처럼' 등의 '결과'의 방향성을 지시하는 접속 표현에 특히 주목하면서 글을 읽어야 한다.

접속어처럼 문장을 구성하는 내용어인 **'동사'적 표현** 역시 원인과 결과의 관계를 나타내는 단서가 될 수 있다. 문장 안에 들어있는 '생성하다, 증가하다, 결정하다, 낳다'와 같은 동사적 어휘는 글 내용이 특별한 '관계'나 특정 '물음'을 따라 논리적인 체계를 이루면서 기술되고 있음을 나타내는 표식으로, 원인과 결과 관계를 가늠하는 단서가 된다. 이것들은 '그러므로, 그래서, 결과적으로'와 같은 접속 표현과 동치의 관계라 할 수 있다. 따라서 이것 역시 정보 간의 관계 파악에서의 중요한 단서로 작용한다는 사실을 깨닫고, 문장 속 동사적 서술의 인과 관계를 따져 살피면서 글 안에 명시적으로 기술 또는 생략한 원인 및 결과를 찾는다.

글쓴이가 자기의 생각이나 사상을 제기하는 경우에, **질문과 답변, 동의와 수정, 판단과 대답, 반박과 절충, 나열과 열거의 방법으로** 글 내용을 펼치면서 자신의 주장에 확실성을 보태는 경우가 있다. 이 부분 역시 글에서 중요한 부분이므로 놓치

지 말아야 하며, 특히 글쓴이의 생각이나 주장에 변화를 보이는 접속 표현에 주목할 필요가 있다.

⑩ 어떤 정해진 **순서 · 과정 · 흐름**을 따라 원리 · 법칙 · 이론 · 현상이 기술되고 있는 부분의 **뼈대**

경제 이론 및 사회 현상, 과학·기술 관련 원리와 법칙을 다루는 지문에서는 어떤 정해진 순서나 과정, 그리고 일정한 흐름을 따라 글 내용이 기술되는 것이 일반적이다. 특히 경제 및 과학 분야의 지문에서는 특정 대상이나 사건, 원리와 현상을 설명할 때, 수학에서 사용하는 '변인'과 같은 **특정 용어나 함축적 의미를 지닌** 서술을 사용하여 글 내용을 전개하는 경우가 많다. 하지만 이러한 용어와 서술은 대체로 복잡한 관계를 형성하거나 그것들이 전개되는 순서·과정·흐름을 따라 변화하기 때문에, 그 의미 관계를 이해하기는 쉽지 않다.

그렇더라도 순서·과정·흐름을 따라 특정 대상이나 사건, 원리와 현상을 설명하는 용어와 서술은 어떠한 **'방향성'**이나 **'지향점'**, 그리고 **이항 대립하는 '지시어'를 따**라 논리적·체계적으로 기술되고 있음에 주목할 필요가 있다. 이때, '인과 관계'와 '시공간 계열의 흐름'을 따르는 설명의 진술 방식을 드러내는 부분에 주목한다. 이런 유형의 글감은 주로 **결과와 원인의 관계를 중심**으로 글 내용이 기술되는 경우가 많으므로, 특히 원인에 주목하며 읽는다. 또 시공간 계열의 흐름에 따른 변화의 과정을 설명하는 경우가 많으므로, 키워드별로 변화의 단계를 구분한 후 각각의 단계별 **차이점에 주목하면서** 대답을 찾아 읽는다.

글에서 어떠한 순서·과정·흐름을 따라 전개되고 있는 용어와 서술(키워드)은 '분류와 구분'의 방법을 따라 폭넓은 내용을 세분화하면서 기술되고 있다는 점을 고려한다면, 그 **키워드를 중심으로** 생각을 집중하면서, 그리고 생각의 흐름을 따라 논리적 연관성을 살피면서 글 내용의 핵심을 파악한 후, 이것을 집약한 문장이나 서술만을 선별해서 밑줄을 긋는다.

다시 말해, 소주제의 물음을 따라 글 내용의 흐름을 연결하는 여러 키워드가 제시되고, 각각의 단계를 규정하는 키워드가 다른 키워드의 변화에 영향을 주는 관계가 제시될 때에는, 각각의 키워드와 대응하는 키워드를 짝지어 하나씩 '구분'한 후, 그 관계의 흐름별로 **각 단계 간의 차이점을 확인하면서** 필요한 부분에 밑줄을 긋는다.

그런 다음, 대상이나 사건, 원리와 현상의 순서·과정·흐름을 따라 '분류 및 구분'한 키워드별로 그 논리적 연관성(주로 '비례와 반비례', '작용과 반작용'의 관계를 갖는다)을 따라서 이를 '**기호(↑ ↓, →)'로 표시**하면, 글 내용의 핵심은 한눈에 들어온다.

다음은 '정부의 경기 안정화 정책의 흐름'을 글에 들어있는 키워드를 찾아 분류한 후, 그 논리적 연관성을 표시하면서 작성한 글 내용 구조도이다. 복잡하고 긴 글을 읽고 그 핵심만을 추린 다음, 그 논리적 관계의 흐름을 살펴 간략한 구조도를 만든 것이다. 이것은 글 내용의 이해에서 무척 중요한 과정으로, 글의 흐름과 추이를 따라 글 내용의 핵심을 구조화하는 연습에 힘을 쏟아야 한다.

> 경기 침체 → 재정 지출 확대, 세율 인하(확장 재정 정책) → 가계의 가처분 소득↑, 투자의 기대 수익↑ → 총수요↑ → 경기 회복
> 경기 과열 → 재정 지출 축소, 세율 인상(긴축 재정 정책) → 가계의 가처분 소득↓, 투자의 기대 수익↓ → 총수요↓ → 경기 회복

ⓑ 특정 견해와 주장 간의 **관점(입장) 차이**와 **비판적 시각**을 드러낸 부분

글쓴이의 관점(입장)은 글에 실린 견해·주장을 통해 드러난다. 특히 유명 학자나 특정 학파의 이론이나 사상을 설명하는 글은, 글쓴이가 원래 의미와는 다른 관점(입장)에서 글 내용을 서술하기도 하므로, 이것을 잘 확인하면서 글을 읽어야 한다. 이런 글일수록 글에 실린 핵심 어구를 찾아 이것을 중심으로 글쓴이의 주장이나 견해를 정확히 이해해야 한다. 더불어 글쓴이가 문제로 삼고 있는 것이 무엇인지

파악한 다음, 문제 해결 방안이나 대안을 제시한 부분을 주목한다. 이때, '~해야 한다, ~를(라고) 주장한다, ~라고 여기다, ~을 중시한다, ~에 따르면 ~이다(해야 한다)'라는 서술어에 주목하면, 글쓴이의 주장이나 견해를 제시하는 문장을 쉽게 찾을 수 있다.

지문에서 둘 이상의 관점(입장)이 제시된 경우, **개별 관점 간의 차이점에** 주목할 필요가 있다. 그것은 원저자의 관점과 글쓴이의 관점 간의 차이일 수도 있고, 글에 실린 학자나 학파의 이론이나 사상별 차이일 수도 있다. 어느 것이든, 관점(입장)에 따라 대상에 관해 주장하거나 설명하는 내용이 다를 수 있으므로, **각각의 관점 차이를 정확히 이해해야** 글 내용의 핵심을 파악할 수 있다. 따라서 관점 차이를 드러내는 부분에 밑줄을 긋는다.

수능 국어 비문학 설명 글에서 이러한 관점(입장) 파악이 중요한 이유는, 대비되는 관점(입장)을 토대로 상대의 견해·주장이나 논거의 문제점을 비판적으로 평가할 것을 요구하는 문제가 출제되고 있기 때문이다. 지문 자체에서 그러한 읽기를 해야 하는 경우도 있고, 지문에 제시된 입장에서 발문의 〈보기〉에 제시된 것을 비판하거나, 〈보기〉에 제시된 입장에서 지문에 제시된 내용을 비판하는 경우도 있다. 어느 것이든, 비판의 본질은 '해석과 평가', 특히 **가치 판단에 의한 평가에** 있음을 염두에 두고, 글 내용을 자세히 살펴야 한다.

이를 위해서는 먼저 그 대상에 대한 올바른 이해(특히, 개념적 이해)가 따라야 한다. 대상의 내용과 정보를 확실히 알고 그 의미를 정확히 해석할 수 있어야 한다. 다음으로, 확고한 이론적 근거와 판단 기준을 갖고서 대상을 논의해야 한다. 비판에서 엄격한 가지 기준, 합리적 판단은 평가의 객관성을 위해 무엇보다 중요하다. 제시된 글 내용의 핵심을 종합하고 상황을 판단하는 능력은 모두 논리적인 사고에서 비롯된다.

[예문2: 인상주의 화가 모네와 후기 인상주의 화가 세잔의 화풍 비교]

사진이 등장하면서 회화(繪畵)는 대상을 사실적으로 재현(再現)하는 역할을 사진에 넘겨주게 되었고, 그에 따라 화가들은 회화의 의미에 대해 고민하게 되었다. 19세기 말 등장한 인상주의와 후기 인상주의는 전통적인 회화에서 중시되었던 사실주의적 회화 기법을 거부하고 회화의 새로운 경향을 추구하였다. 인상주의 화가들은 색이 빛에 의해 시시각각 변화하기 때문에 대상의 고유한 색은 존재하지 않는다고 생각하였다. 인상주의 화가 모네는 대상을 사실적으로 재현하는 회화적 전통에서 벗어나기 위해 빛에 따라 달라지는 사물의 색채와 그에 따른 순간적 인상을 표현하고자 하였다. …㉠(확장된 정의)

모네는 대상의 세부적인 모습보다는 전체적인 느낌과 분위기, 빛의 효과에 주목했다. 그 결과 빛에 의한 대상의 순간적 인상을 포착하여 대상을 빠른 속도로 그려 내었다. 그에 따라 그림에 거친 붓 자국과 물감을 덩어리로 찍어 바른 듯한 흔적이 남아 있는 경우가 많았다. 이로 인해 대상의 윤곽이 뚜렷하지 않아 색채 효과가 형태 묘사를 압도하는 듯한 느낌을 준다. 이와 같은 기법은 그가 사실적 묘사에 더 이상 치중하지 않았음을 보여 주는 것이었다. 그러나 모네 역시 대상을 '눈에 보이는 대로' 표현하려 했다는 점에서 이전 회화에서 추구했던 사실적 표현에서 완전히 벗어나지는 못했다는 평가를 받았다.…㉡(비교와 대조), ㉢(판단과 대답)

후기 인상주의 화가들은 재현 위주의 사실적 회화에서 근본적으로 벗어나는 새로운 방식을 추구하였다. 후기 인상주의 화가 세잔은 "회화에는 눈과 두뇌가 필요하다. 이 둘은 서로 도와야 하는데, 모네가 가진 것은 눈뿐이다"라고 말하면서 사물의 눈에 보이지 않는 형태까지 찾아 표현하고자 하였다. 이러한 시도는 회화란 지각되는 세계를 재현하는 것이 아니라 대상의 본질을 구현해야 한다는 생각에서 비롯되었다.…㉡(비교와 대조), ㉢(판단과 대답)

세잔은 하나의 눈이 아니라 두 개의 눈으로 보는 세계가 진실이라고 믿었고, 두 눈으로 보는 세계를 평면에 그리려고 했다. 그는 대상을 전통적 원근법에 억지로 맞추지 않고 이중 시점을 적용하여 대상을 다른 각도에서 바라보려 하였고, 이를 한 폭의 그림 안에 표현하였다. 또한 질서 있는 화면 구성을 위해 대상의 선택과 배치가 자유로운 정물화를 선호하였다.…㉡(비교와 대조), ㉢(판단과 대답)

세잔은 사물의 본질을 표현하기 위해서는 '보이는 것'을 그리는 것이 아니라 '아는 것'을 그려야 한다고 주장하였다. 그 결과 자연을 관찰하고 분석하여 사물은 본질적으로 구, 원통, 원뿔의 단순한 형태로 이루어졌다는 결론에 도달하였다. 이를 회화에서 구현하기 위해 그는 이중 시점에서 더 나아가 형태를 단순화하여 대상의 본질을 표현하려

하였고, 윤곽선을 강조하여 대상의 존재감을 부각하려 하였다. 회화의 정체성에 대한 고민에서 비롯된 그의 이러한 화풍은 입체파 화가들에게 직접적인 영향을 미치게 되었다.…ⓓ(비교와 대조), ⓔ(판단과 대답)

(2018.3월 고1 모의, 문제28~30 출제 지문)

[예문2]는 사진의 등장으로 재현이라는 회화적 전통이 무의미해진 시대의 화가들이 어떤 방식으로 회화의 의미를 찾게 되었는가를 인상주의 화가 모네와 후기 인상주의 화가 세잔의 시도를 중심으로 설명하고 있는 글로, 소주제의 물음별 핵심어와 주요 서술(지문의 굵은 글씨)을 중심으로 글의 대략을 구성하면 다음과 같다.

인상주의 화가인 모네는 빛에 의해 변화하는 대상의 순간적 인상을 표현하고자 그림 전체의 분위기, 빛의 효과 등에 주목하여 색채가 형태를 압도하는 기법을 추구하였다. 이에 비해 후기 인상주의 화가 세잔은 모네를 비판하면서 사물의 본질을 표현하기 위해 대상을 기하학적으로 단순화하는 시도를 하였다. 이러한 세잔의 화풍은 이후 입체파 화가들에게 영향을 미치게 되었다.

소주제의 물음별 핵심어와 주요 서술

(단락1) 인상주의 화가 모네의 화풍: 사실적 묘사에서 벗어나 빛에 따라 달라지는 순간적 인상을 표현

(단락2) 모네 화풍의 특징: 전체적인 느낌과 분위기 중시, 빛의 효과에 주목, 대상을 눈에 보이는 대로 표현한 점에서 사실적 묘사에서 벗어나지 못함.

(단락3) 후기 인상주의 화가 세잔의 화풍: 이중 시점을 적용, 형태를 단순화하여 대상의 본질을 표현함으로써 사실적 묘사를 중시하는 전통 회화에서 완전 탈피

(단락4~단락5) 세잔 화풍의 특징: 윤곽선을 강조하여 대상의 존재감 부각, 사물(대상)의 보이지 않는 형태까지 표현

```
┌─────┐   ┌─────┐
│(단락1)│ → │(단락2)│
└─────┘   └─────┘
   ↕        ↕
┌─────┐   ┌─────┐
│(단락3)│ → │(단락4)│ → (단락5)
└─────┘   └─────┘
```

[예문2]에서 모네의 인상주의 화풍과 세잔의 후기 인상주의 화풍의 특징이 '비교-대조'의 단락 전개를 이루면서 나열 및 열거되고 있는데, 지문의 밑줄 친 부분이 '중요한 내용'을 담고 있는 서술이다. 이때 '비교와 대조' 글에서 찾아 밝혀야 할 핵심 과제는 다음 두 가지로, 지문의 밑줄 친 글에 들어있는 주요 서술(지문의 굵은 글씨)을 중심으로 이것을 찾아 밝히는 데 힘을 쏟아야 한다.

(1) 전통 회화(사실주의)와 인상주의 회화의 차이점
  : 사실적 묘사(대상을 사실적으로 재현) vs. 독창적 묘사(색채에 의한 시각적 인상 강조)
(2) 모네의 인상주의 화풍과 세잔의 후기 인상주의 화풍의 차이점
  : ① 전체적인 느낌과 분위기 중시, 빛의 효과에 주목 vs. 이중 시점의 공간 구성, 형태를 단순화
  : ② 대상을 눈에 보이는 대로 표현(전통 회화에서 벗어나지 못함) vs. 대상의 눈에 보이지 않는 본질까지 표현(전통 회화에서 완전 탈피)

[예문3: 정약용의 시각에서 본 인간 본성의 근원 및 선한 행위의 실천 원리]

정약용은 조선 후기의 실학자로, 인간의 본성에 대한 탐구를 통해 인간의 선한 행위를 설명하고자 하였다. 그는 이전까지 절대적 권위를 가지고 있던 주희(朱熹)의 주자학을 비판하며 인간의 본성에 대한 자신의 이론을 정립했다는 점에서 주희와는 다른 관점을 보여 주었다.…㉮(확장된 정의)

주희는 인간의 본성을 '본연지성(本然之性)'과 '기질지성(氣質之性)'으로 설명하였다. '본연지성'은 인간이 하늘로부터 부여받은 순수하고 선한 본성이고, '기질지성'은 본연지성에 사람마다 다른 기질이 더해진 것으로 사람에 따라 다양하게 나타난다. 그래서

주희는 인간의 기질이 맑으면 선한 행위를 하고 탁하면 악한 행위를 할 수 있다고 보았다. (그러나) 정약용은 선한 행위와 악한 행위의 원인을 기질이라는 선천적 요인으로 본다면 행위에 인간의 의지가 개입되지 않으므로 악한 행위를 한 사람에게 윤리적 책임을 물을 수 없다고 주희의 관점을 비판하였다.…㉮(정의), ㉱(원인과 결과), ㉰(비교와 대조)

정약용은 인간의 본성을 '기호(嗜好)'라고 보았다. 기호란 즐기고 좋아한다는 뜻으로, 생명이 있는 모든 존재는 각각의 기호를 본성으로 갖는다고 보았다. 꿩은 산을 좋아하는 경향성을 갖고 벼는 물을 좋아하는 경향성을 갖는 것처럼, 인간도 어떤 경향성을 갖는다는 것이다. 정약용은 인간에게 '감각적 욕구에서 비롯된 기호'와 '도덕적 욕구에서 비롯된 기호'가 있다고 보았다. 먼저, 감각적 욕구에서 비롯된 기호는 생명이 있는 모든 존재가 지니는 육체의 경향성으로, 맛있는 것을 좋아하고 맛없는 것을 싫어하는 것을 예로 들 수 있다. 다음으로, 도덕적 욕구에서 비롯된 기호는 인간만이 지니는 영혼의 경향성으로, 선을 좋아하거나 악을 싫어하는 것을 예로 들 수 있다. 정약용은 감각적 욕구가 생존에 필요하고 삶의 원동력이 된다는 점에서 일부 긍정했으나, 감각적 욕구에서 비롯된 기호를 제어하지 못할 경우 악한 행위가 나타날 수 있고, 도덕적 욕구에서 비롯된 기호를 따를 경우 선한 행위가 나타난다고 보았다. 정약용은 선한 행위를 하거나 악한 행위를 하는 것이 온전히 인간의 자유 의지에 달려 있으므로, 악한 행위를 한 사람에게 윤리적 책임을 물을 수 있다고 보았다.…㉮(정의), ㉱(주장과 근거)

그래서 정약용은 자유 의지로 선한 행위를 선택하고 이를 실천하는 것이 중요하다고 보았는데, 구체적인 실천 원리로 '서(恕)'를 강조하였다. 그는 '서'를 용서(容恕)와 추서(推恕)로 구분하고, 추서를 특히 강조하였다. 용서는 타인을 다스리는 것과 관련되어 '타인의 악을 너그럽게 보아줌'을 의미하고, 추서는 자신을 다스리는 것과 관련되어 '내가 대접받고 싶은 대로 타인을 대우함'을 의미한다. 친구가 거짓말을 했을 때 잘못을 덮어 주는 행위는 용서이고, 내가 아우의 존중을 받고 싶을 때 내가 먼저 형을 존중하는 모습을 보여주는 행위는 추서인 것이다. 그런데 용서는 타인의 악한 행위를 용인해 주는 문제가 발생할 수 있지만, 추서는 자신의 마음을 미루어 타인의 마음을 이해할 수 있으므로, 정약용은 추서에 따라 선한 행위를 실천해야 한다고 보았다.… ㉱(주장과 근거, 판단과 대답), ㉮(확장된 정의)

(2021.6월 고1 모의, 문제21~25 출제 지문)

[예문3]은 지문에서 찾아 살펴야 할 것이 무척 많다. 먼저, 지문의 주제 개념은 얼핏 '인간 본성과 관련한 주희와 정약용의 관점 차이'라고 생각되지만, '정약용의

시각에서 본 인간 본성의 근원 및 선한 행위의 실천 원리'라고 해야 적절하다. 물론 '단락2'에서 인간 본성에 대한 주희의 관점이 기술되면서 두 사상가의 견해가 '비교-대조'되고 있다. 그렇더라도 글 전체는 정약용의 견해와 주장을 중심으로 주희의 관점을 '비판'하고 있으며, 따라서 지문 이해의 핵심은 글에 실린 정약용의 견해(비판적 시각)를 토대로 관련한 주희의 입장을 **'추론'하면서 두 사상가 간의 '관점' 차이를 밝혀야** 한다.

이때 정약용의 주희의 관점 차이를 정확히 이해하려면, 서로 다른 대상들을 같은 차원 위에 올려놓고 글의 중심 생각을 **견주어가면서** 파악해야 한다. 이것은 '단락2'와 '단락3'에서 글 내용이 '대응 관계(비교-대조)'를 이루면서 기술되어 있으므로, 단락 안에서 가장 중요하게 다뤄야 할 핵심어(키워드)인 '자유 의지'를 중심으로 글 내용을 세밀히 비교하면서 이해할 수 있어야 한다. 실제, 이 부분이 지문 독해의 핵심으로, 단락별 소주제의 물음을 따라 논의의 핵심을 체계적으로 재구성하면서 찾아 밝혀야 한다. 이를 위해서는 텍스트의 논리적 독해를 위한 방법적 요령을 설명해야 하는데, 이와 관련한 내용은 '추론하며 읽기'와 관련하여 중요한 부분이므로, 다음 장에서 자세히 설명한다.

다음으로, 단락의 전개 방식을 살피면, '단락2'와 '단락3'은 '대응 관계(비교-대조)'와 '나열 관계(핵심-핵심)', '인과 관계(원인-결과)'가 뒤섞여 진술됨으로써 그만큼 글 내용이 복잡하다. 따라서 '단락2'와 '단락3'에 집중하면서 글에서 중요한 부분을 찾아 밝혀야 한다. 그것은 핵심 개념어(주제어와 하위의 개념어)를 '정의'의 방법으로 기술한 부분, 개념어들을 '비교-대조'하면서 열거한 부분, 그리고 주희의 견해에 대한 **정약용의 '비판적 시각'**을 드러낸 부분이다. 이를 위해 특히 지문의 '단락2'에서 동그라미 친 접속어 '그러나'와 이어지는 문장에 주목할 필요가 있다.

끝으로, 인간의 선악 행위의 근원에 대한 시각 차이를 드러내는 **중요한 단서**, 즉 **'핵심 키워드'를 찾아서**, 이것을 중심으로 글 내용을 체계적·논리적으로 재구성하면서 텍스트의 의미를 읽어야 한다. 그 핵심 키워드가 바로 '자유 의지'로, 그 설명 역시 텍스트의 논리적 독해를 위해 중요하기에 다음 장에서 따로 설명한다.

앞의 설명을 따라 소주제의 물음별 핵심어와 주요 서술(지문의 굵은 글씨)을 중심으로 글의 대략을 구성하면 다음과 같다. 주희가 인간의 본성을 '본연지성'과 '기질지성'으로 설명한 것과 달리 정약용은 인간의 본성을 '기호'로 설명했다. 정약용은 만약 선한 행위와 악한 행위의 원인을 '선천적' 요인으로 본다면, 인간의 행위에는 자유 의지가 개입되지 않으므로 악한 행위를 한 사람에게 윤리적 책임을 물을 수 없다고 주희를 비판하면서, 선한 행위와 악한 행위를 하는 것은 인간의 '자유 의지'에 따른 것이라는 점을 강조했다. 또한 정약용은 내가 대접받고 싶은 대로 타인을 대우한다는 추서에 따라 선한 행위를 실천해야 한다고 보았다.

> **소주제의 물음별 핵심어와 주요 서술**

(단락1) 인간 본성 〉 인간의 선악 행위 판단에 대한 정약용의 주희 비판
(단락2) 주희의 관점 〉 성(性) 〉 본연지성: 순선무악
　　　　　　　　　　　　〉 기질지성: 본연지성+기질
(단락3) 정약용의 관점〉 기호 〉 감각적 욕구에서 비롯된 기호
　　　　　　　　　　　　　: 모든 생명체의 육체의 경향성 – 선천적 본능 – 감각적 욕구
　　　　　　　　　　　〉 도덕적 욕구에서 비롯된 기호
　　　　　　　　　　　　　: 인간 고유의 정신의 경향성 – 자유 의지 – 선악의 판단
(단락4) 정약용의 선한 행위 실천 원리 〉 서(恕)〉 용서: 관용의 원리– 타자와 관계
　　　　　　　　　　　　　　　　〉 추서: 내면의 도덕 원리– 자신과 관계

(단락1) → **(단락2)**
　　　　　　　↑
　　　　　(단락3) → **(단락4)**

[예문4: 현대 사회에서 기호 가치가 상품 소비를 결정하는 이유와 그 비판]

마르크스는 사물의 경제적 가치를 사용 가치와 교환 가치로 구분하면서 자본주의 사회에서는 경제적 가치가 교환 가치에 의해 결정된다고 보았다. 사용 가치는 사물의 기능적 가치를, 교환가치는 시장 거래를 통해 부여된 가치를 의미하는데 사물 자체의 유용성은 고정적이므로 시장에서의 수요와 공급에 의해서만 경제적 가치가 결정된다고 보았기 때문이다. 또한 그는 사물의 거래 가격은 결국 사물의 생산 비용에 의해 결정된다는 점에서 소비를 생산에 종속된 현상으로 보고 소비의 자율성을 인정하지 않았다.…㉣(판단과 대답), ㉮(정의)

마르크스의 이러한 주장과 달리 보드리야르는 교환 가치가 아닌 사용 가치가 경제적 가치를 결정하며, 자본주의 사회는 소비 우위의 사회라고 주장했다. 이때 보드리야르가 제시한 사용 가치는 사물 자체의 유용성에 대한 가치가 아니라 욕망의 대상으로써 기호(sign)가 지니는 기능적 가치, 즉 기호 가치를 의미한다.…㉣(판단과 대답), ㉰(비교와 대조), ㉮(확장된 정의)

기호는 어떤 대상을 지시하는 상징으로써 문자나 음성같이 감각으로 지각되는 기표와 의미 내용인 기의로 구성되는데, 기표와 기의의 관계는 자의적이다. 가령 '남성'이란 문자는 필연적으로 어떤 대상을 지시하는 것이 아니며 '여성'이란 기호와의 관계 속에서 의미 내용이 결정된다. 다시 말해, 어떤 기호의 의미 내용을 결정하는 것은 기표와 기의의 관계가 아니라 기호들 간의 관계, 즉 기호 체계이다.…㉮(확장된 정의), ㉯(부연)

보드리야르는 자본주의 사회에서 대량 생산 기술이 급속하게 발전하면서 소비자가 기호 가치 때문에 사물을 소비한다고 보았다. 대량 생산 기술의 발전으로 수요를 충족하고 남을 만큼의 공급이 이루어져 사물 자체의 유용성은 더 이상 소비를 결정하는 요인으로 작용할 수 없기 때문이다. 예를 들어 소비자는 특정 계층 또는 집단의 일원이라는 상징을 얻기 위해 명품 가방을 소비한다. 이때 사물은 소비자가 속하고 싶은 집단과 다른 집단 간의 차이를 부각하는 기호로써 기능한다. 따라서 보드리야르에 따르면 자본주의 사회에서 소비의 원인은 사물이 상징하는 특정 사회적 지위에 대한 욕구이다.…㉣(주장과 근거, 전제와 결론)

보드리야르는 현대인이 자연 발생적인 욕구에 따라 자유롭게 소비하는 것처럼 보이지만 사실은 강제된 욕구에 따르는 것에 불과하다고 보았다. 이는 기호가 다른 기호와의 관계 속에서 그 의미 내용이 결정되는 것과 관계된다. 특정 사물의 상징은 기호 체계, 즉 사회적 상징체계 속에서 유동적이며, 따라서 상징체계 변화에 따라 욕구도 유동적이다. 이때 대중매체는 사물의 기의에 영향을 미침으로써 욕구를 강제할 수 있다. 현실이 대중매체를 통해 전달될 때 현실은 현실 그 자체가 아니라 다른 기호와 조합될 수 있는 기호로써 추상화되기 때문이다. 가령 텔레비전 속 유명 연예인이 소비하는 사물은 유명 연예인이라는 기호에 의해 새로운 의미 내용이 부여된다. 요컨대 특정 사물에 대한 현대인의 욕망은 대중매체를 매개로 하여 자기도 모르는 사이에 강제된다.…ⓓ(주장과 근거, 전제와 결론)

보드리야르는 기술 문명이 초래한 사물의 풍요 속에서 현대인의 일상 생활이 사물의 기호 가치와 이에 대한 소비에 의해 규정된다고 보고 자본주의 사회를 소비사회로 명명하였다. 그의 이론은 소비가 인간에 미치는 영향을 비판적으로 성찰해야 한다는 점을 시사한다.ⓔ(결론, 비판) (2022.3월 고1 모의, 문제16~20 출제 지문)]

[예문4]는 프랑스 구조주의 철학자 보드리야르의 '기호 가치 이론'을 설명하고 있다. 마르크스가 교환 가치를 경제적 가치로 파악한 것과 다르게, 보드리야르는 기호 가치를 경제적 가치로 파악했다. 보드리야르에 따르면 대량 생산 기술이 급속하게 발전한 자본주의 사회에서 소비자는 자신이 속하고 싶은 집단과 다른 집단 간의 차이를 부각하는 기호에 대한 욕구에 따라 소비하며 이러한 욕구는 자유로운 선택이 아니라 사회적으로 강제된 욕구임을 강조한다. 보드리야르는 기호 가치를 소비하는 현대 자본주의 사회를 소비사회로 명명하였으며, 그의 이론은 소비가 인간에 미치는 영향을 비판적으로 성찰해야 한다는 점을 시사한다.

[예문4]의 글 내용을 설명하기에 앞서, 이 지문이 고등학교에 막 들어서 치르는 시험에 등장한 것이 그저 놀라울 따름이다. '이해하기 어려운 주제 개념, 지나치게 축약한 글 내용, 불친절한 서술, 단락의 유기적이지 못한 연계, 모든 문장이 주제문 같은 빽빽한 구성' 등등, 글을 읽고 글 내용을 이해하는 데 방해되는 요소가 지문 속에 너무도 많이 들어있다. 이것을 지문 안에 밑줄 그은 중요한 부분이 지나치게 많은 것에서 확인할 수 있을 것이다. 최근의 출제 경향을 따른 것이기도 하지만, 그렇더라도 글의 구성 및 내용 측면 모두 너무 불친절하다.

특히 '단락3'이 그런데, 이런 유형의 지문은 모든 문장을 집중해서 읽으면서, 그리고 개념 간 관계를 치밀하게 포착할 수 있도록 정신을 집중해야 글 내용을 이해할 수 있다. 게다가 관련한 **배경 지식이 있어야** 글 내용의 핵심을 파악할 수 있다. 지문은 '가치'에 대한 개념적 인식은 물론이고, 기호학의 핵심 테제인 "기표와 기의의 관계는 자의적이다"가 표상하는 의미와 더불어, "인간 행위는 자신이 속한 사회와 문화의 '구조', 즉 기호라는 사회적 상징체계에 의해 규정되고 지배받는다"라는 구조주의 사상에 대한 이해가 따라야 글의 의미가 눈에 들어온다.

예시 지문은 글 내용의 축약이 너무 심하다. 게다가 핵심 개념어를 따라 단락별로 펼쳐지는 글 내용의 의미 체계가 어지럽다. 이것은 단락별 소주제의 물음과 '가치→기호 가치→기호 체계→다시, 기호 가치→다시, 기호 체계'라는 핵심어의 구성 체계 간의 간격이 큰 때문이다.

단락 전개 또한 복잡하다. '단락1~단락2'는 '대응 관계(비교-대조)', '단락3'은 '기술 관계(핵심-상술)', '단락3,4~단락6'은 '인과 관계(원인-결과)'를 중심으로 글 내용이 펼쳐지고 있다. 특히 '단락3'에서 글의 의미 파악이 어려운 용어와 서술이 집약해 있는데, 특히 동그라미 친 접속어 '다시 말해'로 이어지는 '부연' 설명에 생각을 모을 필요가 있다.

이 모든 것들이 합쳐져서 글 내용의 이해를 방해하는데, 이런 글은 단락을 넘나들면서 크고 넓게 조망하면서 글의 **'전체-부분' 구조를 파악할 수 있어야** 한다. 그래야만 글의 중요한 부분을 찾아낼 수 있을 뿐 아니라, 그 의미 관계를 추론할 수 있다. 이것을 아래의 개념 구조도를 통해 확인할 수 있을 것이다.

[예문4] 역시 글 내용의 이해를 위해서는 텍스트의 논리적 독해 요령을 살필 필요가 있는데, 특히 관련한 배경 지식(특히 '기호학'과 '구조주의' 핵심 내용)을 어떻게 활성화하면서 글을 읽을 것인가가 관건이다. 다음 장에서 자세히 설명한다.

(단락1) 마르크스의 사물의 경제적 가치에 대한 관점: 교환 가치에 의해 결정
→ 사용 가치: 사물의 기능적 가치(사물 자체의 유용성의 가치로, 고정적 의미)
교환 가치: 사물의 시장 거래 가치(생산 비용이 결정하는 가치로, 소비의 자율성 불인정)

(단락2) 보드리야르의 사물의 경제적 가치에 대한 관점: 사용 가치에 의해 결정
→ 사용 가치는 사물 자체의 유용성의 가치가 아니라, 욕망의 대상으로써의 기호 가치다.

(단락3) 기호의 의미: 기호(언어)=기표(단어)+기의(의미)
→ 기표와 기의는 '자의적'이다.
기호의 의미 내용을 결정하는 것은 기표와 기의의 '관계'가 아니라, 기호 간의 '관계', 즉 기호 체계다.

(단락4) 기호 가치가 상품 소비를 결정하는 이유: 특정 계층이라는 '상징'을 얻기 위해, 타자와의 '차이'를 부각하기 위해, 사회적 지위에 대한 '욕구' 충족을 위해

(단락5) 보드리야르의 기호 가치를 바라보는 비판적 시각1: 기호=사회적 상징 체계
→ 현대인의 소비 욕구는 다른 기호와의 관계라는 사회적 상징 체계(소속하기를 원하는 집단과 차별 집단과의 관계) 속에서 결정되는 것으로, 대중매체를 매개로 자기도 모르는 사이에 '강제'된다.

(단락6) 보드리야르의 기호 가치를 바라보는 비판적 시각2:
→ 사물의 기호 가치가 소비를 규정하기에, (인간의 소비 욕구는 그만큼 타율적이다).

(단락1)
└ **(단락2)**
　└ **(단락3)**
　　└ **(단락4)** → **(단락5)** → **(단락6)**

[예문5: 손실보상청구권상 공용 침해에 대한 보상 규정 및 이론적 근거]

공익을 위한 적법한 행정 작용으로 개인의 재산권에 특별한 희생이 발생한 경우, 개인은 자신이 입은 재산상 손실을 보상하도록 요구할 수 있는 권리인 '손실 보상 청구권'을 갖는다. 여기서 '특별한 희생'이란 보호할 필요가 있는 재산권에 대한 침해를 이르는

186

말로, 이로 인한 손실은 국가가 보상해야 한다. 가령 감염병 예방법에 따르면, 행정 기관이 감염병 예방을 위해 의료기관의 병상이나 연수원, 숙박 시설 등을 동원한 경우 이로 인한 손실을 개인에게 보상하여야 하는데, 이때의 재산권 침해가 특별한 희생에 해당하는 것이다.…㉣(판단과 대답), ㉮(정의), ㉯(부연)

손실보상청구권은 공적 부담의 평등을 위해 인정되는 헌법상 권리이다. 행정 작용으로 누군가에게 특별한 희생이 발생하면, 그로 인한 부담을 공공이 분담하는 것이 평등 원칙에 부합하기 때문이다. 또한 헌법 제23조 제3항은 "공공필요에 의한 재산권의 수용·사용 또는 제한 및 그에 대한 보상은 법률로써 하되, 정당한 보상을 지급하여야 한다"라고 하여, '공공필요에 의한 재산권의 수용·사용 또는 제한', 즉 공용 침해와 이에 대한 보상이 법률에 규정되어야 함을 명시하고 있다. 공용 침해 중 수용이란 개인의 재산권을 국가로 이전하는 것, 사용이란 행정 기관이 개인의 재산권을 일시적으로 사용하는 것, 제한이란 개인의 재산권 사용 또는 그로 인한 수익을 한정하는 것을 의미한다. 한편 제23조 제3항은 내용상 분리될 수 없는 사항은 함께 규정되어야 한다는 의미의 '불가분 조항'이다. 따라서 공용 침해 규정과 보상 규정은 하나의 법률에서 규정되어야 한다.…㉣(주장과 근거, 전제와 결론), ㉮(정의)

그러나 헌법은 제23조 제1항에서 "모든 국민의 재산권은 보장된다. 그 내용과 한계는 법률로 정한다"라고 규정하여, 재산권은 법률에 의해 구체화된다고 밝히고 있다. 또한 제2항에서 "재산권의 행사는 공공복리에 적합하도록 하여야 한다"라고 하여, 개인의 재산권 행사가 공익에 적합하여야 한다는 재산권의 '사회적 제약'을 규정하고 있다. 특히 토지처럼 공공성이 강한 사유 재산은 재산권 행사에 더욱 강한 사회적 제약을 받을 수 있다. 만약 재산권 침해가 사회적 제약의 범위 내에 있다면 이로 인한 손실은 보상의 대상이 되지 않는다. 즉 재산권 침해가 특별한 희생에 해당할 때만 보상이 가능한 것이다.…㉰(비교와 대조), ㉮(확장된 정의) ㉣(주장과 근거, 전제와 결론)

재산권의 사회적 제약과 특별한 희생의 구별에 대해 경계 이론과 분리 이론은 서로 다른 입장을 취한다. 경계 이론에 따르면 양자는 별개가 아니라 단지 침해의 정도에 있어서만 차이가 있을 뿐이다. 재산권 침해는 그 정도가 사회적 제약의 범위를 넘어서면 특별한 희생으로 바뀐다는 것이다. 따라서 경계 이론은 사회적 제약을 벗어나는 재산권 침해는 보상 규정이 없어도 보상이 이루어져야 한다고 본다. 보상을 규정하지 않은 채 공용 침해를 규정하고 있는 법률은, 불가분 조항인 헌법 제23조 제3항에 위반되어 위헌이고, 위헌임이 밝혀진 법률에 근거한 공용 침해 행위는 위법한 행정 작용이 된다는 것이다. 경계 이론은 적법한 공용 침해 행위의 경우에 보상이 인정된다면, 위법한 공용 침해 행위의 경우에도 헌법 제23조 제3항을 근거로 보상을 인정해야 한다는 입장이다.…㉰(비교와 대조), ㉮(확장된 정의) ㉣(주장과 근거, 전제와 결론, 판단과 대답)

이에 반해 분리 이론은 재산권의 사회적 제약에 대한 헌법 제23조 제2항의 규정과 특별한 희생에 대한 제3항의 규정은 입법자의 의사에 따라 완전히 분리된다고 주장한다. 따라서 재산권 침해를 규정한 법률에 보상 규정이 없는 경우 입법자가 이러한 재산권 침해를 특별한 희생이 아닌 사회적 제약으로 규정한 것으로 본다. 재산권 침해가 사회적 제약 또는 특별한 희생 중 무엇에 해당하는지 결정하는 것은 법률을 제정하는 입법자의 권한이라는 것이다. 만약 해당 법률에 규정된 재산권 침해가 헌법 제23조 제2항에서 규정한 재산권의 공익 적합성을 넘어서서 개인의 재산권을 과도하게 침해한다면, 이러한 법률은 헌법 제23조 제2항을 위반하여 위헌이고, 위헌임이 밝혀진 법률에 근거한 행정 작용은 위법하게 된다. 분리 이론은 이러한 경우 손실을 보상하는 것이 아니라, 위법한 행정 작용 자체를 제거해야 한다고 본다. 재산권을 존속시키는 것이 재산권을 침해하면서 그 손실을 보상하는 것보다 우선한다고 보기 때문이다.…㉲(비교와 대조), ㉮(확장된 정의) ㉳(주장과 근거, 전제와 결론, 판단과 대답)

(2021.3월 고1 모의, 문제 21~25 출제 지문)

[예문5]는 (재산권 침해에 따른) 손실보상청구권의 성립 요건인 특별한 희생과 사회적 제약의 구별과 그 이론적 근거를 설명한 글이다. 그 이론적 근거의 핵심을 기술하면, 손실보상청구권의 성립 요건인 특별한 희생과 재산권의 사회적 한계 사이의 구별에 대해 경계 이론과 분리 이론은 서로 다른 입장을 취한다. 경계 이론은 재산권의 사회적 제약과 특별한 희생은 침해의 정도에 있어서만 차이가 있다고 본다. 반면 분리 이론은 재산권의 사회적 제약과 특별한 희생은 입법자의 의사에 따라 구별된다고 본다. 사회적 한계를 넘어 개인의 재산권을 침해하는 행정 작용에 대해 보상 규정이 없을 때, 경계 이론은 헌법 제23조 제3항을 근거로 손실을 보상해야 한다고 보지만, 분리 이론은 제2항을 근거로, 위법한 행정 작용을 폐지해야 한다고 본다.

[예문5] 역시 글 내용이 지나치게 복잡할 뿐 아니라, 핵심 개념을 사용하여 법적 의미를 규정한 글 내용(단락1~단락3)과 그 이론적 근거를 제시한 글 내용(단락4~단락5) 사이에 **논리적 연결 관계가 흐트러져** 있기에, 그만큼 글 내용의 핵심을 체계적으로 정리하기 어렵다.

따라서 이것을 바로 잡아야 하는데, 이를 위해서는 글을 읽어 다음 두 가지 핵심 물음을 '논의' 근거로써 제기할 수 있어야 한다. 즉 "공익을 위한 재산권 침해 관련 손실보상청구권 성립 여부: 특별한 희생인가? 아니면 사회적 제약인가?"와 "재산권의 특별한 희생(헌법 제23조 제3항)과 사회적 제약(헌법 제23조 제2항)의 구별 여부, 즉 경계 이론을 따를 것인가? 아니면 분리 이론을 따를 것인가?"하는 물음인데, 이러한 판단 기준부터 설정한 후 지문의 핵심 내용을 들여다보아야 비로소 글의 의미가 읽힌다. [예문5] 지문 독해의 핵심은 이것으로, 이 역시 다음 장에서 자세히 설명한다.

소주제의 물음별 핵심어와 주요 서술

(단락1) 공익적 행정 작용에 따른 손실보상청구권에서 개인의 '특별한 희생'의 의미

(단락2) 손실보상청구권상의 개인의 '특별한 희생'에 대한 공공 부담 근거(헌법 제23조 제3항)
: ① 평등 원칙에 부합한 헌법상 권리
② 재산권의 수용 · 사용 · 제한 같은 공용 침해에 대한 법률 규정
→공용 침해 규정과 보상 규정은 불가분 조항

(단락3) 재산권의 '사회적 제약' 규정(헌법 제23조 제1항과 제2항)
: 공권력에 의한 개인의 재산권 행사는 공익에 적합할 때, 사회적 제약을 받을 수 있으며(토지의 예), 사회적 제약 범위는 법률에서 규정
① 재산권 침해가 '사회적 제약'의 범위 내에 있으면(법률에 규정되어 있으면) 보상 불가
② 재산권 침해가 '특별한 희생'에 해당될 때만(법률에 공용 침해 규정과 보상 규정이 함께 명기되어 있어야) 보상 가능

(단락4) 재산권의 사회적 제약과 특별한 희생의 구별에 대한 입장①: 경계 이론
→ 사회적 제약을 벗어나는 재산권 침해는 보상 규정이 없어도 적법 · 위법한 행위 관계없이 보상

(단락5) 재산권의 사회적 제약과 특별한 희생의 구별에 대한 입장②: 분리 이론
→ 법률에 보상 규정이 없는 경우, 입법자가 재산권 침해의 공익 적합성을 판단하

여 특별한 희생에 해당하는지 또는 사회적 제약에 해당하는지 결정하며, 사회적 제약으로 규정하여 보상하든지, 아니면 위법한 행정 작용으로 간주하여 제거(원상 복귀 명령)

[예문6: 관세 정책이 국내 경기 및 국제 교역에 미치는 영향]

최근 수입품에 높은 관세를 부과하여 국제 무역 분쟁이 발생하면서 관세에 대한 관심이 높아지고 있다. 관세란 수입되는 재화에 부과되는 조세로, 정부는 조세 수입을 늘리거나 국내 산업을 보호하기 위한 목적으로 관세를 부과한다. 그런데 관세를 부과하면 국내 경기 및 국제 교역에 영향을 미치게 된다.…㉮(정의, 확장된 정의)

관세가 국내 경기에 미치는 영향을 살펴보기 위해서는 시장에서의 수요와 공급의 원리를 알아야 한다. 〈그림〉은 가격에 따른 수요량과 공급량의 변화를 나타내는 그래프이다. 여기서 수요 곡선은 재화의 가격에 따른 수요량의 변화를 나타내는데, 그래프에서 가격은 재화 1단위 추가 소비를 위한 소비자의 지불 용의 가격을 나타내기도 한다. 공급 곡선은 재화의 가격에 따른 공급량의 변화를 나타내는데, 그래프에서 가격은 재화 1단위 추가 생산을 위한 생산자의 판매 용의 가격을 나타내기도 한다. 수요와 공급의 원리에 따르면 재화의 균형 가격은 수요 곡선과 공급 곡선이 만나는 P0에서 형성된다. 재화의 가격이 P1로 올라가면 수요량은 Q1로 줄어들고 공급량은 Q2로 증가하지만, 재화의 가격이 P2로 내려가면 수요량은 Q2로 증가하고 공급량은 Q1로 줄어든다.…㉮(정의, 확장된 정의), ㉯(예시의 특별 진술)

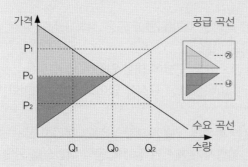

190

이처럼 재화의 가격 변화로 수요량과 공급량이 달라지면 소비자 잉여와 생산자 잉여에도 변화가 생기게 된다. 여기서 잉여란 제품을 소비하거나 판매함으로써 얻는 이득으로, 소비자 잉여는 소비자가 어떤 재화를 구입할 때 지불할 용의가 있는 가격과 실제 지불한 가격의 차이이고, 생산자 잉여는 생산자가 어떤 재화를 판매할 때 실제 판매한 가격과 판매할 용의가 있는 가격의 차이이다. 〈그림〉에서 수요 곡선과 실제 재화의 가격의 차이에 해당하는 ㉮는 소비자 잉여를, 실제 재화의 가격과 공급 곡선의 차이에 해당하는 ㉯는 생산자 잉여를 나타낸다. 만일 재화의 가격이 P0에서 P1로 올라가면 소비자 잉여는 줄어들고 생산자 잉여는 늘어나는 반면, 재화의 가격이 P2로 내려가면 소비자 잉여는 늘어나고 생산자 잉여는 줄어들게 된다.…㉮(정의, 확장된 정의), ㉯(예시의 특별 진술)

이를 바탕으로 관세가 국내 경기에 미치는 영향을 살펴보자. 밀가루 수입 전에 형성된 K국의 밀가루 가격이 500원/kg이고, 국제 시장에서 형성된 밀가루의 가격이 300원/kg이라고 가정해 보자. K국이 자유 무역을 통해 관세 없이 밀가루를 수입하면 국산 밀가루 가격은 수입 가격 수준인 300원/kg까지 내려가게 된다. 그 결과 국산 밀가루 공급량은 줄어들지만 오히려 수요량은 늘어나기 때문에, 국내 수요량에서 국내 공급량을 뺀 나머지 부분만큼 밀가루를 수입하게 된다. 밀가루 수입으로 국산 밀가루 가격이 하락하면 결과적으로 생산자 잉여가 감소하지만 소비자 잉여는 증가하게 된다. 증가한 소비자 잉여가 감소한 생산자 잉여보다 크기 때문에 소비자 잉여와 생산자 잉여의 총합인 사회적 잉여는 밀가루를 수입하기 전에 비해 커지게 된다. 그런데 K국이 수입 밀가루에 100원/kg의 관세를 부과할 경우, 수입 밀가루의 국내 판매 가격은 400원/kg으로 올라가게 된다. 그렇게 되면 국산 밀가루 생산자는 관세 부과 전보다 100원/kg 오른 가격에 밀가루를 판매할 수 있으므로 국산 밀가루의 공급량이 늘어 관세를 부과하기 전보다 생산자 잉여가 증가하게 된다. 반대로 소비자 입장에서는 가격이 올라가면 그만큼 수요량이 줄어들게 되므로 소비자 잉여는 감소하게 된다. 하지만 증가한 생산자 잉여가 감소한 소비자 잉여보다 작기 때문에 소비자 잉여와 생산자 잉여의 총합인 사회적 잉여는 수입 밀가루에 관세를 부과하기 전에 비해 작아지게 된다.…㉯(예시의 특별 진술), ㉰(이론의 단계별 과정·흐름의 핵심)

그런데 관세 정책이 장기화될 경우, 국내 경기가 침체에 빠질 수 있다. 예컨대 K국 정부가 국내 밀가루 산업을 보호하기 위하여 수입 밀가루에 높은 관세를 부과할 경우, 단기적으로는 국내 밀가루 생산자의 이익을 늘려 자국의 밀가루 산업을 보호할 수 있다. 하지만 높은 관세로 국내 밀가루 가격이 상승하면 밀가루를 원료로 하는 제품들의 가격이 줄줄이 상승하게 되어, 국내 소비자들은 밀가루를 이용하여 만든 제품들의 소비를 줄이게 된다. 이러한 과정이 장기화된다면 K국의 경기는 결국 침체에 빠질 수도 있다. 실제로 1930년대 국내 산업을 보호할 목적으로 시행된 각국의 관세 정책으로 인해

오히려 경제 대공황이 심화된 사례가 이를 잘 보여 주고 있다.…ⓓ(반박과 절충, 판단과 대답)

이렇게 볼 때 국내 산업을 보호할 목적으로 부과된 관세는 사회적 잉여를 감소시키고, 해당 제품에 대한 국내 소비를 줄어들게 한다. 그리고 그와 관련된 다른 산업에까지 악영향을 미칠 수 있다. 또한 과도한 관세는 국제 교역을 감소시켜 국제 무역 시장을 침체시킬 뿐만 아니라, 국제 무역 분쟁을 야기할 소지도 있다. 이러한 이유로 대다수의 경제학자들은 과도한 관세에 대한 우려를 드러내고 있다.…ⓔ(비판) (2020.3월 고1 모의, 문제 38~42 출제 지문)

[예문6]은 과도한 관세 정책이 국내 경기 및 국제 교역에 미치는 영향을 설명하는 글이다. 글 내용의 핵심은 다음과 같다.

경제학의 수요와 공급의 원리에 따르면 가격이 상승하면 재화에 대한 공급량이 증가하는 반면, 재화에 대한 수요량은 감소한다. 이와 달리 가격이 하락하면 재화에 대한 공급량은 감소하고, 재화에 대한 수요량은 증가한다. 이러한 수요 공급의 원리를 바탕으로 할 때, 가격이 하락하면 소비자의 이득에 해당하는 소비자 잉여는 증가하고 생산자 잉여는 감소한다. 그리고 가격이 상승하면 생산자의 이득에 해당하는 생산자 잉여는 증가하고, 소비자 잉여는 감소하게 된다. 그런데 관세를 부과하면 재화의 가격이 상승하게 되므로 생산자 잉여는 늘고 소비자 잉여는 줄어든다. 하지만 늘어난 생산자 잉여보다 줄어든 소비자 잉여가 더 크기 때문에 생산자 잉여와 소비자의 잉여의 합인 사회적 잉여는 관세를 부과하기 전에 비해 줄어들게 되므로, 관세 부과는 자국의 경기에 부정적인 영향을 끼치게 된다. 또한, 관세 정책이 장기화됐을 때는, 관세가 부과된 수입품을 원료로 하는 국내 제품의 가격이 상승하기 때문에, 이에 대한 소비가 줄어들어 국내 경기가 침체에 빠질 수도 있다.

[예문6]에서 단락과 단락(단락2~단락5)은 '기술 관계(핵심-상술)'의 전개 방식을 따르면서, 전문 용어의 흐름을 따라 글 내용을 이어나가고 있다. 그리고 단락 안에서는 '예시'의 설명 방법과 '인과 관계(원인-결과)'의 전개 방식을 따라 용어와 개념, 현

상의 설명을 강화하면서 글 내용이 기술되고 있다. 그렇기에 관련한 핵심 용어의 의미를 명확히 드러내기 위해 제시된 부가 정보(예시 글)의 의미 관계를 파악하지 못하면 글 내용을 이해하는데 상당한 어려움을 겪을 수 있다. 따라서 이 부분을 확실히 이해할 수 있도록 정신을 집중하면서 글의 중요한 부분에 밑줄 친다.

이때, 지문 해석의 포인트는 다음 두 가지다. 첫째, [예문6]처럼 경제와 관련한 지문은 용어와 개념을 설명하는 '그래프(자료, 도표)'의 의미에 대해 잘 알고 있어야만 글 내용을 정확히 이해할 수 있다. 개념에 대한 정확한 이해를 바탕으로 '수요와 공급의 원리', '가격 변화와 수요량·공급량의 관계'와 같은 **경제학에서 중요하게 다루는 핵심 개념에 대해 잘 숙지하고 있어야** 한다. 이때 개념과 원리는 철저히 그래프상의 움직임을 중심으로 이해하려 드는 습관을 들여야만, 지문에서 복잡한 과정을 거치면서 설명하고 있는 글 내용의 의미를 정확히 파악할 수 있다. 예를 들어, '수요·공급 곡선의 이동'과 '수요·공급 곡선상의 이동'은 다른 의미인데, 이것을 직접 그래프를 그려가며 확인하는 등으로 기본 학습에 충실해야 한다.

둘째, 예시한 현상 설명에 대한 논리적 인과성의 흐름을 분석적으로 파악하면서 이를 **'구조화(도식화)'하는** 것이다. 그렇게 하면, 특정 현상에 대한 논리적 인과 관계가 한 눈에 들어오고, 글 내용의 이해는 한결 쉬워진다. 아래 '소주제의 물음별 핵심어와 주요 서술'의 '단락4'에서 명기한 도식이 그것으로, 지문 안에 들어있는 핵심 키워드를 찾아 이것을 중심으로 각각의 흐름별 인과적 설명의 집약을 순차적으로 파악하면서 기호로써 간략히 표기할 수 있어야 한다. 이것만으로도 글에서 중요한 부분은 단박에 파악되고, 글 내용은 어렵지 않게 이해할 수 있을 것이다.

소주제의 물음별 핵심어와 주요 서술

(단락1) 관세에 대한 개념 정의
(단락2) 관세가 국내 경기에 미치는 영향: 수요—공급의 원리에 대한 개념 이해

(단락3) 가격 변화와 수요량·공급량의 관계: 소비자 잉여와 생산자 잉여에 대한 개념 이해

(단락4) 수요–공급의 원리와 소비자 잉여와 생산자 잉여를 바탕으로 관세가 국내 경기에 미치는 영향 이해

- 관세 부과×: 해외 밀가루 수입 ⇒ 국산 밀가루 가격↓ ⇒ 국산 밀가루 공급량↓, 수요량↑ ⇒ 밀가루 수입↑ ⇒ 국산 밀가루 가격↓ ⇒ 생산자 잉여↓ ⟨ 소비자 잉여↑ ⇒ 사회적 잉여↑
- 관세 부과○: 해외 밀가루 수입 ⇒ 수입 밀가루 가격↑ ⇒ 국산 밀가루 공급량↑, 수요량↓ ⇒ 생산자 잉여↑ ⟨ 소비자 잉여↓ ⇒ 사회적 잉여↓

(단락5) 관세 정책 장기화에 따른 국내 경기 침체 가능성: 제품 가격↑ ⇒ 제품 소비↓

(단락6) 관세 정책 효과: 경기 악역향(사회적 잉여↓, 제품 소비↓), 국제 무역 시장 침체

```
(단락1) → (단락2)
              └ (단락3) → (단락4) → (단락5) → (단락6)
```

[예문7: 핵분열과 핵융합의 원리]

원자핵은 양성자나 중성자와 같은 핵자들의 결합으로 이루어져 있다. 원자핵을 구성하는 양성자와 중성자의 개수를 모두 더한 것을 질량수라고 하는데, 질량수가 큰 하나의 원자핵이 질량수가 작은 두 개의 원자핵으로 쪼개지는 것을 핵분열이라고 하고 질량수가 작은 두 개의 원자핵이 결합하여 질량수가 큰 하나의 원자핵이 되는 것을 핵융합이라고 한다.…㉮(정의)

핵분열이나 핵융합은 핵자당 결합 에너지로 설명할 수 있다. 원자핵의 질량은 그 원자핵을 구성하는 개별 핵자들의 질량을 모두 더한 것보다 작다. 이처럼 핵자들이 결합하여 원자핵이 되면서 질량이 줄어든 것을 질량 결손이라고 한다. '질량 – 에너지 등가 원리'에 따르면 질량과 에너지는 상호 간의 전환이 가능하고, 이때 에너지는 질량에 광속의 제곱을 곱한 값과 같다. 한편 핵자들의 결합에서 줄어든 질량은 에너지로 전환되는데, 이 에너지는 원자핵의 결합 에너지와 그 크기가 같다. 원자핵의 결합 에너지란 원자핵을 개별 핵자들로 분리할 때 가해야 하는 에너지이다. 원자핵의 결합 에너지를 질량수로 나눈 것을 핵자당 결합 에너지라고 하고 그 값은 원자핵의 종류에 따라 다르다.…㉮(정의), ㉱(원인과 결과), ㉲(이론의 단계별 과정·흐름의 핵심)

원자핵을 구성하는 핵자들은 핵자당 결합 에너지가 클수록 더 강력하게 결합되어 있고 이는 원자핵이 더 안정된 상태라는 것을 의미한다. 모든 원자핵은 안정된 상태가 되려

는 성질이 있으므로, 핵자당 결합 에너지가 작은 원자핵들은 핵분열이나 핵융합을 거쳐 핵자당 결합 에너지가 큰 상태가 된다. 핵분열이나 핵융합도 반응 전후로 질량 결손이 일어나고, 줄어든 질량은 에너지로 전환된다.···⑪(이론의 단계별 과정·흐름의 핵심), ㉐(원인과 결과)

핵분열과 핵융합에서 발생하는 에너지를 발전에 이용할 수 있다. 우라늄 – 235(^{235}U) 원자핵을 사용하는 핵분열 발전의 경우, 우라늄 원자핵에 중성자를 흡수시키면 질량수가 작고 핵자당 결합 에너지가 큰 원자핵들로 분열된다. 이때 2~3개의 중성자가 방출되는데 이 중성자는 다른 우라늄 원자핵에 흡수되어 연쇄 반응을 일으킨다. 이 과정에서 질량 결손으로 인해 전환되는 에너지를 발전에 이용하는 것이다.···㉐(원인과 결과)

핵분열 발전에서는 중성자의 속도를 느리게 해야 한다. 중성자가 너무 빠르게 움직이면 원자핵에 흡수될 확률이 낮기 때문이다. 특히 핵분열 과정에서 방출된 중성자는 속도가 매우 빠르기 때문에 이를 느리게 해야 연쇄 반응을 일으킬 수 있다. 그래서 물이나 흑연을 감속재로 사용하여 중성자의 속도를 느리게 만든다. 한편 연쇄 반응이 급격하게 일어나면 과도한 에너지가 발생하여 폭발이 일어날 수 있기 때문에 제어봉을 사용한다. 제어봉은 중성자를 흡수하는 장치로, 핵분열에 관여하는 중성자 수를 조절하여 급격한 연쇄 반응을 방지한다.···㉐(원인과 결과), ㉑(부연)

핵융합 발전을 위한 시도도 계속되고 있다. 태양이 에너지를 생성하는 방법이 바로 핵융합이다. 수소(^{1}H) 원자핵을 원료로 하는 태양의 핵융합은 주로 태양의 중심부에서 일어난다. 먼저 수소 원자핵 2개가 융합하여 중수소(^{2}H) 원자핵이 되고, 중수소 원자핵은 수소 원자핵과 융합하여 헬륨 – 3(^{3}He) 원자핵이 된다. 그리고 2개의 헬륨 – 3 원자핵이 융합하여 헬륨 – 4(^{4}He) 원자핵이 된다. 이러한 과정에서 줄어든 질량이 에너지로 전환되는 것이다.···㉮(확장된 정의), ⑪(원리의 단계별 과정·흐름의 결론)

지구는 태양과 물리적 조건이 달라서 태양의 핵융합을 똑같이 재현할 수 없다. 가장 많이 시도하는 방식은 D – T 핵융합이다. 이 방식에서는 중수소 원자핵과 삼중 수소(^{3}H) 원자핵이 융합하여 헬륨 – 4 원자핵이 된다. 중수소 원자핵과 삼중 수소 원자핵을 핵융합 발전의 원료로 사용하는 이유는 다른 원자핵들의 핵융합보다 반응 확률이 높고 질량 결손으로 전환되는 에너지도 크기 때문이다.···㉐(원인과 결과)

하지만 지구에서 핵융합을 일으키는 것은 간단하지 않다. 양(+)의 전하를 띤 원자핵은 음(–)의 전하를 띤 전자와 전기적 인력에 의해 단단히 결합되어 있어서 일반적인 상태에서 원자핵이 융합하는 것은 불가능하다. 따라서 핵융합 반응을 일으키기 위해서는 물질을 원자핵과 전자가 분리된 상태인 플라스마 상태로 만들어야 한다. 또한 원자핵은 양의 전하를 띠고 있어서 서로 가까이 다가갈수록 척력이 강하게 작용한다. 척력을 이겨내고 원자핵이 융합하게 하기 위해서는 플라스마의 온도를 높여 원자핵이 고속으로 움직일 수 있도록 해야 한다. 따라서 핵융합 발전을 위한 핵융합로에서는 플라스마를 1억℃ 이상으로 가열해서 핵융합의 확률을 높인다. 융합로에서 플라스마의 온도를 높인 이후에는 고온 상태를 일정 시간 이상 유지하는 것도 중요하다. 플라스마는 융합로의 벽에 접촉하면 온도가 내려가기 때문에 자기장을 활용해서 플라스마가 벽에 닿지 않게 하여 고온 상태를 유지할 수 있도록 한다. 안정적인 핵융합 발전을 위해서는 고온의 플라스마를 높은 밀도로 최소 300초 이상 유지해야 한다.…㉮(원인과 결과) (2021.3월 고1 모의, 문제 26~30 출제 지문)

[예문기은 핵분열과 핵융합의 원리를 설명하고, 이를 활용한 발전에 관해 설명하고 있다. 핵분열은 질량수가 큰 하나의 원자핵이 질량수가 작은 두 개의 원자핵으로 쪼개지는 것이고, 핵융합은 질량수가 작은 두 개의 원자핵이 질량수가 큰 하나의 원자핵이 되는 것으로 핵자당 결합 에너지가 작은 상태에서 큰 상태가 되는 것이다. 핵분열과 핵융합의 과정에서 줄어든 질량은 에너지로 전환될 수 있으며, 이 에너지를 핵분열 발전과 핵융합 발전에 활용한다고 설명하고 있다.

[예문기의 단락별 글 구성과 글 내용의 흐름을 살피면 다음과 같다. '단락1'은 핵심 개념어를 '정의'의 진술 방식으로 집중해서 설명하고 있으며(따라서 글을 읽어 용어의 의미를 정확히 이해해야 한다), '단락2~단락3'은 핵분열과 핵융합에서의 '질량 결손'과 에너지의 관계를 '질량-에너지 등가 원리'를 따라, 이를 '인과 분석'의 방법으로 기술하면서 글 내용을 기술하고 있다(이 부분에 글의 중요한 부분이 집약해 있으며, 글에 실린 과학적 원리의 핵심 포인트를 **인과적 흐름을 따라** 체계적으로 정리해야 한다). 나머지 단락은 핵분열과 핵융합의 원리를 활용한 발전에 관해 설명하고 있는 글이어서, 큰 어려움 없이 글 내용을 이해할 수 있다. 따라서 생각을 집중해야 하는 곳은 '단락2~단락3'이다.

그렇게 해서 정리한 지문의 핵심 내용은 다음과 같다. 거듭 강조하는 것이지만, 과학적 원리·현상을 설명한 글감은 그것에 대한 논리적 인과성의 흐름을 분석적으로 파악하면서 이를 **'구조화(도식화)'할 수 있어야** 한다. 이를 위해 지문 안에서 과학적 변화 과정을 지시하는 **핵심 키워드(용어와 서술)를 찾아,** 이것을 중심으로 각각의 흐름별 인과적 설명의 집약을 순차적으로 파악하면서 기호로써 간략히 표기한다.

소주제의 물음별 핵심어와 주요 서술

(단락1) 핵분열과 핵융합의 의미
(단락2~단락3) 핵분열과 핵융합에서의 '질량 결손'과 에너지의 관계
(단락4) 핵분열과 핵융합에서 질량 결손으로 발생하는 에너지의 발전 이용
(단락5) 핵분열 발전의 연쇄 반응을 위해 중성자 속도를 느리게 해야 하는 이유
(단락6) 태양 에너지를 이용한 핵융합 발전
(단락7~단락8) 지구 에너지를 핵융합 발전에 이용하기 어려운 이유와 해결 방안

(단락1) → **(단락2)** → **(단락3)**
  └ **(단락4)** → **(단락5)** → **(단락6)** → **(단락7)** → **(단락8)**

단락1에서 중요한 개념 요약

원자핵: 원자핵을 구성하는 기본 단위인 핵자들의 결합(양성자+중성자)
핵분열: 질량수(양성자와 중성자 개수의 합)가 큰 하나의 원자핵이 질량수가 작은 두 개의 원자핵으로 쪼개지는 것
핵융합: 질량수가 작은 두 개의 원자핵이 결합하여 질량수가 큰 하나의 원자핵이 되는 것

단락2에서 중요한 개념 요약

원자핵의 질량 〈 원자핵을 구성하는 개별 질량의 합 → **질량 결손**
'질량-에너지 등가 원리': 에너지= 질량에 광속의 제곱을 곱한 값($E = mc^2$), 질량과 에너지는 상호 전환

단락2~단락3의 과학적 원리의 흐름 정리

핵자들의 결합→ **질량 결손 발생** → **에너지로 전환**(질량 결손 시 발생하는 에너지=**원자핵 결합 에너지**: 원자핵을 개별 핵자들로 분리할 때 가하는 에너지)
핵자당 결합 에너지= 원자핵의 결합 에너지÷질량수
원자핵의 결합 에너지↑=(핵분열과 핵융합으로) 핵자당 결합 에너지↑×질량수(질량
　　결손)

핵자당 결합 에너지가 클수록→ 즉, 핵자들의 결합에서 **줄어든 질량이 에너지로 전환될수록**→ 원자핵을 구성하는 핵자들은 더 강력하게 결합하려 들고→ 원자핵이 더 안정된 상태를 이루고자 한다.
→ 이때, 원자핵들은 핵분열(질량수가 큰 원자핵)과 핵융합(질량수가 작은 원자핵)을
거쳐 핵자당 결합 에너지가 큰 상태가 되는데→ 이때 질량 결손이 일어나고→ 줄어든
질량은 원자핵 결합 에너지로 전환

중요한 부분을 체계화하여 생각하라
텍스트의 논리적 독해

■ 요령6: 글에서 중요한 부분을 찾았으면, 이어서 그 중요한 부분을 서로 연결하여 명제로써 밝히면서 글의 의미를 이해하려고 노력한다. 특히 다음 사항을 염두에 두고서 글 내용을 살핀다.

㉮ 단락 안의 문장들을 '뭉뚱그려' 읽으면서, 글 전체를 하나의 '의미 덩어리'로 재구성한다.

㉯ 글쓴이의 '견해·주장'의 물음을 '재구성'하면서 질문의 핵심과 그 대답을 살핀다.

㉰ 글 이해를 위한 '핵심 키워드'나 '맥락 단서'를 따라 '의미'를 재해석한다.

㉱ 글에 생략된 정보가 있는 경우, 그 숨은 정보를 추론해서 찾아 밝힌다.

㉲ 개념의 '추상화'를 통해 본질에 접근한다.

㉳ '재진술'하면서 거듭해서 설명한 부분(부연 설명)을 살펴 '의미'를 구체화한다.

㉴ '비교와 대조'를 이루면서 펼쳐지는 글 내용을 대상 및 논점별로 체계적으로 정리한다.

㉵ 글 내용이 특정 '관계'를 따라 논리적인 체계를 구성하는 부분을 별도로 정리한다.

㉶ '예시' 글을 살펴 그것이 지시하는 대상과 개념의 '의미'를 구체화한다.

㉷ '원리·법칙·이론'의 흐름과 과정을 설명하는 글 내용은, 그 단서가 되는 키워드를 따라서 글 내용의 핵심을 도식화한다.

㉸ 특정 사례나 현상에 대한 '추세·추이'를 설명하는 글 내용은 생각의 흐름을 따라서 키워드별로 그 변화 및 변동 관계를 표시하면서 읽는다.

■ 요령7: 관련한 '배경 지식'을 활성화하여 글 내용을 빠르게 해체하고 재구성한다.

글을 잘 읽고 글 내용을 바르게 이해하려면, 다음 사항부터 고려할 필요가 있다. 먼저, 글을 잘 읽으려면 단어와 어휘부터 많이 쌓아야 한다. 어휘력이 부족하면 글을 읽어 글 내용을 제대로 이해할 수 없다.

글이 이해되지 않으니 글을 읽어도 글 내용이 눈에 들어오지 않고, 글 내용이 눈에 들어오지 않으니 집중력도 떨어지며. 집중력이 떨어지니 글을 읽어도 좀처럼 글 내용을 파악하지 못하는 악순환이 반복된다. 어휘는 지문 난이도와 직접 관계하며, 어휘력에서 비롯되는 독자의 지식과 이해의 정도는 독해 과정에 지속해서 영향을 미친다.

어휘력이 달리면 지식을 개념화하여 체계적으로 생각하는 능력 부족으로 이어진다. 어휘력이 부족하면 글을 읽어도 좀처럼 집중하기 어렵고, 게다가 선입견이나 지레짐작으로 글을 읽거나, 그 어떤 도식화된 방법에 꿰맞추면서 글을 읽는 나쁜 습관에 쉽게 유혹받는다.

특히 사고력(이해력)과 어휘력의 불일치는 머리는 좋은데 공부에 소홀한 학생들에게서 나타나는 현상의 전형으로, 자신의 머리를 과신하지 말고 매일 조금씩이나마 글을 읽으면서 어휘력을 쌓아야 한다.

어휘력은 독해력과 **글 읽기 속도를 결정하는** 가장 중요한 요소이다. 비록 읽고 있는 글의 짜임새와 내용의 핵심은 여하히 파악할 수 있을지라도, 글에 낯선 단어들이 많이 들어있으면 생각의 흐름에 여기저기 구멍이 뚫리게 된다. 이 구멍의 크기와 정도가 클수록 머릿속 생각의 흐름이 자주 끊어지고, 생각은 흐려진다. 독서 속도와 독해 수준을 높이려면, 단어를 하나하나 개별적으로 읽지 말아야 한다. 어휘나 문장을 생각의 단위로 하여 이것을 **'뭉뚱그려가며' 읽어야** 하는데, 이때 글에 모르는 단어가 많이 들어있으면 이것이 글 읽기의 원활한 흐름을 방해하면서 글 내용을 이해하기 어렵게 만든다.

다음으로, 학습을 통해 머릿속에 저장된 어휘 정보를 빨리 끄집어낼 수 있도록 집중하면서 읽어야 한다. 글을 읽으면서 단어를 기억해내기 위해 한참을 생각해야 한다면, 정작 그 의미를 잊어버리기 쉽다. 앞서 말했듯이, 학생들의 읽기 이해력이 떨어지는 주된 이유는 개별 단어를 자동 해독하는 능력이 떨어지기 때문이다. 학생들이 글을 읽다가 단어의 뜻을 생각하느라 머뭇거리면 글의 요점을 놓치기 쉽다. 당연히 글 내용을 제대로 이해하지 못한다.

글을 읽어 살핀 정보는 이어지는 추가적인 정보에 의해서 지워지거나 삭제되면서 머릿속 기억 밖으로 빠져나갈 수 있다. 글에 담긴 정보는 다음과 같은 상황에 놓일 때 기억에서 지워질 수도 있다. 먼저, 정보가 마지막으로 활성화된 뒤 많은 시간이 흐른 때는 글을 처음부터 다시 읽어야 한다.

예를 들어 긴 문단의 첫 문장을 읽은 직후에 잠시 휴대폰을 들여다보는 것만으로도, 다시 글을 읽기 시작했을 때 전에 읽었던 정보는 쉽게 지워지기 때문에, 글을 처음부터 다시 읽어야 한다.

글을 읽으면서 머릿속 기억으로 입력된 추가적인 정보가 용량을 초과했을 때에도 읽은 정보가 기억에서 지워질 수 있다. 만약 자신이 이해할 수 있는 속도보다 더 빨리 글을 읽어 머릿속에서 글 내용을 적절하게 파악하지 못하거나, 또는 불필요한 단어들을 기억에서 지울 수 있는 충분한 시간이 주어지지 않는다면 이 같은 상황이 발생한다.

이런 경우에는 머릿속 기억 안에서 글 내용의 핵심을 축약하기 직전에 읽었던 단어들이 기억에서 지워지므로 이해력은 크게 낮아진다. 이것은 글을 날림으로 읽는 학생들에게서 나타나는 현상의 전형이다

기억하기 위해 더 많이 노력할 것을 요구하는 어려운 글을 읽을 때도 기억하는 데 어려움이 발생할 수 있다. 이해하기 어려운 단어가 많이 들어있는 글이거나 글 구성이 복잡한 글을 읽을 때 특히 그런데, 이런 글은 기억 활동의 대부분을 낯설고 어려운 단어들을 해독하는데 동원하면서 정신을 소진해야 하기 때문이다.

도식

끝으로, 글 내용의 이해에는 '도식'과 '청킹'이 크게 작용한다. 글을 읽어 중심 생각을 이해하는 능력은 독자의 개별 과거 경험과 그 경험을 바탕으로 형성한 정신 모델에 크게 좌우된다. 이를 '도식(스키마, schema)'이라고 부른다. 도식은 머릿속 **기억에 저장된 보편 개념을 곧바로 꺼내 쓸 수 있도록 구조화된** 지식 체계로, 지식이나 이론 등의 윤곽 내지는 틀이라고 보면 된다.

도식은 글 내용을 이해하는데 있어서 무척 중요한데, 글을 읽을 때 다음 세 가지

측면에서 영향을 끼친다. 글에 담긴 새로운 정보와 독자가 지닌 기존 지식을 통합하고, 맥락 안에서 어휘의 정확한 의미를 파악하며, 글 내용이 어떻게 전개될 것인지를 예측할 수 있다.

독자는 각자의 도식을 이용하여 글 내용을 분석하고, 비교하고, 추론한다. 이때 도식에 부합하지 않는 새로운 정보는 이해가 잘 안 되고 글 내용은 잘못 해석될 수 있다. 자신이 잘 알고 있지 못한 주제에 관한 글을 읽을 때, 그 글에 들어있는 모든 단어의 의미를 잘 알고 있음에도 불구하고 글 내용 자체를 이해하는 데 어려움을 겪는 이유가 이 때문이다.

이러한 문제를 해결하기 위해서는 무엇보다 중·고등학교 교과목에 실린 핵심 개념어의 의미를 정확히 숙지하여 머릿속 도식으로 체계화한 후, 이를 새로운 지식에 응용할 수 있어야 한다.

도식은 반복 학습을 통해 머릿속 지식으로 구조화된다. 우리가 새로운 지식과 경험을 접할 때 머릿속 도식은 편입·수정·재구조화 가운데 어느 한 가지 방법을 채택하게 된다. 새로운 지식과 정보가 작업기억 안으로 들어오더라도 기존의 도식은 바뀌지 않은 채 머릿속 기억으로 되돌아가거나(편입), 또는 새로운 지식과 정보에 맞게 조정되면서 도식은 바뀔 수 있다(수정). 하지만 새로운 지식과 정보가 현재 도식과 부합하지 않을 때는 또 다른 도식이 새롭게 만들어진다(재구조화). 즉, 학습자는 새로운 정보를 현존하는 도식 그 자체에 편입시키거나, 현존하는 도식이 새로운 정보를 수용하기에는 불충분하다는 사실을 인지하고 이를 좀 더 나은 방향으로 수정하거나, 새 정보가 현존하는 도식과 너무 큰 차이를 보이면 도식을 새롭게 구성할 필요성을 느끼게 된다.

도식 이론은 학습은 물론이고 글 읽기에서의 사전 지식(배경 지식)의 중요성을 일깨운다. 학생들은 사전 지식을 활용하여 글 내용을 정확하게 이해할 수 있도록 읽기를 연습하되, 그것도 자신의 도식과 새로운 지식을 연결할 수 있도록 해야 한다. 그렇더라도 글 내용에 대한 충분한 이해 없이 특정 문장이나 핵심 개념을 단순 암기하는 학습과 맹목적으로 읽는 습관화된 독서는 자칫 미성숙한 사고의 도식을 강화하는 부정적인 결과를 초래할 수 있다.

경직된 도식은 기억의 왜곡을 불러오고 잘못된 기억을 소환함으로써, 지식과 정보를 통합하고 조직화하는 능력을 갖추는데 필수적인 이해력과 사고력을 낮춘다. 따라서 도식을 읽기 학습에 적용하려면 기억과 이해의 관계를 잘 파악하면서 기억 활성화에 초점을 맞춰야 한다.

글 읽기를 끝마친 후 글 내용의 핵심을 머릿속에서 '마인드맵'으로 체계화하는 것은 무척 효과적인 도식화의 방법이다. 글을 빠르고 정확히 읽으면서 세부 내용까지 파악하기는 쉽지 않지만, 중요한 키워드(핵심어나 핵심 개념)를 재빨리 간파할 수 있다. 글 내용의 핵심을 마인드맵으로 도식화하여 머릿속 기억으로 체계화하는 글 읽기 연습은 텍스트 안의 중요한 키워드를 단박에 찾아낸 후, 그것을 중심으로 광범위한 텍스트를 한꺼번에 '빠르고 정확하게' 훑어 읽는 능력을 길러준다. 앞서, 텍스트의 논리적 독해를 위한 방법적 요령의 첫 번째 단계로서 '글 구조 파악'을 위한 구조 독서를 강조한 이유가 여기 있다.

청킹

'청킹(chunking, 덩이 짓기)'은 기억해야 하는 항목의 부피를 늘려서 전체 개수를 줄이는 기억 방식이다. 세 덩이로 되어 있는 휴대폰 번호를 떠올리면 쉽게 이해할 수 있을 것이다. 기억할 정보를 서로 의미 있게 연결하거나 묶는 인지 과정이 곧 청킹으로, 이러한 인지 과정은 결과적으로 글을 읽으면서 기억해야 할 내용을 일시적으로 또는 장기적으로 확장하는 효과가 있다.

청킹은 얼핏 보기에 무의미할 것 같은 정보를 뇌의 어디엔가 저장되어있는 장기기억을 토대로 재처리하는 과정이다. 다시 말해, 청킹은 우리가 이미 알고 있는 지식과 정보를 토대로 학습할 내용을 결정하고 확장할 수 있음을 보여준다. 기억력 향상도 마찬가지다. 무의미한 정보를 자신이 아는 정보를 토대로 걸러서 의미 있는 것으로 바꾸면 기억하기 훨씬 쉽다. 과거의 경험을 끄집어내 현재의 경험을 재구성하는데 쓰는 것이다.

청킹은 '맥락'으로 기억하는 사고의 기술이다. 수준급 체스 기사와 세계 정상급 체스 기사를 가르는 기준에 관해 연구한 체스 실험은 맥락적인 기억에 대해 다음과 같은 의미 있는 결과를 이끌어냈다. 체스 마스터들의 사고 체계는 일반 체스 기사들의 사고 체계와는 전혀 다르다.

그들은 체스판에 놓인 말 서른두 개를 각각 독립적인 것으로 보지 않고 여러 덩어리로 묶어서 판단했다. 그들은 체스판의 말을 덩이 짓기 위해 머릿속 기억에 저장된 수많은 체스 패턴을 끌어다가 썼다. 이는 체스 달인들의 오랜 경기 경험과 지식이 그만큼 풍부하다는 것을 보여준다.

체스가 분석에 기초한 지적 활동이라는 오랜 통념과 달리 마스터들은 체스판을 보자마자 어떤 말을 어느 칸으로 움직여야 하는지를 **직관적으로** 알아차린다. 마스터들은 체스판 앞에서 장기 기억에 저장된 정보를 떠올리고, 이를 토대로 체스의 움직임을 맥락으로 파악한다. 이와 달리 평범한 체스 기사들은 새로운 정보를 수집하는데 몰두한다. 그 때문에 체스 달인들이 눈앞에 놓인 체스판을 이미 축적된 다량의 정보를 토대로 해석하는 것과는 달리, 일반 기사들에게 체스판은 매번 새롭고 낯설 뿐이다.

의식하든 그렇지 않든, 우리는 기존 지식과 경험을 토대로 현재를 인식하고, 해석하고, 판단하고, 예측한다. 기억은 새 정보를 머릿속에 저장해 놓았다가 필요할 때 꺼내 쓸 수 있는 저장고와도 같다. 한번 저장된 기억은 고정 불변하는 것이 아니다. 기억은 감각 기관을 통해 새로 들어오는 정보를 토대로 항상 새롭게 재구성된다. 그렇게 해서 우리는 어떤 사실과 정보와 지식을 개별적으로 기억하기보다는 맥락에 따라 기억한다.

청킹 능력이 뛰어나면 눈과 뇌의 시지각 시스템을 사용하여 방대한 정보로부터 '가장 의미 있는 단서'를 즉각 추출해낸다. 핵심 정보만 보이고 나머지는 검게 보이는 적외선 사진처럼 말이다.

청킹은 효과적인 학습법으로도 각광을 받고 있다. 예를 들어, 영어를 학습할 때 처음에는 단어를 청킹 단위로 활용하여 문장을 구성하다가, 점차 구나 절과 같이 더 길고 더 복잡한 것을 청킹 단위로 하여 문장을 구성하는 식으로 점차 학습의 단계를 높여나갈 수 있다. 글을 읽을 때도 마찬가지다. 글을 읽으면서 다양한 정보들 가운데 의미 있는 정보들을 연관 지어 기억하거나 청킹의 단위를 단순한 것에서부터 점차 복잡한 것으로 늘려나가면, 기억할 양은 늘고 글의 이해력은 비약적으로 향상한다. 청킹의 기억법은 머릿속 **기억(특히 작업기억) 용량을 늘려** 이해를 넓히는 지적 사고 기술이다. 독서 능력이 뛰어난 학생들은 앞서 예로 든 체스 마스터처럼 **글 내용에서 어느 부분이 중요한지를 맥락으로 파악하는** 것에 있어서 탁월한 능력을 보일 것이다.

이처럼, '도식'과 '청킹'은 글을 '빠르고 정확히' 읽으면서 글 내용의 핵심 정보를 처리하는 데 있어서 큰 효과를 발휘한다. 도식은 글의 형식 면에서의 글 구조의 흐름을 파악하는 데 유용하고, 청킹은 글의 내용면에서의 중요한 부분, 즉 글의 핵심 정보를 파악하는 데 효과적이다. 도식과 청킹은 정신을 집중하면서 글을 읽는 과정에서 자연스럽게 체화된다. 유창하게 책을 읽는 학생의 두뇌는 단어의 뜻과 문장의 의미를 자동으로 인식하고 해석(해독)한다. 글을 읽음과 동시에 글 내용을 이해하고 글 내용에 더 잘 집중한다.

텍스트의 의미 구조를 읽어라

글의 구조를 파악하고 글에서 중요한 부분을 찾았다고 해서, 그것만으로 글 내용을 온전히 이해했다고는 볼 수 없다. 글에는 듬성듬성 틈이 있어서 글의 정확한 의미파악이 어려울 뿐만 아니라, 글쓴이의 생각과 독자의 생각 사이에도 간격이 있어서 글 내용의 이해가 힘들 수 있다. 게다가 글에는 숨은 정보나 맥락적 단서를 찾아 밝혀야만 비로소 글 내용의 핵심을 이해할 수 있는 때도 있고, 글에 실린 핵심 개념의 추상화를 거쳐야만 비로소 본질에 접근할 수 있을 때도 있다. 글의 여기저기에 흩어져 있는 정보를 종합해서 이것을 특정 물음을 따라 글 내용의 핵심을 재구성해야만 비로소 글의 의미를 이해할 수 있는 때도 있다.

이렇게 설명하면 학생들은 "꼭, 그렇게까지 해야 하나"라고 되물을 수 있겠지만, 이는 그렇지 않다. "구체적 사례를 적용하여 글 내용을 '이해·판단·추론'해야 답" 할 수 있는 고득점 문제를 막힘없이 풀 수 있으려면, **텍스트의 논리적 독해가 뒷받침되어야** 한다. 이것이 수능 국어 비문학 독해의 핵심으로, 글에서 중요한 부분을 찾았으면, 이어서 그 중요한 부분을 서로 연결해가면서 글의 의미를 이해하려고 노력해야 한다.

이를 위해서는, 글자를 읽지 말고 **글의 '의미'를 읽어야** 한다. 글 내용에 의미를 부여하지 않으면서 읽으면, 우리의 뇌는 그 의미를 관심 밖의 내용으로 간주하여 곧바로 무시해버린다. 이를 두고 '인지적 구두쇠'라고 하는데, 이는 뇌가 글 내용을 파악하기 위해 그다지 노력을 쏟으려 들지 않는다는 의미다. 뇌는 글에서 중요하지 않은 것들은 무시하고, 중요하다고 의식하는 부분에만 집중하면서 머릿속 신경 회로를 활성화한다. 만약 글을 읽으면서 집중하지 않으면 뇌신경회로는 소극적으로 자극받고, 그렇게 되면 뇌의 변화가 유발되지 못하면서 무작위로 떠오르는 생각들을 통제할 수 없다.

같은 문장을 읽고도 개인별로 이해의 수준에서 차이 나는 이유가 이와 무관하지 않다. 읽기에 서투른 학생은 자신이 읽은 내용을 이해하지 못하는 경우가 많다. 중요한 내용을 담은 문장임에도 불구하고 그다지 중요하지 않은 문장이라고 생각하면서 특별한 의미를 부여하지 않을 경우, 그 학생은 글을 다 읽은 이후에도 글 내용이 무엇이었는지 잘 모른다. 이것은 핵심 용어를 이해하지 못하거나, 글에서 중요한 부분을 찾지 못해서일 수 있다. 문장이 서로 어떻게 관련되어 있는지 모르거나, 혹은 글 내용을 이해하는데 필요한 배경 지식이 부족해서일 수도 있다. 어느 쪽이든, 글에서 중요한 부분을 찾아 이것에 집중하면서 텍스트의 의미를 논리적으로 독해할 필요가 있다.

수학적으로 사고하라

텍스트의 논리적 독해는 마치 수학 문제를 푸는 것과 같다. 수학은 사물이나 현상을 '논리적으로 생각하는 힘'을 길러준다. 학생들은 수업 시간에 배운 수많은 공식과 해법을 통해 문제 해결을 위한 접근 방법, 즉 논리력을 키울 수 있다. 수학은 언제나 '간단함'과 '명쾌함'을 요구하는 학문으로, 수학력이란 계산을 잘하는 능력이 아닌, '생각하는 힘'이다.

수학 문제를 빨리 푸는 요령 중 하나는 문제의 패턴을 최대한 많이 익히는 것이다. 다양한 문제의 패턴을 암기하면, 새로운 문제를 만나도 암기한 패턴 중 하나로 분류할 수 있고, 그렇게 해서 기존 해법에 적용해서 문제를 풀 수 있기 때문이다. 이러한 정형화된 문제 풀이 습관은 깊이 생각하지 않고 짐작이 가는 대로 넘겨짚는 '지레짐작'의 사고를 고착화하고, 차분히 시간을 들여 숙고할 시간을 주지 않음으로써 '직관적 사고력'의 활성화를 가로막는다. 학생들이 수학을 힘들어하는 것은 수학적 재능이 없어서가 아니라, 수학을 산수와 똑같이 공부하기 때문이다. 굳이 설명하지 않아도, 이것에 동의하지 않는 학생들은 그리 많지 않을 것이다. 그리고 그 결과가 어떠할지 역시 잘 알고 있을 것이다.

수학의 궁극적인 지향점은 판에 박힌 듯한 문제의 답을 빨리 도출하는 것에 있지 않다. 수학은 세상을 설명하는 언어로, 수학의 지향점은 세계의 구성 원리와 특징을 논리적인 방법으로 설명하고 증명함으로써, 그 이해의 폭을 넓히는 데 있다. 그 점에서 '수학력'과 '국어력'은 합치되는 부분이 많다. 둘 다 생각하는 힘이 뛰어나야 한다.

부호로써 표현하는 수학이나 언어로써 표현하는 설명글 모두 '기호'라는 점에서 일치하며, 특히 자신의 언어로 대상을 정확하게 생각하는 힘은 무척 중요하다. 이런 이유로, 비문학 지문 독해력의 원천은 곧 '수학력'이라 할 수 있다.

수학력의 핵심은 '사고하는 힘'이다. 이것을 국어력에 그대로 치환하면, **'텍스트의 의미 구조를 읽어내는 힘'**이라 할 수 있다. 이해하기 어려운 개념을 담은 글이거나 글 내용이 복잡한 경우, 그리고 핵심 개념에 대한 배경 지식이 부족한 경우에는 **텍스트 구조를 파악하기 위해 생각을 집중하면서 글을 읽을 필요가 있다.** 텍스트 구조를 활용하여 글 내용을 예측하며 읽는 연습은 독해력 향상을 위해 무척 중요하다. 텍스트 구조를 파악한 후 글 내용의 핵심을 상황·조건·맥락에 맞게 연결한다면, 글쓴이가 글을 통해 어떤 생각이나 주장을 전하고자 하는지에 대한 진위 파악은 한결 수월하다.

그렇게 해서 글에 들어있는 새로운 지식을 머릿속 기존 지식과 연결하여 '새로운 의미로 재구성'할 수 있어야 한다. 독해력은 그렇게 해서 만들어지고, 더불어 체계화된 사고까지 보태진다. 이때 체계화된 사고를 '이해·적용·분석·종합·평가'라는 복합 사고로 끌어올리려면, 거듭되는 글 읽기를 통해 '텍스트를 논리적으로 독해할 수 있는 능력'을 높여야 한다. 논리·유추·추론과 같은 복합 사고는 글의 맥락을 이해하지 않으면 결코 이를 일깨울 수 없기 때문이다. 따라서 평소 다양한 분야의 글을 많이 읽되 이해가 될 때까지 반복하고 또 집중해서 읽는 훈련을 통해 독해력을 향상해나가야 한다.

단락별 문장들을 뭉뚱그려 읽으면,
글의 의미를 더 잘 파악할 수 있다!
의미 단위 읽기의 중요성
https://youtu.be/R--69a8EH5g

텍스트의 논리적 독해를 위해서는 특히 다음 사항을 염두에 두고서 글 내용을 살핀다.

㉑ 단락 안의 문장들을 '뭉뚱그려' 읽으면서, 글 전체를 하나의 '의미 덩어리'로 재구성한다.

인문·철학이나 과학·경제 분야에서 새로운 개념을 접할 때, 학생들은 퍼즐 맞추기에서 마치 퍼즐 조각이 뒤죽박죽 섞인 듯 느껴질 것이다. 이때, 이해 과정이나 맥락 없이 글을 읽는다면, 글에서 중요한 내용을 파악할 수 없을뿐더러, 그 **개념이 다른 개념과 어떻게 연결되는지** 이해할 수 없다.

이것은 이를테면 퍼즐 조각처럼 맞물리는 요철이 없어서 다른 퍼즐 조각과 연결되지 않는 것과 같은 이치다. 하지만 관련한 조각의 덩이를 형성하면 의미와 뜻을 통해 정보 조각이 서로 결합하는 정신의 도약을 이룰 수 있다. 이렇게 만들어진 논리적인 전체 덩이(의미 체계)는 기억하기도 쉽고, 그 덩이를 **더 큰 의미와도 쉽게 맞출 수 있다.**

다음과 같은 문장이 있다고 하자.

> 항상성은/ 생물체가 체내 외의 모든 변화에 대응하여/ 몸의 형태나 체내 상태를 안정시키면서 개체의 생명을 유지하는 성질을 말한다.

앞의 문장을 해독하기 위해서는 먼저 문장을 구성하는 핵심 어휘인 '생물체, 체내, 형태, 변화, 개체, 성질'에 관한 사전 지식(배경 지식)부터 머릿속에 들어있어야 한다. '이해'는 새로운 정보와 기존 정보(기성 지식)의 비교와 대조를 통해 일어나기 때문이다. 만약 관련 어휘에 대한 사전 지식이 부족하면, 앞 문장의 해독에 실패하면서 '항상성'이란 개념어의 뜻을 이해하지 못할 것이다.

글을 더 빨리 읽고 더 잘 이해하려면 복잡한 글 구조를 '**독해(글자 해독이 아니다)**'하면서 읽을 수 있어야 한다. 이를 위해서는 먼저 단어를 인지하고, 자주 사용하는 어휘나 상위 단어로 그룹화를 하여 글 내용(문장의 의미)을 축약할 수 있어야 한다.

글을 읽을 때, 머릿속 기억은 제한적이기 때문에 긴 문장 속 단어들을 전부 떠올릴 수는 없다. 그러한 어려움을 해결하기 위해 머릿속 기억은 문장 내의 한 구절에 해당하는 단어들을 모아 집약(그룹화)하면서, 구절 안에서 글 이해에 꼭 필요한 단어를 선별하거나, 새로운 단어로 대체하면서 글 내용을 축약한다. 그리고 이것들을 모아 문장 전체의 핵심 내용(요점)을 다시금 집약한다. 그렇게 해서 앞서 예로든 복잡한 형태의 문장은 다음 세 구절의 문장으로 축약 및 재구성된다.

항상성은/ 환경 변화에 대응하여/ 생체를 일정하게 유지하려는 현상이다.

그런 다음, 단락 안의 여러 문장을 차례로 그룹화(집약)하여 더 높은 수준의 단락별 핵심 내용(핵심 문장, 요점)으로 다시금 집약한다. 이어서 단락별로 글 내용을 축약(단락별 글의 요점, 논지)하면 지문 전체의 글 내용은 더 높은 수준으로 재정리가 되는데, 이것이 지문 전체의 핵심 내용이다. 이 모든 과정은 '의미 단위 읽기'를 통해 이루어지며, 그 과정에서 글 전체의 의미와 중심 생각은 한눈에 들어온다. 글을 읽어 글 내용의 핵심을 요약하는 작업 역시 이러한 과정을 밟는다.

거듭 강조하지만, 독서력의 근간인 문장 독해력을 높이기 위해서는, 평소 꾸준한 독서 활동을 통해 직관적 사고력을 높여야 한다. 그 핵심은 문장을 하나의 생각으로 뭉뚱그려가며 읽는 훈련으로, 이를 통해 글을 보다 빨리 읽고, 전체 의미를 올바로 파악하고, 글의 핵심을 정확히 파악할 수 있도록 부단히 노력해야 한다. 그 과정에서 문장 독해력은 갈수록 향상된다.

> ### [예문1: 마르크스의 가치]
>
> 마르크스는 사물의 **경제적 가치**를 사용 가치와 교환 가치로 구분하면서 자본주의 사회에서는 경제적 가치가 교환 가치에 의해 결정된다고 보았다. <u>**사용 가치**는 사물의 기능적 가치를, **교환 가치**는 시장 거래를 통해 부여된 가치를 의미하는데 사물 자체의 유용성은 고정적이므로 시장에서의 수요와 공급에 의해서만 경제적 가치가 결정된다고 보았기 때문이다.</u> 또한 그는 사물의 거래 가격은 결국 사물의 생산 비용에 의해 결정된다는 점에서 소비를 생산에 종속된 현상으로 보고 소비의 자율성을 인정하지 않았다.
> (2022.3월 고1 모의, 문제16~20 출제 지문 단락1)

[예문1]의 글 내용을 몇 개의 '의미 덩어리'로 재구성하면 다음과 같다.

> 마르크스는 사물의 **경제적 가치**를 사용 가치와 교환 가치로 구분하면서, 교환 가치가 사물의 경제적 가치, 즉 가격을 결정한다고 보았다. <u>**사용 가치**는 유용성의 가치로 고정적이지만(즉, **가치=가격**), **교환 가치**는 시장 거래 가치로 수요와 공급에 따라 달라진다 (즉, **가치≠가격**).</u> 사물의 거래 가격은 생산 비용에 의해 결정되므로, 소비의 자율성은 인정되지 않는다.
> → 사용 가치는 상품 고유의 **절대적 가치**이고, 교환 가치는 화폐를 매개로 한 **상대적 가치**다.

　　[예문1]은 글 내용을 지나치게 축약한 것이어서 그 의미 파악이 쉽지 않다. 이런 글은 그 안에 실린 '핵심어'를 중심으로 글 내용을 '뭉뚱그려' 읽으면서 글 내용을 재구성할 필요가 있다. 그 과정에서 해석의 '단서'를 찾아 이것을 중심으로 글 내용을 들여다보면, 글 이해는 한결 쉬워진다.

　　그 핵심은, '사물의 경제적 가치와 사용 가치·교환 가치' 간의 의미 관계로, '**경제적**'이란 키워드와 시장에서의 '**수요-공급**'이란 키워드에 주목하면서 글에 드러나지 않은 키워드(숨은 정보)로써 '**가격**'이란 용어를 떠올릴 수 있다면, '사용 가치와 교환 가치'의 본질적인 차이를 좀더 확실히 파악할 수 있을 것이다.

㉯ 글쓴이의 '견해 · 주장'의 물음을 **'재구성'**하면서 질문의 핵심과 그 대답을 살핀다.

말했듯, 글 안 또는 글과 글 사이에는 듬성듬성 간격이 있을 뿐만 아니라, 글쓴이의 시각에서 특정 견해와 주장 간의 관점(입장) 차이를 기술하거나 또한 관련한 비판적 시각을 드러내는 등으로, 글 내용의 이해를 어렵게 만드는 요소가 들어있을 수 있다. 이 경우, 글을 읽으면서 글 내용을 이해하는 데 당연히 어려움이 따를 수 있다.

이런 글일수록 글 전체부터 살펴 그 물음의 핵심이 무엇인지부터 파악한 후, '설명의 방법'에 주목하여 그것의 속성별 특징을 따라 글 내용을 나누고 보태면서 글 내용의 핵심을 다시 정리해야 한다.

글의 기술 과정에는 '분류 · 분석 · 비교'라는 설명의 방법이 반드시 개입할 수밖에 없기에, 특히 이러한 설명 방법을 따라 핵심 어구와 중요 문장을 찾아서 글 내용을 재구성할 필요가 있다. 그 과정에서 **글의 숨은 정보를 찾아 채우고**, 추론할 내용이 있으면 이것 역시 찾아 밝혀야 한다.

[예문2: 주희와 정약용의 인간 본성에 따른 선악 행위의 근원 비교]

주희는 인간의 본성을 '본연지성(本然之性)'과 '기질지성(氣質之性)'으로 설명하였다. ㉮'본연지성'은 인간이 하늘로부터 부여받은 순수하고 선한 본성이고, '기질지성'은 본연지성에 사람마다 다른 기질이 더해진 것으로 사람에 따라 다양하게 나타난다. 그래서 주희는 Ⓐ인간의 기질이 맑으면 선한 행위를 하고 탁하면 악한 행위를 할 수 있다고 보았다. 그러나 정약용은 Ⓑ선한 행위와 악한 행위의 원인을 기질이라는 선천적 요인으로 본다면 행위에 인간의 의지가 개입되지 않으므로 악한 행위를 한 사람에게 윤리적 책임을 물을 수 없다고 주희의 관점을 비판하였다.

정약용은 인간의 본성을 '기호(嗜好)'라고 보았다. 기호란 즐기고 좋아한다는 뜻으로, 생명이 있는 모든 존재는 각각의 기호를 본성으로 갖는다고 보았다. 꿩은 산을 좋아하는 경향성을 갖고 벼는 물을 좋아하는 경향성을 갖는 것처럼, 인간도 어떤 경향성을 갖

는다는 것이다. 정약용은 인간에게 '감각적 욕구에서 비롯된 기호'와 '도덕적 욕구에서 비롯된 기호'가 있다고 보았다. 먼저, ㉯감각적 욕구에서 비롯된 기호는 생명이 있는 모든 존재가 지니는 육체의 경향성으로, 맛있는 것을 좋아하고 맛없는 것을 싫어하는 것을 예로 들 수 있다. 다음으로, ㉰도덕적 욕구에서 비롯된 기호는 인간만이 지니는 영혼의 경향성으로, 선을 좋아하거나 악을 싫어하는 것을 예로 들 수 있다. 정약용은 감각적 욕구가 생존에 필요하고 삶의 원동력이 된다는 점에서 일부 긍정했으나, ©감각적 욕구에서 비롯된 기호를 제어하지 못할 경우 악한 행위가 나타날 수 있고, 도덕적 욕구에서 비롯된 기호를 따를 경우 선한 행위가 나타난다고 보았다. 정약용은 선한 행위를 하거나 악한 행위를 하는 것이 ⓓ온전히 인간의 자유 의지에 달려 있으므로, 악한 행위를 한 사람에게 윤리적 책임을 물을 수 있다고 보았다. (2021.6월 고1 모의 문제 21~25 출제 지문, 단락2~단락3)

[예문2]의 '단락2'와 '단락3'에는 인간 본성으로서의 선악 행위와 관련한 주희와 정약용의 관점 차이가 혼재되어 기술되어 있다. 그런데 글을 읽어보면, 글 내용을 관통하는 '논의점'은 아래 (1), (2)의 두 가지 물음으로 집약됨을 알 수 있다. 지문 이해의 관건은 이 두 물음(논의점)의 파악 및 이것에 기초하여 글 내용의 핵심을 파악하는 것이다. 만약 글을 읽어 글쓴이가 무엇을 중점적으로 묻고자 하는지를 모르겠다면, 좀더 치밀하게 글을 읽으면서 논의의 핵심부터 찾은 후, 그것에 근거해서 글 내용을 다시 구성할 필요가 있다.

[예문2]에서 글의 핵심 논지 파악이 어려운 이유는, '단락2'와 '단락3'에서 '비교'할 내용의 핵심이 뒤섞여 있고, 게다가 이를 추론할 단서를 글 안에 담고 있기 때문이다. '단락2'의 '선천적 요인으로 본다면'이란 서술과 '단락3'의 '자유 의지'란 핵심어가 그것으로, 여기에 지문의 굵은 글씨 부분을 추가하여 글 내용을 거듭 살펴야 한다.

다음은 이 모든 것들을 반영하여 글 내용의 핵심을 새롭게 재구성한 것으로, 특히 밑줄 친 부분을 '추론'해서 밝힐 수 있어야 글 내용의 이해는 완결된다.

(1) 인간의 악한 행위는 **어디에서 비롯되는가?** ··· ㉮+㉯+㉰ ··· 선천적이냐, 후천적이 냐, 상호적이냐

■주희: 기질
　・인간 본성= 본연지성= 순선무악하다.
　・기질지성= 본연지성(理)+기질(氣)= <u>선하기도 하고 악하기도</u> 하다.
　→ 인간이 선하고 악한 것은 기질 차이에 따른 것이다. ··· 기질은 (<u>선천적 혹은 후천</u><u>적 요인에 따라</u>) 개인별로 차이난다.

■정약용: 경향성
　・인간 본성= 기호= 인간의 경향성
　・인간의 경향성①: 감각적 욕구에서 비롯된 기호= 육체의 경향성= <u>선악과 관계한</u><u>다.</u>
　・인간의 경향성②: 도덕적 욕구에서 비롯된 기호= 정신의 경향성= 선하게도 나타나고 악하게도 나타난다.

(2) 인간의 악한 행위에 **윤리적 책임을 물을 수 있는가?** ··· Ⓐ+Ⓑ+Ⓒ+Ⓓ ··· 결정론과 자유 의지의 문제

■주희: 악한 행위는 본연지성을 따르지 않는 개인의 탁한 기질에서 비롯되는 것이기에, 윤리적 책임을 물을 수 있다.
　→ 이에 정약용은, 만약 인간의 기질이 (결정론을 따라) 타고난 것이라면, 이는 개인의 자유 의지로도 맑은 기질로 바꿀 수 없기에, 윤리적 책임을 물을 수 없다고 반박.

■정약용: 인간의 '자유 의지'로 악한 행위의 제어가 가능하므로, 윤리적 책임을 물을 수 있다.
　→ 인간이 선한 행위와 악한 행위를 하는 것은 인간의 자유 의지에 따른 것이다.

㉰ 글 이해를 위한 '핵심 키워드'나 '맥락 단서'를 따라 '의미'를 재해석한다.

길고 복잡한 글일수록, 글의 '맥락'부터 잡아야 글 내용의 핵심은 눈에 들어온다. 맥락(Context)은 '텍스트의 상호 연결 관계'를 말하는데, 이 맥락을 파악하지 못하면 글 내용은 눈에 들어오지 않을 뿐만 아니라, 글에서 중요한 부분을 찾기 어렵다. 당연히 글의 중심 생각을 파악하지 못한다.

비문학 설명글에서 '맥락'은 말하자면 글 내용의 논리적 체계라고 할 수 있는데, 특히 경제·법률 관련 지문이나 과학·기술 관련 지문은 글의 맥락, 즉 논리적 흐름 체계를 잘 살피면서 글 내용의 핵심을 파악할 수 있어야 한다. 이런 종류의 글일수록 글의 흐름과 과정 체계를 규정하는 핵심 키워드나 맥락 단서가 들어있게 마련이므로, 이것을 찾아서 글의 논리적 체계를 살펴야 한다. 핵심 키워드는 글 이해에 결정적인 단서를 제공하는 '단어나 서술'이고, '맥락 단서'란 텍스트와 함께 제시된 상황 정보라고 할 수 있는데, 둘 다 텍스트의 상호 연결 관계를 파악하는 데 있어서 결정적인 역할을 하는 부수 정보라고 생각하면 된다.

그런 다음, 핵심 키워드나 맥락 단서를 따라서 글 내용을 재구성하고 재해석하는 과정을 밟는다. 글의 논리적 연결 관계가 매끄럽지 않은 부분은 핵심 키워드를 통해 그 의미 관계를 자세히 살피고, 글의 추가적인 해석이 필요한 부분은 맥락 단서를 갖고서 글 내용을 좀더 깊게 살핀다.

이런 노력 과정에서 글의 논리적 연관 관계는 어렵지 않게 파악할 수 있으며, 글의 중심 생각은 눈에 들어온다.

[예문3: 손실보상청구권상 공용 침해에 대한 보상 규정 및 이론적 근거]

공익을 위한 적법한 행정 작용으로 개인의 재산권에 특별한 희생이 발생한 경우, 개인은 자신이 입은 재산상 손실을 보상하도록 요구할 수 있는 권리인 '손실보상청구권'을 갖는다. 여기서 '특별한 희생'이란 보호할 필요가 있는 재산권에 대한 침해를 이르는 말로, 이로 인한 손실은 국가가 보상해야 한다. 가령 감염병 예방법에 따르면, 행정 기관이 감염병 예방을 위해 의료기관의 병상이나 연수원, 숙박 시설 등을 동원한 경우 이로 인한 손실을 개인에게 보상하여야 하는데, 이때의 재산권 침해가 특별한 희생에 해당하는 것이다.

손실보상청구권은 공적 부담의 평등을 위해 인정되는 헌법상 권리이다. 행정 작용으로 누군가에게 특별한 희생이 발생하면, 그로 인한 부담을 공공이 분담하는 것이 평등 원칙에 부합하기 때문이다. 또한 헌법 제23조 제3항은 "공공필요에 의한 재산권의 수용・사용 또는 제한 및 그에 대한 보상은 법률로써 하되, 정당한 보상을 지급하여야 한다"라고 하여, '공공필요에 의한 재산권의 수용・사용 또는 제한', 즉 공용 침해와 이에 대한 보상이 법률에 규정되어야 함을 명시하고 있다. 공용 침해 중 수용이란 개인의 재산권을 국가로 이전하는 것, 사용이란 행정 기관이 개인의 재산권을 일시적으로 사용하는 것, 제한이란 개인의 재산권 사용 또는 그로 인한 수익을 한정하는 것을 의미한다. 한편 제23조 제3항은 내용상 분리될 수 없는 사항은 함께 규정되어야 한다는 의미의 '불가분 조항'이다. 따라서 공용 침해 규정과 보상 규정은 하나의 법률에서 규정되어야 한다. …#3

그러나 헌법은 제23조 제1항에서 "모든 국민의 재산권은 보장된다. 그 내용과 한계는 법률로 정한다"라고 규정하여, 재산권은 법률에 의해 구체화된다고 밝히고 있다.…#1 또한 제2항에서 "재산권의 행사는 공공복리에 적합하도록 하여야 한다"라고 하여, 개인의 재산권 행사가 공익에 적합하여야 한다는 재산권의 '사회적 제약'을 규정하고 있다. 특히 토지처럼 공공성이 강한 사유 재산은 재산권 행사에 더욱 강한 사회적 제약을 받을 수 있다. 만약 재산권 침해가 사회적 제약의 범위 내에 있다면 이로 인한 손실은 보상의 대상이 되지 않는다. 즉 재산권 침해가 특별한 희생에 해당할 때만 보상이 가능한 것이다. …#2

재산권의 사회적 제약과 특별한 희생의 구별에 대해 경계 이론과 분리 이론은 서로 다른 입장을 취한다. 경계 이론에 따르면 양자는 별개가 아니라 단지 침해의 정도에 있어서만 차이가 있을 뿐이다. 재산권 침해는 그 정도가 사회적 제약의 범위를 넘어서면 특별한 희생으로 바뀐다는 것이다. 따라서 경계 이론은 사회적 제약을 벗어나는 재산권 침해는 보상 규정이 없어도 보상이 이루어져야 한다고 본다. 보상을 규정하지 않은 채 공용 침해를 규정하고 있는 법률은, 불가분 조항인 헌법 제23조 제3항에 위반되어 위헌이고, 위헌임이 밝혀진 법률에 근거한 공용 침해 행위는 위법한 행정 작용이 된다는 것이다. 경계 이론은 적법한 공용 침해 행위의 경우에 보상이 인정된다면, 위법한 공용 침해 행위의 경우에도 헌법 제23조 제3항을 근거로 보상을 인정해야 한다는 입장이다. …#4

이에 반해 분리 이론은 재산권의 사회적 제약에 대한 헌법 제23조 제2항의 규정과 특별한 희생에 대한 제3항의 규정은 입법자의 의사에 따라 완전히 분리된다고 주장한다. 따라서 재산권 침해를 규정한 법률에 보상 규정이 없는 경우 입법자가 이러한 재산권 침해를 특별한 희생이 아닌 사회적 제약으로 규정한 것으로 본다. 재산권 침해가 사회적 제약 또는 특별한 희생 중 무엇에 해당하는지 결정하는 것은 법률을 제정하는 입법자의 권한이라는 것이다. 만약 해당 법률에 규정된 재산권 침해가 헌법 제23조 제2항에서 규정한 재산권의 공익 적합성을 넘어서서 개인의 재산권을 과도하게 침해한다면, 이러한 법률은 헌법 제23조 제2항을 위반하여 위헌이고, 위헌임이 밝혀진 법률에 근거한 행정 작용은 위법하게 된다. 분리 이론은 이러한 경우 손실을 보상하는 것이 아니라, 위법한 행정 작용 자체를 제거해야 한다고 본다. 재산권을 존속시키는 것이 재산권을 침해하면서 그 손실을 보상하는 것보다 우선한다고 보기 때문이다. …#5 (2021.3월 고1 모의, 문제 21~25 출제 지문)

[예문3]은 앞서 예로든 지문이지만, 복잡한 글 내용의 의미 관계를 파악하기 위한 좋은 사례여서 거듭 다루고자 한다. 지문은 '헌법 제23조'의 법조문을 이론적 근거를 제시하면서 해석한 것이다. 참고로, '헌법 제23조'의 내용은 다음과 같다.

헌법 제23조
제1항: 모든 국민의 **재산권은 보장**된다. 그 내용과 한계는 법률로 정한다.
제2항: 재산권의 행사는 '**공공복리**'에 적합하도록 하여야 한다.
제3항: **공공필요에 의한** 재산권의 수용 · 사용 또는 제한 및 그에 대한 **보상은 법률로써** 정하되, '**정당한 보상**'을 **지급하여야** 한다.

[예문3]에서 눈여겨봐야 할 맥락 단서는 다음 두 가지다. 먼저, '단락2'와 '단락3'에 명기된 '법조항' 관련 서술이다. 무릇 법조문은 논리적 흐름을 따라 체계적으로 기술되는 특징이 있다. 하지만 지문에서는 법조항이 '제3항→제1항→제2항' 순으로 기술되어 있는데, 그 이유가 관련한 핵심 용어로 기술한 글 내용의 논리적 흐름을 따라서 그런 것인지, 아니면 다른 이유가 있어서 의도적으로 그렇게 구성한 것인지를 살필 필요가 있다.

지문을 자세히 들여다보면 그 이유를 알 수 있다. 지문은 헌법 조문의 흐름에 따른 '법 해석'보다는 '헌법상 손실보상청구권 상의 보상 규정과 그 이론적 근거'에 초점을 두고서 글 내용의 흐름을 기술함으로써, 글 내용이 복잡해 보이는 것이다.

다음으로, '단락2'에 명기된 '**불가분 조항**'이란 **핵심 키워드**로, 이것에 주목하여 '단락2~단락5'에 걸쳐서 명기된 '공용 침해 규정'과 '보상 규정'을 '불가분 관계'로 볼 것인가, 아니면 '분리 적용'할 것인가에 따라서 이론적 해석을 달리하고 있다는 사실이다. 이것이 [예문3] 지문 독해의 사실상의 포인트다.

이 두 가지 맥락 단서를 따라 법 조항의 흐름을 읽으면서 글 내용의 핵심을 살피면, 지문에서 제기하는 질문과 그 대답을 알아낼 수 있는데, 이는 다음 두 가지다. 즉, '공용 침해에 따른 재산권 손실의 보상 가능 여부'와 '헌법 제23조 제3항과 제2항은 불가분 조항인지, 아니면 분리 적용 가능한지'에 대한 이론적 근거가 그것으로, 이 두 관점을 따라 글 내용의 핵심을 재구성하면서 살펴야 글의 의미는 정확히 파악될 수 있다. 참고로, 법조문에 명기된 핵심 용어는 관련한 사례나 증거를 찾아 살피면 그 의미를 좀더 정확히 파악할 수 있는데, 이 모든 내용을 아래 설명을 통해 확인할 수 있을 것이다.

[글 내용을 해석하면]

#1: 헌법은 제23조 제1항에서, "모든 국민의 재산권은 보장된다. 그 내용과 한계는 법률로 정한다"라고 규정하고 있다.

#2: 헌법 제23조 제2항은 개인의 재산권 행사가 공익에 적합해야 한다는 재산권의 '사회적 제약'을 규정하고 있다. 만약 재산권 침해가 사회적 제약의 범위 내에 있다면 이로 인한 손실은 보상의 대상이 되지 않는다. 즉, 재산권 침해가 특별한 희생에 해당할 때만(헌법 제23조 제1항 또는 제3항에 규정되어 있을 때만) 보상이 가능한 것이다.

→ 사회적 제약에 해당하는 경우의 예: 국민 보건을 위해 광견병에 걸린 개를 보상 없이 공권력으로 살해하는 경우, 공해업소의 조업 중단 결정, 밀수용 선박을 보상 없이 몰수하는 경우(그렇더라도, 과잉 금지의 원칙을 따라야 한다) 등 : 사회적 제약= '공적 제약'의 개념

#3: 헌법 제23조 제3항은 '공공필요에 의한 재산권의 수용·사용 또는 제한(즉, 공용 침해에 따른 개인 재산권의 '특별한 희생')에 대한 정당한 보상을 규정하고 있다. 이때 공용 침해에 관한 사항과 그에 대한 보상에 관한 사항은 법률에서 동시에 규정되어야 한다.

→ '특별한 희생'이라고 볼 수 있는 경우에만 헌법 제23조 제3항에 의해 정당한 보상을 지급할 의무가 있으며, '특별한 희생'이라고 볼 수 없는 경우에는(즉, 법률에서 규정하지 않는 경우에는) 재산권의 사회적 구속성에 따르는 제한(사회적 제약)으로 보아

보상이 필요하지 않다고 본다. : 특별한 희생= '사적 희생'의 개념

#4: 법 해석에서의 관건은 어떠한 경우를 특별한 희생으로 볼 것인가 하는 것으로, 경계 이론에 따르면 양자(특별한 희생과 사회적 제약)는 단지 침해의 정도에 있어서만 차이가 있을 뿐으로, 재산권 침해는 그 정도가 사회적 제약의 범위를 넘어서면 특별한 희생으로 바뀐다. 따라서 경계 이론은 사회적 제약을 벗어나는 재산권 침해는 (이를 특별한 희생으로 간주하여) <u>보상 규정이 없어도 보상이 이루어져야</u> 한다고 본다.

→ 경계 이론에 따르면, 사회적 제약을 벗어나는 재산권 침해는, 비록 그것이 헌법 제23조 제1항에서 재산권 침해 내용과 한계가 명기되어 있지 않더라도, 공적 침해와 공적 보상의 결부조항인 헌법 제23조 제3항을 인용하여, 보상해야 한다.

#5: 분리 이론은 재산권의 사회적 제약에 대한 헌법 제23조 제2항의 규정과 특별한 희생에 대한 제3항의 규정은 <u>입법자의 의사에 따라 완전히 분리</u>되며, 재산권 침해를 규정한 법률에 보상 규정이 없는 경우 입법자가 이러한 재산권 침해를 특별한 희생이 아닌 <u>사회적 제약으로 규정한 것으로</u> 본다. 분리 이론은 이러한 경우 손실을 보상하는 것이 아니라, <u>위법한 행정 작용 자체를 제거해야</u> 한다고 본다.

→ 분리 이론에 따르면, 헌법 제23조 제1항에서 정한 보상 규정이 없는 경우, 입법자(공권력)가 사회적 제약으로 규정한 것으로 간주하여 손실 보상하지 않는다. 만일 재산권 침해가 사회적 제약의 범위를 벗어난 경우, 입법자의 행위를 위헌·위법으로 간주하며, 입법자는 위법한 행정 작용 자체를 제거(예를 들어, 원상 복구)해야 한다.

[글 내용의 핵심을 체계적으로 정리하면]
■ 핵심1. 공익을 위한 재산권 침해 관련 손실보상청구권 성립 여부: 특별한 희생인가? vs. 사회적 제약인가?
  ① 특별한 희생 → 공용 침해(수용·사용·제한)에 대한 정당한 보상 ○ … '사적 희생'의 개념
  ② 사회적 제약 → 공익에 적합하므로 보상 × … '공적 제약'의 개념

■ 핵심2. 재산권의 특별한 희생(헌법 제23조 제3항)과 사회적 제약(헌법 제23조 제2항)의 구별 여부: 경계 이론을 따를 것인가? vs. 분리 이론을 따를 것인가?
  ① 경계 이론: 특별한 희생 ≥ 사회적 제약 (헌법 제23조 제3항과 제2항은 불가분 조항)
    → 보상 규정 없어도 보상 ○ (헌법 제23조 제3항을 인용하여, 재산권의 사회적 제약이 특별한 희생으로 바뀌는 것으로 본다.)

② 분리 이론: 특별한 희생 ≠ 사회적 제약 (헌법 제23조 제3항과 제2항은 분리 적용)

  ㉮ 재산권 침해를 규정한 법률에 보상 규정이 없는 경우

    → 입법자가 사회적 제약으로 규정한 것으로 간주하여 보상 ×

  ㉯ 사회적 제약에 해당하더라도, 재산권 침해가 공익 적합성을 넘어선 경우

    → 위헌·위법으로, 재산권 존속이 손실 보상보다 우선하므로 위법한 행정 작용 제거

[예문4: 박테리오파지의 복제 과정]

박테리오파지는 증식을 위해 세균을 이용한다. 박테리오파지가 세균을 만나면 우선 꼬리 섬유가 세균의 세포막 표면에 존재하는 특정한 단백질, 다당류 등을 인식하여 복제를 위해 이용할 수 있는 세균인지의 여부를 확인한다. 그리고 이용이 가능한 세균일 경우 갈고리 모양의 꼬리 섬유로 세균의 표면에 단단히 달라붙는다.…[A] 세균 표면에 자리를 잡은 박테리오파지는 머리에 들어 있는 유전 물질만을 세균 내부로 침투시킨다.…[B] 세균 내부로 침투한 박테리오파지의 유전 물질은 세균 내부의 DNA를 분해한다.…[C] 그리고 세균의 내부 물질과 여러 효소 등을 이용하여 새로운 박테리오파지를 형성할 유전 물질과 단백질을 만들어 낸다. 이렇게 만들어진 유전 물질과 단백질이 조립되면 새로운 박테리오파지가 복제되는 것이다.…[D]

박테리오파지에는 '독성 파지'와 '용원성 파지'가 있다. '독성 파지'는 충분한 양의 박테리오파지가 복제되면 복제를 중단하고 세균의 세포벽을 파괴하는 효소를 만든다. 그리고 그 효소로 세균의 세포벽을 터뜨리고 외부로 쏟아져 나온다.…[E] 이와 달리 '용원성 파지'는 세균을 이용하는 것은 독성 파지와 같지만 세균을 파괴하지는 않는다. 대신 세균 속에서 계속 기생하여 세균이 분열함에 따라 같이 늘어난다. (2016.3월 고1 모의, 문제16~19 출제 지문 단락4~단락5)

[문제 17] 윗글을 바탕으로 〈보기〉의 [A]~[E]를 이해한 것으로 적절하지 않은 것은?

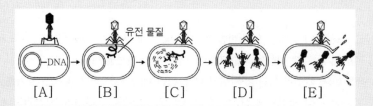

〈박테리오파지의 복제과정〉

[예문4]처럼 과학적 탐구 과정을 다루고 있는 지문은 **특정 단락에 그 순서·절차·흐름이 집약되기** 마련이다. 지문은 과학적 탐구 과정의 세세한 부분을 주로 '분석'과 '비교'의 방법을 사용하여 원인과 결과, 이유와 근거, 부분과 전체의 관계에 따라 순차적으로 단계를 밟아가며 서술하고 있다. 따라서 그만큼 글 내용이 복잡할 수밖에 없다.

여기서 글 내용이 '어렵지' 않고 **'복잡'하단 사실에 주목할** 필요가 있다. 수능 국어 비문학 과학·예술지문처럼 글 내용을 설명하기 복잡한 경우에는, 이를 보충 설명하기 위해 지문이나 발문에 그림이나 사진을 별도로 게재하는 경우가 일반적이다. 따라서 학생들은 이 부분을 결코 놓치는 법이 없어야 한다. 그림의 흐름에 맞춰 단락 안의 문장을 구분하면서 읽으면, 글의 체계와 내용이 막힘없이 이해될 수 있다.

이때 글 읽기의 포인트는 다음과 같다. 지문의 '단락4, 5' 안의 문장과 〈보기〉의 그림 안의 흐름을 연결해가며 내용과 의미를 파악할 때, 각각에 부합하는 문장에서 핵심 키워드(단어, 용어는 물론, 서술어일 수도 있다)를 찾아 이를 중심으로 전체를 '뭉뚱그려가며' 읽어야 한다.

지문의 굵은 글씨가 그것인데, 이것을 중심으로 〈보기〉의 흐름과 연결하면 박테리오파지의 복제가 **'확인 및 침착[A]→침투[B]→분해[C]→생성 및 복제[D]→분출[E]'의 과정을 거치면서** 일어난다는 사실을 이해할 수 있을뿐더러, 단락 전체의 내용을 단박에 파악할 수 있을 것이다. 참고로, '단락5'에 따르면, '분출(E)'은 용원성 파지가 아닌, 독성 파지에서만 일어난다.

⑭ 글에 생략된 정보가 있는 경우, 그 **숨은 정보**를 추론해서 찾아 밝힌다.

글에는 정보가 명시적으로 제시되는 것이 일반적이지만, 그 정보들 사이에 감추어져 있는 정보들도 있다.

글쓴이는 정보들 사이의 관계를 살펴 추론 가능한 정보에 대해서는 과감히 그 정보를 생략하려 든다. 독자가 이를 이해할 수 있을 것이라고 생각하기 때문이다.

글을 읽으면서 정보가 생략됐다는 생각이 들면, 정보 간 관계에 유의해서 생략된 정보를 찾아 밝힐 수 있어야 한다.

특히 '전제-결론, 주장-근거'처럼, 글에서 제시되는 정보가 특정한 '관계'를 따라 논리적인 체계를 이루면서 전개되는 경우, 그 관계에 유의하여 '전제와 근거'에서 '결론과 주장'으로 나아가는 과정의 논리적 흐름을 살핀다. 만약 그 과정에서 글의 흐름이 끊긴다거나 논리의 비약이 일어난다면, 전제-결론, 주장-근거'를 이루는 정보 사이에 그 어떤 정보가 생략되었다고 보고 이것을 찾아 밝혀야 한다. '전제 또는 근거', '결론 또는 주장' 그 자체가 생략될 수도 있는데, 이 경우 역시 마찬가지다. 중요한 것은, 글의 생략된 정보를 찾는 것 역시 글 핵심 내용을 기술한 글쓴이의 주장이나 판단의 결론을 찾는 것에 있다는 사실이다.

글에 직접적으로 제시되어 있지 않은 정보를 추론할 때는 글의 여기저기에 흩어져 있는 정보를 종합해서 판단해야 가능한 때도 있다. 이런 경우에는 특히 각각의 문장에 실린 핵심 어구(개념어와 키워드)의 관계에 주목하면서 그것들의 논리적 연관성을 살핀다. 그리고 개별 개념어를 포괄하는 상위 개념어로 추상화를 하면서 글 내용을 '넓고 크게' 조망하면, 글과 글 간의 틈새 너머의 숨은 정보를 찾을 수 있을 것이다.

참고로, '숨겨진 전제 파악'을 묻는 유형의 문제가 있다. 이것은 지문에 명기된 어떤 판단의 결론(주장)에 대해, 그것에 도달하기까지의 일련의 전제(근거)들을 선택지 대답으로 나열해 놓고서, 그 정오(正誤) 관계를 묻는 문제라 할 수 있다. 이런 유형의 문제를 정확히 풀기 위해서라도 글에 들어있는 '논증'의 핵심, 즉 '결론과 전제', '주장과 근거'에 해당하는 문장뿐만 아니라, '전제에서 결론'으로 생각의 범위를 넓히는 과정, '주장에서 근거'로 생각을 좁혀나가는 과정까지 살피면서 선택지 대답의 정오 관계를 확인해야 한다. 이런 유형은 그야말로 틀리기를 바라는 '킬러' 문제라 할 수 있다.

[예문5: 기표와 기의의 관계]

기호는 어떤 대상을 지시하는 상징으로써 문자나 음성같이 감각으로 지각되는 기표와 의미 내용인 기의로 구성되는데, 기표와 기의의 관계는 자의적이다. 가령 '남성'이란 문자는 필연적으로 어떤 대상을 지시하는 것이 아니며 '여성'이란 기호와의 관계 속에서 의미 내용이 결정된다. 다시 말해, 어떤 기호의 의미 내용을 결정하는 것은 기표와 기의의 관계가 아니라 기호들 간의 관계, 즉 기호 체계이다. (2022.3월 고1 모의, 문제 16~20 출제 지문 단락2)

[예문5]에서 기호의 의미 내용을 결정하는 것은 기호들 사이의 관계인 '기호 체계'라는 결론과, 그 뒷받침 근거로 '기호를 구성하는 기표와 기의의 관계는 자의적이다'라는 진술을 제시했다. 여기서 '자의적'이란 서술을 이해하려면, 그것이 표상하는 숨은 정보를 찾아 밝혀야 한다.

그것은, 기호는 일종의 '사회적 약속 체계'라는 개념적 의미다. 즉, 기호 체계는 언어를 사용하는 공동체가 이를 어떻게 사용할 것인지를 약속하는가에 따라 달라지는 것이기 때문에, 기표와 기의가 결코 동기화되거나 필연적일 이유는 없으며, 필요에 따라 '제멋대로' 결합한 것에 불과하다. 예를 들어, 우리는 蝶(접)을 '나비'라고 하지만, 영국에서는 '버터플라이'라고 하고, 프랑스에서는 '파피용'이라고 한다. 같은 사물, 같은 개념을 놓고 이렇게 달리 부르는 기표를 만들어 내는 것은 일종의 사회적 '편의'에 의한 것으로, 구성원 간에 그런 식으로 부르기로 약속한 것에 불과하다.

사실, 이와 관련한 내용은 관련한 배경 지식이 머릿속에 들어있어야 글 내용을 올바로 이해할 수 있는데, 뒤에 자세히 설명한다. 중요한 것은, 이와 같은 추상적 의미를 담은 개념(명제)일수록 글에 실리지 않거나 글의 여기저기를 살펴 추론해야 의미를 정확히 파악할 수 있다는 사실을 깨닫고, 그것에 맞게 글을 읽어야 한다는 것이다.

이상의 설명을 확인하기 위해서는 지문과 함께 직접 문제를 풀어 봐야 할 듯하다.

[예문6: 기표와 기의의 관계]

보드리야르는 자본주의 사회에서 대량 생산 기술이 급속하게 발전하면서 소비자가 기호 가치 때문에 사물을 소비한다고 보았다. 대량 생산 기술의 발전으로 수요를 충족하고 남을 만큼의 공급이 이루어져 사물 자체의 유용성은 더 이상 소비를 결정하는 요인으로 작용할 수 없기 때문이다. 예를 들어 소비자는 특정 계층 또는 집단의 일원이라는 상징(기호)을 얻기 위해 명품 가방(상품)을 소비한다. 이때 사물은 소비자가 속하고 싶은 집단과 다른 집단 간의 차이를 부각하는 기호로써 기능한다. 따라서 보드리야르에 따르면 자본주의 사회에서 소비의 원인은 사물이 상징하는 특정 사회적 지위에 대한 욕구이다.

보드리야르는 현대인이 자연 발생적인 욕구에 따라 자유롭게 소비하는 것처럼 보이지만 사실은 강제된 욕구에 따르는 것에 불과하다고 보았다. 이는 기호가 다른 기호와의 관계 속에서 그 의미 내용이 결정되는 것과 관계된다. 특정 사물의 상징은 기호 체계, 즉 사회적 상징체계 속에서 유동적이며, 따라서 ⓒ <u>상징체계 변화에 따라 욕구도 유동적이다.</u> 이때 대중매체는 사물의 기의에 영향을 미침으로써 욕구를 강제할 수 있다. 현실이 대중매체를 통해 전달될 때 현실은 현실 그 자체가 아니라 다른 기호와 조합될 수 있는 기호로서 추상화되기 때문이다. 가령 텔레비전 속 유명 연예인이 소비하는 사물은 유명 연예인이라는 기호에 의해 새로운 의미 내용이 부여된다. 요컨대 특정 사물에 대한 현대인의 욕망은 대중매체를 매개로 하여 자기도 모르는 사이에 강제된다. (2022.3월 고1 모의, 문제16~20 출제 지문 단락4, 5)

[문제 18] ⓒ의 전제로 가장 적절한 것은?

③ 사물의 기호 가치가 변화하면 사물에 대한 욕구도 변화한다.

→ '단락4' 글 내용 가운데 '소비자는 기호 가치 때문에 사물을 소비한다', '소비자는 특정 계층·집단의 일원이라는 상징(기호 가치)을 얻기 위해 명품 가방(사물)을 소비한다', '소비의 원인은 사물이 상징하는 특정 사회적 지위를 향한 차별화를 기대하는 욕구다'를 종합하면, 사물의 기호 가치(상징체계)가 변하면 사물에 대한 욕구(차별화 욕구)도 변한다는 전제에 따라 성립함을 알 수 있다. 그에 따라 "상징체계 변화에 따

라 욕구도 유동적이다"의 의미는 곧, '사물의 기호 가치가 변화하면 사물에 대한 욕구도 변화한다'는 선지 대답과 같은 의미란 사실을 추론할 수 있다.

① 상징체계 변화에 의해 사물 자체의 유용성이 변화한다.
 → 사물 자체의 유용성은 사용 가치로 이는 기호 체계와 관련된 상징체계 변화와 무관하다.
② 사물에 대한 욕구는 사람마다 제각기 다른 양상을 보인다.
 → 보드리야르는 개인의 욕구를 사회적으로 강제된 것으로 보고 있으므로, 사물에 대한 욕구가 사람마다 제각기 다르다는 것은 전제로 성립할 수 없다.
④ 사물을 소비하는 행위는 개인의 자연 발생적 욕구에 따른 것이다.
 → 보드리야르는 개인의 자연 발생적인 욕구가 없다고 보았다.
⑤ 사물이 지시하는 의미 내용과 사물에 대한 욕구는 서로 독립적이다.
 → 보드리야르는 오히려 의미 내용과 욕구가 연관된다고 보았다.

[예문6]은 '글에 생략된 내용을 파악'하라는 요구의 문제로, 선택지 대답의 정오 관계를 확인하기 위해서는 단락의 여기저기에 기술된 글 내용을 한데 모으고, 이것들로부터 글에서 **생략된 내용이나 숨은 정보**를 채워 나가면서 글의 의미를 종합적으로 추론할 필요가 있다. 이런 유형의 문제에 답하기 위해서는, 선택지 대답을 설명하는 기술이 어느 단락, 어느 문장에 있는가를 확인한 후, 문장의 중심 생각들을 모아 '뭉뚱그려' 읽어야 글의 의미는 파악된다.

 ★ ★ ★

글을 읽어도 다른 학생과 해석이 다른데, 왜 그런가요?

많은 학생의 경우, '같은 글을 읽더라도 글쓴이의 의도와는 다른 해석'을 한다. 똑같은 비문학 지문을 읽혀도 학생마다 해석이 제각각이다. 이런 현상이 나타나는 이유는 분명하다. 지문의 각 문장과 단락 안에서 서로 유기적으로 얽히면서 의미 구조를 형성하는데, 이런 행간의 의미를 이해하지 않고 파편적으로 흩어진 **개별 문장 단위로만 읽기** 때문이다.

하지만 이런 식으로 읽어서는 글 전체의 의미, 즉 전체적인 큰 그림을 볼 수 없다. 글(문장과 서술)을 뭉뚱그려 읽으면서 전체를 읽을 수 있어야, 비로소 부분이 눈에 들어오는 것이다. 부분과 전체가 통하고 이치에 들어맞아야 올바른 '해석'이라 할 수 있는 것이다.

특히 핸드폰 사용에 익숙할수록 학생들은 위에서 아래로 키워드 중심의 수직 읽기를 하면서, 눈에 드러나는 키워드만을 재조합해 해석하려 들고, 그러다 보니 글의 이해와 글 내용의 해석에 구멍을 드러낸다. 이 허점에 주관적 해석이 더해지면서 실제 글 내용과는 다른 독해 결과를 보이는 것이다. 비문학 지문을 잘 읽으려면, 핸드폰 읽기 식의 그릇된 습관부터 바꿔야 한다.

⑭ 개념의 **'추상화'**를 통해 본질에 접근한다.

글에 들어있는 **개념을 범주화하면서 읽으면** 글 전체의 의미 구조를 더 잘 파악할 수 있다. 그와 더불어, **개념을 추상화하면서 읽으면** 글 내용의 핵심은 눈에 더 잘 들어온다. 얼핏 이해하기 어렵겠지만, 다음 예시를 통해 확인할 수 있을 것이다. 다음은 '경희대 2012 사회 수시' 논술 문제의 물음과 답안 작성을 위한 제시문 해석(핵심 논지)이다.

> **[예문7: 대의민주주의 실현의 어려움]**
>
> [논제] A시에서 도시 재개발을 위하여 지역 주민을 대상으로 재개발에 대한 찬·반 투

표를 실시하였다. 그 결과 무효표는 없었고 재개발에 찬성한 주민은 50%였으며, 이들 중 재개발 예정지 주민이 70%였고, 반대한 사람 중 재개발 예정지 주민은 10%였다. 이러한 결과를 근거로 하여 ①재개발 예정지 주민을 1,000명으로 가정하였을 경우 재개발 예정지 주민 중 찬성하는 사람은 몇 명인지를 풀이하시오. 그리고 ②이러한 결과가 나온 이유를 제시문 [가]와 [나]에 근거하여 제시하시오. (경희대 2012 사회 수시 논술)

- [가]의 논지_ 진정한 대의민주주의 실현은 구성원들의 '공공의지' 실천에 있다.
- [나]의 논지_ 시민의회를 구성하여 민의를 충실히 반영할 때 대의민주주의의 한계는 극복될 수 있다.

[예문7]의 물음에 답하려면, 먼저 발문의 물음 가운데 ①에 해당하는 부분을 수학 용어로 풀이한 후, 그 해석된 결과를 갖고서 논제의 물음②를 서술해야 한다. 각각의 대답은 다음과 같다.

① 재개발 예정지 주민을 1,000명으로 가정하였을 경우 재개발 예정지 주민 중 찬성하는 사람은 몇 명인가?

→ A시의 전체 지역 주민 수를 x명이라고 하면,

재개발에 찬성한 주민 수는 0.5x×70%= 0.35x명,

재개발에 반대한 주민 수는 0.5x×10%= 0.05x명.

따라서 이 둘의 합 0.4x명이 재개발 예정지에 거주하는 주민 수다.

이때, 개발지 예정지 주민을 1,000명으로 가정했으므로,

0.4x=1,000명이므로, A시의 전체 주민 수는 2,500명이다.

따라서 재개발 예정지 주민 중 찬성하는 사람은 2,500×0.35= 875명이다.

② 이러한 결과가 나온 이유를 제시문 [가]와 [나]에 근거하여 제시하면,

→ 재개발 예정지 주민 내의 재개발에 찬성하는 주민이 반대하는 주민에 비해 압도적으로 높은 이유는, 시민들이 다수의 이익을 위한 공공의지 실천을 망각하고, 자신의 이해와 이익에만 충실한 탐욕으로 집단화하려 들기 때문이다.

[예문7]의 물음에 대한 대답①에서 알 수 있듯이, 문자를 숫자처럼 다루게 되면, 대상(질문)의 '추상화'에 성공하면서 그 본질(대답)이 단박에 드러난다. 물론 추상화

는 숫자나 문자를 사용하지 않아도 실현 가능한데, 그 일례가 바로 '모델화(도식화)'이다. 글을 읽어 글 내용의 핵심을 도식화하는 것은, 글의 '뼈대', 즉 '개념의 관계'와 '소주제별 물음', 그리고 단락별 '논지'를 이해하는 데 아주 큰 도움이 된다. 이는 앞서 설명한 것이다.

이처럼 텍스트를 논리적으로 독해하기 위한 방법적 요령의 하나는, **구체적인 사실을 추상화하여 글쓴이가 말하고자 하는 견해와 주장의 본질, 즉 논의의 핵심을 끄집어내는 것이다.** 이해를 돕기 위해 부연 설명하면 다음과 같다.

제1장에서 이미 설명한 것이지만, '개념'은 개개의 사물로부터 공통적·일반적인 성질을 뽑아내 조직화한 '표상'을 말한다. 예를 들어, '꽃'이나 '개'라는 이름으로 떠오르는 어떤 표상이 곧 '꽃'이나 '개'의 개념인 것이다.

개념은 사물·사건·사태·대상·현상에 대한 어떤 판단의 결과로써, 그 대상을 지칭하는 여러 특성과 특질 속에서 공통된 요소를 추상화하여 종합한 하나의 '관념 체계'라 할 수 있다. 쉽게 말해, 개념은 '생각을 담은 그릇'으로, 어떤 사물이나 현상에 대한 일반 지식, 또는 보편 관념이라 할 수 있다.

개념의 범주화

개념 이해에서 중요한 것은 '**범주화**'다. 범주는 같은 성질을 가진 개념의 부류 또는 범위라 할 수 있는데, 우리는 세상 만물을 (동일성이 아닌) '**유사성**'을 통해 이 묶음(범주) 또는 저 묶음(범주)으로 구분하여 세계를 인식한다. 즉, 우리는 인간 정신의 근간인 개념을 체계적으로 인식하고 개념을 범주화하여 사고함으로써 정신의 활동을 강화하고, 보다 본질적이면서도 다양한 시각에서 인간과 세계의 이해를 넓힌다. 우리는 각자 자신이 습득한 개념들에 따라 세계를 다양하고 복잡하게 분류하여 세계를 인식하는 것이다.

학생들은 개념을 어른들보다 적게 갖고 있기에, 당연히 학생들의 세계는 어른들의 세계보다 단순하다. 이렇게 놓고 볼 때, 세계에 대한 우리의 지식은 곧 우리가 구성한 가상의 개념 체계라 할 수 있다.

개념은 언어와 함께 형성되고, **'언어'로 표현된다는** 점을 생각한다면, 학습을 통한 지능 발달에서 언어의 역할은 결정적이다. 중요한 것은, 개념을 언어적으로(인지적으로) 범주화하여 인식하는 능력에 비례해서 우리의 정신(또는 지능)이 발전한다는 분명한 사실이다. 이는 《비코츠키와 인지 발달의 비밀》의 저자 A. R. 루리야의 '개념 범주화 실험'을 통해 확인되는데, 다음 내용은 《생각의 시대(김용규, 살림)》에 실린 관련 내용을 발췌·요약한 것이다.

연구자들은 60세의 요르단 출신 문맹인 농부에게 망치, 톱, 통나무, 손도끼 그림을 보여주고 같은 것끼리 분류해보라고 범주화를 요구했다. 연구자들은 피험자가 통나무를 다루는 도구인 망치, 톱, 손도끼와 그것들에 의해 다루어지는 재료인 통나무를 구분하여 범주화할 것을 기대했다. 하지만 노인은 이런저런 이유를 대며 대상들을 '도구'와 '재료'로 분류하는 추상적 개념의 범주화(개념의 '추상화')를 지속해서 거부했다.

망치, 톱, 손도끼, 통나무는 구체적 개념이지만, 도구와 재료는 그것들에서 도출해 낸 추상적 개념으로, 노인은 이 추상적 개념의 범주화에 실패한 것이다. 이것은, 추상적 개념을 사용하는 개념적 범주화는 사회화와 교육과 같은 학습을 통해서만 가능하단 사실을 일깨운다.

인지심리학의 대가인 비코츠키에 의하면, 어린이들이 정상적인 초등교육을 거치고 사춘기에 이를 즈음인 11~15세 무렵이면, 예컨대 망치, 톱, 손도끼, 통나무와 같은 각각의 대상을 **'도구'라는 추상적 개념으로 한데 묶는 '추상화'**와 '장미→꽃→식물→생물'처럼 일반성의 정도에 따라 **보다 큰 범주로 나아가며 위계적으로 분류하는 '일반화'** 능력을 지니게 된다. 그럼으로써 후일 단순한 범주화에서 한 걸음 더 나아가 예컨대 '장미는 꽃이다. 꽃은 식물이다. 그러므로 장미는 식물이다'와 같은 논리적 추론, 즉 고등 정신 기능으로 발전할 수 있는 기반이 마련된다.

우리가 범주화를 통해 형성한 개념들을 적당히 배열하거나 하나로 묶어 언어, 문장, 문법, 은유, 논리적 추론 등과 같은 사고를 하기 위해서는, 우리의 뇌에서 '개념적 혼성'이라는 작업이 일어나야 한다. 범주화를 통해 생성된 개념들이 서로 결합하여 '개념적 꾸러미'를 형성하면서 비로소 생각이 만들어지는데, 이것을 '개념적 혼성'이라고 부른다. 우리의 뇌는 새로운 생각을 만들어 내기 위해 서로 다른 지식과 경험 영역에서 끄집어낸 정보들을 섞어가면서 새로운 개념적 꾸러미를 만드는데, 둘 이상의 개념이 만나 서로 연결되면서 새로운 개념을 만드는 것을 일컬어 '개념적 통합'이라고 한다. 예를 들어 수많은 개념 가운데 '메타'라는 개념과 '인지'라는 개념이 뇌의 가상의 '작업기억' 공간에서 압축되어 '메타 인지'라는 새로운 개념이 만들어지는데, 이것은 우리 뇌가 범주와 범주 사이의 관계를 밀접하게 맺어 놓아서 '메타'와 '인지'라는 개념을 보고 곧바로 '메타 인지'라는 개념을 연상할 수 있게 만든 결과이다.

개념의 추상화

추상화는 '사물 또는 현상에서 어떤 요소, 측면, 성질을 추출하여 파악하는 것'을 말한다. 추상화는 사물의 본질을 끄집어내고 사물의 본질을 간파하는 것으로, 구체적인 개념들 각각에 공통되는 성질을 파악하면 그 안에 감추어진 본질은 일목요연하게 드러난다.

사실, 설명의 진술 방식 가운데 하나인 '분류와 구분'을 따라 개념을 정리하는 방법 자체가 바로 '추상화'라 할 수 있다. 예를 들어, 말, 비둘기. 돌고래, 까마귀라는 네 종류의 동물은 포유류(말, 돌고래)와 조류(비둘기, 까마귀)로 분류할 수 있다. 그러나 말과 돌고래는 생김새가 전혀 다를 뿐만 아니라, 특히 돌고래는 바다에 살기 때문에 어류 같기도 하다. 그렇더라도 말과 돌고래는 '젖으로 새끼를 키우고 폐로 호흡한다'라는 공통점이 있으며, 비둘기나 까마귀는 '전신이 깃털로 덮여 있고 날개가 발달했다'라는 공통점이 있는데, 그것을 간파하여 각각을 '포유류'와 '조류'로 분류하는 것이 바로 '추상화'이다(물론 '말, 돌고래, 비둘기, 까마귀'처럼 고유명사 이외에 사물에 이름을 붙이는 행위는 모두 추상화라 할 수 있다).

거듭 강조할 것은, 개념의 '추상화'에 성공하면 사물의 '본질'이 드러난다는 사실이다. 앞서 예로 들었던 '메타 인지(meta認知)'라는 개념을 처음 맞닥뜨렸을 때, 우리는 이미 알고 있는 '메타'라는 개념과 '인지'라는 개념을 통해 메타 인지가 '상위 인지', '인식에 대한 인식', '고차원의 생각하는 기술'을 뜻한다는 사실을 가늠할 수 있는 것이다.

개념의 도식화

글을 읽으면서 개념을 '범주화'하고 개념을 '추상화'하는 것이 중요한 것은 다음 두 가지 이유 때문이다. 첫째, 글에서 '뼈대'에 해당하는 개념어와 소주제의 물음부터 따로 뽑아 이것을 체계적으로 정리(범주화)함으로써 대상의 본질, 즉 글 내용의 핵심을 단박에 파악하기 위해서다. 둘째, 글의 '뼈대'를 따라서 글에서 '중요한 부분'을 찾은 후 그 상호 관계를 파악하면서 글의 의미를 '구체화'하기 위해서다.

다시 말해, 개념의 분류와 구분을 통해 글 내용의 핵심을 파악하는 추상화를 통해, 글에서 무엇을 버리고 무엇을 남길지를 생각하면서 글 내용의 핵심을 단순화한다. 그런 다음, 개념의 구체화를 통해 '예시, 인용, 부연, 상세, 비유' 등 개념을 뒷받침하는 글 내용을 덧붙여 생각하면서 지식과 생각의 폭을 확장한다. 글 내용의 이해는 복잡한 글 내용을 단순화하여 개념의 본질을 파악한 후, 그 본질에 생각을 집중하여 글의 의미를 읽어내는 것이다.

개념을 범주화하고 개념을 추상화하는 좋은 방법은 '도식화'이다. 글감에서 다루는 중요한 개념(핵심어)을 따라 문장 또는 단락을 도식화하는 것은 글의 논지를 이해하는 데 큰 도움이 된다. 특히 복잡한 개념을 체계적으로 정리한 '개념 지도(도식화)'는 글의 이해를 높이고 글 내용이 서로 관계를 맺는지를 파악하는 데 무척 유용하다.

도식화란 복잡한 글 내용을 잘라서 단순화하는 것을 말하는데, 이를 위해서는 글에서 **중요하지 않은 많은 것부터 털어내야** 한다. 그런 다음, 도식화를 통해 글에서 무엇을 버리고 무엇을 남길지를 생각하면서, 글 내용의 핵심(단락별 소주제의 물음-핵심어·개념어·논지)을 글로써 정리 또는 시각화할 수 있어야 한다. 추상화 능력이 발휘되는 것은 바로 이 지점이다.

- ㉣ '재진술'하면서 거듭해서 설명한 부분(부연 설명)을 살펴 '의미'를 구체화한다.
- ㉥ '비교와 대조'를 이루면서 펼쳐지는 글 내용을 **대상 및 논점별로** 체계적으로 정리한다.
- ㉦ 글 내용이 특정 '**관계**'를 따라 논리적인 체계를 구성하는 부분을 별도로 정리한다.
- ㉧ '**예시**' 글을 살펴 그것이 지시하는 대상과 개념의 '의미'를 구체화한다.
- ㉨ '원리·법칙·이론'의 **흐름과 과정**을 설명하는 글 내용은, 그 단서가 되는 **키워드**를 따라서 글 내용의 핵심을 **도식화**한다.
- ㉩ 특정 사례나 현상에 대한 '**추세·추이**'를 설명하는 글 내용은 생각의 흐름을 따라서 키워드별로 그 변화 및 변동 관계를 **표시하면서** 읽는다.

텍스트의 논리적 독해를 위한 방법적 요령 제시

㉣~㉩가 의미하는 바에 대해서는 이미 앞장에서 설명했으므로, 그 부가적인 해설을 생략한다. 그 대신에, 지금까지 설명한 '텍스트의 논리적 독해'를 위한 방법적 요령의 상당 부분을 담고 있는 다음 '예문'을 제시하고, 글 내용을 따라 논의의 핵심을 체계적으로 정리함으로써, 글 내용의 이해를 촉구한다.

[예문8: 언어 처리 과정을 설명하는 모델별 특징과 발화가 일어나는 순서]

실어증(失語症)이란 후천적인 뇌 손상으로 인해 언어의 표현과 이해에 장애가 발생하는 것이다. 1865년 프랑스의 외과 의사 브로카는 좌뇌의 전두엽과 측두엽 사이가 손상되어 나타나는 실어증을 발견하였다. 그는 이 부위를 브로카 영역이라 명명하고 이곳이 손상되어 나타나는 증상을 브로카 실어증이라 하였다.

이후 1874년 독일의 신경정신과 의사인 베르니케는 좌뇌의 두정엽 아래가 손상되어 나타나는 또 다른 실어증을 발견하였다. 그는 이 부위를 베르니케 영역이라 명명하고 이곳이 손상되어 나타나는 증상을 베르니케 실어증이라 하였다. 이와 같은 실어증 환자들의 뇌 손상 부위와 증상을 연구하는 과정에서 인간의 언어 처리 과정에 대한 관심이 대두되면서 그와 관련된 이론이 발전해 왔다.

최근 언어 처리 과정에 대한 이론은 뇌의 여러 영역들이 결합하여 언어를 처리한다는 결합주의 이론이 지배적이다. 최초의 결합주의 이론은 베르니케가 주장한 '베르니케 모형'으로, 그는 베르니케 영역과 브로카 영역 간의 긴밀한 정보 교류에 의해서 언어가 처리된다는 이론을 발표하였다. 이후 1885년 리시트하임은 베르니케 모형에 개념 중심부를 추가하여 베르니케 영역, 브로카 영역, 개념 중심부가 결합하여 언어가 처리된다는 '리시트하임 모형'을 제시하였다. 그에 의하면 베르니케 영역은 일종의 머릿속 사전으로, 단어가 소리의 형태로 저장되어 있는 언어 중추이고, 브로카 영역은 단어를 조합하여 문장이나 발화를 생성하는 언어 중추, 그리고 개념 중심부는 의미를 형성하거나 해석하는 언어 중추이다. 리시트하임 모형은 베르니케 영역, 브로카 영역, 개념 중심부를 꼭짓점으로 하는 삼각형 모양으로, 베르니케 영역에서 개념 중심부로, 개념 중심부에서 브로카 영역으로는 일방향으로 정보가 이동하지만, 브로카 영역과 베르니케 영역 간에는 쌍방향으로 정보가 이동한다는 특징이 있다.

리시트하임은 자신의 모형을 바탕으로 뇌에서 이루어지는 듣기와 말하기 과정을 다음과 같이 설명하였다. 우선 듣기 과정은 '베르니케 영역 → 개념 중심부'의 순서로 이루어진다. 즉, 귀로 들어온 청각 자극이 베르니케 영역으로 송부되면, 베르니케 영역은 자신이 저장하고 있는 단어 중 청각 자극과 일치하는 단어를 찾아 개념 중심부로 송부하고, 개념 중심부는 이를 받아 의미를 해석한다는 것이다. 이에 비해 말하기 과정은 '개념 중심부 → 브로카 영역 → 베르니케 영역 → 브로카 영역'과 같이 브로카 영역을 두 번 거치는 복잡한 순서로 이루어진다. 먼저 개념 중심부에서 말하고자 하는 의미를 형성하여 브로카 영역을 거쳐서 베르니케 영역으로 송부하면, 베르니케 영역은 이에 해당하는 단어를 찾아 브로카 영역으로 송부하고, 마지막으로 브로카 영역에서 이를 조합하여 문장이나 발화를 만든다는 것이다. 그런데 실제로 말하기 위해서는 발음 기관을 움직여 소리를 만드는 과정이 필요한데 그의 모형에는 그러한 과정이 드러나 있지 않다. 또한 그는 개념 중심부를 새롭게 추가하였으나 그것의 정확한 위치를 규명하지는 못하였다.

이후 실어증 환자들에 대한 연구가 발전됨에 따라 뇌에서 언어를 담당하는 중추가 추가로 발견되었다. 이를 토대로 1964년 게쉬윈드는 '베르니케 – 게쉬윈드 모형'을 새롭게 제시하였다. 그는 리시트하임의 모형에서 개념 중심부를 제외하고 새롭게 운동 영역과 각회를 언어 중추로 추가하였다. 〈그림〉은 게쉬윈드가 제시한 언어 처리 모형으로, 청각 자극을 수용하는 기본 청각 영역과 시각 자극을 수용하는 기본 시각 영역, 그리고 베르니케 영역, 브로카 영역, 운동 영역, 각회라는 네 개의 언어 중추를 중심으로 언어 처리 과정을 설명하고 있다. 게쉬윈드는 기존의 모형에서 개념 중심부를 제외하는 대신, 청각 형태로 단어가 저장되어 있는 베르니케 영역에서 그러한 역할도 함께 한다고 설명하였다. 즉, 베르니케 영역은 듣기와 읽기에서는 수용된 자극에 해당하는 단어를 찾아 의미를 해석하고, 말하기와 쓰기에서는 의미를 형성한 뒤 해당 단어를 찾는 역할을 한다고 보았다.

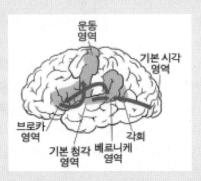

브로카 영역에는 단어를 조합하여 문장이나 발화를 생성하는 역할 외에 말하기나 쓰기에 필요한 운동 프로그램을 만들어 운동 영역으로 송부하는 역할을 추가하였다. 그리고 운동 영역은 브로카 영역에서 받은 운동 프로그램에 근거하여 말하기나 쓰기에 필요한 신경적 지시를 내리는 기능을 담당한다고 보았다. 마지막으로 각회는 베르니케 영역과 인접해 있으면서 읽기에서는 시각 형태의 정보를 청각 형태로 전환하고, 쓰기에서는 청각 형태의 정보를 시각 형태로 전환하여 베르니케 영역으로 송부하는 역할을 한다고 보았다.

이 모형에 의거하면 듣기 과정은 '기본 청각 영역 → 베르니케 영역'의 순서로 이루어진다. 이와 달리 말하기 과정은 '베르니케 영역 → 브로카 영역 → 운동 영역'의 순서로 이루어진다. 읽기나 쓰기 과정도 듣기나 말하기 과정과 유사하지만, 베르니케 영역에 저장된 단어가 청각 형태이기 때문에 각회를 거치는 과정이 추가된다. 각회에서 처리된 정보는 베르니케 영역으로 송부되어 읽기의 경우에는 의미를 해석하고, 쓰기의 경우에는 바로 다음 단계인 브로카 영역으로 정보를 송부한다.

이처럼 뇌에 대한 연구가 발전됨에 따라 언어 처리 과정에 대한 이론도 정교화되고 있다. 특히 베르니케 – 게쉬윈드 모형은 이전의 모형과 달리 듣기와 말하기뿐만 아니라 읽기와 쓰기에 대해서도 종합적인 설명을 제시하고 있다는 점에서 오늘날 뇌의 언어 처리 과정을 설명하는 표준형으로 평가받는다. (2020.3월 고1 모의, 문제16~21 출제 지문)

[예문8]은 실어증에 관한 연구를 바탕으로 인간의 뇌에서 이루어지는 언어 처리 과정에 대해 설명하고 있는 글로, 글 내용이 무척 복잡하다. 글 내용의 핵심은 다음과 같다.

최근 언어 처리 과정에 대한 이론은, 뇌의 여러 영역들이 결합하여 언어를 처리한다는 결합주의 이론이 지배적이다. 최초의 결합주의 모형은 베르니케가 주장한 '베르니케 모형'이다.

이후, 리시트하임은 베르니케 모형에 개념 중심부를 추가하여 '리시트하임 모형'을 제시하였다. 그러나 이 모형은 실제로 발음 기관을 움직여 소리를 만드는 과정에 대한 설명이 제외되어 있고, 개념 중심부의 위치를 명확하게 규명하지 못했다는 한계가 있다.

이후, 뇌의 언어 중추가 추가로 발견됨에 따라 게쉬윈드는 '베르니케-게쉬윈드 모형'을 새롭게 제시하였다. 그는 리시트하임의 개념 중심부를 제외하는 대신 새롭게 운동 영역과 각회를 언어 중추로 추가하였다. 그의 모형에서 베르니케 영역은 청각 형태로 단어가 저장되어 있는 곳이자, 의미를 형성하고 해석하는 역할을 하는 곳이다. 그리고 브로카 영역은 단어를 조합하여 문장이나 발화를 생성하고, 운동 프로그램을 만드는 곳이며, 운동 영역은 운동 프로그램에 근거하여 신경적 지시를 내리는 곳이다. 마지막으로 각회는 시각 형태의 정보를 청각 형태로, 청각 형태의 정보를 시각 형태의 정보로 전환하는 곳이다.

이러한 '베르니케-게쉬윈드' 모형은 듣기와 말하기뿐만 아니라 읽기와 쓰기에 대해서도 종합적인 설명을 제공하고 있다는 점에서, 오늘날 언어 처리 과정을 설명하는 표준형으로 평가된다.

[예문8]의 글 내용이 복잡한 이유는 다양하다. 단락별 소주제의 물음이 복잡하고, 글 내용의 설명을 위해 동원된 핵심어가 너무 많다. 특히 소주제의 물음별로 기능과 특징, 발화가 일어나는 과정별 순서와 흐름이 단락별로 그리고 단락 안에서 핵심어를 따라 복잡하게 연결되어 있어서 글 내용의 핵심을 파악하는 것이 어렵다.

이런 글일수록 먼저 '개념 구조도'를 그린 다음, 이것을 토대로 글 내용을 들여다봐야 한다. 그것은 두 모형(리시트하임 모형과 베르니케-게쉬윈드 모형)의 영역별 핵심 키워드를 따라서 듣기와 말하기 과정, 그리고 읽기와 쓰기 과정이 일어나는 순서를 살피면서 글 내용의 핵심을 '구조화'하는 것이다. 그 설명은 다음과 같다.

소주제의 물음별 핵심어와 주요 서술

(단락1) 실어증의 원인1: 브로카 영역의 손상
(단락2) 실어증의 원인2: 베르니케 영역의 손상
(단락3) 언어 처리 과정을 설명하는 모델1: 리시트하임 모형의 영역별 기능과 특징
(단락4) 리시트하임 모형의 듣기 과정과 말하기 과정이 일어나는 순서
(단락5) 언어 처리 과정을 설명하는 모델2: 베르니케–게쉬윈드 모형의 영역별 기능과 특징
(단락6) 베르니케–게쉬윈드 모형의 추가 영역별 기능과 특징
(단락7) 베르니케–게쉬윈드 모형의 듣기와 말하기 과정, 읽기와 쓰기 과정이 일어나는 순서
(단락8) 베르니케–게쉬윈드 모형의 이론적 우수성

(단락1)
(단락2) ⤳ **(단락3)** → **(단락4)**
　　　　　↕　　　↕
　　　(단락5) → **(단락6)** → **(단락7)** → **(단락8)**

언어 처리 과정에 대한 이론별 기능과 특징, 과정

① 베르니케 모형: 베르니케 영역–브로카 영역 간 상호 작용

② 리시트하임 모형: 베르니케 영역(단어 **저장**)–브로카 영역(단어를 **조합**하여 **문장** 및 **발화** 생성)–개념 중심부(**의미** 형성 및 **해석**)
　■ 듣기 과정: 베르니케 영역→개념 중심부(저장→해석)
　■ 말하기 과정: 개념 중심부→브로카 영역→베르니케 영역→브로카 영역
　　(말하려는 의미 형성→적합한 단어 조합→다시 저장→문장 및 발화 생성)

※첫 번째 브로카 영역: 개념 중심부에서 형성된 의미를 조합하여 베르니케 영역으로 송부

두 번째 브로카 영역: 단어를 조합하여 문장이나 발화를 생성

#말하기 과정이 브로카 영역을 두 번 거치는 복잡한 순서로 이루어진 것은, 그만큼 발화(언어 전달)에는 논리적 추론이나 맥락의 이해가 요구되기 때문이다.

※베르니케 영역에서 개념 중심부로, 개념 중심부에서 브로카 영역으로는 일방향으로 정보가 이동하지만, 브로카 영역과 베르니케 영역 간에는 쌍방향으로 정보가 이동한다는 특징이 있다. →저장된 단어의 의미 형성과 해석, 형성하고 해석한 의미를 문장으로 발화 시에는 뇌 영역 간의 정보가 일방향으로 이동하지만, 저장된 단어를 조합하여 발화할 문장을 다듬는 과정에는 정보가 쌍방향으로 이동한다.

③ 베르니케–게쉬윈드 모형: 베르니케 영역(**저장+해석**)+각회(시각 및 청각 정보 전환 후 베르니케 영역으로 송부)–브로카 영역(단어 **조합 및 문장·발화** 생성+운동 프로그램에 따른 신경적 **지시**)

㉮ 듣기와 읽기: 先 정보 처리(적합한 단어를 찾아서), 後 해석(의미를 이해)
- 듣기 과정: 기본 청각 영역→베르니케 영역(청각 정보 입력→단어 저장 후, 의미 해석)
- 읽기 과정: 기본 시각 영역→각회(시각 언어 정보를 청각 언어 정보로 전환)→베르니케 영역(단어 저장 후, 의미 해석)→운동 영역(문장 및 발화 생성 지시)

㉯ 말하기와 쓰기: 先 해석(의미를 이해한 후), 後 정보 처리(적합한 단어를 찾는다)
- 말하기 과정: 베르니케 영역(+각회)→브로카 영역→운동 영역
  (의미 형성 후, 청각 정보로 저장된 단어 송부)→문장 및 발화 생성→지시)
- 쓰기 과정: 베르니케 영역(청각 정보 입력하여, 의미 형성)→각회(청각 언어 정보를 시각 언어 정보로 전환)→베르니케 영역(시각 언어 정보로 저장된 단어 송부)→브로카 영역(문장 생성)→운동 영역(지시)

※언어 이해를 담당하는 베르니케 영역은, 듣기와 읽기에서는 수용된 자극에 해당하는 단어를 찾아 의미를 해석하고, 말하기와 쓰기에서는 의미를 형성한 뒤 해당 단어를 찾는 역할을 한다.
→ 단어를 듣고 그 의미를 시각적으로 해석하는 것, 단어의 의미를 시각적으로 형성한 후 그것에 맞는 단어를 찾는 것의 가교역할을 하는 언어 중추가 '각회'다. 그리고 베르니케 영역은 '언어 이해(의미 형성 및 정보 전환)'를, 브로커 영역은 '언어 표현(단어 조합 및 문장 생성)'을 담당한다.

배경 지식 활성화 공부의 중요성

수능 국어 독서 영역은 출제 범위가 너무 포괄적이고 내용 면에서도 지나치게 광범위한 탓에, 지문에서 다루는 주제는 물론이고 글 내용까지 어려운 시험 앞에

서 학생들이 받게 될 심적 부담은 상당하다. 더군다나 시간의 압박을 받는 상황에서 학생들이 정신 줄을 놓지 않고 글을 읽는다는 것은 절대 쉽지 않다.

그렇다면 어떻게, 어떤 식으로 공부해야 할까? 그 해결책의 하나가 '배경 지식을 활성화'하면서 공부하는 것이다. 사실, 수능 국어 독서 영역 공부에서 관련한 배경 지식을 공부할 필요가 있는가에 대한 논의는 여전히 뜨겁다. 마치 "닭이 먼저냐, 달걀이 먼저냐"하는 담론처럼, 어느 것이 옳거나 그르다고 단정할 근거는 약하다. 각자 알아서 판단할 일이다. 그렇더라도 필자의 생각은 분명하다. 지금의 수능 국어 독서 영역에서 고득점을 받고자 하는 학생이라면, 배경 지식 학습을 반드시 병행해나가야 한다. 그 이유를 몇 가지 간추려서 말하면 다음과 같다.

첫째, 배경 지식의 습득은 지금의 수능 국어 독서(비문학) 영역 출제 지문을 따라잡기 위한 필요조건으로, 수능 고득점을 바라는 학생에게는 특히 그렇다. 한정된 시간 안에 길고 복잡한 지문을 읽으면서 발문의 물음에 답하려면, 다른 무엇보다 글 내용의 핵심부터 정확히 파악할 수 있어야 한다. 이때 지문에서 다루는 **핵심 개념에 대한 지식을 머릿속에서 떠올리는 것만으로도** 글 내용의 이해는 한결 수월해지고, 글 내용의 핵심이 단박에 눈에 잡힌다. '개념'은 이른바 '생각을 담은 그릇'이라는 사실에 동의한다면, 그릇의 본 모습을 알고 있는 것만으로도 얼마든지 그 용도를 가늠할 수 있다. 같은 이치로, 지문에 실린 핵심 개념을 잘 알고 있는 것만으로도 글의 중심 생각은 어렵지 않게 포착할 수 있으며, 학생들은 글의 중요한 부분에 집중하면서 빠르고 정확하게 정보를 처리할 수 있다.

둘째, 말했듯, 지금의 수능 국어 독서 영역 출제 지문은 **그 주제와 제재가 갈수록 세분화·심층화하고 있어서,** 학생들은 글 내용의 올바른 해석은 둘째치고 글에 실린 개념의 의미를 이해하는 것조차 상당히 버겁다. 수능에서 곧잘 출제되고 있는 언어철학, 과학철학, 예술철학 등 현대 사상 관련 지문은 난해하기가 이를 데 없는데, 그 가장 큰 이유는 다름 아닌 개념에 내포된 의미의 심오함과 용어 자체의 낯섦, 그리고 개념과 개념의 융합적 사고에서 비롯된 것이다. 이런 지문이 출제되는 상황에서, 글에 모든 정보가 들어있기에 굳이 배경 지식을 알고 있을 필요가 없다는 주장은 무책임하다. 현대 사상을 담은 핵심 개념이나 전문 용어는 그 어휘의 낯섦은 물론이고 내용 면에서도 많은 것들을 포괄하고 있기에, 이것을 처음 접한 상태에서 학생들이 글 내용을 정확히 파악하고 이해할 수 있기란 생각 이상으로 어렵다.

셋째, 이 역시 앞서 말했듯, 수능 국어 독서 영역에서 다루는 핵심 개념은 "교과 과정을 충분히 이수한 학생이라면 어렵지 않게 글 내용을 이해할 수 있다"라고들 말하지만, 정작 수업 시간에 관련한 내용을 가르치지 않거나, 설령 가르친다고 하더라도 설렁설렁 넘어가는 경우가 많아 학생들은 관련한 **배경 지식을 체계적으로 학습하지 못하는** 실정이다. 예를 들어 수능 국어 비문학 과학 분야의 경우, 고등학교 공통 과학에서 배우는 기초적인 내용, 이를테면 '에너지 보존 법칙', '질량 보존 법칙', '보일-샤를 법칙'과 같은 내용은 지문에서 상세한 설명을 하지 않는 경우가 많다. 학생들이 관련 용어나 개념의 의미를 학습 과정에서 익혔다는 전제하에 지문 내용을 구성하기 때문이다. 만약 그렇지 못한 학생일 경우 관련한 배경 지식 부족으로 글 읽기에 상당한 어려움을 겪게 되는데, 이러한 문제점을 해결하기 위해서라도 최소한의 배경 지식 습득은 꼭 필요하다.

배경 지식 학습의 핵심은 암기가 아닌 '이해'다

그렇다면 어떤 식으로 배경 지식을 학습하는 것이 글 읽기에 효과적일까? 크게 다음 세 가지를 염두에 두고서 꾸준히 공부해나가면 된다.

첫째, 배경 지식 학습의 본질을 명확히 알고서 그것에 맞게 공부해나가야 한다. 많은 학생은 배경 지식은 '암기'하는 것이라는 통념으로 공부하려 드는데, 이것은 대단히 위험한 생각이자, 오히려 글 읽기를 방해하는 잘못된 공부 방법이다. 배경 지식 학습에서 암기할 내용은 극히 제한적이며, 무조건적 암기가 오히려 '스키마 (고정관념, 선입견)'로 작용하면서 글 내용의 올바른 이해를 가로막는다. **배경 지식 학**

습의 핵심은 '이해'에 있다. 인류 지식의 보고(寶庫)라고 할 수 있는 핵심 개념은 단순 암기로 얻을 수 있는 성질의 지식이 아니다. 그만큼 심오한 내용을 담고 있거나, 세계를 구성하는 근본 원리를 다루고 있기에, 이를 올바르게 이해하는 것만으로도 상당히 버겁다. 이를 해결하기 위해서 학생들은 수능 비문학 지문에서 중요하게 다루는 배경 지식을 담은 두 권의 책을 주의 깊게 읽으면서 핵심 개념에 실린 '의미'를 읽어낼 수 있도록 노력할 필요가 있다. 워낙에 핵심 내용만을 추려 압축한 글이라 문장 하나하나의 의미를 곱씹어 가면서, 생각을 모으고 생각을 정리하면서 글을 읽어야만 글 내용이 눈에 들어오고 글의 의미가 파악할 것이다. 이것은 필자가 의도한 바로, 배경 지식 학습은 어디까지나 글 내용의 '이해'를 위한 것이라는 사실을 학생들은 이 책을 읽으면서 직접 확인할 수 있을 것이다.

둘째, 배경 지식, 특히 핵심 개념과 관련한 **배경 지식은 서로 긴밀히 관계한다는** 사실을 절대 명심해야 한다. 하늘 아래 새로운 지식은 그리 많지 않다. 핵심 개념은 위대한 사상가나 과학자가 생애를 바쳐 이룩한 위대한 사상을 후세 학자들이 이어받아 강화하거나, 체계화하거나, 반박하면서 다른 사상에 접목하고, 비판적으로 계승·발전해 나가면서 켜켜이 쌓아 올린 지식의 총체라 할 수 있다. 사상과 지식은 개념을 통해 그렇게 발전해 나가는 것이다. 그런 점에서 볼 때, 우리는 위대한 사상가가 평생을 바쳐 만들어 낸 핵심 개념 앞에서, "마치 호미 한 자루를 두른 채 태산 앞에 서 있는" 심정으로 겸손하게 접근할 필요가 있다. 개념을 단순 암기하는 것만으로 모든 것을 다 안다는 식의 오만한 태도를 버리고, 개념에 담긴 '의미'를 읽어낼 수 있도록 피나는 노력을 기울여야 한다. 그것이 올바른 개념 학습이자, '나'의 것으로 만드는 확실한 방법이다.

셋째, 개념 이해와 더불어, **개념이 어떤 식으로 확장해 나가면서** 사상과 지식의 지평을 넓히는지를 파악할 수 있어야 한다. 이를테면 플라톤의 '미메시스(모방)' 개념을 모르고서는 예술의 본질을 설명할 수 없고, '목적론과 기계론'에 대한 이해가 부족하면 현대 과학의 중심을 이루는 양자역학이나 불확정성 원리를 정확히 이해하기 힘들다. 지식과 지식, 개념과 개념, 원리와 원리, 사상과 사상은 서로 긴밀하게 관계하면서, 그리고 영역을 넘나들면서 생각과 사고를 확장한다. 그래서 바로 이 부분에서 수능 국어 독서 지문은 집중적으로 출제된다는 사실에 주목한다면, 배경 지식을 활성화하기 위해서는 어떤 식으로 공부해나가야 할지를 깨달을 수 있을 것이다.

[배경 지식 학습의 예: 소쉬르 기호학의 기본 개념]

아래 [예문]은 앞서 여러 차례 제시한 지문 내용의 일부로, 그만큼 개념적 의미가 어려워 글 내용을 이해하기 힘들다. 단 세 문장으로 이루어진 '단락3' 내용을 이해하기 위해서는 관련한 폭넓은 지식이 필요할 뿐 아니라, 개념 이해를 위한 적절한 예시나 사례가 따라야 할 정도이다.

[예문1: 기표와 기의, 기호 체계]

기호는 어떤 대상을 지시하는 상징으로써 문자나 음성같이 감각으로 지각되는 기표와 의미 내용인 기의로 구성되는데, 기표와 기의의 관계는 자의적이다. 가령 '남성'이란 문자는 필연적으로 어떤 대상을 지시하는 것이 아니며 '여성'이란 기호와의 관계 속에서 의미 내용이 결정된다. 다시 말해, 어떤 기호의 의미 내용을 결정하는 것은 기표와 기의의 관계가 아니라 기호들 간의 관계, 즉 기호 체계이다. (2022.3월 고1 모의, 문제 16~20 출제 지문 단락3)

[예문1]에서 다룬 주제 개념은 프랑스 구조주의 철학자 보드리야르의 '기호 가치: 상징의 교환과 기호의 소비'로, 이것의 설명을 돕기 위해 소쉬르 기호학의 핵심 개념을 짧게 소개한 것이다.

그렇더라도 '단락3'에 실린 '기표와 기의', '기표와 기의의 관계는 자의적이다', '기호 체계'와 같은 개념의 의미를 제대로 파악할 수 있어야 지문에 실린 글 내용을 이해할 수 있다. 게다가 이와 같은 개념의 의미를 정확히 이해할 수 있어야 "인간은 언어라는 구조에 의해 규정되고 통제된다"라는 구조주의 사상의 핵심 물음과 더불어 '기표와 기의'의 관계를 중심으로 펼쳐지는 현대 언어학의 사상적 지반을 이해할 수 있는데, 이것이 중요한 이유는 관련한 주제 개념이 수능 비문학 지문으로 자주 출제되기 때문이다.

다음은 프랑스 구조주의 철학자이자 기호학의 창시자인 소쉬르의 사상을 담은 핵심 개념을 설명한 것으로, 글 내용과 이어지는 [예문2]를 견주어가면서 관련한 지식을 학습하기 바란다. 그 과정에서 수능 국어 비문학 지문에 나오는 핵심 개념의 이해 폭을 넓히는 배경 지식 학습의 본질을 깨닫고, 어떻게 공부해 나가야 할지를 가늠할 수 있을 것이다. [예문2]를 읽으면, 단락의 글 내용이 길고 또 글 내용이 복잡한 의미 관계를 이루면서 기술되고 있음을 확인할 수 있을 것이다. 단락 안에서 중요한 부분이 많다는 것은, 그만큼 글에 주제의 물음과 관련한 개념이 많이 실리면서 글의 의미를 어렵고 복잡하게 만든 때문이다.

'수능에 출제되는 비문학 지문'의 양적·질적 수준이 이와 같다는 사실을 깨닫는다면, 글을 빠르고 정확하게 읽으면서 글 내용에서 중요한 글감을 찾고 또 글 내용의 핵심을 기술한 부분을 파악하는 데 있어서 배경 지식 학습의 중요성이 얼마만큼 중요한지 가늠할 수 있을 것이다.

랑그와 파롤

소쉬르는 언어를 '랑그(langue, 언어)'와 '파롤(parole, 말)'의 두 측면으로 분류해서 고찰했다. 랑그는 언어 규칙 및 문법 체계를 의미하고, 파롤은 개별 발화 행위를 일컫는다. 다시 말해, 랑그는 사회의 구성원들이 공유하는 일반적이고 추상적인 언어 체계이며, 이것이 실제로 개개인의 언어 생활에서 발현되는 것이 파롤이다. 이 랑그와 파롤을 합친 언어 활동 전체를 '랑가주(language)'라고 한다.

소쉬르 언어학은 랑그를 분석하는 데 중점을 두고 있다. 파롤은 우리가 언어 활동을 하면서 직접 입을 통해 쏟아내는 것이므로, 일단 발화되면 곧 사라지는 속성이 있다. 따라서 이것을 언어학적으로 연구하기 어려우며, 이에 소쉬르는 연구의 대상으로 파롤을 버리고 랑그를 택했다. 이론화할 수 있는 것은 파롤이 아니라, 파롤을 선택한 체계, 곧 랑그이기 때문이다.

랑그는 **사회적으로 '약속'**되어 우리 머릿속에 들어 있는 '**규칙**'과 같은 것이다. 문제는 랑그란 과연 무엇인가 하는 것으로, 이를 '**구조**'의 개념으로 설명할 수 있다. 이 세상에 존재하는 모든 담화는 그 자체로는 파롤이지만, 그것을 구조화하여 설명하면 랑그가 된다. 예를 들어, 모든 인문학 글쓰기의 본질이 현실 그 자체를 묘사하는 것이 아니라 현실의 진정한 의미를 기술하는 행위에 있는 것이라면, 이때의 인문학 글쓰기는 랑그를 기술하는 행위로 볼 수 있고, 그 점에서 글쓰기의 본질에는 '구조주의적' 의미가 담겨있다고 말할 수 있을 것이다.

구조주의는 '인간의 언행은 그가 속한 사회나 문화의 구조에 의해 규정된다는 사상'으로, 현상의 의미를 그 자체뿐만 아니라 그것과 관계하는 사회나 문화의 '구조'에서 읽어야 한다고 본다. 소쉬르의 언어학에 따르면, 개인의 사고는 언어라는 구조에 의해 규정되는 것이다.

시니피에와 시니피앙

소쉬르는 문자나 음성을 '시니피앙', 그로부터 떠오르는 것을 '시니피에', 둘을 합쳐 '시뉴(Signe, 기호)'라고 했다. 시니피앙은 문자나 음성이 '의미하는 것'을 말하고, 시니피에는 문자나 음성에서 얻는 이미지, 즉 '의미되는 것'을 말한다. 소쉬르는 언어를 '**기호(記號)**'라고 생각했다. 기호는 '개념'에 '청각 영상'을 더한 것이다. 개념(의미)을 '시니피에'라고 하고, 청각 영상(소리이미지)을 '시니피앙'이라고 한다. 소쉬르에 따르면 시니피에와 시니피앙이 합쳐진 것이 바로 기호, 즉 '**언어 기호**'다.

소리는 물리적 현상이지만, 소리 이미지는 사람 머릿속에 있는 '심리적' 실체로, 머릿속에 담긴 소리 이미지가 곧 시니피앙이다. 우리는 입을 다물고도 '나비'라는 소리 이미지를 떠올릴 수 있다. 그 소리 이미지, 곧 '시니피앙'과 개념, 다시 말해 '시니피에'가 합쳐진 것이 기호이다. 예를 들어, 소리 이미지와 蝶이라는 뜻이 합쳐져서 '나비'라는 언어 기호가 생겨난다. 그렇게 해서 우리는 나비라는 기호가 [nabi]라는 소리 이미지 즉 시니피앙과, '날개 두 쌍으로 날아다니는 예쁜 곤충'이라는 개념, 즉 시니피에의 결합이라는 것을 우리는 알고 있다.

기표와 기의

소쉬르는 '기호(記號)'를 '기표(記標)'와 '기의(記意)'라는 이항 대립의 개념을 통해 설명했다. 기표는 '기호 표현'의 줄임말로 이해하면 되는데, '의미하는 것(시니피앙)'을 뜻하며, '청각 영상'이라고도 한다. 기의는 '기호 의미'의 줄임말로, '의미되는 것(시니피에)'

을 뜻하며, 이를 '개념'이라고도 일컫는다.

기표를 청각 영상이라고 한 이유는 기표가 소리 자체를 말하는 것이 아니고, 기의를 개념이라고 한 것은 기의가 현실에 존재하는 지시물을 뜻하는 것이 아니기 때문이다. 기호에서 마치 동전의 양면과도 같은 기표와 기의는, 현실에 존재하는 것이 아니라 한 단계 '추상화'를 거친 결과라 할 수 있다. 기호가 '의미하는 것(기표)'과 '의미되는 것(기의)'으로 구성되었다고 하더라도, 그것들은 모두 '랑그'라는 추상적인 '체계', 즉 언어 규칙 속에서 존재할 뿐이다.

소쉬르는 언어를 하나의 '기호 체계'로 보았다. 언어는 관념을 표현하는 '기호'로 된 하나의 체계이다. 그 점에서 언어는 수화(手話)나 군대에서 사용하는 신호와 비슷하다. 상징적인 의례나 예의범절 또한 다를 바 없다. 소쉬르에 따르면, 언어 기호는 하나의 이름을 사물과 연계시키는 것이 아니라, 하나의 개념인 '기표'와 청각 영상인 '기의'를 결합하는 것이다. 쉽게 말해서 우리의 정신 속에는 소리의 사전과 관념의 사전이 내장되어 있어서, 우리가 말을 할 때면 그 두 개의 사전이 결합한다는 것이다.

이처럼 소쉬르에 따르면, 언어, 즉 '기호 체계'는 '기표(記標)'와 '기의(記意)'로 구분된다. 기표는 '의미하는 것'으로서의 '들리는 소리와 쓰인 문자'를 말하고, 기의는 '의미되는 것'으로써의 '기표가 나오는 실제 관념'을 뜻한다. 즉, 기표와 기의의 두 측면은 언어 기호의 '표현(말, 단어)'과 '의미(개념, 관념)'를 지칭한다. 그러나 기호라는 현상에서 이 두 측면은 상호 의존적이고 불가분한 것이다. '기표와 기의' 두 측면이 합쳐지지 않으면 기호는 존재할 수 없으며, 이들은 모두 관념적으로 언어 체계 속에 '기호라는 형상'으로 존재한다.

언어는 곧 '기호 체계'라는 사실을 보여주는 좋은 사례가 있는데, 바로 김춘수의 시(詩) '꽃'이다. "내가 그의 이름을 불러 주었을 때/그는 나에게로 와서/꽃이 되었다"라는 시 구절이 있는데, 이것을 기호학적 사고에서 해석하면 이렇다. 내가 '꽃'이라는 이름을 명명하는 순간, 그 '기표'에 의해 꽃이라는 존재가 '의미하는 것'이 드러나고, 그와 동시에 내 머릿속에는 꽃이라는 관념으로써 '의미되는 것', 즉 '기의'가 생성된다. 그렇게 해서 이 둘은 동전의 양면처럼 결합하여 의미 전달이 가능한 '기호', 즉 언어로써 의미를 형성한다.

기호가 있는 곳에 '체계'가 있다

기표와 기의는 자연스러운 관계가 아니다. '남성'이라는 기표는 남자를 의미하는데, 이렇게 남자를 '남성'이라고 표현하는 까닭은 이 단어가 남자의 천성적인 특성을 표현하고 있기 때문이 아니다. 기호 '남성'은 오히려 언어가 지시하는 대상 간의 '관계'를 통해서 이뤄진다. 다시 말해, 어떤 기호('남성'이라는 단어)의 의미 내용을 결정하는 것은 '기표와 기의'의 관계(남성이란 '말'과 남성의 특성을 규정하는 '뜻'과의 관계)가 아니라,

'기호 체계' 간의 관계('남성'이라는 추상적 관념과 다른 '성', 즉 여성이라는 추상적 관념 간의 관계)다. 따라서 '남성'이란 단어는 필연적으로 어떤 대상을 지시하는 것이 아니며, 단어의 의미는 '여성'이란 기호와의 관계 속에서 결정된다.

이것은, 단어의 의미는 언어체계 내에서 다른 것과의 관계에 따라 의미가 이루어지는 것이지, 그 자체로 절대적인 의미를 지니는 것은 아니라는 뜻이다. 즉, 언어의 의미는 특정 기호 체계 안에서의 다른 기호들과의 **'차이'**에 의해서 생성된다. 다시 말해, 단어의 의미는 다른 단어와의 '관계'에 따라 의미 내용을 이룬다.

언어, 즉 언어기호는 대상(지시물)을 문자나 소리 이미지로 형상화한 관념 자체로, 즉 추상화된 '개념'을 말한다. 이렇게 놓고 볼 때, 언어는 그 지시물을 나타내는 도구에 불과하며, 중요한 것은 그 언어를 가리키는 **'지시물'**이다. 발화자가 지금 사용하고 있는 언어보다는 그것을 넘어서 그것이 가리키는 지시물이 중요한데, 이런 관점을 '형이상학적'이라고 한다. 이런 형이상학적 언어관에서는 지시물을 언어 '밖에서' (관념적으로) 존재하는 것이라고 간주하며, 그것은 기호가 형성하는 '체계'의 한 요소로 자리 잡는다. 여기서 말하는 '체계'란 이를테면 언어 사용 '규칙'으로, 현실의 어떤 영역(지시물)을 설명하기 위해 정신에 의해 구축되는 개념적 구성물이자, 서로 밀접하게 관련을 맺는 관념의 집합을 일컫는다. 앞서 예로 든, 남성이란 기호(단어)는 여성이란 기호(단어)와 관련을 맺으면서, 그리고 그 차이에 따라 비로소 의미를 지니게 되는 것이다. 즉, 기호가 있는 곳에 **'체계'**, 즉 기호로써 구조화된 사회적 약속 체계로서의 **'개념, 관념'**이 있다. 그리고 이 체계는 기호 간 **'관계'** 및 기호 간 **'차이'**에 따라 규정된다.

소쉬르의 이런 기호 개념은 "우리는 언어를 통해 있는 그대로의 현실을 재현하고, 언어를 통해 세상과 올바르게 소통할 수 있다"라는 기성 관념을 완전히 바꾸어 놓았다. 기표와 기의의 관계는 필연적이지 않아서, 하나의 기표가 제각기 다른 기의를 표현할 수 있고, 반대로 제각기 다른 기표가 동일한 기의를 의미할 수도 있기 때문이다. 예를 들어, 영화 〈넘버3〉에서, 송강호가 "현정화는 라면만 먹고도 금메달을 3개나 땄다"라고 말한 것을 두고서 부하 조직원이 "형님, 임춘애입니다"라면서 부정하자, "내가 현정화라면 현정화인 거야!"라면서 그 조직원을 마구 두들겨 패는 장면이 나온다. 이것은 임춘애와 현정화라는 각기 다른 기표가 영화에 나오는 어설픈 조폭 세계 구성원에서 동일한 기의(헝그리 정신)를 의미할 수 있음을 보여준다.

기표와 기의로 이루어진 '기호'의 밖에 있는 세계는 '파롤'의 세계로, 그것이 소통되고 재현되려면 '기의'라는 추상적인 요소(개념, 관념)로 전환되어야 한다. 이렇게 추상화가 이루어지면 기호는 필연적으로 일정한 '체계(**사회적 약속의 결과로써의 체계**)'를 이루게 된다. 구조주의는 바로 이런 추상화의 과정을 거쳐 모든 것을 '체계'로 이해하는 사상으로, 모든 것을 본질로써 이해하는 사유를 거부하고 '텍스트'의 의미 구조를 파악하는 데 중점을 둔다. 일반적인 세계관에서, 세계는 개별 요소가 모여 이뤄진다. 하지만 소쉬르의 세계관에서는, 세계는 오른쪽·왼쪽처럼 다른 언어와의 **'차이'**로 이뤄진다. 부분이 모여 전체를 이루는 것이 아니라, 먼저 전체라는 구조가 있고 그 안에 '차이'가 부분으로써 존재한다는 것이다. 이런 이유로, 언어학은 기호학의 모델이고, 기호학은 구조주의의 모델이라고 말할 수 있다.

언어는 '자의적'이다

소쉬르는 기호는 '자의적'이라고 했다. 시니피앙과 시니피에의 결합이 제 마음대로, **'제 멋대로'**란 뜻이다. 한국어밖에 모르는 홍길동이 있다고 하자. 그는 蝶이라는 개념을 가진 곤충을 당연히 [nabi]라는 소리 이미지와 결합한다. 蝶이라는 시니피에와 [nabi]라는 시니피앙은 홍길동의 머릿속에서 너무 단단히 결합되어 있어서, '蝶=[nabi]'를 너무 당연하게 생각한다. 그런데 이를 영국 사람들은 [nabi]라고 부르지 않고 '버터플라이'라고 부르고, 독일 사람들은 '슈메털링'이라고 부르며, 프랑스 사람들은 '파피용'이라고 부른다. 세상 사람들 모두가 蝶이라는 시니피에를 [nabi]라는 시니피앙과 결합시키는 것은 아니다. 이렇게 시니피에와 시니피앙의 결합이 제멋대로인 것, 蝶이라는 시니피에가 [nabi]와도 결합하고 [butterfly]와도 결합하는 것을 **'기호의 자의성'**, 곧 '언어의 자의성'이라고 한다. 소쉬르는 기호라는 것은 시니피에(기의)와 시니피앙(기표)의 결합인데, 그 결합은 완전히 제멋대로이며, 아무런 규칙도 없다고 말했다. 단어와 소리, 개념, 이미지가 서로 제멋대로 관계를 맺고 있다는 점에서 자의적이라는 것이다.

기표와 기의가 자의적으로 결합했다는 말은 이것들이 '동기화'가 되어 있지 않다는 뜻이다. 쉽게 말하자면 기표와 기의가 필연적으로 그렇게 되어야 할 까닭이 없이 그리되었다는 것을 말한다. 따라서 예를 들어, 내가 어떤 지시물을 갖고서 이를 '나무'라고 말했다고 해서 그것이 바로 기표가 되는 것은 아니다. 이때 사람들이 '나무'라고 말한 수많은 파롤(발화) 가운데 공통된 요소를 뽑아내어 누구든 그 말을 들으면 그렇게 이해할 수 있게 하는 요소가 바로 기표이다. 이 기표가 추상적인 개념인 기의와 결합할 때, 거기에는 (제멋대로인 기표와 기의의 관계에서 벗어나는) 어떤 '필연적'인 이유가 있어야만 우리는 혼란 없이 기호를 소통의 도구로 이용할 수 있을 것이다.

이것은 기호가 일종의 **'사회적 약속 체계'**라는 사실을 알려준다. 그 약속은 언어를 사용하는 공동체가 어떻게 약속을 하는가에 따라 달라지는 것이기 때문에, 기표와 기의가 결코 동기화되거나 필연적일 이유는 없다. 앞서 예로 든 것처럼, 우리는 蝶를 '나비'라고 하지만, 영국에서는 '버터플라이'라고 하고, 프랑스에서는 '파피용'이라고 한다. 같은 사물, 같은 개념을 놓고 이렇게 달리 부를 기표를 만들어 내는 것은 일종의 사회적 '편의'에 의한 것이라 할 수 있다. 단지 언어뿐만 아니라, 야구 시합에서 심판이 하는 판정 제스처나 감독이 선수에게 작전을 지시하는 제스처와 같은 관습적 제스처도 모두 약속에 의한 것이다. 이런 약속 체계는 쉽게 변하지 않는데, 왜냐하면 기표와 기의의 결합이 가변적인 상황에 좌우되지 않기 때문이다.

이처럼 소쉬르에 따르면, '**언어의 자의성**'은 사물과 언어, 즉 시니피앙과 시니피에의 연결 관계에 필연성이 없다는 것을 의미한다. 예를 들어, 한국인에게서 무지개는 7가지 색이지만, 영국인은 5가지 색이다. 이를 통해 알 수 있듯, 먼저 개별 요소가 있고 거기에 이름 붙인 것이 아니다. 우리가 세계를 언어로 구분하기에 개별 요소가 존재하는 것이다. 그리고 우리는 이 언어 세계의 범위 내에서 생각한다. 언어는 사고를 전달하는 수단일 뿐만 아니라, 반대로 사고를 결정하는 원인이 된다. 따라서 '기표(말, 시니피앙)'와 '기의(개념, 시니피에)'의 제멋대로의 연결, 그리고 언어 체계에서 생기는 기호 간 관계의 자의성이라는 개념을 통해 언어적 의미 작용을 새롭게, 다양하게 창조할 수 있다. 그렇더라도 언어의 자의성을 따라 일단 기호 체계로써 형성되면, 사회 내부에서 강한 구속력을 지닌다. 이것을 '**언어의 사회성**'이라고 한다.

다음은 〈2023학년도 EBS 수능 특강〉에 실린 지문으로, 소쉬르의 기호학, 즉 구조주의 언어학에 대한 설명과 문화인류학자 레비스트로스의 구조주의 인류학에 대한 설명을 비교하여 기술한 것이다.

[예문2]의 지문을 읽어 확인해야 할 것은 다음 두 가지다. 첫째, 앞서 설명한 배경 지식을 학습한 후, [예문]을 읽어 배경 지식을 얼마만큼 이해했는지를 직접 확인하는 것이다. 둘째, 관련한 배경 지식을 확장하여, 구조주의 사상의 핵심을 얼마만큼 이해했는지를 지문 후반부 레비스트로스의 구조주의 인류학 관련 글을 읽어 확인하는 것이다. 그 과정에서 배경 지식 학습의 방향성을 모색할 수 있을 것이다. 이를테면 [예문1]처럼 글 내용을 축약한 지문일수록, 글에 실린 핵심 개념의 이해가 더 힘들다는 사실을 깨닫고, 관련한 배경 지식을 찾아서 그 의미를 '이해'하는 것이다.

[예문2: 소쉬르의 구조주의 언어학과 레비스트로스의 구조주의 인류학]

구조주의의 창시자로 불리는 소쉬르는 인간의 사고가 언어의 구조에 의해 결정된다고 주장하며 언어를 랑그와 파롤로 구분하였다. 랑그는 언어의 체계나 구조를 뜻하는 것으로 개인이 사회의 구성원으로서 자연스럽게 습득하는 것이다. 그는 랑그가 공동체 구성원들 사이에서 맺어진 사회적 약속에 의해 존재하는 것이므로, 발화자는 랑그에 종속된 가운데 랑그에 따라 발화할 뿐 혼자서 랑그를 창조하거나 변화시킬 수는 없다고 보았다. 파롤은 개별적이고 구체적인 언어 행위로 사람마다 다른 형태를 띠고, 랑그와 달리 쉽게 변화한다. 가령 동일한 언어 규칙을 바탕으로 인간들이 대화를 나누더라도 사람마다 발화의 형태, 모습은 모두 다르다. 이처럼 각양각색의 양태를 띠는 개인의 발화가 파롤인 것이다. 소쉬르는 랑그는 같은 언어를 사용하는 집단의 모든 구성원들의 언어 활동에 잠재되어 있는 것이고, 파롤은 랑그가 개인들의 행위로 인해 현실화된 것이라고 보았다. 그는 인간의 언어 활동의 본질은 개인의 구체적 언어 활동이 아닌 언어를 지배하는 보편적 체계 속에 있기 때문에 언어학에서 탐구해야 할 대상은 파롤이 아니라 랑그라고 주장하였다.

랑그는 수많은 기호로 구성된다. 소쉬르는 기호에 결합되어 있는 것은 사물과 명칭이 아니라, 개념과 청각 이미지라고 보았다. 그는 기호를 구성하는 개념과 청각 이미지를 각각 기의와 기표라는 용어로 표현하였다. 즉 기호는 기의와 기표의 연합체인 것이다. 소쉬르 이전의 언어학자들은 대상을 가리키는 기호가 존재하기 전에 대상에 대한 명확한 개념이 이미 존재한다고 보았다. 현실 세계에 실재가 이미 존재하고 인간이 사고를 통해 실재에 대한 개념을 머릿속에 가진 상태에서, 개념을 나타낼 수 있는 기표를 만들어서 개념과 결합시켰다고 본 것이다. 하지만 소쉬르는 기호가 존재하기 전에는 명확한 기의가 없으므로 인간이 대상을 명확히 인식할 수 없고, 올바른 사유를 할 수도 없다고 보았다. 예를 들어 사과라는 말이 없다면 현재 사과라고 여겨지는 과일에 대한 명확한 개념을 우리가 갖지 못한다고 본 것이다.

소쉬르에 따르면 기표와 기의는 자의적으로 연결된다. 그리고 기표와 연결되는 기의는 대상에 대한 실질적인 의미를 나타내지 않는다. 기의는 연결된 기표와 다른 기표들의 차이에 의해 의미가 정해질 뿐이다. 예를 들어 사과라는 기표와 연결된 기의는 사과의 본질이 아니라 과일을 나타내는 수많은 기표, 즉 배, 감, 귤 등이 아닌 과일이라는 의미를 나타낼 뿐이다. 사과라는 기표가 나타내는 의미는 언어 구조 안에서 다른 사항들과의 관계에 의해 정의되는 것이다. 소쉬르는 이 때문에 인간의 사고는 자신이 사용하는 언어의 구조에 영향을 받을 수밖에 없다고 보았다. 예를 들어 우리말에는 '나방'과 '나비'가 각기 다른 대상을 지칭하는 단어로 존재하지만, 프랑스어에서는 두 가지 곤충을 모두 '파피용'이라고 부른다. 따라서 우리가 '나방과 나비가 한 마리씩 나타났다'라고 생각할 때, 둘을 구분하는 단어가 없는 프랑스어를 쓰는 화자는 '파피용이 두 마리 나타났다'라고 생각하는 것이다. 이러한 예를 통해 언어의 구조가 인간의 사고에 영향을 미친다는 것을 알 수 있다. 소쉬르는 대상이 나타내는 개념이나 인간의 사고보다 언어가 먼저 존재하며, 인간의 사고는 자신이 사용하는 언어 구조에 종속되어 있다고 보았다. 그리고 우리가 언어를 사용하는 한, 이러한 언어의 구조에 담긴 사고 방식과 가치관을 그대로 수용하고 따를 수밖에 없다고 생각했다. 이와 같은 소쉬르의 사상을 바탕으로 언어 현상을 언어 전체의 구조에서 파악하려고 하는 학문인 구조주의 언어학이 본격적으로 전개되었다.

레비스트로스는 구조주의를 인류학에 적용하였다. 모든 음소들은 '비음인가 아닌가', '모음인가 자음인가'와 같이 두 가지 대립되는 요소가 짝을 이루는 물음을 통해 분류된다. 레비스트로스는 음운론에서 사용하는 이러한 이항 대립을 바탕으로 각 집단이 갖는 친족의 기본 구조를 파악하였다. 그는 친족의 기본 구조는 아버지와 아들, 외삼촌과 조카, 남편과 아내, 아내와 아내의 형제라는 네 가지 관계로 이루어져 있고, 이들 관계는 친밀함과 소원함이라는 이항 대립으로 나타난다고 보았다. 모든 집단에 공통적으로 드러나는 특징은 아버지와 아들의 관계와 외삼촌과 조카의 관계 둘 중 하나만 친밀하고, 남편과 아내의 관계와 아내와 아내의 형제의 관계도 이와 마찬가지라는 것이다. 예를 들어 멜라네시아에서는 아버지와 아들 사이는 친밀하지만 외삼촌과 조카는 심하게 대립하고, 트로브리안드 섬에서는 부부 사이는 친밀하고 개방적이지만 아내와 아내의 형제 사이는 좋지 않았다. 그는 모든 사회 집단이 이러한 이항 대립으로 이루어져 있으며 각 집단의 우열은 존재하지 않는다고 보았다. 레비스트로스는 이처럼 각 사회는 친족 사이에 키워야 할 표준적인 감정을 무의식적으로 체계화하고 있고, 집단에 속한 이들은 의식하지 못하는 사이에 이러한 감정을 내재화한다고 보았다. 그가 보기에 우리가 친족들과의 관계에서 느끼는 감정은 내면에서 우러나온 감정이 아니라 사회 구조 안에서의 '역할 연기'에 불과한 것이었다.

레비스트로스는 친족의 기본 구조를 비롯한 모든 인간의 문화가 언어처럼 구조화되어 있다고 생각하고 선과 악, 남자와 여자, 빛과 어둠, 강함과 약함 등의 대립쌍을 바탕으로 인간의 문화를 이해하였다. 그는 언어를 문화의 조건으로 보고 언어가 문화에 미치는 영향에 대해서도 고찰하였는데, 음성 언어를 순수한 것으로, 문자 언어를 저열한 것으로 보고 문자 언어가 문화에 부정적인 영향을 미친다고 보았다. 그는 유럽인에게 문자를 배운 브라질의 남비콰라족이 문자 사용 수준으로 사람들의 위계를 정하는 것을 발견하고, 문자가 그들의 순수한 사회를 타락시켜 놓았다고 비판하였다.

소쉬르와 레비스트로스의 구조주의 이론은 언어 공동체나 집단의 보편적인 사고에 대해 깊이 이해할 수 있게 하고, 인간이 사회 규범을 수용하면서 공동체의 일원이 되는 과정과 이유를 합리적으로 설명했다는 점에서 의의가 있다. (2023학년도 EBS 수능 특강, 인문 · 예술 01 출제 지문)

(단락1) 랑그와 파롤의 개념과 차이점
(단락2) 기의와 기표가 결합하여 만들어지는 기호의 기능
(단락3) 인간의 사고와 언어 구조의 관계
(단락4) 이항 대립을 바탕으로 한 친족 구조 분석
(단락5) 레비스트로스가 분석한 인간의 문화
(단락6) 소쉬르와 레비스트로스의 구조주의 이론의 의의

(단락1) → (단락2) → (단락3)
          ↕
(단락4) → (단락5)

이해와 기억을 동시에 함께 향상하는
효과적인 글 읽기 방법
메타 인지 독서법
https://youtu.be/m67_rp20Ke0

메타 인지 독서법이란 무엇인가요?

학습 독서를 잘하기 위해서는 어떤 독서법을 실천해야 할까? 그 실천 방법으로 '메타 인지'를 활용한 독서전략이 있다. 중·고등학교 무렵은 '메타 인지'를 활용한 독서 전략을 실천하는 때이다. 메타 인지 독서 전략은 글을 읽는 과정을 확인하고 읽기 방법을 조절하는 활동을 뜻한다. 글을 읽는 동안 어떤 것을 알고 어떤 것을 모르고 있는지를 인식하고, 자신이 제대로 글을 읽고 있는지를 의식하는 독서 활동이 그것이다. 메타 인지 독서 전략은 읽기는 물론이고 공부에 큰 영향을 끼친다.

한편, '메타 이해'는 자신이 언어적으로 잘 이해하고 있는지를 아는 능력을 말한다. 읽은 내용을 이해한 듯해도 정작 내용을 확인하는 질문에 답변하지 못하면, 이는 메타 이해에 문제가 발생했기 때문이다. 메타 이해는 당연히 독서 능력과 밀접하게 관계한다. 다음은 메타 이해에 관한 질문들이다.

- 글 내용을 제대로 이해하지 못했거나 주의를 기울여 읽지 않았음을 알았을 때, 그 부분을 다시 깊게 읽는가?
- 글을 읽고 난 뒤에 자신이 방금 읽은 내용의 핵심을 간략히 요약할 수 있는가?
- 글에 실린 개념과 개념을 서로 연계하여 생각하려고 노력하는가?
- 자신이 모르는 단어가 나왔을 때 사전을 사용하거나 검색을 통해 그 뜻을 완전히 이해하려고 노력하는가?
- 글에서 중요한 부분과 중요하지 않은 부분을 가린 후, 중요한 부분을 읽는데 더 많은 시간을 할애하는가?
- 글의 부분–전체 구조와 글의 논리 구조를 파악하여 이를 머릿속에서 체계화할 수 있는가?
- 읽은 내용에 대해 적절히 평가하고, 글의 핵심 내용을 적절히 분류해서 머릿속 기억으로 정리하는가?

글을 능숙하게 잘 읽는 학생은 전체 읽기 과정에서 자신의 독서 활동을 조정한다. 글 잘 읽는 학생은 지금 읽고 있는 글의 의미를 정확히 파악하고 있는지를 의식적으로 살핀다. 그 과정에서 무언가 잘못되었다는 생각이 들면, 자신의 읽기 과정을 곧바로 수정한다. 글을 읽을 때 자신의 인지 활동을 잘 알고 이를 통제할 수 있는 능력을 갖추었기 때문이다. 반면, 글 읽기에 미숙한 학생은 자신의 읽기 능력에 어떤 문제가 있는지를 제대로 인식하지 못한다. 설령 어떤 문제점을 발견했더라도 그 문제를 해결할 수 있는 적절한 독서전략을 사용할 줄 모른다.

메타 인지 독서 전략의 핵심인, 글을 읽어 내가 무엇을 알고 또 무엇을 모르는지에 대해 확인할 수 있는 좋은 방법이 있다. 글의 **주제 개념**을 자신의 언어로 재구성하여 이를 다른 사람에게 명확히 설명할 수 있는가를 확인하면 된다. 어떤 개념의 사전적인 의미(개념 정의)를 정확히 이해하지 않고서는 그것을 자신의 언어로 표현하기 어려우며, 이를 다른 사람이 알아들을 수 있도록 설명하는 것은 더 어렵다. 글을 읽어 어떤 개별적인 사실들을 통합하고 이를 다른 지식과 연결할 수 있는 지적 능력은 메타 인지를 활용한 학습 독서의 궁극적인 지향점이다.

메타 인지는 적절하고 효과적인 글 읽기 전략을 구사하고, 읽은 내용을 피드백하면서 자신의 실제 실력을 객관적으로 파악하며, 인간의 인지 과정을 이해하는 노력을 통해 향상된다. 특히 '**개념적 범주화**'는 메타 인지 독서 전략의 핵심을 구성한다.

결국 '메타 인지'를 활용한 독서법은 결과보다 과정을 중시하는 독서법이라 할 수 있다. 학생들은 메타 인지를 활용한 읽기 과정에서 자신의 장단점을 발견하고, 필요에 따라 이를 수정 · 보완 · 점검하면서 글을 보다 효과적으로, 좀더 효율적으로 잘 읽는 방법을 터득한다. 이런 적극적인 읽기 과정에서, 그리고 자신의 배경 지식을 더하면서 글 내용을 집요하게 해석하고 추론하는 노력을 통해 읽기 능력은 크게 향상한다. 마침내 글의 의미를 새롭게 구성하면서 내용을 완전히 자기 것으로 만든다.

수능 국어
비문학 문제 풀이의
핵심 포인트

[비문학 문제 풀이 요령]

- **핵심1:** 변주를 찾아내라
- **핵심2:** '일치-불일치' 관계를 살펴라
- **핵심3:** 매력적인 오답의 함정에 빠지지 말라
- **핵심4:** 선택지 대답에 친숙한 개념이 나올수록 선입견의 함정에서 벗어나라

수능 국어 영역은 전적으로 출제자의 의도에 따라 제시된 글(지문)에서 답을 도출하는 능력을 평가한다. 정·오답의 근거는 지문 안에 있으며, 그 타당한 이유를 반드시 지문 안에서 찾아낼 수 있어야 한다. 그 핵심은, **지문 내용을 발문 선택지 대답과 '1대1'로 대응하면서 얼마만큼 빨리 살필 수 있는가다.** 선택지 대답을 지문과 연계하면서, 정답과 오답의 논리적인 근거를 찾는 데 힘을 쏟아야 한다.

이때, 발문(문제와 선택지 대답)은 제시된 긴 지문 속에서 자칫 헤매지 않도록 방향을 제시해 주는 역할을 한다. 비문학만큼은 지문보다 발문을 먼저 읽는 것이 효과적이다. 발문을 통해 찾아야 할 답이 무엇인지부터 파악한 후, 이에 근거하여 지문을 읽으면 좀더 효과적으로 문제의 물음에 접근할 수 있다. 게다가 발문을 읽으면서 지문에 실린 글 내용에 대한 힌트도 적잖이 얻을 수 있다. '보기'가 있는 문제의 경우에는, 발문과 보기만 읽어도 지문의 성격과 내용이 파악되는 경우가 많다.

수능 국어 비문학 문제는 **'사실 판단'과 관련한** 물음이 대부분이다. 이것은 출제 지문에서 말하고 있는 내용을 잘 이해하고 있는지를 묻는 것으로, 그 핵심은 선택지 대답을 지문의 세부 내용과 개별적으로 맞춰나가면서 사실의 진위를 판별하는 것이다. 비문학 문제는 단락을 단위로 하여 발문을 구성하는 것이 일반적이다. 즉, 지문의 어느 한 단락에 담긴 어떤 문장과 선택지 대답은 1:1의 대응 관계를 이루는 경우가 대부분이다. 따라서 그 문장과 선택지 대답이 정확하게 일치하거나 일치하지 않는 것을 찾으면, 그것이 곧 정답(최선의 대답)이다.

수능 국어 비문학처럼 지문 안에 담긴 사실적 진술을 찾아 그것이 선택지 대답과 일치·불일치하는지를 살피는 문제일수록, **명확한 판단근거와 객관적인 해석의 기준을 따지고 또 확인하면서** 답을 찾아야지, 그렇지를 않고 단지 감에 의존해서

문제를 풀어서는 안 된다. 이를 위해서는 일체의 선입견을 배제하고, 제시된 글과 〈보기〉와 선택지를 통해 답의 근거를 찾아내야 한다. 이것이 수능 국어 비문학 문제 풀이의 포인트라 할 수 있다.

변주를 찾아내라
글의 중심 생각은 핵심어를 바꿔가며 반복된다

수능 국어 비문학 문제는 크게 글의 전체적인 이해를 묻거나, 글의 세부적인 정보를 제대로 파악하고 있는가를 묻는다. 글의 주제를 파악하는 유형의 문제가 전자라면, 내용 일치 유형의 문제는 후자에 해당한다. 어느 것이든, 지문 독해력을 묻는다는 점에서 같다. 수능 국어 비문학에서, 특별한 경우를 제외하고는, 핵심어를 파악하면 이를 통해 글 전체에 담긴 의미를 파악하는 것은 그리 어렵지 않다. 그리고 이는 지문에 쉽게 드러나 있는 것이 일반적이다.

핵심 어구(핵심 내용을 담은 '서술어'를 포함한다)를 찾는 방법은 의외로 간단하다. 지문에 **자주, 빈번하게 나오는** 단어와 서술이 핵심 어구일 가능성이 크기 때문이다. 수능에 출제되는 지문은 완결적인 내용을 담기에, 글에서 중요한 내용은 반복되기 마련이고, 그것도 핵심 어구로 표현될 수밖에 없다.

어떤 글에서든 글쓴이는 똑같다고 말할 수 있을 정도로 주장하는 내용을 반복한다. 하지만 완전히 똑같은 문장을 계속 쓸 수는 없으니 많은 경우 조금씩 말을 바꾸면서 주장을 반복하려고 한다. 그러한 말 바꾸기는 단순히 다른 표현을 쓰거나, 구체적인 예를 들거나, 비유를 드는 등 표현 방법을 달리하며 변주된다. 때문에, 오히려 지문 안에 핵심어로 보이는 단어나 서술이 너무 많은 것처럼 보이는 것이 문제로, 중요한 단어를 분별할 수 있는 능력을 기르는 것이 지문 독해의 또 다른 관건이다. 수능 국어 비문학의 경우, 이것을 해결하는 요령은 있다. 선다형으로 주어진 선택지 대답을 참고하면 된다. 즉, 선택지의 내용은 지문 안의 핵심 주장이나 주제 개념을 이리저리 비틀어가며 또는 자세히 풀어가며 서술한 것이 대부분이기에, 이것과 지문을 맞추어가며 추론하면 된다. 비문학 독해 문제는 물론이고 문제 풀이 역시 대부분 이러한 변환을 파악함으로써 간단히 해결할 수 있다.

이를 다음 사례를 통해 확인해보자. [예문1]은 지문에 공통적으로 담긴 핵심 내용을 찾으라는 요구로, '공통 주제'를 찾는 것과 다를 바 없다. 따라서 지문을 읽어 '중심 주장 글'을 찾고, 그것에 담긴 내용과 선택지를 비교하면 적절한 답이 드러난다. 글의 공통 주제는 정독(精讀), 즉 '세밀하게 따져가며 의미를 파악해 읽는 방법의 중요성' 이다.

[예문1: 바람직한 독서 태도]

(가) 성현의 경전을 읽고 자기를 돌이켜 보아서 환히 이해되지 않는 곳이 있거든, 모름지기 성인이 준 가르침이란 반드시 사람이 알 수 있고 행할 수도 있는 것에 대하여 말한 것임을 생각하라. 성현의 말과 나의 소견이 다르다면 이것은 내가 힘쓴 노력이 철저하지 못한 까닭이다. 성현이 어찌 알기 어렵고 행하기 어려운 것으로 나를 속이겠는가. 성현의 말을 더욱 믿어서 딴 생각이 없이 간절히 찾으면 장차 얻는 바가 있을 것이다.
−이황, 〈독서〉 −

(나) 《사기》의 〈자객열전〉을 읽다가 "조(祖)를 마치고 길에 올랐다"라는 구절을 보게 되었다고 하자. "조가 무엇인가요?"라고 물으면 스승께서는 "떠나보낼 때 건강을 기원하는 제사다"라고 하실 것이다. 다시 "하필 그것을 '할아버지 조(祖)'로 쓰는 것은 무엇 때문인지요?" 하면, "그것은 확실하지 않다"라고 하실 것이다. 그러면 나중에 집에 돌아와서 자전(字典)*을 꺼내 '조(祖)'의 본뜻을 알아보아라. 자전을 바탕으로 다른 책으로 나아가 그 책의 주석과 풀이를 살피면서 그 뿌리의 끝을 캐고 가지와 잎까지 줍도록 하여라. −정약용, 〈둘째 아들에게 부침〉, (2013. 6월 고3 모의 출제 지문. 문제30)

※문제: (가), (나)에서 공통적으로 강조하는 독서 태도로 가장 적절한 것은?
 ① 책의 내용을 올바르게 파악하고 그것을 삶에서 실천하려는 자세로 읽는다.
 ② 책을 읽다가 의문이 생기면 자신의 소견으로 성현의 말씀을 헤아리며 읽는다.

③ 책을 읽다가 알기 어려운 부분이 있으면 <u>철저히 이해하기 위해 노력하며</u> 읽는다.

④ 책을 읽다가 낯선 단어가 나오면 자료를 활용하여 그 의미를 파악하며 읽는다.

⑤ 동의하지 않는 부분이 생기면 비판의 근거로 삼을 만한 책을 찾아 읽는다.

정답: ③

'일치-불일치' 관계를 살펴라
지문 내용과 선지 대답은 핵심어구의 변주 관계다

다음으로, '내용 일치' 문제 풀이의 기본 요령은 다음과 같다. 내용 일치는 지문이나 자료에서 필요한 정보를 파악하는데 주안점을 둔다. 주어진 정보를 '주어진' 그대로 받아들였는가를 확인하는 것이 바로 내용 일치 문제인데, 그것과 더불어 주어진 정보를 제대로 해석하고 있는가를 묻는다.

수능에서 묻는 내용 일치 유형의 문제를 해결하기 위해서는 **선택지 대답을 지문의 해당 구절과 정확히 연결하면서** 글 내용을 파악할 수 있어야 한다. 이때 관건이 되는 것이 비교적 긴 제시문을 어떻게 빨리, 정확히 읽어가며 관련한 내용과 비교·대조해나갈 수 있느냐 하는 것이다. 이것을 해결하기 위해서는 먼저 글의 전체상부터 파악해야 한다. 글의 전체적인 흐름과 내용의 대략을 알면, 선택지 대답이 전체 또는 단락 안의 어디에 위치하는지 파악하기 쉽다. 글에서 선택지 물음에 필요한 부분을 재빨리 찾아 그 주변을 집중적으로 살필 수 있다.

이때 주의할 것은, 지문에서 선택지 대답과 관련한 문장이나 서술, 그리고 관련한 핵심어를 찾았다고 하더라도 모든 것이 해결되는 것은 아니다. 지문의 글감과 똑같이 기술한 선택지 대답은 거의 없으며, 이 역시 표현 방법을 '변주'하면서 펼쳐지기 마련이다. 따라서 선택지의 글(어휘와 서술)과 지문의 글(어휘와 서술)을 비교·대조하면서 그 의미 관계를 파악할 수 있어야 한다.

그렇게 해서 다음 [예문2]의 문제를 풀어보자. 지문에 밑줄 친 부분과 선택지 대답과의 비교를 통해 알 수 있듯, 많은 경우 선택지 대답은 지문의 문장 기술을 따라 **순차적으로 배열되어** 있다. 따라서 이를 염두에 두고서 글 내용을 찾아 읽으면 된다. 이때 해당 글에는 핵심어가 들어있거나, 또는 언어적 의미에서 유사한(변주를 이루는) 단어나 어휘가 들어있는 경우가 일반적이기에, 이것을 집중적으로 살피면서 일치·불일치 관계를 확인한다. 예문의 핵심어는 '시간 vs. 공간', '사실적 기록 vs. 상상력'으로, 이것을 중심으로 지문의 단락별 중심 내용을 살피면 글의 의미는 눈에 들어오고, 선택지 대답과의 일치·불일치 관계를 파악할 수 있을 것이다.

[예문2: 영화와 만화의 재현 차이]

전통적 의미에서 영화적 재현과 만화적 재현의 큰 차이점 중 하나는 움직임의 유무일 것이다. 영화는 사진에 결여되었던 사물의 운동, 즉 시간을 재현한 예술 장르이다.…①
반면 만화는 공간이라는 차원만을 알고 있다. 정지된 그림이 의도된 순서에 따라 공간적으로 나열된 것이 만화이기 때문이다. 만일 만화에도 시간이 존재한다면 그것은 읽기의 과정에서 독자에 의해 사후에 생성된 것이다. 독자는 정지된 이미지에서 상상을 통해 움직임을 끌어낸다. 그리고 인물이나 물체의 주변에 그어져 속도감을 암시하는 효과선은 독자의 상상을 더욱 부추긴다.
만화는 물리적 시간의 부재를 공간의 유연함으로 극복한다.…② 영화 화면의 테두리인 프레임과는 달리, 만화의 칸은 그 크기와 모양이 다양하다. 또한 만화에는 한 칸 내부에 그림뿐 아니라, 말풍선과 인물의 심리나 작중 상황을 드러내는 언어적비·언어적 정보를 모두 담을 수 있는 자유로움이 있다. 그리고 그것이 독자의 읽기 시간에 변화를 주게 된다. 하지만 영화에서는 이미지를 영사하는 속도가 일정하여 감상의 속도가 강제된다.…③
영화와 만화는 그 이미지의 성격에서도 대조적이다. 영화가 촬영된 이미지라면 만화는 수작업으로 만들어진 이미지이다. 빛이 렌즈를 통과하여 필름에 착상되는 사진적 원리에 따른 영화의 이미지 생산 과정은 기술적으로 자동화되어 있다….④ 그렇기에 영화 이미지 내에서 감독의 채취를 발견하기란 쉽지 않다. 그에 비해 만화는 수작업의 과정에서 자연스럽게 세계에 대한 작가의 개인적인 해석을 드러내게 된다. 이것은 그림의 스타일과 터치 등으로 나타난다. 그래서 만화 이미지는 서명된 이미지이다.

촬영된 이미지와 수작업에 따른 이미지는 영화와 만화가 현실과 맺는 관계를 다르게 규정한다. <u>영화는</u> 실제 대상과 이미지가 인과 관계로 맺어져 있어 <u>본질적으로 사물에 대한 사실적인 기록</u>이 된다.…⑤ 이 기록의 과정에는 촬영장의 상황이나 촬영 여건과 같은 제약이 따른다. 그러나 최근에는 촬영된 이미지들을 컴퓨터상에서 합성하거나 그래픽 이미지를 활용하는 디지털 특수 효과의 도움을 받는 사례가 늘고 있는데, 이를 통해 만화에서와 마찬가지로 실재하지 않는 대상이나 장소도 만들어낼 수 있게 된다.

만화의 경우에는 구상을 실행으로 옮기는 단계가 현실을 매개로 하지 않는다. 따라서 만화 이미지는 그 제작 단계가 작가의 통제에 포섭되어 있는 이미지이다. 이 점은 만화적 상상력의 동력으로 작용한다. 현실과 직접적으로 대면하지 않기에 작가의 상상력에 이끌려 만화적 현실로 향할 수 있는 것이다. (2013학년도 수능 출제 지문, 문제25)

[문제25] 윗글의 내용과 일치하는 것은?

① 영화는 사물의 움직임을 재현하는 예술이다.

② 만화는 물리적 시간 재현이 ~~영화보다 충실하다.~~(물리적 시간의 부재를 공간의 유연함으로 극복한다)

③ 영화에서 이미지를 영사하는 속도는 ~~일정하지 않다.~~(일정하다)

④ 만화(영화) 이미지는 사진적 원리에 따라 만들어진다.

⑤ ~~만화는~~(영화는) 사물을 영화보다 더 사실적으로 기록한다.

매력적인 오답의 함정에 빠지지 말라
지문 내용과 선지 대답의 일부를 달리해서 출제한다

선택지의 대답은 다음 세 가지다. 만약 선택지에 지문에 나타나 있지 않은 대답이 들어있으면, 그것은 오답이다. 만약 선택지에서 묻는 대답이 지문 안에 명확하게 드러나 있으면, 이것은 곧 최선의 대답으로서의 정답이다. 만약 선택지 대답이 지문과 헷갈린다고 생각되면, 그것은 지문의 내용과 선택지 대답 간의 **용어와 어**

휘의 이질성 때문으로, 이 부분에서 답을 틀리는 경우가 일반적이다. 따라서 그 언어적 동질과 차이를 분별할 수 있어야 한다.

한편, 모든 문제의 답이 지문 안에 다 들어있는 것은 아니지만, 대다수 문제에서 답은 반드시 지문과 관계한다. 만약 선택지 대답이 지문과 **'무관계'하다면, 그것은 답이 아니라**고 봐도 된다. 그렇게 해서 명백히 답이 아닌 이유를 제시할 수 있는 선택지를 골라낸 이후이더라도, 두 선택지 사이에서 갈등하는 상황이 생기기 마련이다.

이때 선택지의 어느 하나는 일부는 맞더라도 일부는 틀린 내용을 담게 마련인데, 이것을 두고 **'매력적인 오답'**이라고 말한다. 이 경우 역시 지문을 거듭 확인해가며 사실적 진술의 일치와 불일치 여부를 확인해야 한다. 더불어 지문의 내용 확인에 충실하지 않은 채 지레짐작으로 판단하려 하지는 않는지 거듭 확인하면서 문제를 풀어야 한다. 알고 있어야 할 것은, 국어 시험의 정답은 항상 분명하고 명확해야 한다는 사실이며, 따라서 반드시 지문에 근거해서 해답을 찾도록 노력해야 한다. 비록 점수가 잘 나왔다고 할지라도 정확한 근거에 따라 답을 골랐는지 아니면 단순히 글을 읽고 감으로 풀었는지를 냉정하게 살펴야 한다.

수능은 5개의 선택지 대답 중에서 반드시 답이 한 개가 되도록 문제를 만든다. 이때 출제위원들은 변별력을 높이는 문제를 만들기 위해, 수험생들이 정답으로 선택할 수 있는 유인 요인이 충분한 '매력적인 오답'을 만들어 내기 위해 노력한다. 그래야만 일정 비율 안에 드는 학생들에게만 좋은 등급을 맞게 할 수 있는데, 수능에서 말하는 변별력의 실상이 이와 같다.

매력적인 오답이란 말 그대로 정답으로 오인하고 선택할 수 있는 함정을 가진 **부적절한 답안[誤答]**을 말한다. 선택지 대답 자체로만 보면 그럴듯해 보이는 내용이지만 발문의 물음과 거리가 먼 것일 수도 있고, 옳은 정보와 잘못된 정보가 뒤섞여 정답의 '옷'을 입고 있는 듯 보이는 것일 수도 있다. 어느 것이든, 선택지 대답의 전부 또는 일부가 질문의 본질에서 벗어난 내용을 담은 탓에, 적절한 답을 선택하기 헷갈리게 만든다.

매력적인 오답의 함정에서 벗어날 수 있어야 한다. 지문의 내용과 발문의 물음을 충분히 살피지 않은 채, 지문이 눈에 익어 어딘지 모르게 익숙한 느낌이 든다거나, 또는 뭔가 그럴듯해 보이는 문구에 꽂혀 덜컥 답안을 선택하려 들어서는 안 된다. 문제를 대할 때 왜 그 선택지 대답이 정답이고 왜 그 선택지 대답은 오답인지에 대한 확실한 근거를 가지고 답을 골라야 한다. 모든 문제와 답에는 반드시 그 이론적인 근거와 그것을 뒷받침하는 논리적인 이유가 분명하며, 또 확실하기 때문이다.

수능 출제자는 변별력을 확보하기 위해 선택지에 매력적인 오답을 배치한다. 특히 출제위원들은 선택지 대답에 '정답'을 담은 서술과 '근사하게 치장한 오답'을 담은 서술을 적절하게 섞어가며 언어의 함정을 파게 된다. 당연히 글의 이해력이 떨어질 때는 그 선택지의 구절이 마치 정답인 양 느껴지고, 그렇게 해서 그 선택지 대답을 정답으로 간주하고 덥석 물어버리고 만다.

이것을 확인하는 것은 그리 어렵지 않다. 다음 [예문3]의 지문은 '진리 판단에 대한 여러 이론'을 소개하는 글로, 관련한 각 이론의 핵심 내용을 구체적인 사례를 들어가며 나열식으로 설명하고 있다. 예문은 '나열 관계'와 '대응 관계'를 이루면서 단락을 전개하면서, 철학 용어에 담긴 추상적인 개념을 '정의'와 '예시'의 방법을 통해 구체화하면서 글 내용을 기술하고 있다.

[예문3: 진리 판단의 세 이론]

우리는 일상생활이나 학문 활동에서 '진리' 또는 '참'이라는 말을 자주 사용한다. 예를 들어 '그 이론은 진리이다'라고 말하거나 '그 주장은 참이다'라고 말한다. 그렇다면 우리는 무엇을 '진리'라고 하는가? 이 문제에 대한 대표적인 이론에는 대응설, 정합설, 실용설이 있다.

대응설은 어떤 판단이 사실과 일치할 때 그 판단을 진리라고 본다. '내 말을 믿지 못하겠거든 가서 보라'라는 말에는 이러한 대응설의 관점이 잘 나타나 있다. 감각을 사용하여 확인했을 때 그 말이 사실과 일치하면 참이고, 그렇지 않으면 거짓이라는 것이다. 대응설은 일상생활에서 참과 거짓을 구분할 때 흔히 취하고 있는 관점으로 우리가 판단과 사실의 일치 여부를 알 수 있다고 여긴다. 우리는 특별한 장애가 없는 한 대상을 있는 그대로 정확하게 지각한다고 생각한다. 예를 들어 책상이 네모 모양이라고 할 때 감각을 통해 지각된 '네모 모양'이라는 표상은 책상이 지니고 있는 객관적 성질을 그대로 반영한 것이라고 생각한다. 그래서 '그 책상은 네모이다'라는 판단이 지각 내용과 일치하면 그 판단은 참이 되고, 그렇지 않으면 거짓이 된다는 것이다. 이러한 대응설은 새로운 주장의 진위를 판별할 때 관찰이나 경험을 통한 사실의 확인을 중시한다.

정합설은 어떤 판단이 기존의 지식 체계에 부합할 때 그 판단을 진리라고 본다. 진리로 간주하는 지식 체계가 이미 존재하며, 그것에 판단이나 주장이 들어맞으면 참이고 그렇지 않으면 거짓이라는 것이다. 예를 들어 어떤 사람이 '물체의 운동에 관한 그 주장은 뉴턴의 역학의 법칙에 어긋나니까 거짓이다'라고 말했다면, 그 사람은 뉴턴의 역학의 법칙을 진리로 받아들여 그것을 기준으로 삼아 진위를 판별한 것이다. 이러한 정합설은 새로운 주장의 진위를 판별할 때 기존의 이론 체계와의 정합성을 중시한다.

실용설은 어떤 판단이 유용한 결과를 낳을 때 그 판단을 진리라고 본다. 어떤 판단을 실제 행동으로 옮겨 보고 그 결과가 만족스럽거나 유용하다면 그 판단은 참이고 그렇지 않다면 거짓이라는 것이다. 예를 들어 어떤 사람이 '자기 주도적 학습 방법은 창의력을 기른다'라고 판단하여 그러한 학습 방법을 실제로 적용해 보았다고 하자. 만약 그러한 학습 방법이 실제로 창의력을 기르는 등 만족스러운 결과를 낳았다면 그 판단은 참이 되고, 그렇지 않다면 거짓이 된다. 이러한 실용설은 새로운 주장의 진위를 판별할 때 결과의 유용성을 중시한다. (2011.9월 고3 모의 출제 지문, 문제17~20)

[문제17] 위 글의 전개 방식으로 가장 적절한 것은?
①구체적인 예를 들어 추상적인 개념을 설명하고 있다.
②기존 이론의 문제점을 밝히고 새로운 이론을 제시하고 있다.
③현상의 원인을 다양한 측면에서 심층적으로 분석하고 있다.
④시대적 흐름에 따른 핵심 개념의 변천 과정을 규명하고 있다.
⑤다양한 관점들을 소개하면서 이를 변증법적으로 절충하고 있다.

[사례]에서 알 수 있듯이, 선택지 대답에는 둘 이상의 정보가 대구를 이루면서 기술되는 경우가 많다. 이때 매력적인 오답의 유혹을 뿌리치기 위해서는, 개별 진술 정보 모두가 제시된 지문에 부합하는가를 확인할 수 있어야 한다. 선택지 대답 ⑤는 '다양한 관점들을 소개하면서'와 '이를 변증법적으로 절충하고 있다'라는 두

정보를 담고 있는데, 전자는 지문에 부합하는 반면 후자는 그렇지 않음을 알 수 있을 것이다.

이에 비해 ①의 두 정보는 모두 지문 내용에 부합하지만, 그런데도 선택지 대답에 서술된 '구체적인', '추상적인'이란 어휘가 지문 안 어디에도 직접 드러나지 않은 탓에 어떤 면에서는 오히려 더 낯설게 느껴진다. 하지만 지문의 단락마다 '예를 들어'라는 어휘와 사례의 설명이 들어있는 점, 그리고 주제어인 '진리'가 갖는 추상성의 의미를 유추해서 생각한다면, 지문이 추상성이 높은 철학적 개념(에)을 다양한 관점(이론)에서 사례를 들어가며 설명하면서 글 내용을 구체화하고 있음을 짐작할 수 있을 것이다. 따라서 정답은 ①이다.

이처럼 매력적인 오답의 함정에서 벗어나려면, 무엇보다 선택지 물음을 **생각 단위별로 구분해서 판별할 수 있어야** 한다. 즉, 선택지 대답을 개별 정보 단위로 잘라가면서 지문과 대조하여 살피는 것만으로도, 매력적인 오답에 현혹되지 않으면서 정답을 골라낼 수 있다. 변별력을 높이려고 구성한 문제일수록 선택지 대답에 실린 정보량이 많고, 게다가 그 안에 그릇된 정보가 숨어있을 수 있다는 점을 특히 염두에 두고, 매력적인 오답에 현혹당하는 일이 없도록 해야 한다.

선입견의 함정에서 벗어나라
친숙한 개념일수록 지레짐작으로 글 내용을 이해하지 말라

추론은 논증하는 방법에 따라 '귀납 추론', '연역 추론', '유비 추론(유추)' 등으로 구분된다. 또한 추론의 결과에 대한 개연성 측면에서 볼 때 '논리 추론'과 '화용話用 추론(말하기의 쓰임에 따라 의미를 달리하는 맥락적·상황적 해석 또는 판단을 말한다)'으로 나뉜다. 논리 추론은 내용 간의 연관 관계 또는 인과 관계에 기초하여 어떠한 사실을 이끄는 것을 말하고, 화용 추론은 그것이 일어난 상황에 기초하여 어떠한 사실을 이끄는 것을 말한다. 예를 들어, '철수는 벽을 향해 컵을 던졌다'라는 문장이 있을 때, 컵이 깨졌을 것이라는 생각은 화용 추론이라 할 수 있다.

수능 시험에서 선택지를 읽어 매력적인 오답으로 이끄는 추론 문제는 바로 '**화용 추론'과 관련된** 것이다. 무슨 뜻인가 하면, 추론은 주어진 정보 이외에 자신이 평소 가졌던 생각과 경험을 바탕으로 이루어지는데, 이것이 자칫 편견과 선입견으로 작용하여 논리적 추론을 방해한다. 그만큼 지레짐작으로 어림잡아 답안을 선택한다거나, 말 그대로 답안 찍기에 치중한다는 뜻이다.

수능 국어 비문학의 경우에는, 어설픈 화용 추론에 빠져서는 정답을 맞히기 어렵다. 화용 추론을 통해 제시되는 명제는 지문에 드러난 정보를 통해 직접 밝혀진 것이라기보다는 암시된 것에 불과하며, 그렇기에 상황과 맥락에 따라 의미를 달리할 수 있음은 물론, 심지어는 왜곡될 수 있다. 출제자는 이것을 노리고 선택지에 화용 추론과 관련한 내용을 마치 정답인 것처럼 함정을 파놓은 것이다.

다음의 예를 보자.

> 유리컵이 바닥에 떨어졌다. … (가) 컵은 깨졌을 것이다.
> (나) 컵에 중력이 작용했다.

(가)는 화용 추론으로, "유리컵이 바닥에 떨어졌다"라는 정보에서 반드시 이끌 수 있는 정보가 아니다. 반면 (나)는 이 지구상의 어디에서도 중력이 미치지 않는 곳이 없기에, 충분히 원인으로 이끌 수 있는 추론이며, 그것도 논리적으로 참이 되는 추론이다. 하지만 학생들은 이를 논리적으로 따져보지 않고 그저 지레짐작하여 (가)가 더 옳다고 생각하려 든다.

이는 중요한 의미를 지닌다. 수능 국어 비문학 문제는 오로지 **사실적 판단에 근**

거하여 답을 찾거나 서술해야 하기에, 지레짐작의 화용 추론이 비집고 들어설 틈은 없다. 어디까지나 상식선에서 추론을 전개하고, 상식적인 전제를 가진 것만을 논리적으로 추론해내야 한다. 다시 말해, 모든 판단의 근거를 지문 안에서 찾고 구해야 한다.

추론 문제를 해결하는 방법은 '내용 일치' 문제 풀이 과정과 대부분이 일치하지만, 다만 한 가지 강조할 것은 이것이다. 추론과 관련한 문제는 내용 일치 문제처럼 정답의 근거와 관련한 서술이 지문 안에 그대로 드러나는 것이 아니기에, 지문을 읽고 추론의 근거가 되는 해당 구절을 찾아낸 후, 이를 전후를 살피면서 **맥락으로 이해해야** 한다. 그렇기에 추론 문제는 무엇보다 내용의 이해가 선행되어야 하며, 그만큼 유추 능력으로서의 복합적인 사고력이 필요하다.

거듭 강조할 것은, 추론 문제의 핵심은 논리 추론과 화용 추론을 적절하게 구별할 수 있어야 한다. 자기만의 사고에 갇혀서 문제를 풀려고만 들지 말고 논리적 사고를 습득하기 위해 노력해야 한다. 그리고 모든 문제의 답은 지문에 있음을 깨달아야 한다. 아무리 지문에 드러나지 않는 문장이나 사실이라 하더라도 결국에는 글 내용을 따라가다 보면 만나게 되는 것이기에, 지문을 거듭해서 읽으면서 글 내용의 핵심을 이해할 수 있어야 한다.

일반적으로 볼 때, 올바른 추론을 방해하는 요인은 다음과 같다.

■ 선입견이나 배경 지식에 의존하는 진술
원래 알고 있는 배경 지식이나 사실이 문제 풀이에 방해가 될 수 있는데, 만약에 지문의 내용과 자신이 알고 있는 지식의 내용이 다르다면, 지문이 먼저다. 오직 지문의 내용을 근거로 논리적으로 추론해내야 한다.

■ 가치 판단이 들어간 진술
지문 안에 가치 판단의 근거가 될 수 있는 진술이 담겨있을 경우, 이것을 지레짐작해가며 가치 판단하면 안 된다. 오직 사실 판단에 근거하여 내용을 파악해야 한다.

■ 인과 관계가 잘못 연결된 진술

원인과 결과의 혼돈, 우연과 원인의 혼돈, 공통 원인의 무시 등 인과 관계가 잘못 연결되어 논리적 오류가 따른다면, 이를 바로잡아야 한다. 특히 과학 · 기술 지문이 그렇다.

■ 개연성은 높지만 필연성은 떨어지는 진술

개연성이 높다는 것은 그만큼 사실일 가능성이 크다는 의미이지만, 그렇더라도 개연성이 높다고 해서 반드시 사실로서의 필연성을 갖는 것은 아니다. 사실처럼 보여서 오히려 헷갈리기 쉬운 개연성은 기각되어야 한다.

발문 〈보기〉의
구체적 사례 적용 관련
'이해·판단·추론'형
3점 문제 풀이 요령

비문학 3점 배점 문제 유형

독해 요령1: 변주를 찾아내라

- 유형1: 구체적 사례에 적용하여 이해하기
- 유형2: 구체적 상황에 적용하기

독해 요령2: 개념을 범주화해서 생각하라

- 유형3: 핵심 개념 이해 및 비교 추론하기

독해 요령3: 전제에 주목하라

독해 요령4: 맥락 단서를 찾아라

- 유형4: 세부 내용 추론하기
- 유형5: 핵심 정보를 이용하여 글 내용 추론하기

독해 요령5: 논리적 연관 관계를 살펴라

- 유형6: 다른 견해와 비교하기
- 유형7: 정보 간의 관계 파악하기
- 유형8: 글 정보와 새로운 정보를 관련지어 이해하기

독해 요령6: 제시된 자료의 의미를 해석하라

독해 요령7: 자료의 흐름을 직접 손으로 확인하라

독해 요령8: 자료의 내적 의미를 읽어라

- 유형9: 도식을 통해 정보 파악하기
- 유형10: 글 내용을 바탕으로 자료 이해하기
- 유형11: 글 정보와 주어진 자료를 연결하여 이해하기

지문의 글 내용을 발문 물음과 함께 제시되는 〈보기〉, 즉 '사례'나 '상황'에 적용하여 답을 찾는 3범 배점 문제는 '내용 일치' 관계를 묻고 대답하는 문제와는 차원이 다르다. 글 전체에 걸쳐, 그리고 단락을 넘나들면서 글 내용의 핵심을 찾아, 그것들의 **의미와 논리 관계를 살펴야만** 발문의 물음에 답할 수 있기 때문이다. 수능 국어 비문학에서는 이런 식으로 특정 사례나 상황에 적용하여 글 내용을 이해하고 판단하고 적용할 것을 묻는 문제를 '추론형 문제'라고 한다.

추론은 어떤 명제(글의 중심 생각을 통해 입증된 '결론'으로, 논리적으로 진술된 견해나 주장)를 뒷받침 논거(전제, 근거)를 사용하여 결론(주장)으로 이끄는 일련의 진술 과정이다. 즉, 논거와 논거 사이의 관계를 명확히 드러내면서 하나의 결론을 이끄는 과정을 '추론'이라고 한다. 추론은 명제와 그것을 입증하는 논거가 있어야 하고, 근거 자료에서 출발하여 결론에까지 이르는 일련의 사고과정을 포함한다. 추론 방법에는 연역 추론, 귀납 추론, 유비추리(유추) 등이 있다.

비문학 독해에서 중요한 추론 방법은 '유추'다. 서로 다른 대상이나 과정, 또는 체계 등이 일정한 면에서(곧, 그 구조, 기능, 관계, 속성 등) 유사성을 갖고 있거나 일치할 때, 그 유사성이나 동일성에 의해 그것들이 다른 측면에서도 유사하거나 일치할 것으로 판단하는 논리적 추론 절차를 '유추'라고 한다. 예를 들어 어떤 사물들의 형태, 색깔, 무게 등이 서로 같다는 사실에 기초하여 그 밖의 성질, 말하자면 맛이나 촉감 등도 같거나 비슷할 것으로 판단하는 경우, 이것이 곧 유추라고 할 수 있다. 또는 어떤 학생이 성실하고 모범적인 학교생활을 해왔다는 사실에 기초하여, 앞으로 그가 사회에 나가서도 모범적이고 성실하게 살아갈 것으로 추측하는 경우 역시 유추에 해당한다.

서로 다른 대상이 일정한 특징 면에서 보이는 '상응, 상사, 일치' 등을 일컫는 유비(類比)는 사물의 인식 과정에서 중요하다. 유비는 사물에 내재하는 일련의 규칙성을 드러내는 경우가 많기 때문으로, 우리는 유비를 통해 대상을 좀 더 폭넓게 인식할 수 있도록 함으로써 사고와 판단을 확장한다.

한편, 추론 방법을 따른 글 내용의 기술 역시 '설명'의 방법을 사용한다. 예를 들어 민주주의 근본이념을 자유, 평등의 개념으로 분석한 것은 개념적 '분석'이고, 민주주의와 전체주의, 자본주의와 사회주의라는 개념으로 비교한 것은 '대조'이다. 이것은 모두 설명의 한 방법(진술 방식)이다.

전제에 주목하라

여기까지의 설명을 통해 알 수 있듯, 지문 내용을 발문 〈보기〉의 구체적 사례나 특정 상황에 적용하여 '이해·판단'할 것을 묻는 추론형 문제는 특히 다음 두 가지를 염두에 두어야 한다.

첫째, 추론은 지문에 실린 특정 개념이나 원리, 핵심 주제어가 글의 맥락을 따라 어떤 의미로 사용되고 있는지를 파악하고 또 의미를 확장하면서, 타당하고 설득력 있는 결론으로 향하는 일련의 사고 과정이란 사실을 상기할 필요가 있다. 글의 서술 순서와 논리 전개 과정을 살피는 것은 곧, 그 글에서 다루고 있는 내용 자체의 성격을 파악하는 것이기 때문이다. 글(지문과 보기)을 읽을 때, **핵심 개념어를 따라 소주제의 물음이 어떻게 펼쳐지고 있고 또 단락별로 글 내용이 어떻게 전개되고 있는지를** 파악할 수 있어야, 지문 내용과 〈보기〉 글 내용 간의 연관 관계를 알아낼 수 있다. 이를테면 지문에 특정 '개념'이 제시되어 있고, 그 개념을 설명하기 위한 구체적 사례나 특정 상황이 지문의 어느 한 단락이나 발문 〈보기〉에 제시되어 있으면, 이것에 해당하는 글 내용은 반드시 발문 물음으로 출제되는 내용이다. 따라서 개념을 설명하는 핵심 어구와 이것에 대응하는 글 내용을 구체적 사례나 상황을 설명하는 글 내용 간의 논리적 연관 관계를 잘 짚어낼 수 있어야 한다.

둘째, 글의 논리적 인과 관계 파악을 위해서는, 먼저 전제를 정확히 파악한 후 결론을 도출해야 한다는 사실의 중요성이다. 지문과 〈보기〉를 읽을 때, 글 내용이 **특정 '관계'를 따라 논리적인 체계를 구성하는 부분**(전제와 결론, 주장과 근거, 원인과 결과 등)을 함께 찾아 밝혀야 한다.

이를 위해 학생들은 문장과 문장을 매개하는 접속 표현('그러나'와 같은 전환 표시 접속어와 '따라서'와 같은 귀결 표시 접속어)에 습관적으로 세모를 치고, '이어지는' 문장에 습관적으로 밑줄을 긋는 등의 표기를 하면서 글을 읽는다. 하지만 이것은 글의 결론에만 집중하는 것으로, 그다지 적절치 않다. 말했듯, 글 내용의 추론을 요구하는 문제일수록 글의 **결론을 찾기에 앞서 '전제'에 주목해야** 한다. 전제나 근거를 정확히 확인하지 않고 서둘러 결론을 찾게 되면 그것이 글 내용을 올바로 이해·판단·추론하기 어려울 뿐만 아니라, 텍스트의 논리적인 독해를 가로막을 수 있다. 글을 읽어 먼저 글에서 중요한 부분을 살피고, 그러면서 '전제와 결론', '주장과 근거', '원인과 결과'처럼 특정 '관계'를 따라 논리적인 체계를 구성하면서 펼쳐지고 있는 글 내용을 찾는다. 그런 다음, 〈보기〉의 구체적 사례나 특정 상황과 견주어가면서 두 글감 사이의 논리적 의미 관계를 정확히 파악한다.

중요한 것은, 선택지 질문과 이에 부합하는 지문 내용 간의 **논리적 연관 관계를 미루어 파악하는** 능력으로, 이것이 곧 수능 국어에서 일컫는 추론 능력이다. 만약 선택지 대답과 관련한 글 내용은 지문 한 단락 내의 여러 문장 또는 여러 단락의 여러 문장에 걸쳐 설명되어 있으면, 이것들을 전부 끄집어내 파악해야 한다는 점에서 세부 내용을 파악하기가 복잡하다. 따라서 이 역시 지문을 읽고 **관련한 문장을 전부 끄집어낸 후**, 이를 선택지 대답에 맞춰 글 내용을 집약할 수 있어야 한다.

추론을 요구하는 문제 역시 제시된 지문과 문제 속에는 반드시 **명확한 근거가 들어있음을** 분명하게 인식하고, 정답에 도달하려면 어떤 논리적 사고과정을 거쳐야 하는지를 꼼꼼하게 생각해본 후 그에 따른 타당한 근거를 찾아 밝혀야 한다. 만일 그렇게 해서도 문제를 틀린 경우라면, 내가 어떤 식의 추론을 거쳤기에 오답에 도달했는지를 다시금 꼼꼼하게 분석한 후, 잘못된 부분을 찾아 이를 분명히 밝혀가며 공부해나가야 한다.

지문의 특정 내용을 발문 〈보기〉의 구체적 사례에 적용하여 '이해·판단·추론'

하면서 답할 것을 요구하는 문제 유형별 지문 독해 요령과 문제 풀이 방법을 설명하면 다음과 같다.

독해 요령1: 변주를 찾아내라
- **유형1: 구체적 사례에 적용하여 이해하기**
- **유형2: 구체적 상황에 적용하기**

'지문' 내용을 <보기>의 '구체적 사례나 상황에 적용하여 글 내용을 이해'할 것을 묻는 문제 해결의 두 번째 포인트는, 개념(주제어와 핵심 키워드를 담은 서술)을 '범주화·추상화'하면서 생각을 집약하여 더 높은 차원의 '이해'로 나아가는 것이다.

'지문'에는 주제나 소주제의 물음과 관련한 핵심 개념이 다양한 모습으로 '변주'하면서 기술되어 있으며, 이것은 중심 문장에 들어있는 것이 일반적이다. 따라서 문제 해결을 위해서는 글(지문)의 중심 생각부터 잡은 후, 그 안에 들어있는 개념들을 **범주화·추상화하여 서로 대비되는 의미 단위별로 분류할 수 있어야 한다.** 한편, <보기> 글에는 '지문'의 핵심 개념 및 중심 생각과 관련한 글 내용이 사례나 상황 조건을 따라 구체적으로 기술되어 있다.

따라서 '지문' 글과 <보기> 글은 동일한 범주의 개념을 따라 표현을 바꿔가면서 글 내용이 기술되어 있는 것이다. '지문' 글 내용은 다소 일반적이고 추상적인데 비해 <보기> 글 내용은 좀더 구체적이고 특수한 것일 뿐, 그리고 동일한 범주의 개념을 구체적인 상황에 대응시키거나 아니면 범주가 다른 유사한 상황에 대응시켜가면서 이해를 구하는 것일 뿐, 다른 것은 없다.

이처럼 지문과 <보기>는 내용상 무조건 관련이 있으며, 이 둘을 매개하는 것이 바로 '개념(주제어와 핵심 키워드를 담은 서술)'이다. 그리고 개념은 범주를 이루면서 글의 중심 내용 여기저기에서 변주되면서 기술된다. 따라서 지문에서 주어진 글 내용과 <보기>에서 제시된 적용 대상 사이의 의미 관계에 대해서, 이것을 지문의 핵심어를 중심으로 파악하되, 개념적 범주에 유의하여 글 내용을 살필 필요가 있다. 그러면서 <보기>의 내용이 지문 내용의 무엇과 관계하고 또 무엇을 의미하는지 밝혀내면 된다.

다음 [예문]은 '엑스레이 아트의 창작 의도를 구현하기 위해 고려해야 할 오브제의 특성(단락2의 일부)과 이를 반영한 작품의 사례(단락1)'를 기술하고 있다. [예문]에서 알 수 있듯, 어떤 글에서든 글쓴이는 똑같다고 말할 수 있을 정도로 주장(설명)하는 내용의 핵심을 반복한다. 그러한 말 바꾸기는 단순히 다른 표현을 쓰거나, 구체적인 예를 들거나, 비유를 사용하는 등 **표현 방법을 달리하면서 '변주'**된다.

[예문]의 '단락2'에서 엑스레이 아트 창작 의도 구현을 위한 오브제의 특성을 기술한 글 내용 가운데 '배제하기도 하고, 활용하기도 한다'라는 서술(핵심 키워드)은 '단락1'의 작품 사례를 설명한 글 내용상의 '…드러냄으로써, …드러나지 않는 점을 이용하여'라는 서술과 정확히 조응한다. 물론 '단락1'의 '배제하기도 하고'와 '단락2'의 '…드러냄으로써'라는 서술은 다른 의미의 표현인 듯 보이지만, 엑스레이 사진의 '음양' 관계를 생각하면 같은 의미다.

[예문: 엑스레이 아트의 창작 의도 구현을 위한 오브제 특성]

엑스레이 아트의 거장인 닉 베세이는 엑스레이를 활용하여 오브제 내부에 주목한 작품을 만들었다. [그는 「튤립」이라는 작품을 통해 꽃봉오리에 감추어진 암술과 수술을 드러냄으로써, 꽃의 보이지 않는 내부의 아름다움을 탐색하였다. 또한 <셀피>라는 작품을 통해 현대 사회의 외모 지상주의를 비판하기도 했다. 이 작품은 자기 얼굴을 찍는 사람의 모습을 엑스레이로 촬영한 것으로, 엑스레이로 인체를 촬영할 경우 외양이 드러나지 않는 점을 이용하여 창작 의도를 나타낸 것이다.]
엑스레이 아트의 창작 의도를 구현하기 위해서는 오브제의 특성을 고려해야 한다. 이는 오브제의 재질과 두께에 따라 엑스레이의 투과율이 달라지기 때문이다. 이러한 이유로 엑스레이 아트에서는 엑스레이가 투과되지 않는 물질이 포함된 오브제를 배제하기도 하고, 역으로 이를 활용하기도 한다. …(중략)… .(2019.3월 고1 모의, 문제21~24 출제 지문 단락2~단락3)

[예문]에서 확인할 수 있듯, 국어 독해 문제는 대부분 이러한 서술적 변환을 파악함으로써 간단히 해결할 수 있다. 이것은 <보기>의 '구체적 사례나 상황에 적용하여 글 내용을 이해'할 것을 묻는 문제의 경우 역시 다를 바 없다. 다만, <보기>에서 글 내용이 좀더 구체적으로 제시될 뿐이다.

따라서 이런 유형의 문제를 해결하기 위해서는, 지문과 <보기> 글에서 내용 면에서 일치하거나, 또는 대립하는 방향으로 변주되면서 반복되는 진술(단어나 서술)을 찾아 확인한 다음, 선택지 대답을 따라 그 내용 면에서의 일치·불일치 관계를 살피면 된다. 이를 위해서는 먼저, 지문의 중심 생각을 이끄는 맥락 단서(핵심어나 서술)를 찾고, 이어서 맥락 단서와 <보기> 글의 설명을 견주어 살피면서 두 글 내용 사이의 의미 관계를 확인한다.

결국 <보기>의 '구체적 사례나 상황에 적용하여 글 내용을 이해'할 것을 묻는 문제 해결의 두 번째 포인트는, 표현 방법을 달리하면서 '변주'되는 '지문의 핵심 서술 = 보기의 진술 = 선지 대답' 간의 정오 관계를 파악하는 것이라 하겠다.

독해 요령2: 개념을 범주화해서 생각하라
■ 유형3: 핵심 개념 이해 및 비교 추론하기

다음 [예문1] 지문은 '개념 범주화'의 중요성을 보여준다. 지문 (가)와 지문 (나)

의 중심 생각(핵심 논지)은 각각 다음과 같다.

> (가) 플라톤: 보편(이데아, 본질, 형상, 진실)이 개별(현상, 질료, 허구, 모방)에 우선한다.
> (나) 아리스토텔레스: 보편(이데아, 본질, 형상)이 곧 개별(현실 세계, 질료, 예술)이다.

지문 (가)와 지문 (나)의 글 여기저기에서 펼쳐지고 있는 **핵심 개념어들**은 '이데아, 본질, 형상, 진실'과 '현상, 질료, 허구, 모방'이라는 **개념적 범주화를 이루면서**, 이것이 다시 '보편'과 '개별'이라는 **상위 개념으로 추상화하면서 의미를 구체화(일반화)하고** 있다. 그리고 그에 따라 두 사상가의 주장을 담은 개념적 의미의 '본질', 즉 글의 중심 생각은 단박에 포착된다. 이것만 확실하게 인식해도, 지문 글 내용과 〈보기〉의 선택지 대답을 연결해서 그 의미 관계를 파악하는 것은 그다지 어렵지 않다. 이것을 아래 설명을 통해 확인할 수 있을 것이다.

개념을 범주화하여 생각하면,
글의 의미가 단박에 눈에 들어온다!
개념 범주화 학습
https://youtu.be/0tmKWwUdZg0

[예문1: 플라톤과 아리스토텔레스의 예술관]

(가)
플라톤은 초월 세계인 이데아계와 감각 세계인 현상계를 구분했다. 영원불변의 이데아계는 현상계에 나타난 모든 사물의 근본이 되는 보편자, 즉 형상(form)이 존재하는 곳으로 이성으로만 인식될 수 있는 관념의 세계이다. 반면 현상계는 이데아계의 형상을 바탕으로 만들어진 세계로 끊임없이 변화하는 사물이 감각에 의해 지각된다. 플라톤에 따르면 현상계의 모든 사물은 형상을 본뜬 그림자에 불과하다.

이러한 관점에서 플라톤은 예술을 감각 가능한 현상의 모방이라고 보았다. 예를 들어 목수는 이성을 통해 침대의 형상을 인식하고 그것을 모방하여 침대를 만든다. 그리고 화가는 감각을 통해 이 침대를 보고 그림을 그린다. 결국 침대 그림은 보편자에서 두 단계 떨어져 있는 열등한 것이며, 형상에 대한 참된 인식을 방해하는 허구의 허구에 불과하다. 이데아계의 형상을 모방하여 생겨난 것이 현상인데, 예술은 현상을 다시 모방한 것이기 때문이다.

플라톤은 시가 회화와 다르다고 보았다. 고대 그리스에서 음유 시인은 허구의 허구인 서사시나 비극을 창작하고, 이를 작품 속 등장인물의 성격에 어울리는 말투, 몸짓 같은 감각 가능한 현상으로 연기함으로써 다시 허구를 만들어 냈다.…① 이 과정에서 음유 시인의 연기는 인물의 성격을 드러내는데, 이는 감각 가능한 외적 특성을 모방해 감각으로 파악될 수 없는 내적 특성을 드러내는 것이다.…③

플라톤은 음유 시인이 용기나 절제 같은 덕성을 갖춘 인간이 아닌 저급한 인간의 면모를 모방할 수밖에 없다고 주장했다.…② 가령 화를 잘 내는 인물은 목소리가 거칠어지고 안색이 붉어지는 등 다양한 감각 가능한 현상들을 모방함으로써 쉽게 표현할 수 있지만, 용기나 절제력이 있는 인물에 수반되는 감각가능한 현상은 표현하기 어렵기 때문이다.…② 따라서 플라톤은 음유 시인의 연기를 보는 관객들이 이성이 아닌 감정이나 욕구와 같은 비이성적인 것들에 지배되어 타락하게 된다고 보았다.

(나)
아리스토텔레스는 이데아계가 존재한다고 보지 않았다. 예컨대 사람은 나이가 들며 늙는데, 만약 이데아계의 변하지 않는 어린아이의 형상과 성인의 형상을 바탕으로 각각 현상계의 어린아이와 성인이 생겨났다면, 현상계에서 어린아이가 성인으로 성장하는 것을 설명할 수 없기 때문이다.

아리스토텔레스는 형상이 항상 사물의 생성과 변화의 바탕이 되는 질료에 내재한다고 보고, 이를 가능태와 현실태라는 개념을 통해 설명하였다. 가능태란 형상을 실현시킬 수 있는 가능적 힘이자 질료를 의미하며, 현실태란 가능태에 형상이 실현된 어떤 상태이다. 가령 도토리는 떡갈나무가 되기 위한 가능태라면, 도토리가 떡갈나무가 된 상태가 현실태이다. 이처럼 생성·변화하는 모든 것은 목적을 향해 움직이므로 가능태에 있는 것은 형상이 완전히 실현된 상태인 '완전 현실태'를 향해 나아가는데, 이 이행 과정이 운동이다. 즉 운동의 원인은 외부가 아닌 가능태 자체에 내재한다.

아리스토텔레스에게 있어 예술의 목적은 개개의 사물에 내재하고 있는 보편자, 즉 형상을 표현해 내는 것이다. 이런 점에서 그는 시가 역사보다 우월하다고 주장했다. 역사는 개별적 사건들의 기록일 뿐이지만 시는 개별적 사건에 깃들어 있는 보편자를 표현한 것이기 때문이다.

아리스토텔레스는 인간이 예술을 통해 쾌감을 느낄 수 있다고 보았다. 특히 비극시는 파멸하는 주인공을 통해 <u>인간의 근본적 한계</u>를 다루기 때문에, 시를 창작하면 <u>인간 존재의 본질을 인식하는 앎의 쾌감</u>을 느낄 수 있다고 하였다. 비극시 속 이야기는 음유 시인이 경험 세계의 개별자들 속에서 보편자를 인식해 내어, 그것을 다시 허구의 개별자로 표현한 결과물인 것이다.…④ 또한 관객은 음유 시인의 연기를 통해 앎의 쾌감을 느낄 수 있을 뿐 아니라 그와 다른 종류의 쾌감도 경험할 수 있다. 관객은 고통을 받는 인물의 이야기를 통해 그에 대한 연민과 함께, 자신도 유사한 고통을 겪을 수 있다는 공포를 느낀다. 이러한 과정에서 감정이 고조됐다가 해소되면서 얻게 되는 쾌감, 즉 <u>카타르시스를 경험한다.</u>…⑤ (2022.3월 모의, 문제21~25 출제 지문)

[문제 25] (가)의 '플라톤'과 (나)의 '아리스토텔레스'가 〈보기〉에 대해 보일 반응으로 적절하지 <u>않은</u> 것은? [3점]

───────── 〈 보 기 1 〉 ─────────

고대 그리스의 비극시 《오이디푸스 왕》의 주인공 오이디푸스는 자신에게 주어진 숙명에 의해 파멸당하는 인물이다. 비극시를 공연하는 음유 시인은 목소리, 몸짓으로 작품 속 오이디푸스를 관객 앞에서 연기한다. 음유 시인의 연기에 몰입한 관객은 덕성을 갖춘 주인공이 특별한 잘못이 없는데도 불행해지는 모습을 보고 <u>연민과 공포</u>를 느낀다.

────────────────────────────

① 플라톤 : 오이디푸스는 덕성을 갖춘 현상 속 인물을 본떠 만든 허구의 허구이며, 그에 대한 음유 시인의 연기는 이를 다시 본뜬 허구이다.

② 플라톤 : 음유 시인은 오이디푸스의 덕성을 연기하는 데 주력하겠지만, 관객은 이를 감각으로 파악할 수 없기 때문에 감정과 욕구에 지배되어 타락하게 된다.

③ 플라톤 : 음유 시인의 목소리와 몸짓을 통해 오이디푸스의 성격이 드러난다면, 감각 가능한 외적 특성을 모방하는 과정에서 감각되지 않는 내적 특성이 표현된 것이다.

④ 아리스토텔레스 : 음유 시인이 현상 속 인간의 개별적 모습들에서 보편자를 인식해 내어, 이를 다시 오이디푸스라는 허구의 개별자로 표현한 것이다.

⑤ 아리스토텔레스 : 오이디푸스가 숙명에 의해 파멸당하는 것을 본 관객들은 인간 존재의 본질을 이해하는 쾌감을 느낄뿐 아니라 카타르시스를 경험할 수 있다.

[예문1]의 지문(가), (나)는 각각 플라톤과 (나)는 아리스토텔레스의 사상적 관점을 바탕으로 각자의 예술관을 설명한 글이다. (가)에서 플라톤은 형상이 이데아계에 존재하며 현상계는 이를 본뜬 것이라고 보았다. 따라서 플라톤은 예술은 현상계를 모방한 허구의 허구이며, 음유 시인이 시를 연기한 것은 이를 다시 모방한 허구라고 보았다. (나)에서 아리스토텔레스는 이데아계가 존재하지 않으며, 형상(본질)은 질료(개별 사물)에 내재한다고 생각했다. 그는 사물의 변화를 가능태와 현실태를 통해 설명하고, 예술은 사물 안에 내재한 보편자를 그릴 수 있기 때문에 시(예술의 보편성)가 역사(사실·사건의 개별성)보다 우월하다고 주장했다. 이것을 아래 '소주제의 물음별 핵심어와 주요 서술'에서 확인할 수 있을 것이다.

소주제의 물음별 핵심어와 주요 서술

(가) 보편(이데아, 본질, 형상, 진실)이 개별(현상, 질료, 허구, 모방)에 우선한다.
(단락1) 플라톤의 세계 인식: 이데아계(사물의 본질, 형상)와 현상계(이데아의 그림자)
(단락2) 플라톤의 예술 인식: 예술은 모방의 모방
→ 이상 세계인 이데아를 모방한 감각계인 현상으로써의 현실 세계의 모방
(단락3) 예술에서 시와 회화가 다른 이유: 시는 허구의 허구
→ 예술은 감정을 선동한다.
(단락4) 예술에서 예술(시)과 진실의 관계: 예술과 진실 사이에는 거리가 있다.
→ 예술은 인간을 타락시킨다.

(나) 보편(이데아, 본질, 형상)이 곧 개별(현실 세계, 질료, 예술)이다.
(단락1) 아리스토텔레스의 세계 인식: 이데아가 곧 현실 세계다.
(단락2) 아리스토텔레스의 목적론: 가능태(질료)에서 현실태(형상)로
→ 운동의 원인은 사물 자체(현실 세계)에 내재한다.
(단락3) 아리스토텔레스의 예술관: 예술의 목적은 사물에 내재한 보편자(진실)를 드러내는 것이다.
→ 시는 개별성을 드러내 보편자로 나아가는 것이기에 우월하다.
(단락4) 아리스토텔레스의 예술의 목적: 카타르시스(정화)를 통한 정서의 환기

→ 미적 쾌감을 추구하는 것은 인간의 본성이다.

앞의 설명을 토대로, 지문 글 내용과 선택지 대답의 '일치-불일치' 관계를 살피면 다음과 같다. 참고로, 선택지 대답④은 글 내용(보기 글)이 지나치게 추상적·관념적이어서 그 의미를 정확히 이해하기 어렵다.

이런 글일수록 지문 안에서 그 의미 관계를 미루어 짐작할 수(파악할 수) 있는 **맥락 단서를 찾아낸 후**(아래 선택지 대답의 괄호 친 굵은 글씨), **이것을 중심으로 글 내용을 재구성하면서 그 의미 관계를 재해석해야** 한다.

② 플라톤: 음유 시인은 오이디푸스의 덕성을 연기하는 데 주력하겠지만(용기나 절제 같은 덕성을 지닌 인간이 아닌 저급한 인간의 면모를 모방'할 수밖에 없기에), 관객은 이를 감각으로 파악할 수 없기 때문에 감정과 욕구에 지배되어 타락하게 된다.

→ (가)의 '단락4'에서 플라톤은, 음유 시인이 용기나 절제 같은 덕성을 지닌 인간이 아닌 저급한 인간의 면모를 모방할 수밖에 없다고 주장했다. 이러한 플라톤의 관점에서 보면, 〈보기〉의 음유 시인은 오이디푸스의 덕성을 연기하는 데 주력하지 않을 것이다.

① 플라톤: 오이디푸스는 덕성을 갖춘 현상 속 인물을 본떠 만든 **허구의 허구**이며, 그에 대한 음유 시인의 연기는 **이를 다시 본뜬 허구**다.

→ (가)의 '단락3'을 보면, 플라톤은 "음유 시인이 허구의 허구인 서사시나 비극을 창작하고, 이를 작품 속 등장인물의 성격에 어울리는 말투, 몸짓 같은 감각 가능한 현상으로 연기함으로써 다시 허구를 만들어 낸다"라 진술한 것에서 확인할 수 있다.

참고로, 선택지 대답①의 진술은 다소 오해의 소지를 불러일으킬 수 있기에, 이것을 좀 더 정확한 문장으로 기술하면서 문장의 정확한 의미를 설명하면 다음과 같다. "오이디푸스(비극시 《오이디푸스 왕》의 주인공 역할을 하는 연기자인 음유 시인)는 덕성을 지닌 현상 속 인물(작품 속 오이디푸스 왕)을 본떠 만든 것이기에 허구(완벽한 덕성의 이데아를 모방한 작품 속 인물)의 허구(연극의 연기자인 음유 시인)이며, 따라서 음유 시인의 연기는 불완전한 덕성을 갖춘 인간의 표현을 다시 본 뜬 허구(더욱 불완전한 덕성을 갖춘 인간의 표현)라고 볼 수 있다."

③ 플라톤: 음유 시인의 목소리와 몸짓을 통해 오이디푸스의 성격이 드러난다면, 감각 가능한 외적 특성을 모방하는 과정에서 감각되지 않는 내적 특성이 표현된 것이다.

→ (가)의 '단락3'을 보면, 플라톤은 음유 시인의 연기는 인물의 성격을 드러내는데, 이는 감각 가능한 외적 특성을 모방해 감각으로 파악될 수 없는 내적 특성을 드러낸다고 보았다는 점을 확인할 수 있다. 이러한 플라톤의 관점에서 보면, 〈보기〉의 음유 시인의 연기를 통해 오이디푸스의 성격이 드러난다면, 감각 가능한 외적 특성을 모방하는 과정에서 감각되지 않는 내적 특성이 표현된 것이라고 볼 수 있다.

④ 아리스토텔레스: 음유 시인이 현상 속 인간의 개별적 모습들에서 보편자를 인식해 내어, 이를 다시 오이디푸스라는 허구의 개별자로 표현한 것이다.

→ (나)의 '단락4'에서 아리스토텔레스는, "음유 시인이 **현상 속 인간의 개별적 모습들**에서 **보편자(인간 존재의 본질)**를 인식해 내어, 이를 다시 오이디푸스라는 허구의 개별자(**앎의 쾌감**)로 표현한 것이다"라고 표현했다.

⑤ 아리스토텔레스: 오이디푸스가 숙명에 의해 파멸당하는 것을 본 관객들은 인간 존재의 본질을 이해하는 쾌감을 느낄뿐 아니라 카타르시스를 경험할 수 있다.

→ (나)의 '단락4'의 ④에 해당하는 문장에 이와 관련한 내용이 기술되어 있다.

[예문2: 법의 일반 의미]

인간은 집단생활을 하기 때문에 분쟁이 발생할 수밖에 없다. 그래서 문제가 발생하는 것을 예방하거나 문제를 원만히 해결하기 위해 규칙을 만든다. 여러 규칙 중 사회 구성원들의 합의에 따라 만들어지고 강제성을 가진 규칙을 법이라고 한다. 이때 강제성은 공공의 이익을 실현하기 위해 사회 구성원들이 동의할 때만 발휘될 수 있다. 이러한 법은 몇 가지 특징이 있는데 먼저 법은 행동의 결과를 중시한다. 왜냐하면 다른 사람이 행동을 평가할 수 있고 그 변화도 확인할 수 있어야 하기 때문이다. 그리고 법은 국민의 자유와 권리를 보호한다. 만약 법이 없다면 권력자나 국가 기관이 멋대로 권력을 휘두를 수 있을 것이다. 마지막으로 법은 최소한의 간섭만 한다. 개인이 처리해도 되는 일까지 법이 간섭한다면 사람들은 숨이 막혀 평온하게 살기 힘들 것이다.

대표적인 법에는 민법과 형법이 있다. 민법은 국가 기관이 아닌, 사람들 간의 권리관계를 다루는 법률로써 재산 관계와 가족 관계로 구성되어 있다. 근대 사회에서 형성된 민법의 원칙은 오늘날까지도 중요하게 여겨지고 있다. 중요 원칙 중 하나는 개인의 사유 재산에 대해 절대적 지배를 인정하고 국가를 비롯한 단체나 개인은 다른 사람의 사유 재산 행사에 간섭하지 못한다는 것이다. 그리고 다른 사람에게 끼친 손해는 그 행위가 위법이고 동시에 고의나 과실에 의한 경우에만 책임을 진다는 원칙도 있다. 그런데 이 원칙들은 경제적 강자가 경제적 약자를 지배하는 수단으로 악용되기도 하여 20세기에 들면서 제한이 생겼다. 그 결과 개인의 사유 재산에 대한 지배는 여전히 보장되지만 공공복리에 적합하도록 행사해야 한다는 것과 같은 수정된 원칙들이 적용되고 있다.

반면, 형법은 범죄와 형벌을 규정하는 법률로써 '죄형법정주의'라는 기본 원칙이 있다. 죄형법정주의는 범죄의 행위와 그 범죄에 대한 처벌을 미리 법률로 정해 두어야 한다는 것이다. 그래서 범죄 발생 당시에는 없었던 법이 나중에 생겨도 그것을 소급해서 적용할 수 없다.…④⑤ 또한 민법과 달리 어떤 사항을 직접 규정한 법규가 없을 때, 그와 비슷한 사항을 규정한 법규를 유추하여 적용할 수도 없다.…④

형법을 위반한 범죄가 발생하면, 먼저 수사 기관이 수사를 한다. 수사를 개시하는 단서로는 고소, 고발, 인지가 있는데, 이 중 고소는 피해자가 하는 반면 고발은 제3자가 한다. 일반적으로 범죄는 수사 기관이 인지하는 것만으로도 수사를 시작할 수 있다. 하지만 명예훼손죄, 폭행죄 등은 수사를 진행했더라도 피해자가 원하지 않으면 처벌하지 않는다. 수사 결과 피의자가 죄를 범했다고 의심할 만한 충분한 이유가 있다면 구속 영장을 받아 체포해 구속한다. 만약 범죄를 실행 중인 경우는 구속 영장 없이 체포 가능한데, 이 경우 48시간 이내에 구속 영장을 신청해야 하고, 법원은 신청서가 접수된 시간으로부터 48시간 이내에 구속 영장의 발부 여부를 결정해야 한다. 수사 결과 범죄 혐의가 인정되면 검사는 재판을 청구하는데 이를 기소라고 한다. 이때 검사는 피의자의 나이, 환경, 동기 등을 참작하여 기소를 하지 않을 수 있다. 기소로 재판 절차가 시작되면 법원은 사건을 심리하여 범죄 사실이 확인된 경우 유죄를 선고한다. 유죄가 인정되면 법원이 형을 선고하고 집행 절차에 들어간다.

그런데 만약 동물이 위법한 행동을 하여 다른 사람에게 손해를 끼치면 어떻게 될까? 결론부터 말하면 동물은 아무런 책임이 없다. 법에서는 인간 이외의 것들은 생명의 유무와 상관없이 모두 물건으로 보는데 물건에는 법적 권리가 없다.…① 법적 권리가 없는 것은 의무와 책임도 없다. 그러므로 동물은 민, 형법상의 책임을 지지 않아도 된다.…①③ 다만 손해를 입은 사람은 민법에 따라 동물의 점유자에게 배상을 받을 수 있다.…② (2018.6월 고1 모의, 문제37~41 출제 지문)

[문제 41] 윗글과 〈보기 1〉을 참조하여 〈보기 2〉를 이해한 내용으로 적절하지 않은 것은? [3점]

───────── 〈보 기 1〉 ─────────

민법 제759조(동물의 점유자의 책임)
① 동물의 점유자는 그 동물이 타인에게 가한 손해를 배상할 책임이 있다. …….

형법 제257조(상해, 존속상해)
① 사람의 신체를 상해한 자는 7년 이하의 징역, 10년 이하의 자격정지 또는 1천만 원 이하의 벌금에 처한다. …….

───────── 〈보 기 2〉 ─────────

A는 사고로 몸의 대부분을 기계로 대체해 로봇같이 보이지만 여전히 직장생활을 하고 세금을 내는 등 이전과 같은 생활을 하고 있다. B는 C가 구입한 로봇으로 행동과 겉모습이 인간과 구별이 안 된다. 그런데 만약 A와 B가 사람을 때려 다치게 하였다면 법적으로 어떻게 해야 할까?

① 민법 제759조 ①에 따르면 B는 동물과 같이 물건이므로 법적 책임이 없다.
② 민법 제759조 ①을 유추하여 적용한다면 B의 점유자인 C에게 손해 배상 책임을 물을 수 있다.
③ 형법 제257조 ①에 따르면 A는 '사람의 신체를 상해한 자'에 해당하므로 형법에 따른 책임을 져야 한다.
④ 형법 제257조 ①을 유추하여 적용한다면 C는 징역이나 벌금에 처해질 수 있다.
⑤ 형법 제257조에 향후 B가 사람을 다치게 한 행위에 관한 조항이 추가되더라도 이번 사건에 대해서는 B를 처벌할 수 없다.

[예문2]는 법에 대한 일반적인 내용을 설명하고 있다. 법이란 사회 유지를 위해 구성원들의 동의를 바탕으로 만들어진 강제성을 지닌 규칙이다. 대표적인 법으로

민법과 형법이 있는데 민법은 국가 기관이 아닌 사람들 간의 권리관계를 다루는 법률이고, 형법은 범죄와 형벌을 규정하는 법률이다. 이러한 법률은 인간에게만 적용이 되며 인간 이외의 것들은 모두 물건이므로 법적 권리가 없다.

지문 글 내용과 선택지 대답의 '일치-불일치' 관계를 살피면 다음과 같다.

④ 형법 제257조 ①을 ~~유추하여 적용한다면 C는 징역이나 벌금에 처해질 수 있다.~~
  → '단락3'에서, "형법상의 범죄는 처벌 규정이 법률로 정해져 있어야 하고, 소급 및 유추 적용이 불가능하다"라고 규정되어 있다. 〈보기1〉의 C는 B의 점유자이지 신체를 상해한 자가 아니므로 형법에 따른 책임을 질 필요가 없으며, 또한 다른 법률 규정을 따라 유추 적용을 할 수도 없다.

① 민법 제759조 ①에 따르면 B는 동물과 같이 물건이므로 법적 책임이 없다.
  → '단락5'에서, 인간 이외의 것들은 생명의 유무와 상관없이 물건으로 보고 있기 때문에 법적 책임이 없다고 규정되어 있다. 〈보기1〉의 동물과 B는 모두 물건이고 법적 책임이 없다.

② 민법 제759조 ①을 유추하여 적용한다면 B의 점유자인 C에게 손해 배상 책임을 물을 수 있다.
  → 민법 제759조 ①을 유추 적용한다면, C는 B를 사실상 지배하고 있는 점유자이므로 손해를 배상할 책임이 있다고 할 수 있다.

③ 형법 제257조 ①에 따르면 A는 '사람의 신체를 상해한 자'에 해당하므로 형법에 따른 책임을 져야 한다.
  → '단락5'의 글 내용을 종합하면, 형법상의 처벌은 '위법한 행동' 여부와 그에 따른 의무와 책임에 대한 '법적 권리' 유무라는 사실을 유추할 수 있다. 따라서 〈보기1〉의 A는 법적 권리를 가지고 있고 사람의 신체를 상해한 자에 해당하므로, 형법에 따른 책임을 져야 한다.

⑤ 형법 제257조에 향후 B가 사람을 다치게 한 행위에 관한 조항이 추가되더라도 이번 사건에 대해서는 B를 처벌할 수 없다.
  → '단락3'에 따르면, 형법은 범죄 당시에는 없었던 법이 나중에 생겨도 그것을 소급해서 적용할 수 없다.

글 내용의 '추론'에 대해서는 이미 앞에서 설명했다. '세부 내용 추론하기' 유형의 문제 풀이의 핵심은 다음 세 가지다. 첫째, 지문에 실린 특정 개념이나 특정 원리를 설명하는 핵심 어구와 이것에 대응하는 글 내용을 구체적 사례나 상황을 설명하는 글 내용 간의 **논리적 연관 관계를** 잘 짚어낼 수 있어야 한다. 둘째, 글의 논리적 인과 관계 파악을 위해서는, 먼저 전제를 정확히 파악한 후 결론을 도출해야 한다. 특히 글 내용이 특정 **'관계'를 따라** 논리적인 체계를 구성하는 부분(전제와 결론, 주장과 근거, 원인과 결과 등)을 함께 찾아 밝혀야 한다. 셋째, 추론을 요구하는 문제 역시 제시된 지문과 문제 속에는 반드시 **명확한 근거가 들어있음을** 분명하게 인식하고, 정답에 도달하려면 어떤 논리적 사고 과정을 거쳐야 하는지를 꼼꼼하게 생각해본 후 그에 따른 타당한 근거를 찾아 밝혀야 한다. 이것, 앞에서 설명한 내용을 다시 부연하여 주의를 환기하는 것으로, 그만큼 글 내용의 이해에서 중요함을 강조코자 함이다. '세부 내용 추론하기' 유형의 문제는, 말 그대로 선택지 대답과 관련한 글 내용은 지문 한 단락 내의 여러 문장 또는 여러 단락의 여러 문장에 걸쳐 설명되어 있기에, 이것들을 전부 끄집어내 파악해야 한다는 점에서 세부 내용을 파악하기가 복잡하다. 그렇더라도 지문을 읽고 **관련한 문장을 전부 끄집어낸 후,** 이를 선택지 대답에 맞춰 글 내용을 집약할 수 있어야 한다. 이 역시 앞에서 강조했다.

단락의 여기저기를 넘나들면서 선택지 대답을 따라 글(지문)에서 중요한 부분을 찾아야 하고, 그것도 논리적 사고가 뒷받침되어야 글 내용이 눈에 들어오고 글의 의미가 이해된다면, 이것은 여간 곤혹스러운 것이 아니다.

이것을 해결하는 방법은 달리 없다. **글의 의미 관계를 이루는 글감들을 모두 찾아서**, 그것들을 집약하여 좀더 상위 개념으로 '추상화'하는 것이다. 말했듯, 하위 개념들을 한데 모아 상위 개념으로 집약하면서 그 의미 관계에 집중할수록 개념의 '의미'는 더욱 뚜렷해진다. 이것을 아래 [예문3] 선택지 대답①의 해설을 통해 확인할 수 있을 것이다. [예문3]은 앞장에서 예로 든 것으로, 그만큼 글 내용이 복잡하고, 글 내용의 이해가 어렵기에 반복해서 다루는 것이다.

[예문3: 기표와 기의의 관계]

마르크스는 사물의 경제적 가치를 사용 가치와 교환 가치로 구분하면서 자본주의 사회에서는 경제적 가치가 교환 가치에 의해 결정된다고 보았다. 사용 가치는 사물의 기능적 가치를, 교환 가치는 시장 거래를 통해 부여된 가치를 의미하는데 사물 자체의 유용성은 고정적이므로 시장에서의 수요와 공급에 의해서만 경제적 가치가 결정된다고 보았기 때문이다. 또한 그는 사물의 거래 가격은 결국 사물의 생산 비용에 의해 결정된다는 점에서 소비를 생산에 종속된 현상으로 보고 소비의 자율성을 인정하지 않았다.

마르크스의 이러한 주장과 달리 보드리야르는 교환 가치가 아닌 사용 가치가 경제적 가치를 결정하며, 자본주의 사회는 소비 우위의 사회라고 주장했다. 이때 보드리야르가 제시한 <u>사용 가치는 사물 자체의 유용성에 대한 가치가 아니라 욕망의 대상으로써 기호(sign)가 지니는 기능적 가치, 즉 기호 가치를 의미한다</u>.…⑤

<u>기호는 어떤 대상을 지시하는 상징으로써 문자나 음성같이 감각으로 지각되는 기표와 의미 내용인 기의로 구성되는데</u>,…①-㉮ 기표와 기의의 관계는 자의적이다. 가령 '남성'이란 문자는 필연적으로 어떤 대상을 지시하는 것이 아니며 '여성'이란 기호와의 관계 속에서 의미 내용이 결정된다.…② 다시 말해, 어떤 기호의 의미 내용을 결정하는 것은 기표와 기의의 관계가 아니라 기호들 간의 관계, 즉 기호 체계이다.…③

[A] 보드리야르는 자본주의 사회에서 대량 생산 기술이 급속하게 발전하면서 소비자가 기호 가치 때문에 사물을 소비한다고 보았다. 대량 생산 기술의 발전으로 수요를 충족하고 남을 만큼의 공급이 이루어져 사물 자체의 유용성은 더 이상 소비를 결정하는 요인으로 작용할 수 없기 때문이다. 예를 들어 <u>소비자는 특정 계층 또는 집단의 일원이라는 상징</u>을 얻기 위해 명품 가방을 소비한다.…①-㉯, ④ 이때 사물은 소비자가 속하고 싶은 집단

과 다른 집단 간의 차이를 부각하는 기호로써 기능한다. 따라서 보드리야르에 따르면 자본주의 사회에서 소비의 원인은 사물이 상징하는 특정 사회적 지위에 대한 욕구이다.…②

보드리야르는 현대인이 자연 발생적인 욕구에 따라 자유롭게 소비하는 것처럼 보이지만 사실은 강제된 욕구에 따르는 것에 불과하다고 보았다. 이는 기호가 다른 기호와의 관계 속에서 그 의미 내용이 결정되는 것과 관계된다. 특정 사물의 상징은 기호 체계, 즉 사회적 상징 체계 속에서 유동적이며, 따라서 상징 체계 변화에 따라 욕구도 유동적이다.…①-㉢ 이때 대중매체는 사물의 기의에 영향을 미침으로써 욕구를 강제할 수 있다.…①-㉣ 현실이 대중매체를 통해 전달될 때 현실은 현실 그 자체가 아니라 다른 기호와 조합될 수 있는 기호로써 추상화되기 때문이다. 가령 텔레비전 속 유명 연예인이 소비하는 사물은 유명 연예인이라는 기호에 의해 새로운 의미 내용이 부여된다. 요컨대 특정 사물에 대한 현대인의 욕망은 대중매체를 매개로 하여 자기도 모르는 사이에 강제된다.
보드리야르는 기술 문명이 초래한 사물의 풍요 속에서 현대인의 일상생활이 사물의 기호 가치와 이에 대한 소비에 의해 규정된다고 보고 자본주의 사회를 소비사회로 명명하였다. 그의 이론은 소비가 인간에 미치는 영향을 비판적으로 성찰해야 한다는 점을 시사한다. (2022.3월 고1 모의, 문제16~20 출제 지문)]

[문제 17] 기호 체계를 바탕으로 [A]를 이해한 내용으로 적절하지 않은 것은?
① 사물은 기표로써의 추상성과 기의로써의 구체성을 갖는다.
② 사물과 그것이 상징하는 특정한 사회적 지위와의 관계는 자의적이다.
③ 사물은 사물 자체가 아닌 사물 간의 관계를 통해 의미 내용이 결정된다.
④ 소비는 사물이라는 기호를 통해 특정 계층 또는 집단의 일원이라는 상징을 얻는 행위이다.
⑤ 기호 가치는 사물의 기의와 그에 대한 소비자의 욕구와 관련될 뿐 사물의 기표에 의해 결정되는 것은 아니다.

지문 글 내용과 선택지 대답의 '일치-불일치' 관계를 살피면 다음과 같다. 그 가운데 개념적 의미를 추론할 수 있어야 지문과 〈보기〉 글 내용 간의 '일치-불일치' 관계를 확인할 수 있는 선택지 대답①만을 따로 추려서 설명하면 다음과 같다.

① 사물은 기표로써의 추상성과 기의로써의 구체성을 갖는다.

선택지 대답①에 들어 있는 '추상성'과 '구체성'이란 단어는 [예문3] 지문 어디에도 명기되어 있지 않다. 따라서 지문 글에서 이것과 관련한 내용을 설명하는 글감을 찾아서 그 논리적 연관 관계를 살피되, 특히 '개념'의 범주를 잘 살피면서 글의 이해 범위를 넓혀야 한다.

그런 다음, '기표와 기의'의 의미 관계가 선택지 대답에 실린 것처럼 '기표:추상성-기의:구체성'의 관계인지, 아니면, '기표:구체성-기의:추상성'의 관계인지에 대한 그 의미 관계를 정확히 파악한다. 이때, 그 관계를 가늠할 수 있는 **'맥락 단서'를 담은 단어나 서술을 찾아** 이것을 통해 글 내용을 들여다보면서 논리 관계를 살필 필요가 있는데, 그것은 '유동적'이란 단어이다. '유동적'이란 의미는 '구체성'보다는 '추상성'이란 개념에 좀더 상응하는 의미 관계를 맺고 있다는 사실에서, 그 의미 관계를 범주화해서 생각할 수 있을 것이다.

끝으로, 그렇게 해서 '기표:구체성-기의:추상성'의 관계가 적절하다는 판단을 이끌었다면, **그런 판단에 도달한 이유(근거, 전제)를 기술한 글 내용을 확인**하여 결론을 다시 확정할 필요가 있다. 아래 설명에서 '기호-상징-차이-욕망-유동적-기의'로 이어지는 일련의 글 내용의 논리적 흐름을 확인하는 것이 그것인데, 이것을 통해 선택지 대답에 들어있는 '구체성'과 '추상성'의 의미 관계를 추론할 수 있을 것이다.

다음은 지문에 실린 글 내용 가운데 전제에 주목하면서 글 내용의 핵심을 담은 맥락 단서를 찾아 밝힌 후, 이것을 선택지 대답별로 정리한 것이다.

기호(상징)=기표(문자, 음성, 감각적 인식)+기의(의미 내용, 뜻) …①-㉮
(예)명품백이 상징하는 (기호)=명품백이라는 상표(기표)+갖고 싶다는 욕구, 욕망(기의) …①-㉯
기호 체계=사회적 상징 체계=남들과 '차이'를 바라는 욕구, 욕망=**유동적** …①-㉰
기호 체계의 유동성(욕구, 욕망)에 영향을 미치는 것은 '기표'가 아니라 **'기의'**다. …①-㉱

이상의 내용을 종합하면, "기표는 같더라도(고정적, 구체적)이더라도 기의는 얼마든지 달라질(유동적, 추상적) 수 있다"라는 사실을 추론할 수 있다.

지문 글 내용과 선택지 대답의 '일치-불일치' 관계를 살펴면 다음과 같다.

① 사물은 기표로써의 추상성(구체성)과 기의로써의 **구체성**(추상성)을 갖는다.
   → 사물은 기표로써의 구체성과 기의로써의 추상성을 갖는다.

② 사물과 그것이 상징하는 특정한 사회적 지위와의 관계는 자의적이다.
   → 사물(지시대상, 기표)과 그것이 상징하는 특정한 사회적 지위(의미 내용, **기의**)의 관계는 자의적이다.

③ 사물은 사물 자체가 아닌 사물 간의 관계를 통해 의미 내용이 결정된다.
   → 기호의 의미 내용을 결정하는 것은 기표와 기의의 관계가 아니라 기호들 사이의 관계다. 즉, 사물(기호 체계)은 사물 자체(기표와 기의의 관계, 말과 뜻의 관계)가 아닌 사물 간의 관계(사회적 상징체계, 즉 상징과 상징, 기호와 기호의 관계)를 통해 의미 내용이 결정된다.

④ 소비는 사물이라는 기호를 통해 특정 계층 또는 집단의 일원이라는 상징을 얻는 행위이다.
   → '단락4'의 명품백 소비의 예를 통해 확인된다. 즉, 소비자는 특정 계층 또는 집단의 일원이라는 상징(욕구)을 얻기 위해 명품 가방(기호)을 소비한다.

⑤ 기호 가치는 사물의 기의와 그에 대한 소비자의 욕구와 관련될 뿐 사물의 기표에 의해 결정되는 것은 아니다.
   → '단락2'에 따르면, 기호 가치는 어떤 대상을 욕망하는 기호가 지니는 상징적 기능 가치이므로, 사물 자체의 유용성의 가치처럼 감각으로 지각되는 표상인 기표에 의해 결정되지 않는다. 즉, 기호 가치를 결정하는 것은 기호와 기호의 관계, 즉 소비자 간의 욕구 차이다.

[예문4: 고급 커피 결정 과정]

희소성 높은 최고급 커피의 생두 가격은 어떻게 결정될까? 그것은 바로 경매이다. 경매를 통한 가격 결정 방식은 수요자들이 해당 재화의 가치를 서로 다르게 평가하고 있거나, 해당 재화의 가치를 정확히 가늠할 수 없을 때 주로 사용된다. 커피나무는 환경에 민감한 식물로, 일조량과 온도와 토질에 따라서 생두의 맛과 품질이 천차만별이다. 그래서 같은 지역이라 하더라도 매년 커피 생두의 품질이 달라지는 것이다. 이처럼 생두의 품질이 매년 다양한 이유로 달라지는 상황에서 해당 커피 생두의 가치를 결정하는 가장 수월한 방법은 단연 경매라 할 수 있다.

경매를 통한 가격 결정 방식을 사용하는 또 다른 이유는 구매자와 판매자의 숫자가 극단적으로 불일치할 때 가격을 결정하는 유용한 방법이기 때문이다. 특정 재화의 판매자가 한 명인데, 이를 구매하고자 하는 사람이 여러 명이라면 경매를 통해 가장 높은 가격을 지불하고자 하는 사람에게 판매할 수 있다. 최고급 커피 생두 역시 이러한 이유에서 경매로 가격을 결정한다. 이 밖에도 골동품, 미술품 등은 현재 동일한 이유로 경매를 통해 가격을 결정하고 있다. 이와는 반대로 특정 재화의 구매자는 한 명인데, 이를 판매하고자 하는 사람이 여러 명일 경우에도 경매는 유용한 방식이다. 가장 저렴한 가격을 제시한 사람에게서 구매하면 되기 때문이다. 현재 전투기와 같이 정부만이 유일한 구매자라 할 수 있는 국방 관련 물품이 일종의 경매인 경쟁 입찰로 결정된다.

경매는 입찰 방식의 공개 여부에 따라 공개 구두 경매와 밀봉 입찰 경매로 구분할 수 있다. 먼저 공개 구두 경매는 경매에 참여하는 사람들을 모두 한 자리에 모아 놓고 누가 어떠한 조건으로 경매에 응하는지를 공개적으로 진행하는 방식을 말한다. 이러한 공개 구두 경매는 다시 영국식 경매와 네덜란드식 경매로 구분할 수 있다.…①, ⑤ ㉠ 영국식 경매는 오름 경매 방식으로, 우리가 가장 흔히 접하는 낮은 가격부터 시작해서 가장 높은 가격을 제시한 사람이 낙찰자가 되는 방식을 말한다.⑤ 이러한 영국식 경매를 통해 가격을 결정하고 있는 대표적인 품목으로는 와인과 앞서 소개한 최고급 생두가 여기에 해당한다.…②

이와는 반대로 판매자가 높은 가격부터 제시해 가격을 점점 낮추면서 가장 먼저 응찰한 사람을 낙찰자로 정하는 방식이 ㉡ 네덜란드식 경매다.…④, ⑤ 이것이 내림 경매 방식이다.…④ 내림 경매 방식은 튤립 재배로 유명한 네덜란드에서 오래 전부터 이용해 오던 방식이며, 국내에서도 수산물 도매시장에서 생선 가격을 결정할 때 이 방식을 통해 가격을 결정한다.

공개적으로 진행되는 경매와는 달리 경매 참여자들이 서로 어떠한 가격에 응찰했는지를 확인할 수 없는 밀봉 입찰 경매가 있다. 밀봉 입찰 경매는 낙찰자가 지불하는 금액을 어떻게 결정하느냐에 따라 최고가 밀봉 경매와 차가 밀봉 경매로 구분된다. 최고가 밀봉 경매는 응찰자 중 가장 높은 가격을 적어 냈을 때 낙찰이 되는 것으로 낙찰자는 자신이 적어낸 금액을 지불한다. 차가 밀봉 경매의 낙찰자 결정 방식은 최고가 밀봉 경매와 동일하다. 그러나 낙찰자가 지불하는 금액은 자신이 적어 낸 금액이 아니라 응찰자가 적어 낸 금액 중 두 번째로 높은 금액이다. (2017.6월 고1 모의, 문제169~22 출제 지문)

[문제20] ㉠과 ㉡에 대한 이해로 적절하지 않은 것은? [3점]
① ㉠은 경매에 참여한 사람이 경쟁자가 제시한 입찰 금액을 알 수 있다.
② 희소성이 있는 최고급 생두는 ㉠의 방식을 통해 가격을 결정하는 대표적 품목이다.
③ ㉡ 방식에서 낙찰 가격은 경매에서 최초로 제시된 금액보다 높아질 수 없다.
④ ㉠과 ㉡ 모두 경매에 나온 재화의 낙찰 가격을 알 수 있다.
⑤ 경매에 참가한 사람이 다수일 경우 ㉠과 ㉡ 모두 가장 먼저 응찰한 사람이 낙찰자가 된다.

[예문4] 지문은 최고급 커피 생두 가격이 '경매'에 의해 결정된다는 것을 언급하며 '경매'가 가격 결정 방식으로 사용되는 이유와 종류를 설명하고 있다. 경매를 통한 가격 결정 방식은 수요자들이 해당 재화의 가치를 정확히 평가할 수 없고 수요자와 판매자의 숫자가 극단적으로 불일치할 때 유용한 방법이다. '경매'는 입찰 방식의 공개 여부에 따라 공개 구두 경매와 밀봉 입찰 경매로 구분된다. 공개 구두 경매는 다시 낮은 가격에서 시작되는 오름 경매 방식인 영국식 경매와 높은 가격부터 시작되는 내림 경매 방식인 네덜란드식 경매가 있다. 밀봉 입찰 경매는 낙찰자가 지불하는 금액을 어떻게 결정하느냐에 따라 최고가 밀봉 경매와 차가 밀봉 경매로 구분된다.

소주제의 물음별 핵심어와 주요 서술

(단락1) 상품 경매가 일어나는 이유1: 경매를 통한 가격 결정 방식1

→ 가치의 평가가 다르거나, 가치를 정확히 가늠할 수 없을 때

(단락2) 상품 경매가 일어나는 이유2: 경매를 통한 가격 결정 방식2

→ 구매자와 판매자의 수적 불일치

(단락3) 공개 구두 경매의 입찰 방식1: 영국식 경매(내림 경매 방식)

(단락4) 공개 구두 경매의 입찰 방식2: 네덜란드식 경매(오름 경매 방식)

(단락5) 밀봉 입찰 경매의 입찰 방식: 최고가 밀봉 입찰 경매, 차가 밀봉 경매의 낙찰 자 결정

(단락1)

```
         ↘ (단락3)
(단락2)     (단락4)
            (단락5)
```

지문 글 내용과 선택지 대답의 '일치-불일치' 관계를 살피면 다음과 같다.

⑤ 경매에 참가한 사람이 다수일 경우 ㉠과 ㉡ **모두** 가장 먼저 응찰한 사람이 낙찰자 가 된다.

→ ㉠은 영국식 경매로 가장 높은 가격을 제시한 사람이(단락3), ㉡은 네덜란드식 경매로 가장 먼저 입찰에 참가한 사람이 낙찰자가 된다(단락4).

① ㉠은 경매에 참여한 사람이 경쟁자가 제시한 입찰 금액을 알 수 있다.

→ '단락3'에서, ㉠은 공개 구두 경매이므로 경쟁자가 제시한 입찰 금액을 알 수 있 다.

② 희소성이 있는 최고급 생두는 ㉠의 방식을 통해 가격을 결정하는 대표적 품목이 다.

→ '단락3'에서, ㉠방식을 통해 가격이 결정되는 대표적 품목으로 최고급 생두를 제시하고 있다.

③ ㉡ 방식에서 낙찰 가격은 경매에서 최초로 제시된 금액보다 높아질 수 없다.

→ '단락4'를 통해 추리할 수 있다. ㉡은 판매자가 제시한 높은 가격부터 점점 낮추 는 방식이므로 낙찰 가격이 최초 제시된 금액보다 높아질 수 없다.

④ ㉠과 ㉡ 모두 경매에 나온 재화의 낙찰 가격을 알 수 있다.

→ '단락3'에서, ㉠과 ㉡은 모두 공개 구두 경매이므로 낙찰 가격을 알 수 있다.

수능 국어 비문학 설명 글은 주제 개념에 대한 '정의'의 진술, 글에 소개된 사상이나 견해의 '비교와 대조' 글, 그리고 '원인과 결과, 주장과 근거, 전제와 결론, 판단과 대답'처럼 글쓴이가 자신의 주장 및 생각의 타당성을 인정받도록 논리적 체계를 따른다. 또한 기술한 일련의 글 묶음(이것을 '논증'이라고 한다)에 글 내용의 핵심이 집약된다.

많은 경우, 이런 내용을 담고 있는 글은 단일한 문장으로는 설명하기 어려운 경우가 많다. 특히 논증의 구조가 복잡하거나 비교할 정보 사이의 관계가 다양하게 중첩해 있는 경우, 그리고 개념 자체가 추상적이고 어려운 것일 경우에는 좀더 자세한 설명이 필요하다.

따라서 이런 경우는 간단하게 설명한 내용을 자세히 풀어서 설명할 필요가 있는데, 개념이나 대상을 간단한 문장으로 정의해서는 도저히 읽는 이들을 충분히 이해시킬 수 없는 경우, 정의된 내용에 대한 추가적인 설명이 필요하다. 이처럼 글에서 어떤 내용을 상세하게 설명하는 과정을 '상술'이라고 한다.

독해 요령5: 논리적 **연관 관계**를 살펴라
- **유형6: 다른 견해와 비교하기**
- **유형7: 정보 간의 관계 파악하기**
- **유형8: 글 정보와 새로운 정보를 관련지어 이해하기**

글에 상술이 많다는 것은 **그만큼 개념의 의미를 이해하기 어렵고**, 글에 실린 핵심 정보가 많으며, 정보와 정보가 복잡한 관계를 이루면서 기술되고 있음을 의미

한다. 당연히 글 내용의 핵심을 정확히 파악하기 어렵다.

이와 같은 설명 글의 의미를 정확히 이해하려면 글에 실린 사실적 정보에 근거하여, **그것을 뒷받침하는 객관적 근거를 파악하면서** 글의 결론을 이끄는 논리적 사고와 합리적 추론능력을 갖추어야 한다. 이것은 두말할 것 없이 정확한 독해 능력이 뒷받침되어야 가능하다. 따라서 이렇듯 복잡한 지문의 글 내용과 〈보기〉의 설명을 연결하면서 '다른 견해와 비교', '정보 간의 관계 파악', '글 정보와 새로운 정보를 관련지어 이해'할 것을 묻는 유형의 문제를 해결하기 위해서는 **글 내용의 핵심에 집중하면서** 글에서 중요한 부분, 의미 관계를 이루는 부분을 파악할 수 있어야 한다. 그와 함께, 글 내용의 핵심이 단락의 여기저기에 걸쳐서 기술되어 있는 경우가 많으므로, 그것들을 전부 찾아 논리적 연관 관계를 살펴야 한다.

[예문5: 구조주의와 실존주의 비교]

북아메리카 원주민들에게는 독특한 방식으로 선물을 주는 '포틀래치(potlatch)'라는 관습이 있다. 행사를 연 마을의 수장은 자신이 쌓아온 재물을 초대받은 다른 마을의 수장들에게 무료로 나누어 주기도 하고, 심지어 그것을 파괴하기도 한다. 손님들은 선물을 받고 자기 마을로 돌아와 '복수'를 맹세하는데, '복수'의 방법이란 그동안 선물을 준 사람들에게 답례 포틀래치를 열어 자기가 받은 것보다 더 많은 선물을 제공하는 것이다. 초기 인류학자들은 이러한 포틀래치라는 관습을 자신의 재산을 대가 없이 자발적으로 주는 일반적인 증여로 파악하고, 위신을 얻기 위해 재산을 탕진하는 비합리적인 생활 양식으로 이해하였다. 하지만 모스와 레비스트로스 같은 후대 인류학자들은 포틀래치를 호혜적 교환 행위로 바라보았다. 호혜적 교환이란 일반적인 경제적 교역, 즉 사물의 가격을 측정하여 같은 값으로 교환하는 행위와는 달리, 돌려받을 대가나 시기를 분명하게 정하지 않고 사물을 교환하는 방식을 말한다. 모스는 포틀래치가 자발성을 띤 증여로 보이지만 실제적으로는 교환의 성격을 지닌다고 보았다. 왜냐하면 선물을 받은 사람은 의무적으로 답례를 해야 할 뿐만 아니라 더 많은 선물을 돌려주어야 하기 때문이다. 모스는 이러한 포틀래치가 집단 간의 유대 관계를 형성하는 역할을 한다고 보았다.
레비스트로스는 여기에서 더 나아가 포틀래치에 나타나는 호혜적 교환을 사회가 성립되는 원리로 제시하였다. 폐쇄적인 집단은 환경의 변화나 주변의 침략에 쉽게 무너질 수 있으므로, 인간은 생존하기 위해서 교환을 하며 다른 집단과 사회적 유대를 맺어야 한다는 것이다. 이때 포틀래치와 같이 상대방에게 선물을 주는 행위가 상대방에게 부채감을 주고, 이 부채감이 다시 선물을 주는 행위로 이어지게 만들어 결국 교환이 이루어지도록 한다는 것이다. 한편 다른 집단과 동맹을 맺는 가장 좋은 방법은 그 집단과 결혼을 하는 것이므로, 레비스트로스는 교환을 위해 '친족 간의 결혼 금지'가 만들어졌다고 말한다. 그는 친족 간의 결혼 금지로 인해 우리 부족의 사람이 다른 부족으로 넘어가고, 새로운 사람이 우리 부족에 들어오는 호혜적 관계가 형성되었으며, 이를 통해 부족 간의 호혜적 교환이 가능해져 사회적 공동체가 형성되었다고 주장한다. 또한 그는 친족 간의 결혼 금지라는 규칙을 바탕으로 공동체에 필요한 다른 규칙들이 형성됨으로써 인간이 자연 상태에서 문명 상태로 접어들게 되었다고 말한다.

이처럼 레비스트로스는 포틀래치를 교환의 구조나 사회 규칙이라는 체계의 틀에서 이해하고자 하였다. 그의 견해에 따르면 인류의 보편적인 현상인 친족 간의 결혼 금지와 같은 결혼 제도도 인간의 본성이 아닌 사회적 유대 관계를 형성하는 구조 속에서 만들어진 결과이다.…⑤ 이렇게 인간을 비롯한 대상의 의미나 본질은 하나의 개체로써가 아니라 전체 안에서 다른 것들과 맺은 관계 때문에 결정된다는 관점을 '구조주의'라고 한다. 이 관점에 따르면 인간은 결단의 주체가 아니며 인간의 특성과 정체성은 인간 스스로 결정하는 것이 아닌 그가 속한 사회 구조에 의해 결정된다.…①, ②, ④

구조주의 인류학자 레비스트로스는 인간은 어떤 고립된 개인으로 이해되어서는 안 된다고 말한다. 사회 구조가 인간을 만들기 때문에, 인간을 이해하려면 인간의 구체적인 행동보다는 그 인간이 속한 사회 구조를 살펴야 한다는 것이다.…③ 그의 관점에 따르면 소유를 중시하고 치열한 경쟁을 하며 살아가는 현대인의 모습 역시 현대 사회의 구조 아래에서 형성된 특성에 불과하다.…④ 그런 점에서 그의 연구는 현대 사회의 구조 변화가 현대인들의 삶의 변화로 이어질 수 있다는 가능성을 보여 주었다는 평가를 받고 있다. (2021.9월 고1 모의, 문제30~33 출제 지문)

[문제 32] 윗글의 '구조주의'와 〈보기〉의 사상을 비교한 내용으로 적절하지 않은 것은? [3점]

───────────── 〈보 기〉 ─────────────

'전통철학'에서는 인간이 선천적인 원리에 의해 미리 규정된 '특성'과 '본질'을 갖는다고 보았다.…④, ⑤ 그리고 인간은 그 특성과 본질을 이 세계에서 충실하게 실현해야 한다는 것이다. 하지만 '실존주의'에서는 인간은 결단의 주체이며 자신의 특성과 정체성을 스스로 결정할 자유로운 의식과 권리가 있고, 스스로 자신의 결정에 책임을 질 필요가 있다고 보았다.…①, ② 따라서 실존주의에서는 인간을 하나의 현상이자 개별적인 존재

로 보고 인간의 구체적인 행동에 관심을 두었다.···③
_____

① 구조주의와 실존주의에서는 모두 인간을 자신의 결정에 책임을 지는 결단의 주체로 보는군.

② 구조주의에서는 실존주의와 달리 인간은 자신의 정체성을 스스로 결정하지 않는다고 보는군.

③ 실존주의에서는 구조주의와 달리 인간을 이해하기 위해서는 인간의 구체적인 행동에 주목해야 한다고 보는군.

④ 전통철학에서는 구조주의와 달리 인간에게는 충실하게 실현해야 할 본질이 미리 규정되어 있다고 보는군.

⑤ 구조주의에서는 전통철학과 달리 인간의 특성은 집단 안에서 다른 것들과 맺는 관계에 따라 결정된다고 보는군.

[예문5]는 '포틀래치'라는 선물 교환 행위와 '친족 교환 금지'라는 관습을 통해 '구조주의' 사상의 핵심을 설명하고 있다. 구조주의는 인간의 행동은 그가 속한 사회와 문화의 '구조'에 의해 규정된다는 사상으로, 실존주의를 비롯한 서양 전통철학이 중시해 온 '주체' 중심의 가치관을 부정하면서 인간에 대한 새로운 인식을 모색하려는 시도에서 비롯된 것이다. 참고로, 실존주의는 '인간'에 초점을 맞추고서 인간 내면에서 일어나는 '부조리'에 대해 고찰하는 사상이고, 구조주의는 인간을 둘러싼 '구조(제도, 법, 교육 등)'에 초점을 맞추고서 그것의 '불합리'한 면에 대해 비판적으로 고찰하는 사상이다.

'지문'과 '보기'의 글 내용 이해의 핵심은, 서양 현대 사상의 두 근간인 '구조주의'와 '실존주의'의 중심 사상을 '비교-대조'하면서 살피는 데 있다. '지문'과 '보기'의 밑줄 친 부분은 지문에서 중요한 글 내용으로, 이것과 아래의 '소주제의 물음별 핵심어와 주요 서술'을 살피면 글 내용의 핵심을 단박에 파악할 수 있을 것이다.

(단락1) 포틀래치: 답례 선물 제공 관습
(단락2) 포틀래치 관습의 의미와 역할: 호혜적 교환 행위, 집단간 유대 형성
(단락3) 포틀래치와 친족 간 교환 금지의 의의: 공동체 사회 형성의 원리
(단락4) 포틀래치와 친족 간 교환 금지에서 드러나는 구조주의 사상
(단락5) 구조주의 사상의 핵심: 사회 구조가 인간을 만든다.
(단락1) → **(단락2)** → **(단락3)**
└, (단락4) → (단락5)

지문 글 내용과 선택지 대답의 '일치-불일치' 관계를 살피면 다음과 같다.

① **구조주의**와 실존주의에서는 모두 인간을 자신의 결정에 책임을 지는 결단의 주체로 보는군.
  → '단락4'에서 구조주의 관점에 따르면 '인간은 결단의 주체가 아니'라고 했다. 반면, 〈보기〉의 실존주의에서는 '인간은 결단의 주체이며', '자신의 결정에 책임을 질 필요가 있다'라면서, 구조주와는 대립하고 있다. 따라서 구조주의와 실존주의에서 모두 인간을 결단의 주체로 본다는 설명은 적절하지 않다.

② 구조주의에서는 실존주의와 달리 인간은 자신의 정체성을 스스로 결정하지 않는다고 보는군.
  → '단락4'의 구조주의에서는 '인간의 특성과 정체성은 인간 스스로 결정하는 것이 아닌 그가 속한 사회 구조에 의해 결정된다'라고 기술한 반면, 〈보기〉의 실존주의에서는 인간은 '자신의 특성과 정체성을 스스로 결정할 자유로운 의식과 권리가 있다'라고 기술했다.

③ 실존주의에서는 구조주의와 달리 인간을 이해하기 위해서는 인간의 구체적인 행동에 주목해야 한다고 보는군.
  → '단락5'의 구조주의에서는 '인간을 이해하려면 인간의 구체적인 행동보다는 그 인간이 속한 사회 구조를 살펴야 한다'라고 주장한 반면, 〈보기〉의 실존주의에서는 '인간을 하나의 현상이자 개별적인 존재로 보고 인간의 구체적인 행동에 관심을 두었다'라고 기술했다.

④ 전통철학에서는 구조주의와 달리 인간에게는 충실하게 실현해야 할 본질이 미리 규정되어 있다고 보는군.

→ '단락4'의 구조주의에서는 '인간의 특성과 정체성'은 '그가 속한 사회 구조에 의해 결정된다'라고 기술했고, 5문단에서는 '현대인의 모습 역시 현대 사회의 구조 아래에서 형성된 특성에 불과하다'라고 기술했다. 반면 〈보기〉의 전통철학에서는 인간이 '미리 규정된 특성과 본질을 갖는다'라고 기술했다.

⑤ 구조주의에서는 전통철학과 달리 인간의 특성은 집단 안에서 다른 것들과 맺는 관계에 따라 결정된다고 보는군.

→ '단락4'의 구조주의에서는 '인간을 비롯한 대상의 의미나 본질은 하나의 개체로써가 아니라 전체 안에서 다른 것들과 맺은 관계 때문에 결정된다'라고 기술했다. 반면 〈보기〉의 전통철학에서는 인간은 '미리 규정된 특성과 본질을 갖는다고 보았다'라고 '그 특성과 본질을 이 세계에서 충실하게 실현해야 한다'라고 기술했다.

[예문6: 정치의 본질과 개인의 자유 실현]

한나 아렌트는 정치를 어떤 관점에서 사유해야 하는지, 그래서 어떻게 현실을 이해해야 하는지에 대한 정치철학적 지평을 열어 준 철학자이다. 아렌트의 정치철학을 이해하기 위해서는 그녀가 생각하는 정치의 본질을 이해할 필요가 있다. 아렌트에 따르면 정치는 사적인 것이 아닌, 공적인 것에서부터 출발하고 공적인 것을 추구한다.…② 그렇다면 공적인 것과 사적인 것은 어떤 점에서 구별되는가? 아렌트가 이것과 관련하여 제기하는 핵심 문제는 바로 행위의 가능성이다. 그녀는 인간의 활동으로 '노동', '작업', '행위'를 제시하고 이 세 가지 활동이 서로 긴밀하게 연결되어 인간의 실존을 가능하게 한다고 말한다. 그녀가 생각하는 노동은 생물학적 욕구를 충족시키는 동물적 활동이다. 노동은 자기 보존의 수단일 뿐이고 생존을 위해 필요한 생산과 소비의 끊임없는 순환 과정 속에 종속된 것이다. 작업은 단순한 생존을 넘어서 삶의 편의를 위해 물건과 결과물을 만드는 것으로 자연과 구분되는 인간 세계를 구축하는 활동이다. 마지막으로 행위는 다른 존재들과 상호소통하며 자신의 존재를 드러내는 것으로 다수의 사람들과 공동의 관심사에 대해 의견을 나누는 활동을 의미한다. 그녀는 행위가 노동, 작업과 달리 혼자서는 할 수 없기에 오직 행위만이 타인의 지속적인 현존을 전제 조건으로 삼는다고 밝힌다. 그리고 노동과 작업을 사적인 것으로, 행위를 공적인 것으로 구분하고 행위가 이루어지는 곳을 공적 영역으로 규정한다.

아렌트는 이러한 공적인 것과 사적인 것이 이루어지는 영역이 공간적으로 분리된다고 보았다.…① 그리고 이러한 생각의 모델을 고대 그리스의 가정과 폴리스의 구분에서 찾았다. 그녀는 고대 그리스인들의 가정을 노동과 작업이 이루어지는 사적 영역으로 인식했으며 가정에서 이루어지는 모든 활동은 필연성의 지배를 받는다고 보았다.…③ 노동은 인간이 생명을 보존해야 한다는 필연성의 구속을 받고, 작업은 인간의 필요에 따라 유용한 것만을 생산해야 한다는 필연성의 구속을 받는다는 것이다. 또한 가정은 가장을 중심으로 의견이 일치하는 획일성이 지배하는 불평등의 공간으로 인식했다. 이에 반해 폴리스는 공적 영역으로서 행위가 이루어지는 자유의 공간으로 인식했다. 아렌트는 사적 영역과 공적 영역을 엄격하게 분리했지만, 그렇다고 사적 영역을 부정하지는 않았다. 사적 영역은 공적 영역을 위해 존재한다고 보았고, 가정에서 삶의 필연성을 충족한 시민들이 폴리스라는 공적 영역으로 나아갈 수 있다고 여겼다.…④ 가정밖으로 나온 시민들은 폴리스에서 다른 시민들을 만나 함께 공적인 문제를 자유롭게 논의하고 결정했다. 이때 자유롭다는 것은 삶의 필연성에서 벗어나 어떠한 강제나 강요도 없이 시민 모두가 평등한 위치에서 각자의 서로 다른 의견을 표현하고 공유하는 것을 의미한다. 그들은 폴리스라는 공적 영역에서 언어적 소통을 통해 타인과 관계를 맺으며 내가 누구인지, 내 의견과 다른 사람들의 의견이 어떻게 다른지를 확인할 수 있었다. 아렌트는 이러한 행위가 바로 정치라고 보았다. 결국 고대 그리스인들이 공적 영역에서 행위를 통해 자유를 실현한 것처럼 아렌트는 정치의 본질을 자유의 실현이라고 생각했다.

그런데 아렌트는 근대 이후에 '사회'가 출현했고, 이 사회의 출현으로 말미암아 정치의 의미가 왜곡되었다고 진단한다. 왜 아렌트는 사회의 출현을 부정적으로 생각한 것일까? 그것은 그녀가 사회를 경제적으로 조직된 여러 구성원의 거대한 가족 결합체로 보았기 때문이다. 고대 그리스에서 가정의 활동은 생계유지에 필요한 재화나 용역을 생산하고 소비하는 노동 활동을 중심으로 이루어졌었기에 경제 활동은 본래 사적 영역에서의 활동이었다. 그런데 이러한 가정에서의 경제 활동이 근대에 이르러 사회가 출현하고 시장이 발달하면서 공적 영역으로 옮겨 갔고 이로 인해 공적 영역과 사적 영역의 경계가 허물어졌다. 경제 활동이 행위의 공간이었던 공적 영역에 자리하게 되면서 공적 영역이 사라지게 되었다는 것이 아렌트의 분석이다.

결국 아렌트가 말하는 사회의 문제점은 행위가 일어날 수 있는 가능성이 배제된다는 것이다. 그녀는 이러한 사회가 등장하며 새롭게 나타난 활동 양식을 '행동'이라 부른다. 행동은 행위가 일어났던 공적인 공간에서 사람들이 오로지 사적인 이익만을 추구하는 것을 말한다. 인간 삶의 모든 것을 경제적 가치가 지배하는 근대 이후의 사회에서 사람들은 더 이상 다양한 관점을 가질 수 없게 되었다. 사람들은 다른 사람들과 함께 공동의 문제를 위해 행위하지 않고 자신의 경제적 이익의 극대화를 위해 행동하기 때문이다. 그로 인해 철저하게 경제화된 근대 이후의 사회에서 사람들은 시장 경제 논리에 따라 움직이고, 궁극적으로 행위가 일어날 가능성도 박탈당한다. 이런 의미에서 사회에서의 행동은 결코 행위가 될 수 없다. 사람들은 오직 공적 영역에서만 자신의 행위 가능성을 보존하고 자유 실현의 가능성을 찾을 수 있다.…⑤ 이것이 바로 아렌트가 말하는 공적 영역을 우리가 회복하고 보존해야 하는 이유인 것이다. (2020.9월 고1 모의, 문제 37~41 출제 지문)

[문제 41] 윗글의 '한나 아렌트'와 〈보기〉의 '공자', '플라톤'을 비교한 내용으로 가장 적절한 것은? [3점]

─────────── 〈보 기〉 ───────────

공자는 부자 관계에서 자식이 부모를 사랑하는 것을 정치로 간주하였고, 이러한 사랑이 국가 차원으로 확장된다고 여겼다.…③ 즉 국가는 가정의 확장이기 때문에 공적 영역과 사적 영역은 구분할 수 없고 가정에서의 관계 맺음은 정치 체제의 근본 토대가 된다는 것이다.…①, ②, ③, ⑤

한편 플라톤은 정치와 관련하여 사적 영역인 가정을 이상 국가를 만드는 데 방해물로 보았다. 국가를 위해서는 개인의 욕망을 절제해야 하는데 가정은 개인의 욕망을 보호하는 역할을 하기 때문이다. 그래서 플라톤은 정치가들에게 자식과 재산을 공유할 것을 주장하며, 공적인 것을 위해 사적인 것을 지양해야 한다고 강조했다.…④

─────────────────────────────

① '공자'와 달리 '한나 아렌트'는 공적 영역과 사적 영역을 공간적으로 분리해서 인식하고 있군.
② '공자'와 '한나 아렌트'는 모두 사적 영역에서도 정치가 이루어진다고 보고 있군.
③ '공자'와 '한나 아렌트'는 모두 가족 구성원의 관계 맺음을 정치로 인식하고 있군.
④ '플라톤'과 달리 '한나 아렌트'는 공적인 것을 위해 사적인 것을 지양해야 한다고 여기고 있군.
⑤ '플라톤'과 '한나 아렌트'는 모두 사적인 것을 공유해야만 공적인 영역에서의 정치가 가능하다고 보고 있군.

[예문6]은 미국의 정치사상가 한나 아렌트의 정치철학에 관해 기술한 내용이다. 그녀는 "정치는 공적 영역에서 인간의 자유를 실현하는 것이다"라면서, 공적 영역인 공론장에서 사람들이 서로 동등한 입장에서 발언하는 행위 과정에서 정치의 본

질인 개인의 자유를 실현할 수 있다고 주장했다. 지문의 밑줄 친 부분이 글에서 중요한 부분으로, 지문 이해를 돕기 위해 아렌트 정치철학의 핵심을 부연 설명하면 다음과 같다.

아렌트는 인간 삶의 여러 형식 가운데 정치적 삶(공적 영역에서의 삶)이 인간 존재의 다양성을 가장 잘 구현한다고 생각했다. 그녀에게 정치란 복합 존재로써의 인간 실존을 실현하는 과정이다. 그것은 서로 다른 특성을 가진 사람들에게 관심을 기울임으로써 상호 연대감을 형성하고 공동체의 조화를 도모하는 활동 속에서 실현된다.

따라서 아렌트에 따르면, 타인과의 관계를 등한시하고 자기만의 개별적인 삶을 살고자 하는 인간은 정치적 행위 능력이 박탈된 사람이라고 할 수 있다. 그와 반대로, 자신의 견해를 타인 앞에 공개하고 타인과의 의견 교환과 상호 협력 속에서 자신은 물론이고 타인의 삶을 더불어함께 일궈나가는 삶을 살고자 하는 사람은 정치적(공적) 능력을 발휘하는 존재라 할 수 있다. 아렌트는 아리스토텔레스의 "인간은 정치적 동물이다"라는 사상을 모델로 삼아 자신의 정치철학을 전개하면서, 공공장소(공론장)에서 자유롭게 토론하고 타자의 관점을 받아들이면서 '인간의 조건'으로서의 '다양성'의 가치를 탐구하는 것이야말로 정치의 본질이라고 주장했다.

소주제의 물음별 핵심어와 주요 서술

(단락1) 정치 영역에서 공적인 것과 사적인 것의 구분: 공적 영역에서의 행위 가능성
(단락2) 정치의 본질: 자유의 실현
→ 공적 영역에서의 타인과의 관계 맺음과 상호 소통을 통한 개인의 자유 실현
(단락3) 정치가 왜곡된 이유: 사회의 출현
→ 경제 활동이라는 사적 영역과 정치 행위라는 공적 영역 간 영역 파괴로 인한 행위 가능성 배제
(단락4) 사회에서 공적 영역을 복원해야 하는 이유: 행위 가능성의 복원을 통한 자유 실현
→ 공적 영역에서 개인의 이익만을 좇는 사적 '행동'의 문제점 해결

(단락1)
└ (단락2) → (단락3) → (단락4)

지문 글 내용과 선택지 대답의 '일치-불일치' 관계를 살피면 다음과 같다.

① '공자'와 달리 '한나 아렌트'는 공적 영역과 사적 영역을 공간적으로 분리해서 인식하고 있군.
→ '단락2'에서, 아렌트는 공적 영역과 사적 영역을 공간적으로 분리해서 인식하고 있는 반면, '보기'에서 공자는 부자 관계에서 자식이 부모를 사랑하는 것을 정치로 인식하고 국가를 가정의 확장으로 보고 있다.

② '공자'와 ~~한나 아렌트'는 모두~~ 사적 영역에서도 정치가 이루어진다고 보고 있군.
→ '보기'에서 공자는 공적인 영역(국가)은 '사적인 영역(가정)'의 확장이라고 보고 있는 반면, '단락1'에서, 아렌트는 사적 영역에서는 정치가 이루어지지 않는다고 보고 있다.

③ '공자'와 ~~한나 아렌트'는 모두~~ 가족 구성원의 관계 맺음을 정치로 인식하고 있군.
→ '보기'에서 공자는 "부자 관계에서 자식이 부모를 사랑하는 것을 정치로 간주하면서, 이러한 사랑이 국가 차원으로 확장된다"라고 하여 가족 구성원의 관계 맺음을 정치로 인식하고 있는 반면, 단락2'에서, 아렌트는 가족 구성원의 관계 맺음을 정치로 보지 않고 사적인 것으로 보았다.

④ '플라톤'과 달리 ~~한나 아렌트'는~~ 공적인 것을 위해 사적인 것을 지양해야 한다고 여기고 있군.
→ '단락2'에서 아렌트는 "사적 영역과 공적 영역을 엄격하게 분리했지만, 그렇다고 사적 영역을 부정하지는 않았다. 사적 영역은 공적 영역을 위해 존재한다고 보았고, 가정에서 삶의 필연성을 충족한 시민들이 폴리스라는 공적 영역으로 나아갈 수 있다고 여겼다" 반면, '보기'에서 플라톤은 공적인 것을 위해 사적인 것을 지양해야 한다고 보고 있다.

⑤ '플라톤'과 ~~한나 아렌트'는 모두~~ 사적인 것을 공유해야만 공적인 영역에서의 정치가 가능하다고 보고 있군.
→ "보기'에서 플라톤은, "국가는 가정의 확장이기 때문에 공적 영역과 사적 영역은 구분할 수 없고 가정에서의 관계 맺음은 정치 체제의 근본 토대가 된다는 것이다"라고 하여, 사적인 것을 공유해야만 공적인 영역에서의 정치가 가능하다고 보고 있다. 반면, '단락4'에서 아렌트는, "사회에서 사람들은 시장 경제 논리

에 따라 움직이고, 궁극적으로 행위가 일어날 가능성도 박탈당한다. 이런 의미에서 사회에서의 행동(사적 행동)은 결코 행위(공적 행위)가 될 수 없다"라고 하여, 정치를 위해 사적인 것을 공유해야 한다고 보고 있지 않다.

[예문7: 핵분열과 핵융합의 원리]

원자핵은 양성자나 중성자와 같은 핵자들의 결합으로 이루어져 있다. 원자핵을 구성하는 양성자와 중성자의 개수를 모두 더한 것을 질량수라고 하는데, 질량수가 큰 하나의 원자핵이 질량수가 작은 두 개의 원자핵으로 쪼개지는 것을 핵분열이라고 하고 질량수가 작은 두 개의 원자핵이 결합하여 질량수가 큰 하나의 원자핵이 되는 것을 핵융합이라고 한다.

핵분열이나 핵융합은 핵자당 결합 에너지로 설명할 수 있다. 원자핵의 질량은 그 원자핵을 구성하는 개별 핵자들의 질량을 모두 더한 것보다 작다. 이처럼 핵자들이 결합하여 원자핵이 되면서 질량이 줄어든 것을 질량 결손이라고 한다. '질량 – 에너지 등가 원리'에 따르면 질량과 에너지는 상호 간의 전환이 가능하고, 이때 에너지는 질량에 광속의 제곱을 곱한 값과 같다. 한편 핵자들의 결합에서 줄어든 질량은 에너지로 전환되는데, 이 에너지는 원자핵의 결합 에너지와 그 크기가 같다. 원자핵의 결합 에너지란 원자핵을 개별 핵자들로 분리할 때 가해야 하는 에너지이다. <u>원자핵의 결합 에너지를 질량수로 나눈 것을 핵자당 결합 에너지라고 하고 그 값은 원자핵의 종류에 따라 다르다.</u>…③

<u>원자핵을 구성하는 핵자들은 핵자당 결합 에너지가 클수록 더 강력하게 결합되어 있고 이는 원자핵이 더 안정된 상태라는 것을 의미한다.</u>…①, ②, ④, ⑤ 모든 원자핵은 안정된 상태가 되려는 성질이 있으므로, <u>핵자당 결합 에너지가 작은 원자핵들은 핵분열이나 핵융합을 거쳐 핵자당 결합 에너지가 큰 상태가 된다.</u>…① 핵분열이나 핵융합도 반응 전후로 질량 결손이 일어나고, 줄어든 질량은 에너지로 전환된다.

핵분열과 핵융합에서 발생하는 에너지를 발전에 이용할 수 있다. 우라늄 – 235(^{235}U) 원자핵을 사용하는 핵분열 발전의 경우, 우라늄 원자핵에 중성자를 흡수시키면 질량수가 작고 핵자당 결합 에너지가 큰 원자핵들로 분열된다. 이때 2~3개의 중성자가 방출되는데 이 중성자는 다른 우라늄 원자핵에 흡수되어 연쇄 반응을 일으킨다. 이 과정에서 질량 결손으로 인해 전환되는 에너지를 발전에 이용하는 것이다. (2021.3월 고1 모의, 문제 26~30 출제 지문 단락1~단락4)

[문제 28] 윗글을 읽은 학생이 〈보기〉의 설명을 이해한 내용으로 가장 적절한 것은? [3점]

―――――――――――― 〈보 기〉 ――――――――――――

선생님 : 이 그림은 여러 원자핵의 핵자
당 결합 에너지를 나타내고 있어
요. 철($^{56}_{26}$Fe) 원자핵은 다른 원자
핵들에 비해 핵자당 결합 에너지
가 크죠? 철 원자핵은 모든 원자
핵 중에서 핵자당 결합 에너지가
가장 크고 가장 안정된 상태예
요. 철 원자핵보다 질량수가 작
은 원자핵은 핵융합을, 질량수가
큰 원자핵은 핵분열을 통해 핵자
당 결합 에너지가 높은 원자핵이 된답니다.

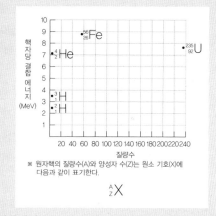

※ 원자핵의 질량수(A)와 양성자 수(Z)는 원소 기호(X)에
다음과 같이 표기한다.

$$^{A}_{Z}X$$

―――――――――――――――――――――――――――――――――

① 헬륨 – 4 원자핵은 핵융합을 거치면 더 안정된 상태의 원자핵으로 변하겠군.

② 중수소 원자핵은 삼중 수소 원자핵과 양성자의 수는 같지만 더 안정된 상태이겠군.

③ 철 원자핵의 결합 에너지는 철 원자핵의 핵자당 결합 에너지에 26을 곱한 값과 같
겠군.

④ 우라늄 – 235 원자핵이 핵분열하여 생성된 원자핵들은 핵자당 결합 에너지가
9MeV 이상이겠군.

⑤ 우라늄 – 235 원자핵은 철 원자핵에 비해 원자핵을 구성하고 있는 핵자들이 더 강
력하게 결합되어 있겠군.

　　지문 글 내용과 선택지 대답의 '일치-불일치' 관계를 살피면 다음과 같다. 이때,
문제 해결의 핵심은 〈보기〉에 들어있는 **새로운 정보를 지문의 글 정보와 관련지**
어 이해하는 것이다.

　　그것은 〈보기〉의 "원자핵의 질량수(A)와 양성자 수(Z)는 원소 기호(X)에 '$^{A}_{Z}X$'
와 같이 표기한다"라는 진술의 의미를 정확히 이해한 후, 이것을 〈보기〉의 그래
프와 지문의 '단락2'와 '단락3'의 핵심 내용과 견주면서 그 의미 관계를 파악하는 것
이다. 이것만 제대로 읽어낼 수 있으면, 선택지 대답의 정오 관계는 큰 어려움 없
이 파악할 수 있을 것이다.

① 헬륨 −4 원자핵은 핵융합을 거치면 더 안정된 상태의 원자핵으로 변하겠군.

→ '단락3'에서, "핵자당 결합 에너지가 클수록 원자핵이 더 안정된 상태이고 모든 원자핵은 안정된 상태로 가려는 성질이 있다"라고 기술되어 있다. 그리고 "핵자당 결합 에너지가 작은 원자핵들은 핵분열이나 핵융합을 거쳐 핵자당 결합 에너지가 크고 안정된 상태가 된다"라고 기술되어 있다. 이것을 〈보기〉 글 내용에 대입해서 '일치−불일치' 관계를 살피면 된다.

〈보기〉에서 철 원자핵보다 질량수가 작은 원자핵은 핵융합을 통해 핵자당 결합 에너지가 큰 원자핵이 된다고 했고, 헬륨 − 4 원자핵은 철 원자핵보다 질량수가 낮으므로 헬륨 − 4 원자핵이 핵융합을 거치면 더 안정된 상태의 원자핵으로 변한다.

② 중수소 원자핵은 삼중 수소 원자핵과 양성자의 수는 같지만 더 안정된 상태이겠군.

→ 〈보기〉 그림을 살피면, 중수소 원자핵과 삼중수소 원자핵은 양성자의 수가 1개로 동일하다. 하지만 삼중수소 원자핵의 핵자당 결합 에너지가 더 높으므로, 삼중수소 원자핵이 중수소 원자핵보다 더 안정된 상태이다.

③ 철 원자핵의 결합 에너지는 철 원자핵의 핵자당 결합 에너지에 26을 곱한 값과 같겠군.

→ '단락2'에 따르면, 핵자당 결합 에너지는 원자핵의 결합 에너지를 질량수로 나눈 것이다. 이것을 〈보기〉 그림과 연결해서 생각하면, 철 원자핵의 질량수는 56이므로, 철 원자핵의 결합 에너지는 철 원자핵의 핵자당 결합 에너지에 56을 곱한 값과 같다.

④ 우라늄 − 235 원자핵이 핵분열하여 생성된 원자핵들은 핵자당 결합 에너지가 9MeV 이상이겠군.

→ 〈보기〉에서 철 원자핵은 모든 원자핵 중에서 핵자당 결합 에너지가 가장 크다고 했으므로, 우라늄 − 235 원자핵의 핵분열로 생성된 원자핵들은 핵자당 결합 에너지가 철 원자핵보다 작아야 한다. 철 원자핵의 핵자당 결합 에너지는 9MeV 이하이므로 우라늄 − 235 원자핵의 핵분열로 생성된 원자핵들의 핵자당 결합 에너지는 9MeV보다 작은 값을 가질 것이다.

⑤ 우라늄 − 235 원자핵은 철 원자핵에 비해 원자핵을 구성하고 있는 핵자들이 더 강력하게 결합되어 있겠군.

→ '단락3'에 따르면, 핵자당 결합 에너지가 클수록 원자핵을 구성하는 핵자들은 강력하게 결합되어 있다. 우라늄 − 235 원자핵은 철 원자핵에 비해 핵자당 결합 에너지가 작으므로 철 원자핵을 구성하는 핵자들이 우라늄 − 235 원자핵을 구성하는 핵자들보다 더 강력하게 결합되어 있다.

독해 요령6: 제시된 자료의 **의미**를 해석하라

독해 요령7: 자료의 흐름을 직접 손으로 **확인**하라

독해 요령8: 자료의 **내적 의미**를 읽어라

- 유형9: 도식을 통해 정보 파악하기
- 유형10: 글 내용을 바탕으로 자료 이해하기
- 유형11: 글 정보와 주어진 자료를 연결하여 이해하기

〈보기〉에서 주어지는 자료는 사회·경제·예술 및 과학·기술 등 다양한 영역에 걸쳐 있다. 자료 해석과 관련한 문제는 먼저 '자료'부터 이해할 필요가 있다. 〈보기〉에 등장하는 모든 자료는 출제를 위해 선택된 것들로, 당연히 제시 자료에 실린 내용에는 그 자료를 작성하고 출제한 평가자의 생각이 반영되어 있다. 그렇기에 그 자료들은 출제에 필요한 모든 정보를 담게 마련이며, 지문의 핵심 내용은 물론이고 세부 내용과 긴밀히 관계한다.

따라서 문제 안에 포함된 추가적인 정보, 이를테면 설명이나 개념, 판단 기준, 공식, 규칙 등을 정확히 파악할 수 있어야 한다. 결국, 모든 자료 해석 문제는 자료 자체에 대한 이해력을 전제한다는 사실을 알 수 있다. 즉, 주어진 자료에 대한 이해력을 갖추지 않으면 이를 정확히 해석할 수 없다. 따라서 **자료 해석 능력을 기르는 것이 관련한 비문학 독해의 중요한 해결 과제다.**

수능 국어 비문학에서 통계표, 그래프 등의 자료를 활용한 자료 해석 문제가 출제되는 이유는 수험생들에게 다양한 종류의 텍스트를 해석할 수 있는 능력이 있는지, 또 해석된 자료와 이론 혹은 원리 간의 연관성을 파악하는 능력이 있는지를 검증하기 위해서다.

자료 해석형 문제는 대체로 다음 세 가지 방식으로 출제된다. 지문 글 내용을 바탕으로 제시된 자료를 이해하는 방식, 관련 자료를 해석해서 특정한 견해나 이론

을 지지 또는 비판하는 방식, 관련 자료를 활용하여 글 정보와 주어진 자료를 연결하면서 이해할 것을 요구하는 방식이다. 어느 것이든, 제시된 자료에 담긴 의미의 올바른 이해를 바탕으로, 그 해석된 내용을 지문의 관련 서술과 연결해가면서 '이해·판단·추론'할 수 있어야 한다.

[예문8: 박테리오파지의 증식 과정]

바이러스란 스스로는 증식할 수 없고 숙주 세포에 기생해야만 증식할 수 있는 감염성 병원체를 일컫는다. 바이러스는 자신의 존속을 위한 최소한의 물질만을 가지고 있기 때문에 거의 모든 생명 활동에서 숙주 세포를 이용한다. 바이러스를 구성하는 기본 물질은 유전 정보를 담은 유전 물질과 이를 둘러싼 단백질 껍질이다.

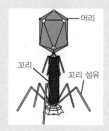

1915년 영국의 세균학자 트워트는 포도상 구균을 연구하던 중, 세균 덩어리가 녹는 것처럼 투명하게 변하는 현상을 관찰했다. 뒤이어 1917년 프랑스에서 활동하던 데렐은 이질을 연구하던 중 환자의 분변에 이질균을 녹이는 물질이 포함되어 있다는 것을 발견하고, 이 미지의 존재를 '박테리오파지'라고 불렀다. 박테리오파지는 바이러스의 일종으로 '세균을 잡아먹는 존재'라는 뜻이다.

박테리오파지는 머리와 꼬리, 꼬리 섬유로 구성되어 있다. 머리는 다면체로 되어 있고, 그 밑에는 길쭉한 꼬리가, 꼬리 밑에는 갈고리 모양의 꼬리 섬유가 붙어 있다. 머리에는 박테리오파지의 핵심이라 할 수 있는 유전 물질이 있는데, 이 유전 물질은 단백질 껍질로 보호되어 있다. 꼬리는 머릿속의 유전 물질이 세균으로 이동하는 통로 역할을 하며,…② 꼬리 섬유는 세균에 단단히 달라붙는 기능을 한다.

박테리오파지는 증식을 위해 세균을 이용한다. 박테리오파지가 세균을 만나면 우선 꼬리 섬유가 세균의 세포막 표면에 존재하는 특정한 단백질, 다당류 등을 인식하여 복제를 위해 이용할 수 있는 세균인지의 여부를 확인한다. 그리고 이용이 가능한 세균일 경우 갈고리 모양의 꼬리 섬유로 세균의 표면에 단단히 달라붙는다.…①, [A] 세균 표면에 자리를 잡은 박테리오파지는 머리에 들어 있는 유전 물질만을 세균 내부로 침투시킨다.…②, [B] 세균 내부로 침투한 박테리오파지의 유전 물질은 세균 내부의 DNA를 분해한다.…③ [C] 그리고 세균의 내부 물질과 여러 효소 등을 이용하여 새로운 박테리오파지를 형성할 유전 물질과 단백질을 만들어 낸다. 이렇게 만들어진 유전 물질과 단

백질이 조립되면 새로운 박테리오파지가 복제되는 것이다.…④, [D]
박테리오파지에는 '독성 파지'와 '용원성 파지'가 있다. '독성 파지'는 충분한 양의 박테리오파지가 복제되면 복제를 중단하고 세균의 세포벽을 파괴하는 효소를 만든다. 그리고 그 효소로 세균의 세포벽을 터뜨리고 외부로 쏟아져 나온다.…⑤, [E] 이와 달리 '용원성 파지'는 세균을 이용하는 것은 독성 파지와 같지만 세균을 파괴하지는 않는다. 대신 세균 속에서 계속 기생하여 세균이 분열함에 따라 같이 늘어난다.…④ (2016.3월 고1 모의, 문제 16~19 출제 지문)

[문제 17] 윗글을 바탕으로 〈보기〉의 [A]~[E]를 이해한 것으로 적절하지 않은 것은?

─────── 〈보 기〉 ───────

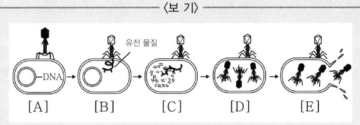

〈박테리오파지의 복제 과정〉

① [A]: 꼬리 섬유가 세포막 표면의 단백질, 다당류 등을 인식한 결과에 따라 유전 물질의 침투 여부가 결정되겠군.
② [B]: 박테리오파지의 머릿속에 있는 유전 물질은 꼬리를 통해 세균 안으로 유입되겠군.
③ [C]: 세균에 침투한 유전 물질은 세균의 내부 물질과 효소 등을 이용해 복제에 필요한 유전 물질과 단백질을 만들겠군.
④ [D]: 세균 속에서 기생하다 세균이 분열하는 과정에서 새로운 박테리오파지가 복제되겠군.
⑤ [E]: 복제된 박테리오파지가 세포 밖으로 터져 나오는 것을 보니 독성 파지가 증식된 것이겠군.

[문제17]은 지문 글 내용을 〈보기〉의 '도식'에 적용해서 파악할 것을 요구하는 문제이다. 〈보기〉는 박테리오파지 중에서 '독성 파지'의 복제 과정을 의미 시각화

하여 보여주고 있다. '의미 시각화'는 자료에서 정한 기호에 따라 텍스트의 내용과 연결 짓는 '도식화'를 의미하는데, 단계별 설명을 지문 정보에서 찾아 순차적으로 연결하는 것이 문제 해결의 포인트다.

지문의 진술과 〈도표〉의 도식화한 자료를 연결해가며 선택지 대답의 '일치-불일치' 관계를 살피면 다음과 같다. 정답은 ④이다.

④ [D]: 세균 속에서 기생하다 세균이 분열하는 과정에서 새로운 박테리오파지가 복제 되겠군.
　→ [D]는 세균 내에서 새로운 박테리오파지가 조립되어 있는 모습으로, '단락4, [D]' 문장이 이를 설명한다. 그런데, ④의 "세균 속에서 기생하다가 세균이 분열하는 과정에서 새로운 박테리오파지로 복제된다"라는 내용은 '단락5'의 '용원성 파지'에 대한 진술로, 이를 "… **세균을 파괴하지는 않는다**. 세균 속에서 계속 기생하여 세균이 분열함에 따라 같이 늘어난다"라는 문장에서 확인할 수 있다. 하지만, 〈보기〉는 **독성 파지의 복제 과정**을 설명한 것으로, 따라서 ④의 내용은 적절하지 않다.

① [A]: 꼬리 섬유가 세포막 표면의 단백질, 다당류 등을 인식(확인)한 결과에 따라 유전 물질의 침투 여부가 결정되겠군.
　→ [A]는 박테리오파지가 세균에 달라붙고 있는 모습을 보여주고 있다. 이를 '단락4, [A]' 부분을 읽어 확인할 수 있다.

② [B]: 박테리오파지의 머릿속에 있는 유전 물질은 꼬리를 통해 세균 안으로 유입되겠 군.
　→ [B]는 박테리오파지의 유전자가 세균의 내부로 유입되고 있는 모습이다. '단락3' 의 "꼬리는 머릿속의 유전 물질이 세균으로 이동하는 통로 역할을 하며, 꼬리 섬유는 세균에 단단히 달라붙는 기능을 한다"라는 문장과 '단락4, [B]' 문장을 읽어 확인할 수 있다.

③ [C]: 세균에 침투한 유전 물질은 세균의 내부 물질과 효소 등을 이용해 복제에 필요한 유전 물질과 단백질을 만들겠군.
　→ [C]는 박테리오파지가 세균 속으로 침투하여 세균의 DNA를 분해한 모습이다. 이는 '단락4, [C]'에서 확인되며, 그렇게 해서 [D]로 진행되면서 박테리오파지가 세균의 효소와 물질 등을 이용하여 새로운 유전 물질과 단백질을 만든다고 하였으

므로 적절한 진술이다.

⑤ [E]: 복제된 박테리오파지가 세포 밖으로 터져 나오는 것을 보니 독성 파지가 증식
된 것이겠군.

→ [E]는 복제된 박테리오파지가 세균의 세포벽을 터뜨리고 나오는 모습이다. 이를
'단락4, [E]'와 〈보기〉의 [E]를 통해 확인할 수 있다. 그런데 '단락5'에서 '…세균의
세포벽을 파괴하는 효소를 만든다', '…세균의 세포벽을 터뜨리고 외부로 쏟아져
나온다'라는 지문에서 알 수 있듯이, 이것이 '독성 파지'를 설명하는 것이므로 적
절한 진술이다.

[예문9: 관세 정책이 국내 경기 및 국제 교역에 미치는 영향]

최근 수입품에 높은 관세를 부과하여 국제 무역 분쟁이 발생하면서 관세에 대한 관심
이 높아지고 있다. 관세란 수입되는 재화에 부과되는 조세로, 정부는 조세 수입을 늘리
거나 국내 산업을 보호하기 위한 목적으로 관세를 부과한다. 그런데 관세를 부과하면
국내 경기 및 국제 교역에 영향을 미치게 된다.

관세가 국내 경기에 미치는 영향을 살펴보기 위해서는 시장에서의 수요와 공급의 원리
를 알아야 한다. 〈그림〉은 가격에 따른 수요량과 공급량의 변화를 나타내는 그래프이
다. 여기서 수요 곡선은 재화의 가격에 따른 수요량의 변화를 나타내는데, 그래프에서
가격은 재화 1단위 추가 소비를 위한 소비자의 지불용의 가격을 나타내기도 한다. 공급
곡선은 재화의 가격에 따른 공급량의 변화를 나타내는데, 그래프에서 가격은 재화 1단
위 추가 생산을 위한 생산자의 판매용의 가격을 나타내기도 한다. <u>수요와 공급의 원리
에 따르면 재화의 균형 가격은 수요 곡선과 공급 곡선이 만나는 P0에서 형성된다.</u>…①
재화의 가격이 P1로 올라가면 수요량은 Q1로 줄어들고 공급량은 Q2로 증가하지만, 재
화의 가격이 P2로 내려가면 수요량은 Q2로 증가하고 공급량은 Q1로 줄어든다.

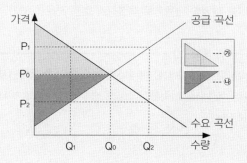

이처럼 재화의 가격 변화로 수요량과 공급량이 달라지면 소비자 잉여와 생산자 잉여에도 변화가 생기게 된다. 여기서 잉여란 제품을 소비하거나 판매함으로써 얻는 이득으로, 소비자 잉여는 소비자가 어떤 재화를 구입할 때 지불할 용의가 있는 가격과 실제 지불한 가격의 차이이고, 생산자 잉여는 생산자가 어떤 재화를 판매할 때 실제 판매한 가격과 판매할 용의가 있는 가격의 차이이다. 〈그림〉에서 수요 곡선과 실제 재화의 가격의 차이에 해당하는 ㉮는 소비자 잉여를, 실제 재화의 가격과 공급 곡선의 차이에 해당하는 ㉯는 생산자 잉여를 나타낸다. 만일 재화의 가격이 P0에서 P1로 올라가면 소비자 잉여는 줄어들고 생산자 잉여는 늘어나는 반면, 재화의 가격이 P2로 내려가면 소비자 잉여는 늘어나고 생산자 잉여는 줄어들게 된다.

이를 바탕으로 관세가 국내 경기에 미치는 영향을 살펴보자. 밀가루 수입 전에 형성된 K국의 밀가루 가격이 500원/kg이고, 국제 시장에서 형성된 밀가루의 가격이 300원/kg이라고 가정해 보자. K국이 자유 무역을 통해 관세 없이 밀가루를 수입하면 국산 밀가루 가격은 수입 가격 수준인 300원/kg까지 내려가게 된다. 그 결과 국산 밀가루 공급량은 줄어들지만 오히려 수요량은 늘어나기 때문에, <u>국내 수요량에서 국내 공급량을 뺀 나머지 부분만큼 밀가루를 수입하게 된다.</u>…②, ⑤ 밀가루 수입으로 국산 밀가루 가격이 하락하면 결과적으로 생산자 잉여가 감소하지만 소비자 잉여는 증가하게 된다. 증가한 소비자 잉여가 감소한 생산자 잉여보다 크기 때문에 소비자 잉여와 생산자 잉여의 총합인 사회적 잉여는 밀가루를 수입하기 전에 비해 커지게 된다. 그런데 K국이 수입 밀가루에 100원/kg의 관세를 부과할 경우, 수입 밀가루의 국내 판매 가격은 400원/kg으로 올라가게 된다. 그렇게 되면 국산 밀가루 생산자는 관세 부과 전보다 100원/kg 오른 가격에 밀가루를 판매할 수 있으므로 국산 밀가루의 공급량이 늘어 관세를 부과하기 전보다 생산자 잉여가 증가하게 된다. 반대로 소비자 입장에서는 가격이 올라가면 그만큼 수요량이 줄어들게 되므로 소비자 잉여는 감소하게 된다. 하지만 증가한 생산자 잉여가 감소한 소비자 잉여보다 작기 때문에 소비자 잉여와 생산자 잉여의 총합인 사회적 잉여는 수입 밀가루에 관세를 부과하기 전에 비해 작아지게 된다. (2020.3월 고1 모의, 문제 38~42 출제 지문 단락1~단락4)

[문제 41] 윗글을 바탕으로 〈보기〉를 설명한 내용으로 적절하지 <u>않은</u> 것은? [3점]

─────────────── 〈보 기〉 ───────────────

P국에서는 국산 바나나만을 소비하다 값산 수입산 바나나를 관세 없이 수입하면서 국산 바나나 가격이 국제 시장 가격 수준으로 하락했다. 이에 정부에서는 국내 바나나 산업 보호를 위하여 관세를 부과하였다.

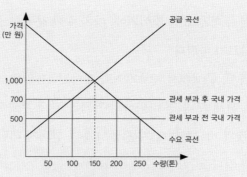

〈바나나 수입으로 인한 P국의 시장 변화〉

① 바나나를 수입하기 전 바나나의 국내 균형 가격은 톤당 1,000만 원이었다.

② 관세를 부과하기 이전에는 수입되는 바나나의 수량이 200톤이었다.

③ 관세를 부과하기 이전과 이후의 가격을 비교해 보니 톤당 200만 원만큼의 관세가 부과되었다.

④ 관세를 부과한 결과 국내 생산자는 바나나의 공급량을 50톤에서 100톤으로 늘리게 된다.⑤ 관세를 부과한 결과 수입되는 바나나의 수량은 이전보다 50톤이 줄어드는 효과가 발생한다.

[예문8]이 〈보기〉에서 주어진 자료(도식)를 통해 지문의 핵심 정보를 파악하는 것이라면, [예문9]는 지문 글 내용(엄밀히 말해서는 선택지 대답)의 이해를 바탕으로 〈보기〉의 자료를 이해할 것을 요구하는 문제이다.

따라서 다음 두 과정을 거치면서 문제를 해결해야 한다. 먼저, **선택지별 대답의 '열쇠'를 쥐고 있는 서술을 지문에서 찾아낸 후** 둘의 의미 관계를 확인한다. 그런 다음, 그 확인한 내용을 따라 〈보기〉에서 제시된 자료(그래프)의 의미를 확인하면서 선택지 대답의 정오 관계를 파악한다.

알고 있어야 할 것은, 특히 〈보기〉에서 경제 관련 그래프가 제시된 경우에는, 반드시 **자료 안에서의 그래프의 이동을 따라 그 의미가 어떻게 달라지는지를 연필로 선을 그어가면서 확인해야 한다.** 만약 그렇지 않고 머릿속 지레짐작으로 그래프를 들여다보면, 수치상의 실수를 일으키거나 해석상의 오류를 범할 수 있다. 이것은 자료 해석에서 무척 중요한 것이기에, 마치 수학 문제를 풀 듯이 손으로 직접 확인하는 절차를 따르기 바란다.

[예문이]로 돌아와서, 문제에서 〈보기〉로 제시된 그래프는 P국의 바나나 국내 수요 및 국내 공급, 관세 부과 전 바나나의 가격과 관세 부과 후 바나나의 가격을 나타내고 있다. 이것과 비교하면서 지문 글 내용과 선택지 대답의 '일치-불일치' 관계를 살피면 다음과 같다.

⑤ 관세를 부과한 결과 수입되는 바나나의 수량은 이전보다 ~~50톤이 줄어드는~~ 효과가 발생한다.

→ '단락4'의 '국내 수요량에서 국내 공급량을 뺀 나머지 부분만큼 밀가루를 수입하게 된다.'라는 기술 내용을 고려할 때, 관세를 부과한 후 수입되는 바나나의 수량은 P국의 국내 수요량 200톤에서 P국의 국내 공급량 100톤을 뺀 100톤이 된다. 따라서 관세를 부과한 결과 수입되는 바나나의 수량은 이전보다 100톤이 줄어들게 된다.

① 바나나를 수입하기 전 바나나의 국내 균형 가격은 톤당 1,000만 원이었다.

→ '단락2'의 "수요 곡선과 공급 곡선이 만나는 지점에서 균형 가격이 형성된다."라는 기술 내용을 고려할 때, 바나나를 수입하기 전 P국의 바나나 국내 균형 가격은 톤당 1,000만 원이라는 설명은 적절하다.

② 관세를 부과하기 이전에는 수입되는 바나나의 수량이 200톤이었다.

→ '단락4'에서 "국내 수요량에서 국내 공급량을 뺀 나머지 부분만큼 밀가루를 수입하게 된다"라고 했으므로, 관세를 부과하기 이전 수입되는 바나나의 수량은 P국 수요량 250톤에서 P국의 국내 공급량 50톤을 뺀 200톤이 된다.

③ 관세를 부과하기 이전과 이후의 가격을 비교해 보니 톤당 200만 원만큼의 관세가 부과되었다.

→ 관세를 부과하기 전 P국의 바나나 국내 가격이 톤당 500만 원이고, 관세를 부과한 후 P국의 바나나 국내 가격이 톤당 700만 원임을 고려할 때, P국에서 부과한 관세는 톤당 200만 원임을 알 수 있다.

④ 관세를 부과한 결과 국내 생산자는 바나나의 공급량을 50톤에서 100톤으로 늘리게 된다.

→ 관세를 부과하기 전 P국의 바나나 국내 공급량은 50톤이고 관세를 부과한 후 P국의 바나나 국내 공급량은 100톤이다. 따라서 관세를 부과한 결과 P국 생산자는 바나나의 공급량을 50톤에서 100톤으로 늘리게 된다.

[예문10: 인상주의 화가 모네와 후기인상주의 화가 세잔의 화풍 비교]

사진이 등장하면서 회화는 대상을 사실적으로 재현(再現)하는 역할을 사진에 넘겨주게 되었고, 그에 따라 화가들은 회화의 의미에 대해 고민하게 되었다. 19세기 말 등장한 인상주의와 후기인상주의는 전통적인 회화에서 중시되었던 사실주의적 회화 기법을 거부하고 회화의 새로운 경향을 추구하였다.

인상주의 화가들은 색이 빛에 의해 시시각각 변화하기 때문에 대상의 고유한 색은 존재하지 않는다고 생각하였다. 인상주의 화가 모네는 대상을 사실적으로 재현하는 회화적 전통에서 벗어나기 위해 빛에 따라 달라지는 사물의 색채와 그에 따른 순간적 인상을 표현하고자 하였다.

모네는 대상의 세부적인 모습보다는 전체적인 느낌과 분위기, 빛의 효과에 주목했다. 그 결과 빛에 의한 대상의 순간적 인상을 포착하여 대상을 빠른 속도로 그려 내었다.…①, ④ 그에 따라 그림에 거친 붓 자국과 물감을 덩어리로 찍어 바른 듯한 흔적이 남아 있는 경우가 많았다.…④ 이로 인해 대상의 윤곽이 뚜렷하지 않아 색채 효과가 형태 묘사를 압도하는 듯한 느낌을 준다.…③ 이와 같은 기법은 그가 사실적 묘사에 더 이상 치중하지 않았음을 보여 주는 것이었다. 그러나 모네 역시 대상을 '눈에 보이는 대로' 표현하려 했다는 점에서 이전 회화에서 추구했던 사실적 표현에서 완전히 벗어나지는 못했다는 평가를 받았다.…⑤

후기인상주의 화가들은 재현 위주의 사실적 회화에서 근본적으로 벗어나는 새로운 방식을 추구하였다. 후기인상주의 화가 세잔은…⑤ "회화에는 눈과 두뇌가 필요하다. 이 둘은 서로 도와야 하는데, 모네가 가진 것은 눈뿐이다"라고 말하면서 사물의 눈에 보이지 않는 형태까지 찾아 표현하고자 하였다. 이러한 시도는 회화란 지각되는 세계를 재현하는 것이 아니라 대상의 본질을 구현해야 한다는 생각에서 비롯되었다.

세잔은 하나의 눈이 아니라 두 개의 눈으로 보는 세계가 진실이라고 믿었고, 두 눈으로 보는 세계를 평면에 그리려고 했다. 그는 대상을 전통적 원근법에 억지로 맞추지 않고 이중 시점을 적용하여 대상을 다른 각도에서 바라보려 하였고, 이를 한 폭의 그림 안에

표현하였다. 또한 질서 있는 화면 구성을 위해 대상의 선택과 배치가 자유로운 정물화를 선호하였다.…②

세잔은 사물의 본질을 표현하기 위해서는 '보이는 것'을 그리는 것이 아니라 '아는 것'을 그려야 한다고 주장하였다. 그 결과 자연을 관찰하고 분석하여 사물은 본질적으로 구, 원통, 원뿔의 단순한 형태로 이루어졌다는 결론에 도달하였다. 이를 회화에서 구현하기 위해 그는 이중 시점에서 더 나아가 형태를 단순화하여 대상의 본질을 표현하려 하였고, 윤곽선을 강조하여 대상의 존재감을 부각하려 하였다.…③ 회화의 정체성에 대한 고민에서 비롯된 그의 이러한 화풍은 입체파 화가들에게 직접적인 영향을 미치게 되었다. (2018.3월 고1 모의, 문제 28~30 출제 지문)

[문제 29] 윗글을 바탕으로 할 때, 〈보기〉의 선생님의 질문에 대한 대답으로 적절하지 않은 것은? [3점]

───── 〈보 기〉 ─────

선생님 : (가)는 모네의 〈사과와 포도가 있는 정물〉이고, (나)는 세잔의 〈바구니가 있는 정물〉입니다. 이 두 작품은 각각 모네와 세잔의 작품 경향이 잘 반영되어 있는 작품으로 평가받고 있습니다. 두 화가의 작품 경향을 바탕으로 (가)와 (나)를 감상해 볼까요?

(가)  (나)

① (가)에서 포도의 형태를 뚜렷하지 않게 그린 것은 빛에 의한 순간적인 인상을 표현한 것이라고 볼 수 있겠군요.

② (나)에서는 질서 있게 화면을 구성하기 위해 의도적으로 대상이 선택되고 배치된 것으로 볼 수 있겠군요.

③ (가)와 달리 (나)에 있는 정물들의 뚜렷한 윤곽선은 대상의 존재감을 부각시키기 위해 사용한 것으로 볼 수 있겠군요.

④ (나)와 달리 (가)의 식탁보의 거친 붓 자국은 대상에서 느껴지는 인상을 빠른 속도로

그려 낸 결과라고 볼 수 있겠군요.

⑤ (가)와 (나) 모두 사물을 단순화해서 표현한 것을 통해 사실적인 재현에서 완전히 벗어났다는 평가를 받을 수 있겠군요.

[예문10]은 '글 정보와 주어진 자료를 연결하여 이해하기' 유형의 문제이다. 지문은 '예술' 분야의 글 내용을 기술한 것으로, 지문에는 예술 사조의 유형과 관련 정보, 그리고 관련한 작가의 화풍과 그 특징이 묘사적 설명 글로 기술되어 있다. 그리고 〈보기〉에는 지문 내용과 관련한 작품에 대한 그림이나 이것을 설명하는 정보가 들어있는 것이 일반적이다.

'묘사'란 사물이나 상황 또는 그것에서 받은 느낌을 감각적으로 재현해 내는 글쓰기 방식을 가리킨다. 그렇기에 묘사는 그림을 그리듯 대상을 언어로 기술함으로써 그려진 대상의 겉모습이나 인상을 독자가 구체적으로 머릿속에 떠올릴 수 있게 한다. 묘사 글이 중요한 의미를 지니는 이유는 그러한 글쓰기의 결과가 읽는 이로 하여금 글쓴이와 동일한 인상을 받거나 상상적 체험을 할 수 있도록 대상을 그려 낸다는 것이다.

이것을 설명의 방법으로 기술한 글을 '**묘사적 설명**'이라고 하는데, 지문에 실린 글이 바로 묘사적 설명 글이다. 글쓴이는 묘사적 설명 글을 통해 대상의 모습을 가능한 한 정확하고 풍부하게 재현하려고 하지만, 문체의 특성상 이것을 읽는 **독자의 해석과는 불가피하게 틈이 벌어질 수밖에** 없다. 하물며 〈보기〉에서 그림 그 자체를 주고서 지문의 묘사 정보와 연결해서 해석(감상)하라는 요구에 대답하기는 더 그렇다.

따라서 〈보기〉에 실린 대상의 지배적인 인상을 중심으로 각각의 부분이 그것과 맺고 있는 '**내적 관계**'를 **정확히 파악할 수 있어야** 한다. 이것은 '지문의 글 정보와 보기에서 주어진 자료를 연결해서 이해'하는 데 있어서 꼭 필요하다.

대상에 대한 정확한 지식이 부족한 상태에서 〈보기〉 그림의 의미를 정확히 해석하려면, 지문 정보를 꼼꼼히 읽으면서 <보기> 그림과의 연결 고리를 찾아, 이것을 중심으로 작품을 해석하는 데 힘을 쏟아야 한다. 이때, '대상을 빠른 속도로 그려 내었다', '그림에 거친 붓 자국과 물감을 덩어리로 찍어 바른 듯한', '대상을 '눈에 보이는 대로' 표현하려 했다'와 같은 묘사적 표현으로 기술한 글의 내적 의미를 정확히 파악한 후, 이것을 선택지 대답과 연결하여 이해할 수 있어야 한다.

그렇게 해서 지문 글 내용과 <보기>의 그림 감상을 연결한 후, 그 해석된 결과를 토대로 선택지 대답의 '일치-불일치' 관계를 살피면 다음과 같다.

⑤ (카)와 (나) 모두 사물을 단순화해서 표현한 것을 통해 사실적인 재현에서 완전히 벗어났다는 평가를 받을 수 있겠군요.
→ '단락3'의 '모네는 사실적 표현에서 완전히 벗어나지 못했다'라는 진술과, '단락4'의 세잔은 사실적 회화에서 근본적으로 벗어났다'라는 진술을 통해, 모네와 세잔 모두 사실적 재현에서 완전하게 벗어났다는 평가를 받는다는 선택지 대답은 적절치 않다.

① (가)에서 포도의 형태를 뚜렷하지 않게 그린 것은 빛에 의한 순간적인 인상을 표현한 것이라고 볼 수 있겠군요.
→ '단락3'의 '모네는 빛에 의한 대상의 순간적 인상을 포착하여 그림을 그렸다'라는 내용의 진술을 통해, <보기>의 (가)에서 모네가 포도의 형태를 뚜렷하지 않게 그린 것은 빛에 의한 순간적 인상을 표현한 것이라는 선택지 대답은 적절하다고 추론할 수 있다.

② (나)에서는 질서 있게 화면을 구성하기 위해 의도적으로 대상이 선택되고 배치된 것으로 볼 수 있겠군요.
→ '단락5'의 '세잔은 질서 있는 화면 구성을 위해 대상의 선택과 배치가 자유로운 정물화를 선호하였다'라는 진술을 통해, <보기>의 (나)에서 세잔이 질서 있게 화면을 구성하기 위해 의도적으로 대상을 선택하고 배치한 것으로 볼 수 있다는 선택지 대답은 적절하다고 추론할 수 있다.

③ (가)와 달리 (나)에 있는 정물들의 뚜렷한 윤곽선은 대상의 존재감을 부각시키기 위해 사용한 것으로 볼 수 있겠군요.

→ '단락3'의 '모네의 그림은 대상의 윤곽이 뚜렷하지 않다'라는 내용의 진술이 제시되어 있고, '단락6'에서 '세잔은 대상의 윤곽을 강조하여 대상의 존재감을 부여했다'라는 내용의 진술이 제시되어 있다. 이를 통해, 〈보기〉의 (가)와 달리 (나)의 정물의 뚜렷한 윤곽선은 대상의 존재를 부각하기 위해 사용한 것이라는 내용의 선택지 대답은 적절하다.

④ (나)와 달리 (가)의 식탁보의 거친 붓 자국은 대상에서 느껴지는 인상을 빠른 속도로 그려 낸 결과라고 볼 수 있겠군요.
→ '단락3'에서 '모네는 빛에 의한 대상의 순간적 인상을 포착하여 대상을 빠른 속도로 그려내다 보니 그림에 거친 붓 자국과 물감을 덩어리로 찍어 바른 듯한 흔적이 남아 있는 경우가 많다'라는 진술이 제시되어 있다. 따라서 〈보기〉의 (가)의 '식탁보의 거친 붓 자국은 대상에서 느껴지는 인상을 빠른 속도로 그려낸 결과다'라는 선택지 대답은 적절하다.

★ ★ ★

글을 읽는 바른 자세와 독서 태도를 알려주세요?

지금 이 책을 읽는 학생들은 눈길 한 번에 몇 글자나 보면서 글을 읽는가? 눈은 글줄을 따라 물처럼 매끄럽게 계속 흘러가는 것이 아니라, 눈이 고정점에 와 닿았을 때 시점 주변의 글을 확인하고, 그다음으로 건너뛰는 경향을 보인다. 따라서 한눈에 되도록 많은 글자를 보기 위해서는 눈동자를 효과적으로 움직여야 한다. '시폭(視幅)', 즉 글을 읽는 시야를 넓혀야 한다. 시폭은 한눈에 볼 수 있는 글자 수를 말하는데, 글을 읽는 시야를 넓히게 되면 눈으로 보고 생각하며 읽는 '묵독'의 효과는 점점 더 커진다.

먼저, 글과 눈의 거리를 일정 간격으로 띄어라. 글 전체가 한눈에 들어올 수 있을 만큼의 간격을 유지하면 된다. 글과 눈의 거리가 너무 가까우면 글을 읽는 시야는 그만큼 좁아진다. 그런 다음, 눈동자는 글을 볼 때와 이동할 때를 분명히 구별하여 움직여야 한다. 눈동자를 움직일 때는 글자가 눈에 잘 안 들어온다. 글 읽는 시야를 넓히기 위해 한눈에 여러 글자를 보려고 노력을 해야 하지만, 그렇다고 해서 눈동자를 너무 자주 움직이면 안 된다. 글을 볼(읽을) 때는 눈동자를 글의 정 위치에 확실히 고정시키면서 읽기 범위를 넓혀나가는 한편, 글의 흐름을 따라 눈동자를 움직이면서 글을 빠르게 읽어야 한다.

다음으로, 글을 읽는 동안에는 눈길을 자주 멈춘다거나, 한곳에 오래 머물러 있지 않아야 한다. 글을 빨리 읽는 사람은 한눈에 들어오는 글자 줄의 구간을 넓게 가져간다. 그리고 눈동자의 움직임을 한 곳에 멈추지 않고 계속 나아간다. 이를 위해서는 단어 하나하나를 읽지 말고 일련의 어휘군을 '의미 단위'로 읽도록 해야 한다. 또한, 한 번 읽은 것을 되돌아 다시 보지 않도록 해야 한다. 글을 읽는 동안 잘 이해되지 않거나 의문 나는 점이 있으면, 일단 한 구절 또는 단락이 끝나는 곳까지 읽은 후, 그때 되돌아가 글을 거듭 자세히 읽으면서 의문점을 해결해 나가도록 한다.

끝으로, 글자를 하나씩 헤아려가며 보면 글을 읽는 시야는 좀처럼 넓혀지지 않는다. 몇 개의 글자를 '아웃라인 만을 보면서' 그 의미를 머릿속에 떠올리면 된다. 그러면서 글자는 잊어버리고 '의미'를 이해하려 노력하자. 이때 시선 양 끝에 놓인 글자들은 곧바로 눈에 들어오지 않는 것이 일반적이다. 시야의 양 끝에 들어오는 글자는 짐작으로 가늠하면 되며, 그 글자까지 확실히 구별해가며 읽을 필요는 없다. 다음 세 가지는 독서속도를 높이기 위한 가장 중요한 요령이다.

■ 시선이 한곳에 머무르는 때마다 되도록 많은 글자를 한꺼번에 보고,
■ 눈동자의 움직임은 되도록 줄이며,
■ 눈동자는 앞으로 나아가기만 하되, 앞으로 되돌아갔다 다시 오는 경우가 없도록 한다.

★ ★ ★

글을 읽으면서 중요한 부분을 자꾸 놓치는데, 왜일까요?

읽기 훈련은 학생들로 하여금 언어적 표현은 물론이고 낯선 단어들의 접촉 빈도를 높이면서 글을 더욱 잘 읽게 만든다. 결과적으로 글 읽기 연습은 독해력을 향상한다. 이는 학생들이 독서를 통해 다양한 상황과 폭넓은 맥락에서 사용되는 익숙한 단어 및 그것과 관련한 새로운 단어들을 계속해서 접하기 때문이다.

글을 읽는 능력이 뛰어난 아이들은 문장 안의 단어를 하나하나 개별적으로 읽지 않는다. 그들은 문장의 끝에 이를 때까지 한 단어에서 다음 단어로 계속해서 눈을 끊어가면서 글 내용을 살피지 않는다. 그보다는 글에서 해결해야 하는 과제를 간소화할 수 있는 일련의 패턴을 찾기 위해 글 전체를 빠르고 정확히 훑어본다. 다음 그림을 보고 불규칙한 부분을 찾아보라.

가가가가가가가가가가
가가가가가가가가가가
가가가가가가가가나가가
가가가가가가가가가가
가가거가가가가가가가
가가가가가가가가가가

무엇을 보았는가? 대다수 학생은 즉시 셋째 줄에 있는 '나'를 찾아내지만 다섯째 줄에 있는 '거'는 발견하지 못한다. 이 간단한 실험은 독서에서의 시각적 선택 능력을 잘 보여주며, 이것은 부단한 읽기 훈련을 통해 향상한다. 만약 '거'가 글 내용의 이해를 위해 중요한 단어라면, 이것을 놓쳤을 때 그것이 독해에 미치는 영향력이 어떠할지 짐작할 수 있을 것이다.

시각적 일치화의 능력은 독서를 효과적으로 하고 독서 속도를 보다 높여나갈 수 있도록 돕는다. 하지만 이 활동은 우리가 글을 빨리 읽을수록 중요한 것들을 놓칠 수도 있음을 보여준다. 만약 위 그림의 단어 하나하나를 문장으로 치환한다면, 그리고 패턴에 어긋나는 것이 글의 '중요한' 내용을 담은 단어나 문장이라고 가정한다면, 독서 능력이 뛰어난 학생들은 글 내용에서 어느 부분이 중요한지를 맥락으로 파악하는 데 있어서 탁월한 능력을 보일 것이다. 거듭 말하지만, 이는 부단한 읽기 연습에서 나온다.

수능 국어
비문학 독해

1판 1쇄 발행   2023년 1월 5일

지은이 | 김태희
발행인 | 최봉규

발행처 | 지상사(청홍)
등록번호 | 제2017-000075호
등록일자 | 2002. 8. 23.
주소 | 서울특별시 용산구 효창원로64길 6(효창동) 일진빌딩 2층
우편번호 | 04317
전화번호 | 02)3453-6111, 팩시밀리 | 02)3452-1440
홈페이지 | www.jisangsa.com
이메일 | c0583@naver.com

© 김태희, 2023

ISBN 978-89-6502-003-5   53700